ミネルヴァ日本評伝選

世界を水晶の世に致すぞよ

出口なお・王仁三郎

川村邦光著

ミネルヴァ書房

刊行の趣意

「学問は歴史に極まり候ことに候」とは、先哲荻生徂徠のことばである。
歴史のなかにこそ人間の智恵は宿されている。人間の愚かさもそこにはあらわだ。この歴史を探り、歴史に学んでこそ、人間はようやくみずからの正体を知り、いくらかは賢くなることができる。新しい勇気を得て未来に向かうことができる。徂徠はそう言いたかったのだろう。

「ミネルヴァ日本評伝選」は、私たちの直接の先人について、この人間知を学びなおそうという試みである。日本列島の過去に生きた人々の言行を、深く、くわしく探って、そこに現代への批判を聴きとろうとする試みである。日本人ばかりではない。列島の歴史にかかわった多くの異国の人々の声にも耳を傾けよう。

先人たちの書き残した文章をそのひだにまで立ち入って読み、彼らの旅した跡をたどりなおし、彼らのなしとげた事業を広い文脈のなかで注意深く観察しなおす——そのとき、はじめて先人たちはいまの私たちのかたわらによみがえってくる。彼らのなまの声で歴史の智恵を、また人間であることのよろこびと苦しみを、私たちに伝えてくれもするだろう。

この「評伝選」のつらなりのなかから、列島の歴史はおのずからその複雑さと奥ゆきの深さをもって浮かび上がってくるはずだ。これを読むとき、私たちのなかに新たな自信と勇気が湧いてきて、その矜持と勇気をもって「グローバリゼーション」の世紀に立ち向かってゆくことができる——そのような「ミネルヴァ日本評伝選」にしたいと、私たちは願っている。

平成十五年（二〇〇三）九月

上横手雅敬
芳賀　徹

定された。国体の変革、私有財産制の否認を目的とする結社の禁止が眼目である。〝国体〟とは何かは融通無碍で、いわば鵺《ぬえ》的であり、それを定義するのはきわめて困難だ。一応、記紀神話に基づいて、万世一系の天皇の君臨する国家性（お国柄）であり、天皇・皇室を存続させる天皇制を基軸とする、これが要点になろう。

アジア・太平洋戦争の敗戦、ポツダム宣言の受諾の際に、御前会議や最高戦争指導会議で不可欠の条件として、天皇自身もしがみついた「国体護持」とは、皇位（帝位）・天皇制の存続でしかなかった。天皇は八月一四日の御前会議で、「国体護持に関しては、先方は之を認めて居るものと信じ、不安を有せす。（中略）更に戦争を継続することは結局国体の護持も出来す、唯玉砕するのみの事となり」（侍従武官「尾形健一大佐日記」）と語り、「国がらをただにまもらんといばら道　すすみゆくともいくさとめけり」と詠んでいる。そして、象徴天皇制なるものが今日に至るまで続いている。

治安維持法は稀代の悪法と言われたが、戦前、とりわけ日本共産党員が国体変革のかどで、一斉検挙された三・一五事件以降は、国体・天皇制国家を擁護する冷厳な法令として少なからず恐れられ、自明のものとされていた。とはいえ、大方の人々は無関心で、無関係だった。時として、治安維持法違反が新聞で報じられたなら、官憲・国家権力に対してではなく、被疑者・団体組織に対する恐怖が醸成されていった。

マスメディアによって、〝非国民〟〝逆賊〟といった烙印が捺され、恐怖心が煽られ、〝非国民〟〝逆賊〟と名づけられた人々を徹底して排除し孤立させていった。それは、陰惨な国家権力に対して、国

はしがき

宗教法人・大本《おおもと》の亀岡《かめおか》・天恩郷《てんおんきょう》には、首のない石像、切断された首を載せた石像、破壊された石像の残骸、禁足地になっている月宮殿《げっきゅうでん》の礎石などが保存されている。綾部《あやべ》・梅松苑《ばいしょうえん》には、大本の紋章である十曜紋《とようもん》を削り取られた石造の井戸囲いがある。開祖出口《でぐち》なお、聖師王仁三郎《おにさぶろう》などの墓のある天王平《てんのうだいら》の信徒墓地には、墓碑銘の一部が削り取られたままにしている墓石がいくつもある。一九三五年（昭和一〇）、地上から大本・王仁三郎を抹殺する、と豪語した権力の徹底した弾圧の痕跡を今でも残し伝えている。

大本は、戦前、二度も国家権力の弾圧を受けている。皇道大本《こうどうおおもと》の教団名で、天皇・皇室を崇敬し、天皇親政の実現を唱える皇道主義を標榜していた（以下、教団名は戦前も大本とする）。一度目の弾圧は一九二一年（大正一〇）、刑法の不敬罪、新聞紙法違反。二度目は三五年、不敬罪・新聞紙法違反に加えて、治安維持法違反が適用され、弾圧は熾烈を極めた。大本は宗教団体のなかで、最初に治安維持法違反で裁判に付された〝栄誉〟を担った教団なのである。

治安維持法は一九二五年（大正一四）に共産主義運動、特に日本共産党を弾圧・壊滅するために制

すみ・なお・王仁三郎（1900年頃）（大本本部提供）

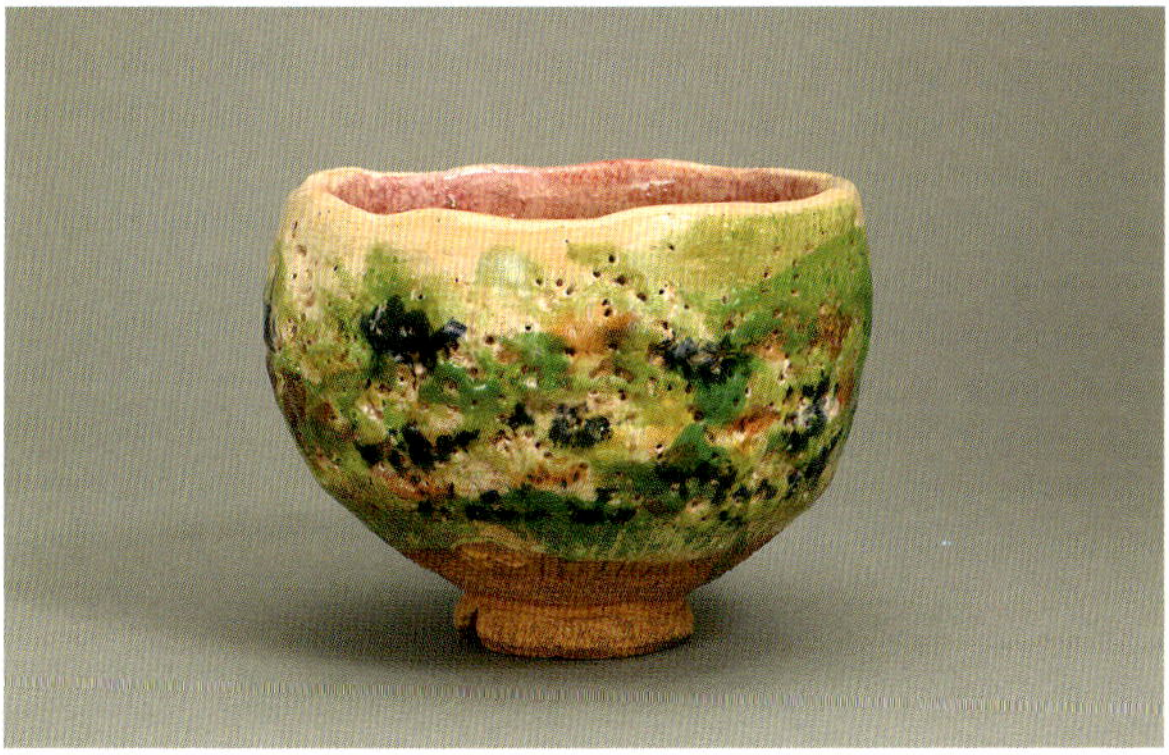

王仁三郎作「耀盌《ようわん》」（大本本部提供）

一九〇四年（明治三七）旧二月一四日の筆先（大本本部提供）

で九ち《出口》なお、めじ《明治》三十七ねん二がつ十よか《二四日》、あやべ《綾部》のりう九やかた《龍宮館》がたかまがはら《高天原》とあいさざまり《定》て、これまでのてん《天》のきそ《規則》九がち《地》できめる《決》よ《世》がまい《参》りてき《来》て、このよ《世》のやりかた《方》お《を》さばり《さっぱり》か江《変え》てしまうぞよ民たらんとする民衆が恐怖心を露呈した自発的な対応だったろう。そればかりでなく、国民とはみなせない、有象無象の得体の知れない民衆に対して、国家権力自体の抱いた脅威をはからずも露呈させて、国民の恐怖心を水路づけて誘導した、統治の成果でもあろう。

大本の一九三五年の弾圧は、一九二八年（昭和三）に改正された治安維持法が適用された。治安維持法は、日本共産党を壊滅へと導くことになる二八年の三・一五事件が転機となり、緊急勅令によって改正された。法改正では、国体変革と私有財産制度否認を区別し、結社の組織者・指導者にはこれまで一〇年以下の懲役または禁固だったが、死刑または無期の刑を導入した。また、「結社の目的遂行の為にする行為を為したる者」を罰する規定、目的遂行罪が新設された。

「結社の目的遂行の為にする行為」とは、結社の目的を認識し肯定するという、目的意識をもったかどうかを問う必要はなくなる。『治安維持法』の著者・潮見俊隆によると、客観的に、当然のごとく当局から見て、「結社の目的遂行の為にするもの」と認定されたなら、当事者の主観を離れて、警察が一方的に認定して検挙できることになった。被疑者の範囲が大いに広まったばかりではなく、恣意的な権力の濫用も大いに可能になったのである。

ある行為が「結果的に国体変革に資する」と判断されたなら、取り締まりの対象となり、特別高等警察（特高）を動員して、容疑を固めるためにすばやく内偵・捜査が始められ、証拠なるものはいともたやすく掻き集められることになろう。これまで特高課は警視庁と主要府県の警察に置かれていたが、すべての県警察部に設けられ、警視四〇名、警部一一五名、特高専門の巡査数百名が配置された。

治安維持法体制確立のもとで、特高警察機構は大拡大・整備されていったのである。

一九三〇年代前半、治安維持法を運用し、特高が活躍して、左翼運動が壊滅していくなかで、宗教復興と言われるほど、宗教的な運動は隆盛を極めていた。当時、左翼の評論家だった大宅壮一は「インチキ宗教」と名づけて罵っていた。マルクス主義の評論家の戸坂潤は、宗教復興に日本主義、ニッポン・イデオロギーの潮流が大きく現われたことを指摘している。ここには、右翼の国家主義的な政治運動の高揚が絡まっている。

大本は国家主義的な政治的団体として昭和神聖会を組織し、皇道主義を唱えて宗教的政治運動を大いに展開していったところに特徴がある。それは天皇親政、もしくはミロクの世の実現のために国家改造を提唱する、徹底した皇道主義を貫き、大量動員をして、街頭宣伝・デモの実行、博覧会・展覧会の開催、新聞・雑誌・映画などのメディアによる情宣を駆使し、他の国家主義的団体と連繋して実践されていった。政府の施政を非難して突き上げていき、反政府・反体制運動の様相を露に呈していく。そして、文字通り、出る釘は打たれた。

戸坂潤の言葉によるなら、「国体の不敬な模倣」をし、「その凄味に現実味がある（中略）化物のもつリアリティー」、天皇制国家自体のカリカチュアもしくは分身としてリアリティをもっていたのが大本になる。特高をはじめとする官憲の脅威によって肥大した妄想が国家・天皇制を覆すというリアリティを生み出したのである。

大本の三五年の弾圧については、後に詳しく述べるので、ここでは治安維持法の適用と関わらせて、簡潔に見てみよう。まずは治安維持法を適用すべきターゲットとして、大本が目星を付けられた。教団の教義の調査が開始される。それは恣意的にどのようにでも解釈できる。教団の活動も精査され、同じくいかようにでも牽強付会することができる。そして、信徒の内偵である。信徒自身、また近隣の者や親戚などから言動を収集して、証拠なるものが都合よく適当に羅列された報告書が作成される。ここで、国体を変革しようとして徘徊する妖怪がリアリティを帯びて立ち現われてくるのだ。

治安維持法違反が捏造される。天皇を戴く国家・国体を変革しようとする逆賊を憎悪し、死刑だ、地上から殲滅・抹殺せよと、治安維持法違反のかどで検挙する。特高警察は拷問によって被疑者に自白を強要して、聴取書を作成し、起訴までもっていく。当時、裁判になる前に、起訴するかどうかを決める予審があった。予審終結とともに、公判に付される。長期にわたる裁判を繰り返し、稀に大本のように控訴審判決で治安維持法違反の無罪を勝ち取ることがあるが、ほとんどすべて有罪であった。

弾圧の立役者であった、京都府特高課長・杭迫軍二《くいせこぐんじ》の「大本事件日記」を見てみよう。特高課では、一九三四年八月上旬、大本、その外郭団体の昭和神聖会の行動には「単なる宗教団体乃至《ないし》は政治的団体と認めて放置し難き片鱗看取せらるゝに至る」と、治安維持法違反の容疑を察知している。一二月中旬には「不穏情報」を各地から集めている。同月下旬に、大本捜査のため「秘かに係員の陣容」を整え、翌年一月には、「内偵工作」を進め、大本関連の書籍や新聞、雑誌などの出版物を収集している。

二月三日から六日の「節分祭」を内偵している。その際、主要幹部の「神聖運動の貫徹の為には決死的覚悟を要し、五・一五事件以上の犠牲をも敢へて辞すべからず」などという「言動中頗る注意を要するもの」を摘記している。二月以降、大本関連の刊行物を精読して、「不敬、不穏、医師法違反、風俗紊乱」などの「犯罪容疑の箇所」を印刷し、係員を増補するとともに、内偵をさらに続けている。大本大祭で用いる「神輿に菊花御紋章」の使用判明、武道宣揚会道場で「猛訓練」、二度目の世の立替えが切迫し、金融機関が崩壊するとの流言により預金・保険の多くの解約など、内偵情報をえている。京都市内にアジトを設け、八月の王仁三郎の生誕祭に潜入して情報収集するとともに、王仁三郎の査閲する昭和神聖会・坤生会《こんせい》の分列式を探索し、「王仁三郎の奇矯下軌《ママ》（不軌、筆者注）図り難し」と報告している。

九月に入り、内務省事務官が打ち合わせのために訪れた。下旬には、大津市の琵琶湖畔のアジトで内務省事務官や京都検事局の思想検事、著者の特高課長、警部、警部補などが夜間秘かに集まり、犯罪容疑資料を検討し、「大本根本思想の究明」を終えて、報告書をまとめる段階に達した。一〇月下旬には、大本秋季大祭に潜入して、動向を内偵している。一一月上旬に大本検挙のために、新たな検事正が着任し、警察部長、特高課長、警務課長、保安課長、警部が集まり、検挙準備書類の打ち合わせをして、警察部長、特高課長、警部が検事正の官舎を訪れ、思想主任検事などに経過報告をし、中旬には検挙の準備書類が整った。一二月四日、著者の特高課長が上京し、検挙の最終決定がなされ、七日の払暁、警察部長などの主要幹部が下鴨神社に参詣し、境内の糺《ただす》の森で最後の打ち合わせをした。そして、翌日の午前零時から、用意周到に検挙が行なわれた。

綾部・亀岡、「首魁」王仁三郎の赴いている島根別院、東京などで、被疑者の検挙、証拠品の捜索・押収が行なわれた。「不逞兇逆の企図を確証する」証拠品は五万点に及んだ。三六年一月に入り、証拠品の整理を終え、取り調べ方針を協議し、八日より取り調べが開始された。京都に来た司法大臣に大本検挙の詳細を報告している。「頑強に不逞事実を否認し続けた」が、二五日に「流涕歔欷《きょき》して一切を自供する」者が出た。当然、拷問については記されていない。二月三日には「高橋警部の熱誠遂に元兇王仁を降す」とある。

二三日、全員の取り調べを終え、不敬罪・治安維持法違反で送検の段取りになる。二・二六事件の前日である二五日、警保局長ら一行が京都に来て、大本事件に関する全国特高課長会議が京都府会議議事堂で開催された。この席上で、警保局長は「国体と相容れない教義を持つて居る」「前古未曾有の一大邪教を徹底的に壊滅」、「邪教の元兇」「王仁三郎の如きは（中略）国家の存する限り、永久に此の神聖なる国土より、其の存在を抹殺しなければならぬ」と訓示した。

三月一三日、王仁三郎以下、八名の起訴、大本や昭和神聖会などに結社禁止、一八日、大本に施設の破却命令、二七日、第二次検挙、五月一〇日、綾部・亀岡の「四十万の狂信徒を擁し、豪壮比類なき大殿堂」に対して「破壊の第一槌を加ふ」、「茲《ここ》に魔境の一切は全く地上より払拭滅燼《めつじん》せらるゝに至る」。いわば官憲の勝利の凱歌である。

大本・王仁三郎は「国体と相容れない教義」を説き、その実現に向けて運動したとする事由によって、治安維持法違反となった。国体・国柄はひとつの観念・概念であるが、それは言葉によって表現される。記紀神話の「天壌無窮の神勅」「肇国《ちょうこく》の神勅」、大日本帝国憲法の「告文」「憲法発布勅語」「第一条　天皇」、また教育勅語などに表わされている。「国体の精華」なるものは、〝万邦無比の万世一系の天皇が統治し、臣民が天皇・皇祖皇宗を崇敬して、忠孝を尽くす、金甌《きんおう》無欠の神国〟として表現することができる。

国体を表現するために、こうした漢語、いわば国体イディオムが用いられ、ひとつの言説（ディスクール）体系が構築され、それは表現活動でも、儀礼的にも行動でも実践されなければならないものとして確立され制度化される。それを無視したり、歪曲したり、否定したりすることは、不逞な思想・行動であり、国体を毀損するものとして処罰の対象になる。そして、翼賛と処罰をバック・グラウンドにして、疑問の余地なく自明視されるシステムとして流通していく言説と実践の規範・枠組み、それは〝国体ディスクール体制〟と呼ぶことができる。文部省教学局『臣民の道』（一九四一年）から、これが我が〝お国柄〟だと、狭い島国のなかで吹聴していた、大日本帝国の完成した公定的な国体ディスクールを挙げてみよう。

我が国の歴史は、皇国の道の御代御代弥栄《いや》えゆく発展の姿である。天皇は皇祖皇宗の御遺訓を奉じて万世一系に我が国をしろしめし給ひ、臣民はよく忠よく孝にして、億兆一心となり、大御心に随順帰依し奉つて来た。天壌無窮の神勅のまにまに我が国は永遠に発展して行くのである。かくてかく天壌と共に窮まりなく国運の発展を遂ぐることが、我が国の本然の姿である。されば我が国こそ、世界人類の幸福安寧に対し、崇高なる使命を果たし得るのである。

三五年の大本事件を担当した、京都地方裁判所の予審判事、西川武は『皇道大本事件に関する研究』（一九三九年）で事件をまとめている。予審判決文には、一九二八年（昭和三）に催した「みろく大祭」で「みろく神政成就の為（中略）結社を組織せむことを慫慂《しょうよう》し（中略）みろく神政成就の為、一致団結して、捨身活動をせむことを誓ひ、茲《ここ》に被告人は右昇殿者と共謀の上、万世一系の　天皇を奉戴する大日本帝国の立憲君主制を廃止して、日本に出口王仁三郎を独裁君主とする至仁至愛の国家を建設することを目的とする、大本と称する結社を組織」したと記されている。

七年前の「みろく大祭」にまで溯って、万世一系の天皇制国家を廃止する国体変革の結社が、王仁三郎と幹部の一致団結・共謀によって結成されたと断じられている。「みろく大祭」は純然たる宗教的な祭儀であった。それが国体変革を目的とする結社を組織した、共同謀議の日とされた。この日が組織的犯罪を計画・準備した起点となり、あとは内偵・捜査をして、実行した痕跡を執念深く見つけ出して証拠とすれば事足りた。

王仁三郎の歌「月の光り昔も今も変らねど大内山にかゝる黒雲」は、「畏くも現　天皇を呪詛して詠《えい》したる短歌」と解釈された。大内山とは宮城（皇居）のことを指し、天皇の滅亡を呪詛したとされている。特高や検事、判事が呪詛という大時代的な言葉を用いたのも、国体ディスクール体制のなかで、天皇制の帯びたフィクショナルな宗教性を踏まえて、邪教大本を凌駕する位置にあるとする姿勢を顕示しようとしたのであろう。古代的な呪術的世界を天皇制国家は一端に抱えていたのだ。

王仁三郎の「千歳経し聖《ひじり》の壺も地震《ないふる》の荒《すさ》びに逢はばもろく壊れむ」「つがの木の弥《いや》つぎ〳〵に伝はりて宝の壺もひびぞ入りぬる」は「御皇室の断絶を暗示した」短歌、「言《こと》さやぐ君が代こそ忌々《いまいま》しけれ山河海の神もなげきて」は「御皇室を呪詛して詠した」短歌となる。なんとも牽強付会としか言えない解釈であり、恣意的にすぎ、こじつけでしかなかった。このようなもので治安維持法違反を問われた。それが国体ディスクール体制下での治安維持法運用の実態だったのである。

共産主義運動に対するのとは異なって、拷問は別にして、合理的な官憲でも宗教団体に対しては、きわめて恣意的に非合理的な文言を使用せざるをえなかった。それがまた、マスメディアを通じた報道によって、国体ディスクール体制下のもとに馴致させた国民に、逆賊・非国民に対する恐怖と憎悪を増大させ根づかせたのである。それは大いに功を奏した。強圧的な国家権力に屈服し、沈黙を余儀なくされたと言えるかもしれない。だが、監視・管理の社会にあって、告発や密告が自発的に行なわれたのが実情である。

大本弾圧後、治安維持法違反で多くの教団信徒が検挙され、結社禁止の処分を受けた。そして、一九四一年に治安維持法は改正となる。これまで七条だったが、六五条へと大幅に拡充された。処罰の対象範囲は、国体変革の結社を支援・準備する結社、また「国体を否定し又は神宮若《もしく》は皇室の尊厳を冒瀆すべき事項を流布することを目的」とした結社、また国体変革の目的で煽動・宣伝したり、その目的を遂行する行為をしたりした者など、宗教団体も含めて、個人にまで及び、まさしく細密に、そして恣意的に拡大されていった。何よりも、〝国体否定〟また神宮・皇室の尊厳冒瀆という、個人の信条や観念的・思想的な営みまでも問題視されるに至ったのだ。

治安維持法は稀代の悪法だったことは確かだ。国民は我が身に関わりのないこととして無関心であったとはいえ、弾圧された人びとを逆賊・非国民として容認し排斥していたことも確かなのである。弾圧された当事者たちにとっては、まさしく苛酷極まる試練だった。だが、敗戦後、天皇制国家から受けた治安維持法による弾圧は、僥倖となった。金鵄《きんし》勲章に優に劣らず貴重な財産になった。教団としては、天皇の詔勅によって〝聖戦〟と称された帝国主義的な侵略戦争に加担することを免れたのだ。戦時中、治安維持法という負の歴史を負わされた大本にとっては、〝聖戦〟の敗北を境にして、治安維持法による弾圧が正の歴史的遺産になったのだ。歴史のアイロニィと言うべきであろう。

悪法はむごい犠牲を必至とする一方で、鍛え上げる試練を課し、また物深い内省に浸る機会をもたらす。正／負によって歴史を裁断するよりも、正・負の混在した歴史、とりわけ負の歴史、あるいは敗北の歴史こそ考察することが大切だろう。弾圧によって、中途で潰えてしまった思想・運動、そこには未成の可能性に溢れた歴史が成長を断たれて潜んでいるかもしれない。たとえば、冤罪によって死を余儀なくされた、浮かばれない亡魂が中空を漂うように。亡魂は鄭重に受け入れられて歓待され、記憶されることによって弔われ、新たな世界へと旅立つことになろう。負の歴史、あるいは敗北の歴史も、同じく弔いという作法を通じて、断絶された歴史をあらためて更生させることができるのだろう。

大本には弾圧の痕跡が転がっている。だが、それは見なければ、なにも現われてこない。想起しなければ、なにも語ってはくれない。歴史の来し方は物語ってこそ生み出される。歴史の行く末は想像するところからこそ立ち現われよう。たんなる伝説ではなく、伝奇と見紛えるばかりの出口なお・王仁三郎、二人の物語を始めよう。

出口なお・王仁三郎——世界を水晶の世に致すぞよ　目次

凡　例

・史料の引用の際には、読みやすいように句読点を加え、片仮名は平仮名に改め、傍点を削除し、（　）内に筆者の注記を補っている。斜線（／）は改行を示している。
・引用文中には、差別的な表現があるが、当時の情況を表わす歴史的な用語・名称として、そのまま用いた。

図版写真一覧

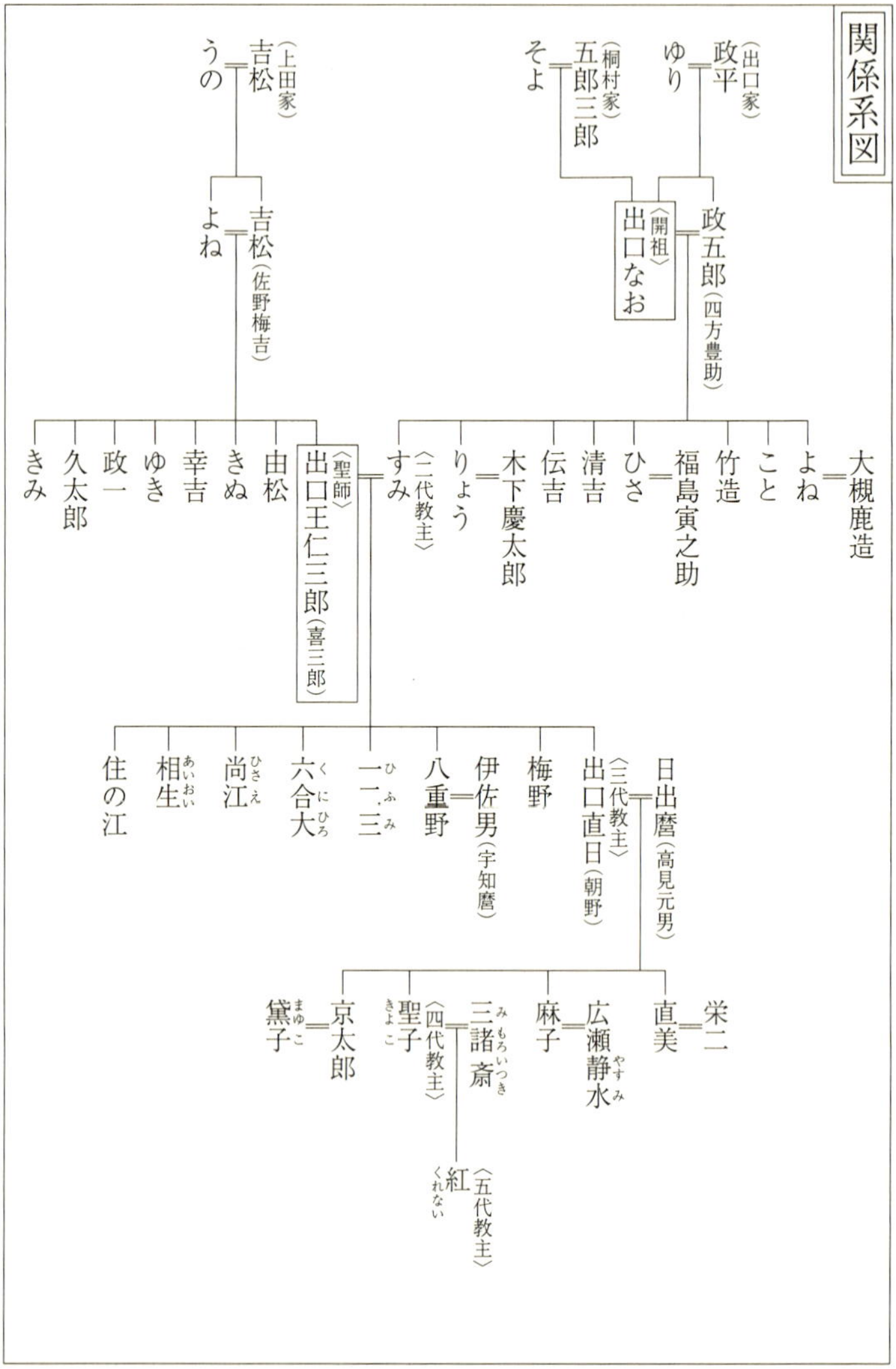

（村上重良『評伝　出口王仁三郎』三省堂，1978年，に加筆）

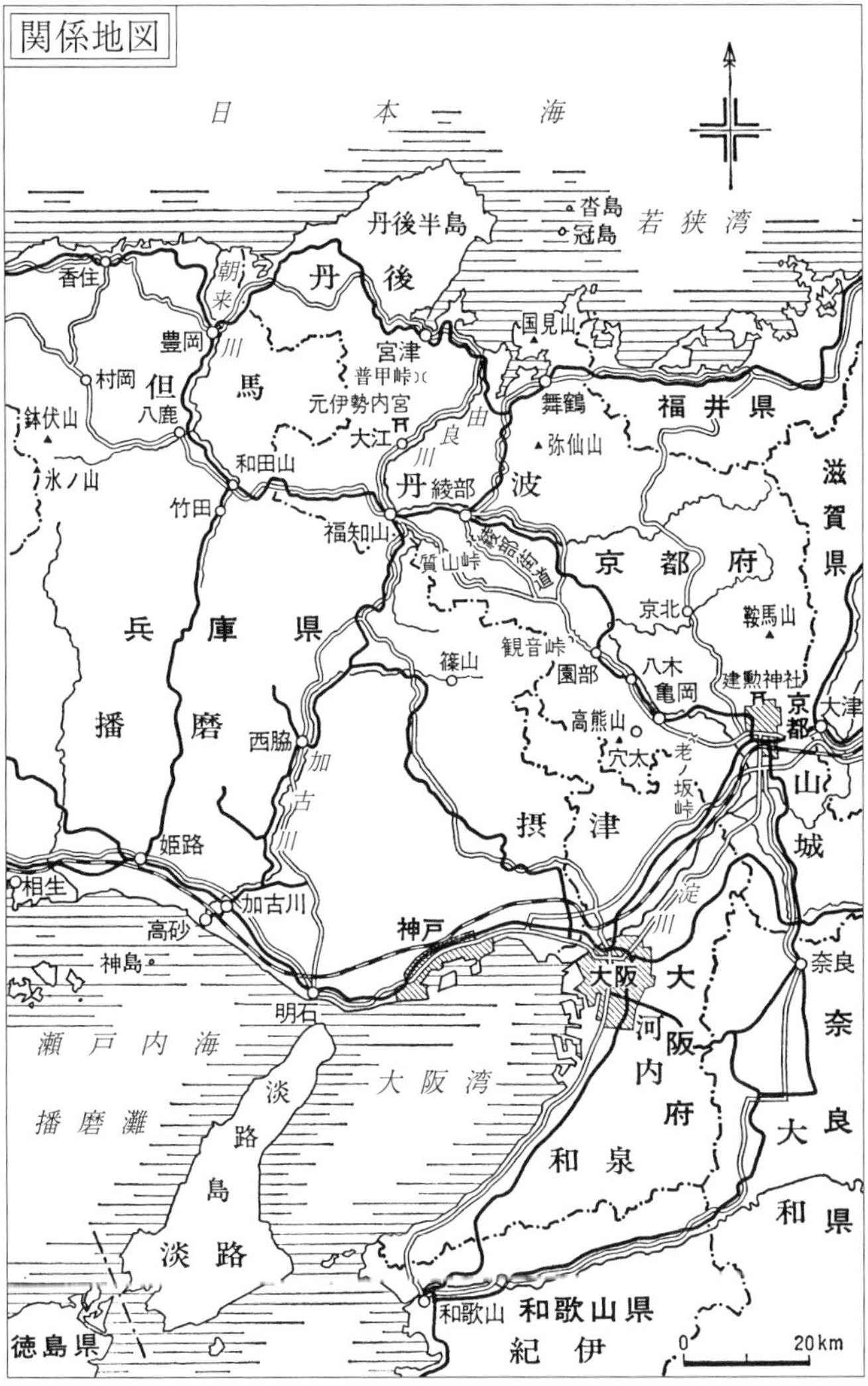

（村上重良『評伝　出口王仁三郎』に加筆）

序章　峠を往還する

善と悪のかわり目のさかいの大峠となりてきて、悪のこれほど栄えておる世を、むかしの根本の世へ善ひとつの世へ世をねじなおして、心やすき世にいたして、元の神世にもどすぞよ。

〔一九一八年七月二四日〕（なお「筆先」）

1　峠の体験

峠越えのなかで

京都駅からJR山陰線の特急に乗って西へと向かうと、二〇分ほどで亀岡に、そして八木《やぎ》、園部《そのべ》を通過すると、五〇分で綾部に着く。さらに行くと、福知山《ふくちやま》に至る。保津《ほづ》川の流れを眼にしながら、山間部を縫って辿り着き、いずれも山に囲まれた盆地で、次第に山深くなっていく。丹波《たんば》と呼ばれる地域である。京都府綾部市の梅松苑と亀岡市の天恩郷は、宗教法人・大本の二大聖地であり、綾部は開祖出口なお（以下、なお）の元屋敷の地、亀岡は聖師出口王仁三郎（旧姓名は上田喜三郎。以下、王仁三郎）の出身地である。

国鉄山陰線の京都・綾部間が開通したのは、一九一〇年（明治四三）のことである。それは、教団の発展に大いに貢献している。これまで綾部を訪れるためには、大阪経由で福知山にて下車し、徒歩か人力車で向かわなければならなかったが、鉄道の開通によって、京阪地帯に教勢を大きく拡張する好機となったのである。

山陰線の京都・綾部間の開通以前、遠出するには、言うまでもなく歩かねばならなかった。なおはとにかくよく歩いた。歩きずくめの人生だったと言える。なおが峠越えをする際に見舞われた、印象深いエピソードがある。『神の国』（一九二三年八月二五日号から二六年二月号）に連載された「大本教祖伝　開祖の巻」、後に『稿案大本教祖伝　開祖の巻』（以下、『開祖の巻』）と題してまとめられた、なおの伝記から見てみよう。また、なお自身の経歴が記された『経歴の神諭』と称される筆先も挙げてみる。

一八八六年（明治一九）の旧一二月、大晦日の前日、なおは病で床に伏した夫の政五郎《まさごろう》、幼い娘のりょうとすみを家に残して、丹後の宮津《みやづ》へ紙屑やぼろ布買いに出かけた。商人風の男から、紙屑やぼろ布を買いに来てくれる人がいなくて、たくさんあるという話を聞いたからである。綾部からは七里も遠くだったが、正月の餅に事欠いていたため、勇んで出立した。大江山《おおえ》を登り、普甲峠《ふこう》を越えて、宮津近郷に辿り着いた。訪ねた家ではすでに屑物を始末していたが、他の家に頼んでくれて、紙屑やぼろ布が多く集まり、なおはまとめて背負った。

夫や娘が待ち兼ねていると思い、日暮れになっていたが、宮津を発った。普甲峠に差し掛かると、日はとっぷりと暮れて、激しく雪が降ってきた。腰のあたりまで、埋もれそうになってきた。闇が深く、大雪で四方は見えなくなり、どこが道か分からなくなってきた。なおは急いて峠道を登っていった。どうしたことか、道を踏み外し、重い荷物を背負ったまま、崖を滑り落ちてしまったのである。

崖をよじ登ろうとしても、傾斜は急で、雪は深く、重い荷物を背負っているため、どうしても上がれない。荷物を背から下ろしても、滑って這い上がれない。なおは「助けておくれ」と幾度も声を限りに叫んだ。すると、四、五人ほど、峠道を通る人が現われ、なおの叫び声を耳にしたようだ。帯を解いて繋ぎ、なおのもとへ投げてくれた。なおが帯につかまると、男たちは力を尽くして、引っ張り上げてくれたのだ。男たちのひとりが向こうの茶屋に行って休むといいと言って去っていった。

なおは谷底に置き去りにした荷物を思い出して、去りがたかった。翌日は大晦日、床に伏した夫と娘を思い起こして、無一物では帰れないと思案に暮れたが、雪は降りしきっている。荷物を引き上げる術もなく、いたしかたなく、茶屋に行くことにした。茶

普甲峠から宮津を臨む（筆者撮影）

屋の亭主はなおに風呂を沸かしている火で、身体を温めるようにと言ってくれた。亭主からこの雪で難儀しただろうと問われ、なおは峠から落ちてしまった次第を詳しく語り、「折角僅かの資本《もとで》で買うて此処迄《ここまで》持つて来ましたやけど、そんな始末でドナイしやうかと思ふとるんどすわ」と心持を吐露した。

この茶屋に泊まっていた客がなおの話を耳にして、声をかけてきた。「モウ正月が来るのに食べさすものがないさかいに、宮津まで襤褸《ぼろ》を買ひに来て、それを背負うて来よりましたら、此《この》通りの雪に逢ひましてな。今も云ふとりますやうに買うた襤褸は落して了ひますし、此儘《このまま》帰つても食べさすものが無いと、思案に暮れとりますんぢやはエー」と胸の内を話している。この客人は「それ位のものなら未練をかけなはんな」と言って、正月の餅を買う金を渡したのである。なおは茶屋の隅に泊めてもらい、朝早く起きて、宿泊の礼に風呂場を掃除した。昨晩の客と道連れとなり、雪の山路を途中まで一緒に帰った。

なおが綾部に辿り着いた頃は、大晦日の夕暮れ近くなっていた。客人から恵まれた金で糯米《もちごめ》を一升買って、家に帰った。二人の娘が迎え、なおは糯米を急いで炊いて、皆で食べ、残りの米を搗いて、餅にした。元旦には、その餅を煮いて、親子で食べている。それは「淋しい淋しい正月」であったと言う。

なおを峠の崖下から引っ張りあげた人たち、なおに金を渡した茶屋の客人、いずれも無名のままである。神が苦労艱難を負わせて、助けてくれたなどといった脚色はなされていない。しかし、なおにとっては、一命を救い、淋しかったとはいえ、正月を迎えさせてくれた大恩人であったことは疑いない。困窮のなかで見舞われた辛苦の体験、またその際に出会った人々を、なおは忘れ去ることなく、絶えず想起して、身の回りの人たちに語り続け、言葉に表わして、心身に刻み込んでいき、ひとつの体験へと結実させていったのである。

大峠を告知する

なおは峠越えをいくたびも繰り返している。それはたんなる人生の比喩ではない。なおの身に刻み込まれた体験となり、信心を培っていった。土の道を歩き、峠を往還する、土と身体に根ざした思想が生み出される。まさしく民衆思想と言える。それはなおが一八九二年（明治二五）から終生に渡って書き続けた、膨大な筆先から知ることができる。

今度の境界《さかい》の峠を越すのは、身魂《みたま》の洗濯をして居《お》らんと、物が前後《あとさき》になりたから、世界の洗濯が早い所《とこ》と、身魂の洗濯とが一度のなる所《とこ》があるぞよ。今度の境界《さかい》の峠は金銀では越せんから、神徳で無いと越せんから、身魂の磨き合ひを為《し》て居りてくだされよ。　〔一九〇七年旧七月一一日〕

大国常立尊《おおくにとこたちのみこと》、変性男子《へんじょうなんし》の御魂《みたま》が大出口之神と顕現《あらわれ》て、三千世界の身魂《みたま》の洗濯を始めるぞよ。此《こ》の事を大峠と申すなれど、大峠に成りたら、何程改心を致すで許して呉《く》れいと申して、逆立に成りて御詫びに参綾《まい》りて来ても、世界中の事で在るから、些細《こまか》い小事《こと》には掛りて居れんから、充分以前々々《まえつまえつ》に筆先で気が付けて在るから、神に不足は言へようまいぞよ。　〔一九一六年旧三月一四日〕

両者の筆先で「今度の境界の峠」「大峠」とは、日露戦争後の「世界中の大戦争」、また二度目の世の立替え、ミロクの世の実現のことでもある。後者の場合、第一次世界大戦中であり、特に「大峠」として「三千世界の身魂の洗濯」が切迫していたのであろう。それぞれ『神霊界』の一九一八年一〇月一五日号、一九二〇年一月一五日号に発表され、大本が発展途上にあり、弾圧を受ける直前、大正維新を目指し、激烈に進撃していた時期である。なおは境の峠、大峠を歩いて往還し、神の声を聞きながら、二度目の世の立替えを告知する筆先を執筆した。それは死の年まで続けられている。

2　なおの筆先・神諭

初めの筆先「初発の神諭」

開祖と呼ばれた出口なおは、艮《うしとら》の金神《こんじん》の知らせる言葉を書き綴った。それは「なおがかき（書）たふでさきであるぞよ」（一八九六年旧六月六日）「うしとら（艮）のこんじん（金神）のふでさきであるぞよ」（同上）（平仮名の筆先には漢字や句読点をその箇所に補った、以下同様）とあるように、筆先と呼ばれている。艮の金神―なおという経路で、文字に表わされたのが筆先である。

また、聖師と称された出口王仁三郎が平仮名の筆先を漢字交じりの文にするなどの編集をして、『神霊界』（一九一七年二月号〜二一年四月号）に「神諭」「教祖神諭」と題して載せた。『神霊界』に掲載された「神諭」は、『大本神諭　天之巻』（一九一九年）、『大本神諭　火之巻』（一九二〇年）にまとめられている。また、『大本神諭』全五集（一九六八〜七一年）、現在では『おほもとしんゆ』全七巻（一九八三〜八四年）が刊行され、教典になっている。

まず初めに、なおが一八九二年（明治二五）旧正月に記したとされる「初発《しょっぱつ》の神諭」と名づけられた筆先を挙げてみよう。この年の正月はなおに初めて神が降りた年でもある。

［一］三ぜん世界一同に開く梅の花、艮《うしとら》の金神《こんじん》の世に成りたぞよ。梅で開いて松で治める、神国の世になりたぞよ。日本は神道、神が構はな行けぬ国であるぞよ。外国は獣類《けもの》の世、強いもの勝ちの、悪魔ばかりの国であるぞよ。日本も獣の世になりて居《お》るぞよ。外国人にばかされて、尻の毛まで抜かれて居りても、未《ま》だ眼が覚めん暗がりの世になりて居るぞよ。是《これ》では、国は立ちて行かんから、神が表に現はれて、三千世界の立替へ立直しを致すぞよ。（中略）天理《てんり》、金光《こんこう》、黒住《くろずみ》、妙霊《みょうれい》、先走り、とゞめに艮の金神が現はれて、世の立替を致すぞよ。

［二］三千世界一度に開く梅の花、艮の金神の世になりたぞよ。三千世界一度に開き、須弥仙山《しゅみせんざん》に腰をかけ、鬼門《きもん》の金神守るぞよ。昔から此《こ》の世が来るは知れて居る、絶体絶命の世になりたぞよ。世が変るぞよ。この戦ひ治まりたら、天も地も世界中枡掛《ますかけ》ひいた如くに致すぞよ。神も仏事も人民も勇んで暮す世になるぞよ。（中略）安心なされ。この世の鬼を往生さして、世界のものを安心させるぞよ。

［三］さんぜんせかい《三千世界》いちど《一度》にひら《開く》九んめ《梅》のはな《花》、きもん《鬼門》のこんじん《金神》のよ《世》になりたぞよ。さんぜんせかい《三千世界》いちど《一度》にひらき、しみせんざん《須弥仙山》にこし《腰》をかけ、うしとら《艮》のこんじん《金神》がまもるぞよ。

むかし《昔》からこのよ《世》の九《来》るわしれておる、ぜつたいぜつめい《絶体絶命》のよ《世》になりたぞよ。よ《世》がかわ《変》るぞよ。このたたかい《戦》がをさまり《治》たら、てんもちもせかい《世界中》十ますかけ《桝掛》ひいた五と九《如く》いたすぞよ。かみ《神》もぶつじ《仏事》もじんみん《人民》もいさ《勇》んで九《暮》らすよ《世》になるぞよ。（中略）五あんしん《御安心》なされ、のこら《残》ずのこんじんさま《金神様》、うしとらのこんじん、むかしから、このよ《世》の九《来》るのをまちかねたぞよ。まつ《松》のよになりたぞよ。

印刷されて刊行された順に挙げている。この「初発の神諭」は王仁三郎の編纂であり、「王仁三郎によって要約された筆先の思想のエッセンスというべきもの」（安丸良夫『出口なお』）でもある。

［一］は大日本修斎会の機関誌『神霊界』一九一七年四月号の「神諭」に掲載されたものである。『神霊界』に載せられた「神諭」をまとめた、皇道大本・大日本修斎会出版局編『大本神諭　天之巻』（一九一九年）に収められている。

［二］は『神の国』一九二四年一月一〇日号に載せられたものである。『開祖の巻』（一九五七年）から引用した。「初発の神勅」と呼んでいる。［一］とはかなり違っている。鬼門の金神・艮の金神が立替え立直しをして、「須弥仙山に腰をかけ」、世界を守護するとする。外国と同様に日本も「獣の世」となり、「絶体絶命の世」であり、戦いが起こる。「この世の鬼」を滅ぼし、「世界中桝掛《ますかけ》ひいた如くに致すぞよ」と、激しい文章で立替え立直しを予告している。

［三］は『おふでさき（原本筆写）㈠明治二十年代：大本神諭研鑽資料(1)』（一九七七年）による。ここに収録されている『おふでさき』は凡例によると、「現在資料編纂所に保存されている筆先のうち、

明治二十年代の筆先を集め、それを編年順に編集したもの」で、「梅田信之氏が開祖の直筆を謹写し」、さらにそれを書写したものを原本にしている。〔三〕は漢数字「九」「五」「十」（他のところで、「江」）が使われている他は、すべて平仮名である。〔二〕とよく似ている。〔二〕は〔三〕を漢字仮名交じり文にしたものと言える。しかし、ほぼここに挙げたもの以外、重複している箇所が少しあるとはいえ、各々異なった文章が長々と続いている。

一応、なおの「直筆を謹写した」とする〔三〕、『神霊界』一九一七年四月号の〔一〕、『神の国』一九二四年一月一〇日号の〔二〕の順に古い。現在、大本で刊行され、教典になっている『おほもとしんゆ』では、〔一〕と同じで、『神霊界』所収の「神諭」が載せられている。「初発の神諭」は王仁三郎の編集によって構成されたとはいえ、戦前・戦後を通じて、大本の「開教」を根拠づける大切な筆先である。ここには、なお・大本の宗教思想の粋が籠っていると言える。

テクストとしての筆先

なおの執筆した文章は「おふでさき」、「神諭」、また「表の神諭」（これに対して、王仁三郎のものが「裏の神諭」）と呼ばれている。ここでは、「めじ十九ねんろ九がつむいか、なおがかきた、ふでさきであるぞよ」（『おふでさき（原本筆写）』）と記されているように、なお自身が用いている「ふでさき」・筆先という言葉で呼ぶことにする。

なおの「初発の神諭」、公刊されている筆先は、聖師王仁三郎によって平仮名に漢字が当てられ、文章が分かりやすく整えられて、編集されたものである。平仮名に当てた漢字には、王仁三郎の思想が色濃く滲み出ていて、王仁三郎がなおの筆先をいわば翻訳したのが「神諭」だとすら言えなくもない。だが、筆先を改編したかもしれないが、改竄《かいざん》したとは言えない。筆先が艮の金神の指図によって記されたと同じように、筆先の編集は艮の金神がなおを通じて認めたことである。

王仁三郎は筆先をテクストとして神諭へと編成した、エディターとしての位置にあると捉えると分かりやすい。そして、さらに教団によって編集された筆先が今日に至るまで、大本で〝聖典〟としてあり、大本信徒に信仰されて存続してきたのである。

筆先は言うなれば、なお唯ひとりが筆者なのではない。なおのみならず、王仁三郎や筆先を書写した信徒たちといった複数の筆者を想定することができる。なおを核にして、王仁三郎、教団の信徒という複合的な作者によって作成され、信徒によって多様に読み解かれ解釈されてきた、開かれたテクストとして、筆先はあると捉えることができよう。

3　なおと王仁三郎の教祖化プロセス

スティグマとカリスマ

大本では、なおは開祖、王仁三郎は聖師と称されている。一般的に言えば、なおは教団の教祖、王仁三郎は教団の組織者と言える。なんらかの教え・教義を唱えても、その教義を信奉する信徒、それに信徒を組織化する者がいなければ、教団は生まれない。しかし、なおを教祖、王仁三郎を組織者とする両輪の関係で、教団が創設されて発展していったと単純には言えない。王仁三郎も教祖的存在だからである。

なおの創唱した教えや発揮した霊力・カリスマ（charisma）を信じて集って形成された信徒集団は、綾部のごく狭い範囲で小さな地域的集団、講社でしかなかった。それが全国的な教団へと発展するうえでは、信徒たちを組織化していくばかりでなく、教えを全国的な規模で流通する形態に変容させ、いわば再創唱し、布教していくことも求められよう。なおの創唱した教えにさらに新たな教えを接合して、教義として再創唱し、宗教運動を担って推進したのが、王仁三郎であると言える。

なお・王仁三郎が教祖とされるのは、ごく簡単に言えば、教団が開祖・聖師と称しているからにほかならない。しかし、それだけではない。世間で、社会的に教祖として認められる必要がある。自認と評価が不可欠なのである。教祖として社会的に評価されるプロセス、いわば教祖化プロセスを見てみよう。

ここでは、スティグマ（stigma）とカリスマというコンセプト、またスティグマとカリスマが社会的に成立する行動パターンとして〝籠り〟と〝巡り〟というコンセプトを用いて、なおの教祖化プロセスのおおよその筋道を描いてみよう。

スティグマとは、罪人や奴隷に押された烙印、焼き印を意味する、ギリシア語のスティグマート（stigmat）に由来する。汚名、汚辱、傷痕、聖痕、この相反する両義的な意味をスティグマは帯びている。イエスはキリスト＝救世主《メシア》を詐称したとして、汚名を着せられ、汚辱を浴びせられた。そして、十字架上で、イエスは両手、両足に釘を打ち付けられ、脇腹を槍で突き刺されて、死に至った。さらに、復活によって、この両手、両足、脇腹の傷が聖痕になったのである。イエスの手足の傷痕はアシジの聖フランチェスコなどにそっくりそのまま現われたとされている。スティグマは烙印・汚名・汚辱の傷痕が付与されて、社会的に排除・差別されていくプロセス、またその傷痕が聖痕へと逆転するという、汚穢性から神聖性への変容のプロセスを捉えるコンセプトとして用いることができる。

カリスマとは、聖霊の賜物のことである。イエスの十字架上での死、復活後、使徒たちに聖霊から授けられた、治癒の力や異言を発する力など、様々な霊能がカリスマであり、ギリシア語の恩寵を意味するカリス（kharis）に由来している。ドイツの社会学者、M・ウェーバーは、メラネシアのマナなどと同様に、非日常的・超自然的・超人間的な資質・能力および状態を表わすとして、霊能をもつ指導者と帰依者との関係を分析する概念として設定している。ウェーバーのカリスマ社会学は、次のようなものである。

カリスマは日常性とは対立した非日常的な資質・状態であり、他者による承認・評価を欠かせない。その担い手はカリスマを実証しなければならないとともに、他の人々や集団・社会による承認を必要とする。カリスマの証明と承認という相互の関係においてカリスマ的権威が成立し、カリスマ的指導者と帰依者というカリスマ的支配が形成されることになる。カリスマは現世に対する新たな志向、内面からの変革（メタノイア）・回心をもたらし、カリスマ的支配はあらゆる伝統的または合理的な規範に対して革命的な態度をとり、新たな秩序・体制を樹立する運動を展開する。ウェーバーのカリスマ・カリスマ的支配の概念は、新しい宗教運動の発生・展開を分析する際に、きわめて有効である。

なおの教祖へと至る起点は、極貧のなかで二人の娘に引き続いて起こった、初めての神がかりである。神から乞食の真似をしろと命じられ、汚れ破れた着物をまとって、街路をさまよっている。神から、巡りを強要された。艮の金神が降りたと語っても、近隣の者も誰もなおを認めてはくれない。かえって、「発狂婆あ《きちがいばばあ》」「狐憑《つ》き」「狸憑き」「飯綱使《いづなつかい》」などと、嘲り罵ってスティグマを負わせ、世間から疎外・排除していった。

スティグマ化プロセス

この巡りでのスティグマ化プロセスにおいて、放火犯の嫌疑をかけられて、牢に入れられ、嫌疑が晴れて、座敷牢に閉じ籠められた。狂暴になる恐れがあると、四〇日間、監禁と監視によって隔絶される一方で、世間の晒し者になった。なおの籠りである。神がかりの起こった「明治二十五年」は、なおにとってすべての基点となる。

座敷牢は籠りの空間となる。古来より、参籠・お籠りは御堂のなかで神仏の示現を願って行なわれてきた。そこで、なおは理不尽にも憑依してきた神・艮の金神と対話し、艮の金神なる神の神威を確信するに至る。籠りのなかで、神に命じられて、釘を拾って、文字を書き、後の筆先の原型を創出することになる。

艮の金神との対話、艮の金神の言葉の書記が幾度も繰り返されることによって、神の圧倒的な霊的な権威はなおの心身へと刻み込まれていった。それとともに、これまで神が憑依して荒立ち、統御できなかった心身状態をある程度は統制・コントロールできるようになったのも、この籠りの空間においてである。

心身の統御ができなければ、憑かれたままになり、心身はやがて脆く崩れてしまうだろう。心身の安定をはかり、神の憑依を自律的・意図的にコントロールすることが不可欠であり、それが籠りの空間でのテーマとなる。座敷牢への監禁は「かみからのつごう《都合》のことでありた」（一九〇〇年旧一〇月五日）と筆先に記し、心身を統御して、神の使命を受け入れ、監禁を神の顕現する籠りへと反転させたのである。

自己スティグマ化プロセス

なおは心身状態がある程度まで安定し、神がかりによってあまり荒立つことがなくなり、座敷牢から出された。四〇日間の籠りである。家屋敷もなく、すっかり無一文になった。世間から投げつけられた「発狂婆あ」「狐憑き」などといったスティグマはいまだに消えていない。

「牢から出て（中略）家も売り道具も売り、綺麗に新《さら》つに（中略）家売りて下されたのが、今になりたら誠に結構（中略）出口糸引きて、新つに衣類《きるい》拵《こしら》へて、生れ赤児《あかご》になりたのざ。皆神が為《し》てあるぞよ」（一九〇一年旧正月五日）と筆先に記す。「綺麗に新つに」なり、「生れ赤児になりた」、そして新しい着物をまとう、新生した身として自分を表わしている。死と再生、心身の更生の場として、籠りの空間は変容したのである。

なおは新しい着物をまとって、糸引きの仕事へと出掛けた。なおは筆先で「明治二十五年から、此《こ》の世が来るから、出口直は他人から見ると、丸狂人《まるきちがい》で、三千世界の大狂人《おおきちがい》でありた」（一九〇三年旧一一月一四日）と自分を呼んでいる。「零落た人《おちぶれ》」「牛糞《うしぐそ》」「糞粕《くそかす》に劣りた者」「お化物《ばけもの》」「此の世に類無《な》き落ぶれ者の出口直」などとも称している。世間から受けた、人として真っ向から貶《おとし》められる侮蔑的・差別的な烙印を世間に向けて、自らの呼称としている。

こうした境遇に落とされたのは、神からの使命にほかならないと、なおは捉え返す。スティグマを自ら負い、鮮やかに転身するのである。スティグマ化から自己スティグマ化のプロセスへと歩み出している。ここに、教祖化へと推し進める強靱な第一歩があろう。神そのもの、神の課した使命へのまったき信心のもとで、世間へと打って出る。捨てられた神を探しまわり、拾い集めて祀るという、隠喩的《メタフォリカル》な紙屑買いの仕事へと、なおは出立する。籠りから、巡りのプロセスが始まっていくのである。この「明治二十五年」を原点とする自己スティグマ化を、なおは終生負い続けている。

カリスマ化・自己スティグマ化プロセス

紙屑・ぼろ布買いや糸引きの生業《なりわい》を細々と、それも世間の眼を気にすることなく、神のもとで「牛糞」の最底辺の者として、自由の境地となり、峠道を往還しながら続けている。この巡りのプロセスで、「人助け」をした。おもに病気直しであり、治癒のカリスマを巡り遊行しながら発揮した。なおは「綾部の金神さん」として、近郷近在で知れ渡るようになっていった。霊的力能が社会的に承認され、地域の巫女・祈禱師として評価されたのである。これがカリスマ化の第一段階となる。

多くの場合、一定の帰依者集団を抱えながら、既成の教団に属したり、独立して活動したりして、巫女・祈禱師として生涯を終えることになるか、霊能を発揮できなくなれば、誰からも見向きもされずに、巫女・祈禱師としての信頼を失って廃れていくことになるかのいずれかである。しかし、なおはさらなるプロセスを辿っていくことになる。

金光教の傘下で、なおは地域の巫女として合法的に活動した。だが、満足できなかった。なによりも、なおの神、艮の金神が金光教の布教師から無視され、表立って祀ることができなかったからである。そして、なおに期待されたのが、金光教を広めるための病気直しでしかなかったからである。主要には病気直しのご利益を授けることが、巫女・祈禱師に望まれることである。

だが、なおは「綾部の大本は、病気直《やまい》しの神ではないぞよ」と、病気直しをきっぱりと拒絶する。「出口は病気直《やまい》しのやうな小さい事をして、人を喜ばすやうな御用では無いと言ふ事は、明治二十五年から申して在《あ》る」と断言し、「出口の御役《おやく》は、三千世界の世を立直して、後始末《さき》を善くする御役で在る」と、艮の金神の命ずる三千世界の立直しこそがなおの使命だと宣告する。さらには、「牛糞が天下を取るぞよ」と、自らを「牛糞」とまで断じて、途方もない妄言を吐き、妄想に取り憑かれているると、金光教布教師ばかりでなく、周囲の人々からも呆れ返られたであろう。

再スティグマ化の一方で、なお自身は筆先のなかで再自己スティグマ化を幾度も繰り返している。おそらくここに、教えが生まれて深化し、展開していく要因があるのだろう。病の原因を狐の憑依とするなら、それを追い払うことによって病が直ることになる。しかし、病の原因が心や世界の状態と連関しているとするなら、心直し・世直しの教えへと転換させなければならなくなろう。教え・教義は人や世界のあり様を解釈し説明することが求められるのである。

自己スティグマ化は穢れた烙印を聖痕へと変容させ、自分を神と一体化させる、もしくは神を体現する者として、自己神化の契機になっている。巫女・シャーマンの場合、儀礼をしている間だけ神が憑依し、終了後は神が離れていくことが多い。なおをはじめとして、天理教の中山みき、金光教の赤沢文治（金光大神）、天照皇大神宮教の北村サヨなどの教祖は、神が腹や体内に宿り、身体が神の社《やしろ》・宮になっている。世間によるスティグマ化は続いているとはいえ、それは自己スティグマ化によって凌駕され、自己神化・カリスマ化へと転換する。

カリスマ化・教祖化プロセス

なおは金光教から離脱して、単独で艮の金神を祀る、独自の集団・講社を形成していく。なおのカリスマに帰依する小集団である。そこには、カリスマを現わすなおとそのカリスマ的権威に服従する者との間に、指導者と帰依者というカリスマ的支配の関係が成立していく。教祖化の始まりがここに刻印されよう。

地域社会のなかで巫女・祈禱師として留まっているなら、さらなるスティグマ化も自己スティグマ化も起こらない。なおは病気直しを否定して、心直し・世直しの教えを唱えて、激しく文明化・西洋化の社会・国家体制を非難・批判していく。なおの信者は筆先の言葉を信じて、反文明化・反西洋化の運動を綾部で展開している。筆先には、警察が怖いようでは立替えはできないと、反体制的な色彩を濃厚にして、世間から孤立していくとともに、常軌を逸した集団として、スティグマ化されていく。

そこに現われたのが、筆先に「大化物《おおばけもの》を引寄して、神界の御用を致さす」〔一九〇〇年旧正月七日〕と記されているように、スティグマ化されて故郷を出奔し、巡り歩いていた王仁三郎である。「大化物」として、なおの集団に加わり、金明《きんめい》霊学会という結社を創立して発展させている。王仁三郎の持ち込んだ霊術・鎮魂帰神《きしん》法は王仁三郎のカリスマを実証して、人気を博する。だが、その一方で、鎮魂帰神法の修行者が憑霊によって荒立ち、「綾部の化《ば》ケ物《もの》、狂人《きちがい》を見て来てやろうと嬲《なぶ》り心で来る」世間から、異常視されてスティグマ化され、それに対抗して自己スティグマ化していく。

さらには、結社内で王仁三郎の方針・運営に対抗する、反王仁三郎派との抗争が繰り返され、またなおと不和・対立して、王仁三郎は孤立し、屋敷内に閉じ込められた、いわば籠りを余儀なくさせられていった。王仁三郎はカリスマ的権威・支配を確立できずに、京都に修学の途に就く。王仁三郎もこうした巡りと籠りを繰り返しつつ、綾部に帰還・復帰して、新たな結社を立ち上げていく。しかし、なおと王仁三郎の対立は収まらずに、いや増して激化していった。二重のカリスマ的権威が並立して、一元的なカリスマ的支配が貫徹されなかったのである。

なおはまた巡り始めている。神の聖地への巡歴である。それでも抗争は収まらず、なおは「岩戸籠り」と称して、山籠りを敢行した。カリスマの充塡、そして再度のカリスマの顕現を果たすために、「二度目の岩戸開き」として、籠りから巡りへと転換していき、王仁三郎を従わせて、結社内のカリスマ的支配を改めて確立していった。実質的にはなおと王仁三郎を両輪として、カリスマを発揮しながら、カリスマ的支配体制を敷いて、教団を大いに躍進させたのである。

王仁三郎も、なおと同じように、巡りと籠りの空間を往還して、スティグマ化―自己スティグマ化―カリスマ化のプロセスを辿り、王仁三郎自身の神の聖地を開いて、結社内にカリスマ的支配を樹立していった。それはなおの死の二年ほど前のことである。王仁三郎は日本のみならず、東アジアの領域、あるいはマスメディアを通じて、世界的な規模で巡り、カリスマ的な宗教的政治運動を獅子奮迅の勢いで推進した。その結果が二度にわたる弾圧だったのである。

国賊・逆賊のスティグマを負わされ、監獄に籠りを強いられて、徹底して貶《おとし》められた。しかし、スティグマを覆して、不死鳥のように甦り、軍隊的な結社をも設立して、皇道維新を呼号し、国粋主義・国家主義運動を大いに展開して、メシア運動の様相も呈し、天皇制国家への反逆、国体の変革まで疑われて、完膚なきまで弾圧された。国賊・逆賊、そして邪宗・邪教のスティグマを王仁三郎は深々と刻印され、監獄の籠りの空間に監禁され、孤絶するに至る。王仁三郎のカリスマ運動は風雲急を告げる時勢の真っ只中を進撃し、大峠に差し掛かったところで、潰えてしまったのである。

なおと王仁三郎の籠りから巡りの空間における、スティグマ化―自己スティグマ化―カリスマ化のプロセスを簡潔に描いてきた。それは決して直線的なものではなく、重層化されながら、循環して反復され、教祖としての地歩を次第に固めていくことになろう。こうした一連のプロセスを推し進めたのは、なによりも「艮の金神の大本《もと》に居《お》るもの、狂人《きちがい》やら化物やら斗《ばか》りじやぞよ」、「牛糞が天下を取るぞよ」という艮の金神の授けた使命を信徒ともども確信していたためであり、なおと王仁三郎を教祖の道へとまっしぐらに歩ませたのであろう。

それでは、おおよその道筋を描いた序章を終えて、なおと王仁三郎の辿った道のりを現在の情況と深部で絡ませながら、できるだけつぶさに物語ってみよう。それは大峠で壊滅してしまい、いまだに達成されていない歴史の物語となろう。

第一章 「因縁の身魂」と神がかり

零落《おちぶれ》た人には物も云ふと、汚《けが》れる様に思ふ世の中。見て居りて下されよ。世が変るから、アラクラに覆《かえ》るぞよ。

〔一九〇一年旧正月五日〕（なお「筆先」）

1 神がかり前のなお

因縁の身魂

黒船が浦賀沖に出没した一八五三年（嘉永六）、一八三六年（天保七）旧一二月一六日（新一八三七年一月二二日）生まれの、出口なお（旧姓、桐村）は数え年で一七歳、満一六歳（以下、数え年）であった。二〇歳の時は一八五五年（安政二）、結婚した時であり、明治維新には三二歳になっていた。なおの青春期から壮年期にかけて、日本列島は激動期にあった。黒船の来航から始まり、幕藩体制の崩壊から維新政府の樹立へと向かうことになる。

そして、文明開化・殖産興業によって、列強諸国と対峙し競合するため、中央集権国家を目指す明治政府のもとで、なおの壮年期には、西南戦争、日清戦争、日露戦争が起こり、国際関係へも眼を向けながら、信心を深めていくことになる。それはきわめて苦難に満ちたものであった。

この自らに降りかかる苦難をどのように受け止めて、打開していくか、日々の生活を送っていくなかで、口で物を言い、言葉を書き連ねていった。なおの記した筆先がそれである。なおに言わせるなら、神からなおに課せられた苦難が連綿と綴られた、神の言葉である。あるいは、なおが苦難を自ら解釈し説明する必要に迫られた言葉とも言える。それは〝苦難の神義論〟または〝苦難の弁神論〟と呼ぶことができる。

ここでは、なお自身の経歴が記された『経歴の神諭』と称される筆先、また『開祖の巻』を中心に見ていくことにする。そこには神の「仕組」・「経綸」を踏まえて、なおが綾部で見聞し体験した身辺にまつわることばかりでなく、地域から日本、世界、そしてなおの前世、さらには予言と言える未来のことにまで及んで記されている。神の「仕組」によって出現し、また生成・展開される、家・家族や地域社会、日本社会、国際社会の諸相を錯綜させながら、重層的に描かれているのである。まずは、なおの出生の発端から見てみよう。

直の誕生の年は天保七年十二月十六日、福知山一宮《いっきゅう》神社の氏子なり。申《さる》年の大飢饉年《とし》、其年《そのとし》には昼夜降り通しにて、作物はとれぬ故、翌《あくる》天保八年度（即ち酉《とり》年）には、金を枕にして国替《くにがえ》致したものが、沢山《たっぴつ》ありたぞよ。因縁の身魂《みたま》は生る、年より、そう云《い》ふ不幸の年に生れたのである。

〔一九〇二年旧九月二六日〕

なおは筆先のキーワードにもなっている「因縁の身魂」を開示するために、自分の根源と経路になる「因縁」を明らかにしようとした。まずは「福知山一宮神社の氏子なり」と自分の属するところ、いわば臍の緒を示している。そして、長雨が降り、大飢饉年になった「不幸の年」こそが、「因縁の身魂」の生まれた年だと、根源的な出自を明らかにするのである。資産家すら食糧を買うことができず、大金をかかえたまま餓死せざるをえなかった。こうした大凶年に巡り合わせて誕生させられた「因縁の身魂」の宿命には、それ相応の「因縁」があったのだ。

福知山一宮神社（筆者撮影）

零落・貧乏物語

なおは父母の来歴について語る。それはいわば零落・貧乏物語である。福知山上紺屋町に、大工の父・桐村五郎三郎、母そよの三番目の子供として、なおは生まれた。母そよが綾部上町の出口家から嫁入りした際には、桐村家に舅姑と曾祖父がいた。姑は「栄誉な婆さん」で、なおの母親は「始末のよい名人」であった。なおの祖父も曾祖父も大工で、「よく出来た人」だったが、父の五郎三郎は「さっぱり逼塞《ひっそく》して了《しま》はれた」、すなわち落ちぶれてしまったのだ。

母が嫁にきた当時は、屋敷は広く、家も大きく、借家もあり、「立派に暮して」いたが、なおの兄の清兵衛が誕生した頃から、「追々逼迫して家財屋財、屋敷も借家も売り払つて」、「先祖伝来《もと》の住家《いえ》」を失くしてしまい、なおは「小さい家で誕生致した」。なおは「四人兄弟」の長女である（長男大吉、次男清兵衛、次女りよ）。

人民から見れば苦労人に見えるなれど、此《こ》の直の苦労と申すのは前の世からの因縁によつて、世界に外に無い苦労をせんならぬ因縁の身魂であるのぞよ。それと申すのは、昔稚日女君命《わかひめぎみのみこと》の折に天の規則を破り、重き罪を負ひ、それで直の罪は身体の重量《おもみ》よりも罪が重いと申してあるぞよ。天の規則破りは罪が重いぞよ。

〔一九〇二年旧九月二六日〕

なおは大飢饉の「不幸の年」に生まれたばかりでなく、実家はまったく零落し、先祖伝来の家屋敷を失くしていた。そこが、なおの「苦労人」の人生の起点だと語られている。しかし、それは実家が零落したという現状によるのではなく、「前の世からの因縁」なのである。そのような「世界に外に無い苦労をせんならぬ因縁の身魂」として宿命づけられていた。これが〝苦難の神義論〟の序章である。

この前世の身魂の因縁とは「天の規則破り」のゆえであると、さらに明らかにされる。それは、なおが稚日女君命だった際、「天の規則」を破り、「身体の重量」よりも「重き罪」を負わせられたことによる。はたして、これはどのような事態なのであろうか。なおの現世で誕生した現在が前世で犯した過失と重ね合わせられている。前提としての、いわば神話的世界の前世から現世へと転生してくるという、たんなる因果の連続した直線的な時の流れではなく、現世の現在という時のなかに、「天」の世界という前世の時が重層して流動しているのである。

重要なことは、なお自身によって、経歴の発端が〝因縁物語〟として語られていることである。ここには前世からの要因によって、現世が生起し、そして現世において働いた動因によって来世が決定されるとする、因果応報の世界観が貫かれていると言える。仏教的信心が日常に浸透して、通俗仏教的な世界観が身についていた。また、「福知山一宮神社の氏子なり」と言っているように、神祇信仰や通俗神道的世界観もうかがえる。ごく一般的な神仏信仰がなおの信心である。

因縁物語

他方では、「昔稚日女君命の折に天の規則を破り、重き罪を負ひ」と記されているように、現世に転生しても、前世の罪は解消されることなく、現世でも前世の罪を負い続けているのであり、単純な通俗仏教的な因果応報・輪廻転生の世界観ではない。また、罪・穢れが禊・祓いによって、あっさりと消滅することもなく、通俗神道的世界観から離脱してしまっている。神もまた苦難を負い、身魂の因縁は永続するのである。

筆先には、なおにとって語られるべきトピックが、畳み重ねられるように挙げられている。なおは一一歳の時に父を亡くし、一一歳から一七歳まで奉公に出た。なおの父、桐村五郎三郎は一八四六年（弘化三）に四二歳で死去した。菩提寺は浄土宗の法鷲《ほうじゅうじ》寺である。呉服店や饅頭屋などの商家で奉公をした。一八四八年（嘉永元）には、孝行娘として福知山藩主より表彰されたという。その四年後、一七歳の時、実家に戻り、夏頃になると、茹でた繭から糸を紡ぐ、糸引きの出稼ぎをしている。なおは、一八歳の時、綾部のなおの叔母、出口ゆりの養女となったが、半年ほどで実家に帰っている。そして二〇歳の時に、出口家に戻った。筆先には、「二十歳《はたち》になると綾部へ参りたのざぞよ。この出口の屋敷は普通《ひととおり》の者でありたら、祟《たた》りて村まで祟る屋敷でありたぞよ」と記されている。

出口家は綾部組坪内村（京都府何鹿《いかるが》郡綾部町字本宮《ほんぐう》村小字新宮坪《しんぐうつぼ》、現綾部市本宮町）にあり、二階建の家で、田畑や山林も所有して、裕福であった。それが「祟りて村まで祟る屋敷」であった。因縁のある祟り屋敷で、零落が宿命づけられていた。出口家の政五郎とさよの間には子がなく、養嗣子として政平を迎え、なおの母の妹ゆりと結婚する。政平は病弱で、資産を減らす一方だった。この二人の間にも子供がなく、夫の死後、なおが養女となり、義母ゆりの自害後、婿として大工の四方《しかた》豊助が迎えられ、出口家を継いだ。一八五五年（安政二）、なおが二〇歳の時である。

　さよと夫婦の政五郎は、財産《かね》を伸ばしたものでありたが、政平は病身なものでありて財産を減らすばかり、其《そ》の跡へ来たのが出口直が参りて、岡のさかいの四方治兵衛と申すもの、五人目の豊助と申すものに、種《たね》取りに縁組さしたのざ（中略）直、政五郎来た折は結構でありたなれど、岡から参りた政五郎は何さしても、一人半の仕事は為《す》る手腕《て》を持て、何仕事でも能《よ》く為《し》以て、思ふ様に行かなんだのさ。（中略）人が善《よ》過ぎて損致し、結構な仕事為乍《しなが》ら、田地はいつさくに売り、今度は山から家の柱を夫婦して持ち運びて、苦労致して建てた其の家も、亦《また》売りて了《しも》ふて、生れ赤子になる迄の艱難は、よく人の目について居る出口であるぞよ。〔一九〇二年旧九月二六日〕

夫の豊助（出口政五郎を襲名）は「種取り」として婿に入った。大工としてすぐれた技量をもっていたが、思うようにはいかなかった。「人が善過ぎて」、損ばかりしていたのだ。田畑や家を売り、夫婦で苦労して建てた新しい家も売らざるをえなかった。零落・貧乏・苦労が繰り返される。「生れ赤子になる迄の艱難」、いわば裸一貫になることを宿命づけられた因縁の身魂なのである。このような「因縁の身魂」の流転は留まることなく、幾度でも繰り返される。なおの通俗的な神仏信仰の世界を超えた身魂観である。

繰り返される因縁

なおは一一人の子を産んでいる。三人は早世した。一八五六年（安政三）に長女よね（米）、六二年（文久二）に次女こと（琴）、六四年（元治元）に長男の竹造、六八年（明治元）に三女ひさ（久）、七二年に次男の清吉、七七年に三男の伝吉、八〇年に四女りょう（龍）、八三年に五女すみ（澄）、三男五女である。それも貧困のさなかにである。一八八〇年代後半あたりの情況が筆先には、次のように綴られている。

物の有る所へ来て、余り甚《ひど》い貧乏致したので苦労致したなり、六年程は家無しに来たなり、三人の子は縁について居りたなれど、竹造は京都に居り、伝吉は西町へ遣りてありたなり、清吉は兵隊に行つたなり、筆でゞは速いなれど、此《こ》の間の苦労は、なかなか一通りの苦労ではなかりたぞよ。（中略）亀岡へも糸引きに二夏も行つたなり、篠山《ささやま》へも糸引きに参りたぞよ。（中略）饅頭屋も二十年致したぞよ。政五郎が普請受取ると土揚げ、壁下地為《し》にも行きたぞよ。瓦持ちも致したぞよ。商ひにも何処《どこ》も行《いつ》たなり、皆神様が都合で為《さ》せなされたのでありたぞよ。（中略）変性男子《へんじょうなんし》の身魂《みたま》はこれ丈の苦労致さんと、つとめ上らんのざぞよ。つとめ上げたら、又と世界に二度と無い事であるから、地固《じがた》めに骨が折れたのじやぞよ。変性男子の身魂と申すのは、大将役から番頭役から家内役から女子《おなご》衆役《しやく》から丁稚《でっち》役から守役から、世界の事を一切構はねばならぬ役であるから、此世《この》で何にも為《し》て来んと、二度目の世の立替の御用するのは、乞食の所まで落ちて来んと、今度の御用は勤められぬから、此世でもう為《せ》ん事は無いのざよ。

〔一九〇二年旧九月二七日〕

嫁いでいた「三人の子」とは、大槻鹿造《おおつきしかぞう》と内縁関係にあった長女よね、次女こと、三女ひさである。長男の竹造は一八歳になって、ようやく大工の弟子入りをしたが、自殺未遂を起こし、その後、京都に出奔した。次男の清吉は近衛連隊に入り、一八九五年に台湾で戦病死している。三男の伝吉は奉公中で、四女りょう、五女すみは幼かった。

なおの労働の日々

なおが借家で煮売り屋を開き、豆腐煮やうどん、ぜんざい、甘酒などを作って売り始めたのが、一八七二年（明治五）、三七歳の時である。前年には、本宮村新宮坪の家を売り、残っていた土蔵に住んでいたが、その土蔵も売り払って、借家暮らしを余儀なくされていた。翌年には、かつて饅頭屋で奉公したのをいかして、饅頭作り・販売を始めている。そして、七六年に家賃の支払いに困るようになり、残してあった新宮坪の土地に、小さな家を建てて移っている。ここで、饅頭屋を続けている。なおは夫の大工仕事を手伝ったりしたが、なにしろ酒と芝居の大好きな夫は借金ばかりしていて、なおが稼いでも追いつかなかったのである。八四年（明治一七）には、破産した。すべて「神様の都合」による。

夫の政五郎は翌年に仕事先で庇《ひさし》から落ちて負傷した。そして、中風も加わって伏せるようになっている。八七年、政五郎は死去した。組内から葬式費用を出してもらい、出口家の菩提寺、臨済宗西福院に埋葬した。稼ぎ手がいなくなり、息子や娘に頼ることもできず、なおは糸引きや紙屑買い・ぼろ買いでひたすら糊口を凌いでいた。糸引きは周辺地域の女性の賃稼ぎの仕事だが、夏に限られ、雇い主に左右される。紙屑・ぼろ買いは常時やっていける仕事である。たえず日銭を要するなおにとっては、もってこいの仕事であろう。とはいえ、それは最底辺の零細民の生業《なりわい》である。いわば「乞食の所まで落ちて」やらざるをえなかった仕事であり、苦労・艱難と貧乏に責め苛まれた日々の連続だった。

なおは自分の因縁の身魂について記している。なおの前世の稚姫君命《わかひめぎみのみこと》（以下、引用以外、稚姫君命）が「肉体」をまとって、この世に「出口直」として現われ、「人民からはなかなかの苦労人」だと思われようが、神界での稚姫君命の苦労・艱難と比べたなら、「今度の苦労は一番に楽」だと語るのである。おそらくパラドックスでもアイロニーでもない。なおが一九〇〇年代初頭に振り返ってみた位置から、そのように言えるのであろう。

「人民」と「神様の都合」からの二重の視角によって、苦楽の軽重が捉えられている。なおは自分の経歴をいわば聖俗の二元に重層化して解釈し直し、「人民」からは苦労人と見えようが、こんな苦労は何ほどのものでもないぞとさらりと言ってしまう。とはいえ、極貧のなかで辛苦に喘いでいたことは確かだ。これが「変性男子の身魂」に課せられた宿命だと語られる。世は松方デフレで不景気だが、それとは関わりなく、因縁の身魂の位置から、苦労が意味づけられるのである。

「二度目の世の立替の御用」をするためには、「大将役から番頭役から家内役から女子衆役から丁稚役から守役から、世界の事を一切構はねばならぬ役であるから」だと語られる。「変性男子の身魂」の苦労とは、「世界の事」すべてを引き受けなければならない役を果たすために課せられた「地固め」にすぎない。それは「乞食の所まで」落ち切らないと務められないものである。これはまだ「二度目の世の立替の御用」のための前段階にすぎないのだ。さらなる苦難がなおを待ち構えている。

紙屑・ぼろ布買い

夫、政五郎の死後、生活の困窮に変わりはなかったが、なおには平穏な日々が数年だけ続いた。『開祖の巻』には、当時のなおの姿が描かれている。

> 髪はぐる〳〵巻に束ね、足には常に紙巻草履《ぞうり》を穿《は》き、二十銭の資本《もとで》を持つて、汚れた風呂敷を背負ひ、身には如何に寒い日でも単衣物《ひとえもの》を着流し、しかも膝の辺りは肌も露はるゝやうなボロ〳〵の破れ衣でありました。所が何時《いつ》の間にか、其《そ》の風呂敷も見られなくなつて、昔は萌黄《もえぎ》であつたと云ふやうな、赭茶《あかちゃ》けた蚊帳《かや》の破れた一部分を風呂敷代りにして背負ひ、／「何ぞ屑物がないかいな」

／と云ふて、朝早くから戸毎を訪ね廻つて居られました。兎《と》に角《かく》予定の古物が買へなかつた時には、夜非常に遅くなるまで、村から村へと買うて歩かれた相《そう》です。

これが、当時、なおが紙屑・ぼろ布買いをしていた姿である。幼い四女のりょうと五女のすみ二人が腹を空かしながら留守番をして、夜遅く帰ってくるなおを待っていた。なおは帰宅すると、紙屑とぼろ布を選り分けて、売りにいき、わずかな稼ぎで米を買い、飯を炊いて、大根の葉や芋を刻んで入れ、食事としていた。このようなきわめて貧しいながらも、平穏な生活が続いていたが、次第になおの身近な所から大きな変化の兆しが現われてくる。〝苦難の神義論〟はさらなる展開を見せていくのだ。

2　出口親子、〝気違い〟にして

娘たちの神がかり

一八九〇年（明治二三）八月、なおの三女、福島ひさが精神に異常をきたした。翌年の旧一二月二八日には、長女の大槻《おおつき》よねも、正月の餅つきの際、精神に異常をきたした。なおにとっては、これまでの慎ましやかで平穏な生活に亀裂を入れる事件となったのである。なおもまた、一八九二年の旧正月に同じような状態に陥っている。いずれも〝神がかり〟と呼ぶことのできる状態である。この三人の親子の神がかりについて、筆先では次のように記されている。

てんち《天地》がか江《返》るよが、まゐ《参》りたから、ものごと《物事》がかは《変》るから、てんちがか江ると、たと江《喩え》にもう《申》そうがな、たと江がみなでてくる、あいたくち《開いた口》がすぼまらん、うしぐそ《牛糞》がてんか《天下》とるともうしてあるが、じんみん《人民》は、いつすんさき《一寸先》のわからんものであるから、めいじにじうごねん《明治二五年》から、でぐちおやこ《出口親子》、きちがい《気違》にして、なにもし《知》らしてありたのざ。やぎ《八木》のふくしま《福島》のうちは、めいじにじうさんねん《明治二三年》にゑらいきちがい《気違》、おほつき《大槻》、よね、めいじよね《ママ》んごくげつ《極月》から、ご《ママ》ねんからでぐち《出口》に、しらしてあることが、みなでてきて、てんち《天地》がさつぱり、か江りてしまふから、あまりいつまでも、うたが《疑》うてをると、くちをあけてみてをらんならん、ことになるから、にち〳〵《日々》しらせることばかりに、このおもと《大本》の、なかはかかりてをるなれど、たれ《誰》もいま《今》にまこと《誠》に、いたす《致》じんみん《人民》がないぞよ。

〔一九〇三年旧三月二七日〕

「天地が返る世が来た、牛糞が天下を取ると申しているが、人民は一寸先もわからないから、明治二五年に、出口親子を気違いにして、すべてを知らせておいたのだ」と記している。一八九〇年（明治二三）旧七月から福島ひさは「ゑらいきちがい」、大槻よねは九一年旧一二月から、そしてなおは九二年から〝気違い〟にされた、神からなおに知らせたことがすべて現われて、天地がすっかり返ってしまうから、あまりいつまでも疑うと、啞然とするような事態になるので、日々知らせている、大本の信徒以外の人民は真実のこととして信じる者は誰もいない、となおは口惜しく残念がっている。

三女ひさの神がかり

なおに神が降り、神がかりに見舞われた一八九二年（明治二五）を基点として、艮《うしとら》の金神《こんじん》によって、娘のひさやよねの神がかり、またその後の出来事や自分の経歴が意味づけられ解釈されている。福島ひさの場合は、筆先によると、次の通りである。

久は死にとうて、川へ陥《はま》りに行きて袂へ石を入れて、八木の大川に陥りに参り、陥りたなれど、浅うて死ねんから、もつと深い所へ行かうと思ふて、黒住《くろずみ》様の下な所へ沈みたら、鼻へ水が這入り、耳へ水が這入りて、これは叶はんと立《たて》りたら、川の中に黒いお羽織を召して、四十ばかりの人が、お前はこんな所へ何為《なにし》に参りたとお声かけられ（中略）お前こんな所へ来る所で無い、早う往《い》ねとお声かけられ、往のうと申しても、近所の人に恥《はず》かしいで、往なれはせぬと申したら、今往ねば主人《あるじ》も目は開いとらぬ、愚図々々して居りたら、近所から出て来て往なれんやうになるから、早う往ねとお声が又かゝりて、それで気がつきて袂の石を放《ほか》いて、土堤へ駆け上り走りて帰りたら（中略）主人が驚いて本家《ほんや》を起し、近所を起し、それからだんだん逆上《のぼせ》が強《き》つうなり

〔一九〇一年旧正月五日〕

三女のひさは一六歳の時に、綾部から一〇里あまり離れた八木町の旅館に奉公に出た。そして、二二歳の時、八木の福島寅之助《とらのすけ》と所帯を持った。寅之助は人力車夫を生業とし、実直な人だったようである。ひさは臨月が近づき、「綾部の家は貧乏で、とても産着などは持って来てくれまい」と「毎日

産着のことばかり考えているうちに、血が頭に上って、急に大声が腹の中から出てきて、それがもとで神がかりになった」（出口すみ『おさながたり』）と言われている。

ひさは二三歳の時、産後に精神に不調をきたした。入水しようと、家を抜け出して、川に入るが、黒い羽織をまとった人に止められた。帰宅して、夫にそれを告げると、騒ぎ立てられ、いっそう逆上することになる。先の筆先は、次のように続いている。

福島が心配して居る所へ、車夫《くるまひき》の和助が金光《こんこう》さんの信者で、金光さんへ信仰して見ろではないかと知らして貰うて、中西の宅《うち》へ参りて利益を貰うたのでありたなれど、やっぱり艮の金神様の御守護でありたのが判りました。（中略）今度は何程信仰致しても御かげをよう頂《いただ》かんに就《つき》て、福島の家を出ようかと思ふたら、直久《すぐひさ》また一寸後へ戻りて、一年程はすつくり致さず、福島は百日致したら御かげを頂きて、それから引続いて御かげ頂き（同前）

車夫仲間で、金光教の信者の和助が「金光さんへ信仰して見ろ」と言い、中西宅で金光教の布教師に拝んでもらうことになり、百日してお蔭をいただいたということである。とはいえ、なおはそれが「金光さん」のお蔭ではなく、「艮の金神様の御守護」であることが後に分かったと判断している。

金光教のお蔭

ひさの神がかりがきっかけとなり、なおは金光教と初めて出合った。それはきわめて重要な信仰の契機となっている。ひさが後に語ったことによると、次の通りである。

彼《あ》の時の発狂は普通の発狂とは違ひまして、神憑《かみがかり》ぢやつたのです。何しろ妾《わたし》が座敷牢に入つて居りますと、耳の側でワイワイ神様の声が聞え、又上を見ると天井裏に立派な装束着けた神様やら、髯《ひげ》の長い偉い神様がよく見へるのです。其内《その》に王子の姉（栗山琴子刀自）さんが、亀岡から金光教の人を伴《つ》れて祈願して呉《く》れました。所が其人《その》が天照皇大神《てんしょうこうだいしん》、日の大神、月の大神などと神名を唱へ出しましたので、予《かね》て見た神様達がそれであつたかと吃驚《びっくり》し、始めて気がつきました。この時教祖様は金光教の御利益に驚かれまして、剣尖《けんさき》を持帰り、御祭り遊ばしたのですよ。（『開祖の巻』）

なおは筆先で、ひさの心身不調を「逆上」とし、ひさ自身は「普通の発狂」とは異なる神がかりだとしている。なおが神がかりだと認めるのは後のことであり、精神的な異常、〝気違い〟にすぎないとみなしたと考えられる。ひさは喚いたり暴れたり、かなり激しい言動をしたため、座敷牢に監禁されている。ひさには、耳元でワイワイと騒ぐ神の声が聞こえ、また立派な装束をまとった神や長い髭《ひげ》を生やした神の姿が見えた。一般の感覚からするなら、幻聴・幻覚と言えるかもしれないが、ひさにとっては、リアルなものとして体験されている。

「中西宅」とは、中西さだという名の八木で金光教の取次をしていた女性の家であり、福島夫妻は熱心な信者となっている。後に、さだは教会長となり、八木で最初の金光教の広前が設けられている。この中西さだに病気平癒の祈願をしてもらい、発病して一〇日目に、次女のことが金光教亀岡教会長の大橋亀吉を同道してきた。大橋は座敷牢の前に坐って、病気の取次をし、ひさを平癒させた。ひさは、大橋が「天照皇大神、日の大神、月の大神などと神名」を唱えたため、それらが自分の前に現われた神だったと、改めて思うに至っている。

なおはひさの回復が金光教の「利益」ではなく、「艮の金神様の御守護」であるとしたが、それは後年の解釈である。とはいえ、五女すみの記した『おさながたり』によると、「おなじ車夫仲間に和助と云う熱心な金光さんの信者がいて、虎之助《ママ》さんに『こんどのことは神様にご利益を貰うより他にない』と云うので、虎之助さんは姉さんをつれて中西という金光さんの先生に拝んでもらうことになりました。この時、初めて〝艮の金神のご守護〟と云うことばがでてきました」ということである。金光教の中西さだ、あるいは大橋亀吉が「艮の金神」という神名を唱えたのかもしれない。

なおは金光教の金神という名を知るとともに、その御利益を目の当たりにして、金光教の布教によって授けられた「剣尖《けんさき》」を持ち帰って祀ったのである。剣尖（剣先）とは、剣先型に折った半紙の御札、またそのなかに洗米を包んだ護符である。なおにとっては、おそらく新たな信仰の始まりとなったのである。金光教の神、金神の霊威、それを表象する剣尖への信心である。すみの語るように、なおの「艮の金神様」が金光教の金神に由来したのか、それは分からない。

長女よねの神がかり

翌年の歳末、ひさに続いて、長女の大槻よねが正月用の餅つきの際に、心身不調になっている。なお・艮の金神によるなら、「でぐちおやこ、きちがいにして、なにもしらしてありたのざ」といった事態が進行していた。よねの「きちがい」の情況を見てみよう。

其次《その》に惣領米《そうりょうよね》、西町大槻鹿造《しかぞう》の内へ遣りてある、この鹿造、米、罪障《めぐり》深き故、この米、明治二十四年の極月《ごくげつ》の二十五日から、一日増しに逆上《のぼせ》ひどくなりて、滅多に無い、甚《ひど》い気違ひで（中略）この米は妙見《みょうけん》気違ひでありたなり（中略）さうすれば明治二十五年になりて、米だんだん烈しくなり、神様からの気違ひであるから、事の解りた気違ひであれど、人民はよう見分けぬが、鹿造が改心のための気違ひでありたのざ。

〔一九〇一年旧正月五日〕

よねは博徒の鹿造と内縁関係にあり、なおの夫の政五郎はよねを絶縁していた。鹿造は綾部で最初の牛肉屋を開業し、また料理屋も開店し、よねも綾部で最初の髪結いを始め、どちらも繁盛していったが、ある女性に関わる事件をきっかけに傾いていった。そして鹿造は、紙漉《す》き職人に弟子入りしていた、なおの次男の清吉を無理やり引っ張ってきて、紙屋を始めた。よねは「一番穏やかな性質を持った娘」だったが、「鹿造と関係してから、だんだん性質が一変し、荒々しい冷酷な人」になってしまったとされる。旧一二月二八日、鹿造の家で、四斗五升の餅を搗いていた最中に、よねは気がふれたのであった。

なおは鹿造・よねの「罪障」深さのために、よねが「神様の都合」から「逆上」「大気違ひ」になったとしている。それは「妙見気違ひ」であり、「酒顚《しゅてん》童子の身魂」を持った鹿造の「改心のための気違ひ」でもあると解釈されている。この「妙見気違ひ」とは、商売繁盛のために信心した妙見信仰が昂じて〝妙見信仰狂い〟になったということである。妙見とは、一般に妙見菩薩とも呼び、五穀豊穣や商売繁盛の神として信仰され祀られた。鹿造が改心できないために、よねの「妙見気違ひ」は翌年から次第に激しくなっている。

よねは、突然、店の大火鉢をひっくり返したり、小料理の道具類を投げ飛ばしたり、大声で喚き立てたりし、男衆が取り抑えようとしても跳ねとばしたという。鹿造たちは手に負えなくなり、白木綿を買ってきて、大黒柱に縛りつけざるをえなかった。また、酒桶を伏せて、そのなかによねを入れたりもしている。綾部の町中の人々の間では「西町の今盛屋の妻君は、綾部一の金持ちになったと思うたら、気狂《きちが》いになった」(『おさながたり』)と評判になって、よねの狂乱ぶりの見物に集まり、鹿造は商売どころではなくなっていった。

〝気狂い筋〟の出口親子

よねは母親のなおを見ると、「狒々《ひひ》」がいると言って怖がっている。また、頭を下げろ、改心するかと、なおに命じてもいる。なおは、よねがたとえようもなく恐ろしい形相をしているので、妙見様でも憑いているか、稲荷なら、きわめて偉く格の高い稲荷が憑いているかだと、鹿造に言っている。鹿造は、そんなことを言って、どうしようもないと否定すると、よねの相貌が一変した。なおは、鹿造・よね夫妻が熱心に稲荷・妙見信仰をしているところから、よねに稲荷か妙見様が憑いたと思ったようだが、よねの怖い顔つきから「真正の妙見」だと語ったのだろう。

よねの狂乱を鎮静したり直したりするために、緊縛や桶伏せ、座敷牢への監禁のような身体に対する処置がとられている。他方では、「法華寺の鬼子母神さん」での加持祈禱、「七山《しちやま》の妙見様」へのお籠りをしている。すみの『おさながたり』によると、鹿造に連れられて「妙見さんやお稲荷さんへ加持祈禱をしてもらいにいったり、一緒に籠ったり」もしている。このように日蓮宗系の法華寺での祈願・加持祈禱、妙見堂での参籠や滝打ち（水行）が行われている。いずれも近世以来の狂乱、精神不調・疾患に対する処方であり、身体的な信仰治療だと言える。

よねの神がかり状態は一層激しさを増し、髪を振り乱し、お歯黒をつけ、眼を剝いて、黒塗りの高下駄を履き、蛇の目の唐傘をさすといった風体で、家のなかを走り回っていた。すみは「身の毛もよだつ」怖い光景だったと振り返っている。そして、母親のなおがひさとよねに続いて、神がかり、もしくは狂乱するに至るのである。親子三人が続けざまに神がかりになり、綾部の人々は〝気狂《きちが》い筋〟だとみなし、遠巻きにして見物していたのである。

3　初めての神がかり

基点としての「明治二十五年」

なおが初めて神がかりした日は、はっきりしていない。『大本七十年史　上巻』では、一八九二年旧正月五日（新二月三日）の夜遅くとしている。すみは『おさながたり』のなかで、「ご開祖の帰神《かむがかり》は、明治二十五年旧正月の十日ということになっております。しかし私には、教祖のご帰神の月日についてハッキリした記憶はありません。（中略）旧正月もすぎて、まだお餅のあるころでありました。夜中に私は、教祖さまから、大きな声で呼び起こされました。これが、私の教祖のご帰神について実地目げきした最初であると思います」と、まだ鏡餅の飾られていた頃と伝えている。

戦前、大本では、なおの最初の神がかりを旧正月一〇日としていた。それは「明治二十五年の正月の十日から、艮の金神さまがお移りなされたのでありました」(一八九七年六月二九日)という筆先によるとされている。しかし、『大本七十年史　上巻』に至って、旧正月五日とされた。一九三一年(昭和六)に、本宮山山頂に建てられた「神声碑」に、次のように刻まれた「明治二十五年正月五日」に基づいたという。

うぶこえ
三ぜんせかい　いちどにひら九
うめのはな　もとのかみよに
たてかえ　たてなをすぞよ
すみせんざんに　こしをかけ
うしとらのこんじんまもるぞよ
　めいじ二十五ねんしようがついつか
　　で九ち　なお

日にちにこだわることなく、「明治二十五年」という年は、筆先に幾度も繰り返し記され、なおにとってはきわめて重要な年として記憶されている。たんに神がかりの起こった日ではなく、それを契機として、この年に続けざまに起こった、神がかりの事態が自分の生涯の新たな起点となり、拠り所たる基点となった。この神がかりの記憶は、自分の経歴を解釈し意味づける拠点として、なおの筆先で繰り返され、信仰と実践のなかで一層深化されていった。すなわち、「因縁の身魂」のたどる〝苦難の神義論〟に新たな展開を刻印したのである。

神がかりのなかで

なおは神がかりの前、旧正月の元日から「霊夢」を幾度か見たとされている。荘厳な神殿が現われ、神がなおを見つめて微笑み、また立派な家のなかに亡くなった夫の政五郎が坐っていて、なおは時を忘れて話し込んだという。長女よねの神がかり、狂乱のさなか、なおが見舞いに行き、よねと問答を繰り返している情況のもとで、心身ともに疲弊の極みに達するなか、「霊夢」はなお自身の神がかりの前兆であったのだろう。

なおはよねを見舞い、帰宅すると、裏隣の梅原家で寝ていた四女りょうと五女すみを大声で起こして、二人をよねのもとへ行かせている。梅原おきは貧しいが「正直一すじの人」(出口すみ『つきぬおもいで』)、なおの生業としていた紙屑・ぼろ布買いの「一番仲のよい」仕事仲間で、なおと一緒に仕事をすることもあった。その娘のうめはりょうとすみの遊び友だちで、互いの母親の帰りが遅い時には互いの家に泊まり合ったりする仲でもあった。

すみの『おさながたり』には、なおは平生、優しい声だったが、その時は「まことに凛《りん》とした響きで、そういう声のことを、当時、〝お大将ノヨウナ声〟と言いましたが、その時の母の声はお大将のように耳に響いてきました」とある。なおは「バッシ（末子）のおすみどの、ちょっと起きて下され、西町へ行って三十六体の燈明を供えて、ご祈念せい、と言うて来て下され」と大声で命じた。りょうとすみ二人が大槻家に行くと、家のなかには近所の人たちが集まり、灯りが煌々とともり、神がかりになっていた、よねは大黒柱に縛りつけられていた。

よねはすみの顔を見ると、「おすみ来たかア」「ハシリ（台所）にある出刃《でば》持って来い」と大声で怒鳴り、よねの夫の鹿造になおの指図を伝えると、「お母《か》アもとうとう気が狂ったとみえる。よしよし、三十六燈明をあげてお題目を唱えたから、安心しなと、帰ってお母アに言ったがよい」と言われて帰されている。帰宅すると、なおはいつもの優しく静かな声に戻っていて、二人の娘に早く寝るように言いつけている。

4　神々の出現と対話

神々の争い

なおは初めての神がかりの後、不眠のまま水垢離《みずごり》をとりながら、一三日間の断食をし、町中を大声で怒鳴り歩いたり、神の命によって、よねのもとへ行って、「神と神の争い」をしたり、すみに命じて、綾部の家々に塩や水を撒かせたりしている。また、近隣の者たちがなおを寺院や祈禱師のもとへ連れていって、狂乱の鎮静や憑きもの落としの祈願・加持祈禱もしている。なおは紙屑・ぼろ布買いの仕事を続けていたようであるが、次第に神に命じられるままに振る舞うよ

元屋敷の井戸・銀明水（筆者撮影）

うになっている。後年、なお・艮の金神が神がかりを思い起こして記した、筆先を挙げてみよう。

出口、糞粕《くそかす》に劣りて居《お》りて下されと言ふて聞かせば（中略）出口が人から見ると、又気違ひである。米《よね》は町中の晒《さら》し物に逢うと言はして、初発に可怪《おか》しい事が言へ出して、出口もだんだん酷《ひど》くなりて、おれは鬼門《きもん》の金神であるが、余り病人が暴れて居るから、一寸鹿造の家へ這入《はい》りて、一寸腰掛けて見て居れば、余り心配な気《け》に致して、柱の側に立てりて居るのを見れば（中略）世の立替の御話しを、何彼《なにか》の事を、先は斯《こ》うなる、彼様《ああ》なると、ちつとも分らぬ事を言はして、食物取上げて置いて、夜分には御水浴《あ》びさして初発には、体内を出入を為《な》され　〔一九〇一年旧正月五日〕

なおは初めての神がかり後、「人から見ると、又気違ひである」、また「可怪しい事が言へ出して、出口もだんだん酷くなり」といった意識のもとにあった。それでも、娘のよねの見舞いに行っている。それはたんなる見舞いではなく、よねと鹿造に対して「改心」を求めて通っていた。なおがよねの家に近づくと、よねは炬《こ》燵《たつ》のなかに潜り込み、「蒲団の中から目ばかりむいて」（『おさながたり』）、なおを恐がっていた。

そして、なおはよねに向き合うと、「自然に腹の中から声が出て、『およねよ、改心いたされよ、○○は強いものがちの神、これからは世が変わるぞよ』と申されました。それを聞くと、およね姉さんは、苦しんで、よけい荒れていました」といった事態になっている。また、すみの『つきぬおもいで』には、次のように記されている。

このご開祖とお米《よね》姉さんの二人が神がりになつて、綾部の町中を持つて立たして居《い》ました。御開祖の方は新宮本宮の元屋敷にいらつしやつて、大変に世の立替立直しを人々に叫んで居《お》られる。そしてそれが西町の姉の方と（中略）神と神の争ひをするのであります。御開祖は夜で「此《この》神を信仰せい、今迄《まで》とは世が変る、此神を信仰せい」と云つて、西町へ行きなさる。姉の方はどてらい気違で、家の中に坐つて、南無妙法蓮華経、南無妙法蓮華経云ふてゐる。西町では稲荷さんと法華《ほっけ》を信仰して居たのです。御開祖のは艮の金神、国常立尊様で／「お前の方の神の世は済んで了《しま》ふたのだから、此艮の金神を信仰せい」と言はれると／「艮の金神は悪神ぢやから信仰したら、どもならぬ」と云つて、西町の姉の方は荒立つて、暴れて暴れて仕方がない。すると西町の村の人達は、親《おや》娘《こ》二人が気違になつて、喧嘩をしてゐるといふので、何時も一杯寄つて来るといふ始末です。之《これ》は無理もない事で、他人から見れば大変な気違でございましたが、之は神界の戦ひだつたのです。

すみは、後年の解釈となるが、なおとよねの「気違《きちがい》」による言い争いを、なおの艮の金神・国常立尊とよねの稲荷・法華との「神と神の争ひ」「神界の戦ひ」と捉えている。それは世間の人々からすると、「親娘二人が気違になつて、喧嘩をしてゐる」にすぎなかった。また、「どうも久さんといひ、米さんといひ、皆気狂ひになりて了ひ、あれはどうも気狂ひすじだなあと、近所隣は笑つてゐるだけの事でした」（同上）といったように、〝気狂い筋〟として貶《おとし》められ嘲られるに至っている。しかし、なおは「人から見ると、又気違ひである」と記すように、他者の眼を通して、自分の〝気違い〟を捉え返していたのである。

艮の金神との対話

なおは「食物取上げて置いて、夜分には御水浴びさして」と記しているように、自ら進んで断食や水行をしたのではなく、神から仕向けられ、あるいは命じられて行なっている。水行は一三日間続き、不眠は七五日に及んだ（『おさながたり』）。また、なおに憑いた神が「体内を出入を為《な》され」「何彼《なにか》の事を、先は斯《こ》うなる、彼様《ああ》なると、ちつとも分らぬ事を言はして」もいる。なおは神霊の憑依を意識的にも身体的にも実感しながら、なお自身が語るのであるが、それを「ちつとも分らぬ事」とはいえ、神霊の語ることとして自覚していたのである。

なおは神がかりした初めの頃、どのような形で神の言葉を語っていたのか。ひとつは『開祖の巻』、もうひとつは『おさながたり』から見てみよう。

活物《いきもの》「わしは艮之金神《うしとらのこんじん》であるぞよ」
教祖「そんな事言ふて、アンタは妾《わし》を瞞しなはるのやおまへんかい？」

と教祖は平常《いつも》の声で、自分の咽喉《のど》を使って問ひ返されるのです。

活物「わしは神ぢやから嘘は吐かぬワイ。わしの言ふ事、毛筋の半分でも間違ふたら、神は此世《この》に居らんのぢやぞよ」

教祖「そんな偉い神様《かみさん》どすかい。狐や狸がゞ瞞してなはるねん御座へんかい？」

『開祖の巻』には、なおの「腹の中には別の眼に見えない活物が入り込んで」、それが「非常な力でいきむかと思ふと、自分の一つの咽喉が自分自身と、其《そ》の活物との二つに依《よ》つて使ひ別が出来て、交る〳〵互に相応答する」と、なおと艮の金神との問答を記している。

すみは『おさながたり』で、幼い頃を振り返って、艮の金神、役の行者、マタタビマサゾウ（又旅の政蔵）、ワカヒメギミノミコト（稚姫君命）という神となおが話している場面を記憶していた。この対話を挙げてみよう。

マサゾウ「あまりの落ちぶれようでござります」

教祖「マタタビのマサゾウどのか」

そこでマタタビのマサゾウどのと、もう一人の神さまのワカヒメギミノミコトさまは涙を流されます。

ワカヒメギミノミコト「天より高く咲く花も、地獄の釜の焦げおこし、これも神ゆえ」と言われると、マサゾウという神さまは泣かれました。

この又旅の政蔵という神は神代において稚姫君命に仕えていた神、稚姫君命は「ある神によって世に落とされ」た神であり、そのことを泣きながら話し合っていたという。なおと神のこのような対話は「自問自答のよう」であった、とすみは記している。巫者・シャーマンの場合、神の憑依において、神の言葉を語るのが一般的であり、このように神との対話をするのはかなり珍しい。神がかりの初期の段階、憑依を統御できない場合、憑依した霊が統制できない激しい言動をさせたり、一方的に語ったりすることが多い。他方では、憑依した霊によって心身状態を左右されるのを抑えるために、なんらかの手段を用いて、憑依した霊・神霊と対話したという巫者・シャーマンもいないことはない。

憑霊の見分け

この神がかり、もしくは狂乱は、なおにとって不慮の事態であった。もし神がかりなら、憑依した霊がどのようなものなのか、はたして霊威のある神なのか、それとも狐か狸かの霊なのか、もしくは邪霊なのかがはっきりとしなかった。どのような霊なのかを判断し見分けてもらう必要があると、なお自身が思ったことだろう。先の筆先には続けて、次のように記されている。

子の事を心配致して逆上《のぼ》せたと申して、近所、組皆寄りて法華《ほっけ》坊主連れ参り、御祈禱致すと、彼方此方《あちらこちら》に坊主突倒して、モちつと修行して来いと申して、袈裟《けさ》を引千切り、側には居れぬから向上《むこう》へ行き、御祈禱したとて何も無く、十三日御話有りて、モウ話無くなりて吾手にも解《げ》せぬから、山家《やまが》の銀十《ぎんじゅう》は悧巧《りこう》なものであるから、彼《あ》の者でありたら見分けるてあらうと思ふて行つたら、本《ほん》経寺《きょうじ》が頼みてあるから、一度祈禱して貰ふと申し、米さんも二人共御祈禱して貰ふ様に頼みてあるから、行て御加持をして貰へば解《わか》るから、妾《わし》を坊主が御祈禱すると、額口《ひたいぐち》から参《まい》出て、ド偉う暴れ出すと申せば、何申すと笑ふて居りたら、御祈禱しかけたら額を揉《も》み出して荒立ちて、坊主も吃驚《びっくり》致して、出口の側に寄りて来て、お前様は何者とせごしたら、おれは金神であると申して膝を三つ叩いたら、三日振り痛ふて偉い困りた、何で有る知らんが、ド偉いものが憑いて居ると申しても、何だ分らんのでありて、それから福知の金神さまへ参りたら、三日に御かげ貰ふて上げますと、さうする間に背中に憑いて居るものが除《の》いて直《すぐ》好くなりて、八月まで続けによかりたなれど、又八月のさし入りから又荒立ちて、其折は十日程で治まりた。〔一九〇一年旧正月五日〕

なおは「大島はん家売つて下されよ。金助殿も家持つて退《の》いて下されよ。因縁ある土地であるから、神の御宮を建てねばならんのであるぞよ」とか、「綾部の本宮村は、人に憐れの無い村であるぞよ。人が死なうが倒《こ》けようが、自己《われ》さえよけりや搆《かま》はぬ人民ばかりであるから、改心を致さぬと世が治まりたら、此《この》村は悪道鬼村と名付けて、万劫末代《まんごまつだい》悪の鏡と致すぞよ。（中略）牛の糞《くそ》が天下を取ると申すのは、今度の事の譬《たとえ》であるぞよ」〔一八九四年旧正月三日〕などと、大声を上げて叫んでいた。

すみは、強盗や殺人で宮津の監獄に入ったり、首吊りをしたり、汽車にひかれて死んだりした人々の名を挙げて、「まことに不仕合せの人が多ひ村」で「満足な家がすくない」と思い返している。また、なおがある家の座敷に上がり込んで、「仏壇をすつくり座敷に放り出し、清めて清めて、仏を一生懸命おがんでいるので、恐ろしいからつれに来て下さい」（『つきぬおもいで』）と言われたことがあったという。

世間では、こうしたなおを〝気違い〟か、狐や狸が憑いているとみなして、狂乱を鎮静したり、狐や狸の霊を追い払うために、日蓮宗系の法華僧に組内や近隣の人々が依頼して、憑きもの落としの加持祈禱をしたりしている。しかし、僧侶が祈禱すると、なおは僧侶を突き倒したり、もっと修行して来いと罵って、袈裟《けさ》を破いたりして、なんら効果はなかった。そして、法華宗（本門流）の本経寺《ほんきょうじ》の僧にも、なおとよねの加持祈禱を頼んでいる。

「山家の銀十」とは、綾部の隣村に住む鹿造の友だちで、この銀十が憑きもの封じで有名な本経寺の僧がいることをなおに知らせた。なおは憑《つ》いている霊の正体を知ろうとして、加持祈禱を受けている。しかし、なおは荒立ち、「おれは金神である」と叫んだのに対して、僧は「ド偉いものが憑いて居る」と言ったが、その正体は分からずじまいだったようである。さらに、この僧が数珠でなおの身体を撫でると、数珠の玉が霰のように飛び散ったとも言われている。

また、綾部の対岸の吉美《きみ》村に住み、算盤《そろばん》で占いをして、憑きものの判断や憑きもの封じで有名な算盤師のもとも、なおは訪ねている。ここでも、「ド偉い神様」が腹のなかにいると言われ、憑きものを封じた箱を神棚に供えるように言われ、その通りにしようとする。だが、なおの手が痙攣して、そ

「出口なを」（上段，左から２行目）の名を刻んだ一宮神社境内の「神饌所新築寄附者芳名」碑（1917年（大正６）10月建立）（筆者撮影）

の箱を土間に投げつけると、神は腹の底から、算盤師を「此の神を艮《うしとら》へ押込めた身魂《みたま》」だと語って、後に死に至らせたとされている。

さらには、同じ年の旧三月、なおは福知山にある金光教の布教師（取次）の青木松之助のもとを訪れている。その途次に、「石原の弁天様」に立ち寄って休息した際、弁天様が憑依して「お前はなした程零落《おちぶ》れて居りたのだ」と泣き、なおの氏神である、福知山の一宮《いっきゅう》神社を参詣すると、その神が憑依して「こんな氏子があるのに、之《これ》を知らずに綾部へやつて了《しま》つたのは、誠に残念であるぞよ」と語ったという。

なおの神がかりによる、異常な心身状態はしばらく鎮まっている。だが、八月初旬から一〇日間ほど、再び異常な心身状態に陥っている。こうしたなかで、世間から見れば、奇妙な振る舞いをした、なおのエピソードがいくつか伝えられている。

土と万年青と葉蘭

三女ひさと夫の福島寅之助が娘のお藤を連れて、なおの見舞いに訪れた際、なおは土産として、蒲《かま》鉾《ぼこ》板に黒い土を載せたものを授けようとした。すると、ひさは「お母はん、土みたいなものを」と言って拒んだ。なおは「土みたいなのぢやないよ。お土があるから、皆が生て居られるのぢや。（中略）金《きん》は淪亡《ほろび》の基《もと》ぢやぞよ。世界中の人にこれが解つて来たら、この世がみろくの世になるのぢや」と話すと、娘のお藤が「お母さん、みろくの世云《い》ふたら何」と尋ねている。

なおは「子供は素直で神様に好かれるものぢや。みろくの世になれば世界の人が、この子供のやうに初心《うぶ》になるのぢや。妾《わし》はお藤に好《い》え物を見せてやらう」と言って、三人を家の裏に連れていった。「此処《ここ》が坪の内で昔の神屋敷ぢや。神屋敷がもとへ戻つて、此処《ここ》に大地の金神様のお宮を建てるのぢや。此処が世界の大本となる尊い地場《じば》世界の大本ぢやから、万年青《おもと》を植えましたぢや」と話す。しかし、寅之助は「これは全発狂《まるきちがい》ぢや」と嘲笑っている。

なおはそれに頓着しないで、「世界の大本は日本の国ぢや。日本の隣の国が唐《から》、唐には東洋の波瀾《はらん》の根源が潜んで居る。それ故万年青の隣に、十枚の葉蘭を植えましたぢや。十葉《とよう》の葉蘭（東洋の波瀾）を見ておぢやれよ。神が蔭から之を鎮《おさ》めて了《しま》ひますぢや」と説いたのである。そして、台所の方へ引き返して、湯気の噴き出している土瓶を持って戻ってきて、「とようのはらんは、やがておさまりますぢや」と言いながら、土瓶の湯を葉蘭に注ぐと、葉蘭はぐったりと萎れてしまった。当時のなおはこれがどのような意味をもった振る舞いなのかは分からなかったという。

蒲鉾板に載せた黒い土とは、人間が大地のお蔭で生きているとする「お土の恩」を表象したものである。なおの家は専業農家、いわば本百姓ではなかった。父は大工であったが、甘酒売りの行商に転身した後、四二歳で死去した。その後、なおは油屋や米屋、衣類仕立業、饅頭屋、呉服店に奉公した。奉公をやめた後は、茹でた繭から糸を取る、糸引きの出稼ぎをした。

そして、大工を生業としていたとされる、出口家の養女となり、大工の豊助を養子に迎えて結婚した。政五郎の死後は、饅頭屋や糸引きをして生計を立て、紙屑・ぼろ布集めもしている。なおは田畑とは関わりをもたなかったが、土の産物によって日々の暮らしを営み、時には糊口を凌《しの》いできたのであった。なおの語る理想とする生活のあり様は、次の筆先に示されている。

艮の金神が表面《おもて》に現れて、世を構ふやうになると、今迄の様に我善《よ》しの世の持方はいたさせんから、思い違ふ人民が多数《たっぴつ》に出来てくるぞよ。金銀を用ゐでも、結構に地上《おっち》から上りたもので、国々の人民が生活《いけ》るやうに、気楽な世になるぞよ。衣類《きるい》食物家屋《いえ》倉庫《くら》までも変へさして、贅沢な事はいたさせんぞよ。世界中揃《そろ》ふて喜ぶ様の政治にいたさねば、神国とは申されんぞよ。（中略）金銀を余り大切に致すと、世は何時までも治まらんから、艮の金神の天晴《あっぱれ》守護になりたら、天産物自給《おっちからあがりた》其国々の物で生活《いけ》る様にいたして、天地へ御目に掛る仕組がいたしてあるぞよ。疑ひを止めて、生れ赤子の精神になりて（中略）霊魂《たま》を研いて、神国の行い、いたして下されよ。

〔一八九三年旧七月一二日〕

一八九三年の早い時期に記された筆先から、なおがどのような世界を構想していたのかを知ることができよう。世の立て替えによる、来たるべき世界とは、多額の金銭を費やして、贅沢な生活をする「我善しの世の持方」の世界ではなく、「生れ赤子の精神」になり、地上から生み出されて採れる作物によって、質素な生活のできる「気楽な世」の出現である。天理教教祖・中山みきの「陽気暮らし」

と似ていなくもない。それは隠されていて、まだ表に現われていない。蒲鉾板の黒い土は、それをメタフォリカル（隠喩的）に表象している。

万年青の流行とメタファ

万年青を植えたのは、なおの屋敷が金神のお宮を建てるべき「神屋敷」、世界の大本、「尊い地場世界の大本」、また日本が世界の大本であるとする、メタフォリカルで、未来を先取りするようなパフォーマティヴ（演技遂行的）な営みである。「十葉の葉蘭」を萎れさせたのも、東洋の波乱を鎮め治めるという、メタフォリカルでパフォーマティヴな振る舞いである。「出口の屋敷には明治二十五年に、出口の屋敷が大本となるしるしに、万年青を出口に植えさしてあるぞよ。松の世になるしるしは、松が植さしてあるぞよ。葉蘭も植さしたぞよ」（一八九二年旧一二月一日）と、きわめて早い時期の筆先にも記されている。万年青や葉蘭ばかりでなく、二度目の立て替えによって現われるであろう「松の世」を表象するメタファとして、松も植えているのである。

万年青という名の植物は、おそらく園芸をする人を除いて、今日ではあまり知られていないだろう。ゆり科の常緑多年生植物であり、品種が多く、観賞用に植えられる。葉は厚く細長く、光沢があり、地下茎から群がり生え、夏になると、楕円形の花穂に黄緑色の花を密生させる。この観葉植物の万年青は、一八八一年（明治一四）頃、なおの神がかりのおよそ一〇年程前、京都を中心として、全国的に投機の対象となっている。なおが四六歳、五女のすみが生まれた年である。

一八八一年の『東京日日新聞』（七月六日付）には、京都で流行しているものとして、第一に会議、第二に佐田《さた》介石《かいせき》の排洋興国の演説、第三に万年青の流行、第四に懇親会と盗賊が挙げられている。会議もしくは討論会・演説会、また懇親会の流行は、自由民権運動が高まり、民衆の社会的な生活世界のなかに談論の風が政治的スタイルとして入り込んでいったことを意味している。佐田介石は仏教の教理に基づいて天文・暦法を研究し、文明開化による欧化的風潮を憂えて、ランプ亡国論を唱え、舶来品の排斥や国産品の愛用運動を起こし、各地に結社を設立した。

万年青の流行については、「此の二者の中に就《つい》て第二の流行は最も甚だしく、上下両京とも何商売に限らず、万年青の盆栽を持たざるはなき程なり、夫《そ》れゆゑ毎日鞍馬、愛宕、比叡山などの山奥へ朝から万年青とりに出掛けるを渡世にする者あり、大抵一、二円ぐらゐの手間賃にあたると云へば、その需用多きを見るに足るべし」と記している。

この年の一一月には、京都府から万年青の投機による破産を戒め、家業の励行を説く告諭まで出されている。なおの大工の夫は家を空けて、酒と芝居に浸り切り、一家の生計は困窮をきわめ、なおは饅頭作りに励み、下駄の鼻緒作りもし、夏には糸引きの出稼ぎもして、ひとり奮闘していた時期であった。丹波の綾部にまで、この万年青の投機熱は伝播し、綾部でも万年青を採集し売り買いする者が数多く現われたのであろう。万年青への投機によって、多大な富を築いたとか、身代を潰したといった噂話がなおの近辺にも巻き起こっていたことだろう。一八八〇年代あたりから、民衆の日常世界を揺るがす激しい変動が、ようやく地方都市や農村部にも波及していった。

一〇年程過ぎて、万年青への投機がとうに冷え、なおは万年青をどこから採ってきたのか、裏庭に植えている。万年青という、かつて人の心をざわめかせ、欲望を渦巻かせ、とりこにした植物の記憶を、なおは甦らせたのだろう。しかし、それは投機の対象としてではなかった。万年青を大本という不可視の〝世界の中心〟として、パフォーマティヴに見立てたのである。なおの眼には、世界の大本となる「神屋敷」がありありと幻視されたのであろう。

なおは紙屑買いの商いをするなかで、祈禱師や金光教会を訪ね歩いていた。すみの『おさながたり』によると、商いに出る前、神様に「今日はどちらへ参りましょうか」と尋ねると、神様から行く場所を指図されたという。商いに行っても、他人の家に上がり込んで、神を祀る床の間を掃除するといったことが多くなり、商いによる稼ぎはほとんどなくなっていった。四女のりょうは近所の四方家へ子守奉公に、五女のすみは八木の福島ひさの娘の子守に行かせられている。

すみが八木に旅立つ前の晩、なおはわずかな小豆を買って赤飯を炊き、鰯《いわし》の干物を焼いて膳に載せ、「尾頭《おかしら》つきやでな」と笑いながら祝ってくれたという。秋の暮れから冬になる頃、夜の明けない前に、すみは「お芝居の阿波の巡礼お鶴」のように杖を握り、六〇歳近くの爺さんに手を引かれて、家を出た。質山《しちやま》峠近くにさしかかり、「質山の妙見《みょうけん》さんのところまできますと、妙見さんの滝の辺りから西町のお米《よね》姉さんの大きなわめき声がきこえてきました。（中略）「三十七才の辰の年の女全快なさしめたまえ……」と大きな声で叫びながら、姉さんは滝にうたれて願をかけていました」という。すみは「西町の姉さんの悲しい姿を見ながら、木枯らしの風に吹かれているのでした」と、母親と別れていった、九歳の頃の自分の姿を振り返っている。

5 〝生まれ赤子〟になる

一八九三年の旧二月初旬から、なおは激しい神がかり状態になった。それは七五日間続いたと言われる。このなかで、放火犯の嫌疑を受けて、警察署の留置所に入れられ、ついで座敷牢に監禁されるに至っている。

孤立するなお

明治二十六年のさしいりから、昼は何とも無いなれど、夜分になると、昼は商売、夜分は宵の口に一寝入致したら、起て水を浴びては神様の前へ行きて居れば、神様の事が善く判る嬉しさに、七十五日寝ずに神様の御用聞いて居りました。どのい喚《わめ》いても誰一人聞いて呉れる者無し、出口、夜分になると寝させせずに置いて、能の舞《まい》はしたり、三番雙《さんばそう》（叟）舞《ま》はしたり、誠に珍しき事が判るから、夜分寝いでも苦にならぬ。さうしよると、明治二十六年のさし入りに、艮の金神が、直よ、乞食の真似して居りて下されと言ひなされて、何でも否《いや》とは申しませぬが、乞食の真似は嫌で御座りますと申したら、ちつとの間の所を乞食に化《ば》けて居りて下されと御言ひなされて（中略）神様の言ひなされたのを背かずと、粗末な着物ゾロリと着て、懐を膨《ふく》らかいて、袂へ八木へやる菓子を入れて鳥羽を通りよつたら、探偵がお前何処へ行くと咎めたら、妾は八木の娘の所へ行くのであるから、物騒に思ふなら随《つ》いて来なされと言へば、トイト先へ行つて了《しま》ふたら、艮の金神様が一寸いろうて遣りたのざと仰《あおせ》有りましたが、何事も神様か《(が)》為《さ》して御出でなさるのざ。

〔一九〇一年旧正月五日〕

三度目の荒立ちについて記した筆先である。近隣の者で、もはやなおの相手をする者は誰ひとりとしていなくなり、〝気違い〟とか狐憑きとか呼ばれて、まったく無視されていた。それ以前は、狂乱を鎮静させようとしたり、憑いた狐を落とそうとしたりして、近隣の者たちが祈禱師を呼ぶなどして、手を尽くしていた。

地域のなかで、なおはまったく孤立し、排除されていたわけではなかった。地縁共同体における、相互扶助のエートスは存続していた。しかし、三度目の荒立ちとなり、なおをめぐる情況は変化したようである。少なくとも、なおには、世話する者も、からかい半分でも話を聞いてくれる者もいなくなったと、身に染みて感じられた、あるいはそうした記憶が培われていったのである。

なおは孤立を深めていった。逆に言えば、誰からも干渉されずに、勝手気ままに、いわば自由の境涯に浸ることができたのである。なおにおいては、随意ではなく、神に強いられながらも、神と関わる自由にほかならない。昼は商売、夜は「神様の御用」と端的に表わされている。夜になると、一寝入りして、水垢離をとり、「神様の前に行きて居れば」とあるように、以前のように神との問答をしたのであろう。

「神様の事が善く判る嬉しさ」が湧いてきたと記している。神の憑依によって無軌道に振り回されるのではなく、神の言葉を理解できるようになるとともに、心身状態がやや安定し、喜悦もしくはエクスタシーという心身感覚を抱くようになったことを自覚するに至ったと思われる。そして、神の命ずるままに、「能の舞」また三番叟を舞っていたのである。

心身統御としての行

このように、水垢離をとり、神との対話をし、一定のリズムに乗って舞を繰り返すという身体運動、すなわち〝行〟をすることによって、神の憑依によって起こる非自発的な、激しい言動ともなりかねない心身状態を制御・コントロールしていく技法を次第に身につけていったと推測できる。

それはまた、世間から〝気違い〟、狐憑き、狸憑きなどと罵られようとも、憑依する神をこの世にない、すぐれて秀でた霊威ある神として確信していくプロセスでもある。おそらく、なおはこの三度目の神がかりにおいて、昼は商売、夜は「神様の御用」という生活スタイルを構築して、心身状態を統御していくようになっていった。それがなおにとっては〝行〟にほかならなかったのである。

なおは神に乞食の真似をしてくれと依頼されている。たんに神から一方的に命じられるのではなく、神と対話するなかで、いったん拒みながらも、乞食の役・パフォーマンスを引き受けているのである。なおは五女すみのいる八木の福島ひさの家へと向かう。普段着とどれほどの違いがあったのかは分からないが、粗末な着物を緩やかに、いく分だらしなく着て、懐を膨らませ、袂にはすみに土産として菓子を入れて、とぼとぼと歩いていたのであろう。すると、途中の鳥羽の辺りで、男から尋問された。

この男は刑事、なおの言う探偵だった。いかにも怪しく、あまりにもみすぼらしく、気の狂ったような〝瘋癲〟めいた風采だったのだろう。すべて神様がさせているのだと、なおは自覚して、乞食役のパフォーマンスを行なっていたのである。なおが刑事に対して「物騒だと思うなら付いて来い」と言い、艮の金神が「ちょっとからかってやった」となおに語りかけたのは、なおが神の愛敬のある道化たパフォーマンスを代行し、艮の金神をなお自身が表象し体現したことを示していよう。

ここで興味深いのは、艮の金神が乞食の真似をしてくれ、乞食に化けてくれと頼んだことである。なぜ艮の金神はなおに乞食の役をすることをあえて求めたのか。

乞食という表象

そこには、明治初期、乞食という生業《なりわい》、もしくは存在がどのようなものであったのかが、なお自身の変転する境遇とも関連して、そのすぐれてポリティカルな位相が関わっていたと考えられるのである。

明治初年、一八七〇年前後から、各地を巡業する漂泊的な業態にある者に対して、各県では浮浪・乞食禁止令を出して取り締まり始めていた。たとえば京都府では、一八六九年（明治二）に、「乞丐《こつがい》無札の者管内に闌入《らんにゅう》するを禁ず」として、「無札の乞食一切国内へ差し入れまじき候《そうろう》、若《も》し入り込み候者これ有り候はば、見付け次第、取り糺《ただ》し、国境外へ追払い申すべき候」と、「乞食札」を持たない府外の乞食の侵入を禁止し、その追放を命じている。

群馬県では一八七三年（明治六）に「乞食非人の類、徘徊致すまじき旨」として、「乞食非人」の他に梓市子《あづさいちこ》（巫女）、瞽女《ごぜ》、辻浄瑠璃、祭文《さいもん》読みの類が挙げられ、「右の者ども、立廻り候はば、駅郵《えきそん》役人どもにて厳重に申達し、順次管外へ放逐致すべきは勿論《もちろん》、金銀等相《あい》与え候儀、一切相成らず候事」と布達している。県外から「徘徊」してきた者は県外へ放逐する、金銭を与えるなと命じている。

その代表が乞食なのである。

乞食は無職渡世の遊民とされた。芸能者も定住することなく、巡業したり、街辻で演じたりする、国家に資することのない遊芸民とみなされた。巫女も一種の巡業する芸能者である。滋賀県では「世に梓巫《あづさみこ》と唱うる者謂《いわ》れ無き義を以て、衆人を惑わし、甚だしく人間の知見を妨げ候者に付、今般当管下徘徊致し候分は悉く取り糾し、その生所に差し返し候に付、已来《いらい》右様の儀を聴聞等、一切相成らず候。（中略）もし当県支配界へ徘徊致し候へば、元入り来り候方の界外へ、追払い申すべき候」と布達している。巫女が神託などと称して迷信を広めたり、神水を授けて医療を妨害したりして、民衆を惑わし、文明開化の世に逆行する者として取り締まられた。いずれも、乞食の所業とされ、「徘徊」者として街から排除されることになったのである。

こうした「徘徊」者に対する法令は「乞食非人」や巫女、芸能者に止まらなかった。狂人も「徘徊」する者として、明治初年から取り締まられていた。一八七四年（明治七）、東京府では、「狂病を発し候者猥《みだり》に徘徊致《いたし》候ては人の患害をなす少なからず」、はなはだしい場合は放火や殺傷などをすることもあるとし、家族の「厳重監護」を命じている。また、「路上狂癲人《きょうてんにん》」があれば「穏やかに之を介抱し」、「暴動」するなら、巡査が取り押さえて、戸長に引き渡すことが定められている。

路上「徘徊」する「狂病者」は、家族が「監護」し、戸長が監督すべきであるとともに、巡査が処置し、また捕縛すべきであるとするシステムが形成されることになる。やがて「狂病者」や「狂癲《きょうてん》人《じん》」「瘋癲人《ふうてんじん》」から「精神病者」へと言葉が変わって、一九〇〇年（明治三三）に「精神病者監護法」

が成立していくことになる。

なおが刑事（探偵）から尋問されたのは、このような社会的・政治的な背景があった。なおの風体から、非定住で浮浪する無為徒食の乞食として、路上「徘徊」して危害を及ぼしかねない「狂病者」と目されたのである。乞食は浮浪し徘徊し、路上や街路で物乞いをせず、定職につき、定住することが課せられ、狂人は路上で徘徊させることなく、また放火や殺傷といった危害を犯させないために、家族が家で「監護」すること、すなわち監禁・監視することが要請された。

とするなら、艮の金神がなおの〝恥じらい〟や〝痛み〟を度外視して、狂人と見紛う乞食の風体をさせ、それをなおが渋々受け入れて演じたのは、乞食や狂人を監視・管理し排除しようとした、刑事（探偵）によって象徴される社会・政治体制に対する揶揄《やゆ》、さらにいえば対抗的なパフォーマンスだったと言えよう。

明治初期の民俗・風俗の禁令

明治初年には、「朝政御一新に付きては旧弊御一洗」として、民間の多くの民俗・風俗が禁止されている。京都府の禁令を挙げてみよう。一八六八年に賭博が禁止されている。これと関連して、子供が金銭や菓子を賭ける遊びも禁じられている。成長し大人になって、博打をするようになるという理由からである。翌年に、富くじの禁止、民間の婦女の娼妓・芸妓としての振る舞いを「風俗倫理の紊乱《ぶんらん》」として禁止、中元節（旧七月一五日）に子供たちが「淫風の謡《うた》」を歌うことを「淫褻《いんせつ》に渉り風教を傷害する」ために禁止、捨て子の厳禁、納涼花火の禁止。七〇年にも捨て子の禁止が出されている。

七一年に「神子巫神《みこみこがみ》おろしなと丶と号し、妖怪の言を唱へ、諸人を誑惑《きょうわく》し、夫《それ》を渡世とするものあり」、その罪は軽くなく、咎めるべきだが、「従来の悪弊故、間々《まま》自ら其非を知らずして」行なっている場合もあり、「寛大の旨」をもって処罰してこなかったが、これからは堅く禁止する。巫女、またその神降ろしが悪弊として禁じられ、巫女を見た際には届け出ることを告知している。

なおの場合も、このような巫女として、警察に届けられている。賭博の禁止が繰り返され、混浴の禁止、門松を「国家有益の良木を損害する」として禁止、路傍の地蔵像などの「堂祠《どうし》偶像」を撤去し、祭祀することを禁止している。

翌年に裸体の禁止、猥褻な画像の販売禁止、呪《まじな》いによる吉凶禍福の判断の禁止、盂蘭盆会《うらぼんえ》・川施餓鬼・六斎《ろくさい》念仏・歌念仏の禁止、「清水舞台飛《とび》」（清水寺の舞台から飛び降りる願掛け）の禁止、「私に祠《し》堂《どう》を建立」すること、また田畔に死骸埋葬の禁止、男芸者（幇間《ほうかん》）の禁止。七三年には、再度の混浴禁止、路傍の石仏・祠堂の撤去、祭礼の際の男装女装の禁止。

これまでの民間の民俗や風俗の細部にわたり禁止し、国家・地方行政が民衆の生活スタイルを統制しようとした。贅沢・浪費を戒め、猥褻とされる「淫風」を絶滅し、男女の別を厳格にし、無知蒙昧な悪弊となる民間信仰である〝迷信〟、巫女・祈禱師への信心、特に廃仏毀釈・神仏分離による仏教信仰の排撃が強行されている。

こうしたなかで明治政府は、「我国は神州」で「風儀外国に勝れ」」、「天孫此《てんそんこの》国を闢《ひら》き玉《たま》い」」、「皇統聊《いささか》かわらせ玉ふ事なく」」、「此国にあるとあらゆる物悉く　天子様の物にあらさるはなし」」、「天孫立《たて》置《おき》玉ふ御教、勝れし風儀を海外へ押《おし》およはせ、世界万国をして　皇威を畏れみ仰かしめん」と、自民族中心主義・ナショナリズムを前面に押し出し、天皇崇拝・神道国教化路線を推進していくことになる。

艮の金神は〝易者は致さぬ〟

なおが乞食の風体で、八木の福島家を訪れた際のエピソードがある。ひさは車夫の夫が三日前から出かけて帰らず、行方不明になったと心配していたが、なおが神がかりして、帰宅するのを当てたと伝えられている。それをひさは近所に触れ回った。

これは神様ざと申して其夜《その》に近所、よそ町からまで、伺ひて貰ひ度《た》いと大勢出て来て、伺へば余り大勢で、初発であるから伺ひも為《さ》したなれど、この金神は易者は致さぬと御叱りありて、後な人は又明日と、直《なお》に気の毒と御言葉ありて直止《すぐ》めて、翌る日には王子へ参り〔一九〇一年旧正月五日〕

なおが初めて霊能を発揮したとするエピソードである。なおの神、艮の金神は「易者は致さぬ」と宣言する。なおにしてみれば、ようやく巡り合えた、僥倖というべき、初めての〝人助け〟である。人々から受け入れられ迎えられる嬉しさ、あるいは孤立無援の寂しい境涯から解放され、失われそうになった矜恃が回復される、またとない機会となったであろう。

しかし、なおの神はさらなる試練を課すのだ。易者・巫女によって安定化され秩序化される、世間という安穏とした〝癒しの共同体〟から、馴れ合いを切断し、亀裂を入れるべく、徹底した離脱・隔絶、もしくは根底的な孤立がそれである。

放火犯の嫌疑と入牢

綾部では、一八九三年の旧正月頃から、頻々と火災が起こっていた。そのたびに、なおは神がかりになって、路上で大きな声で怒鳴って歩いていた。「世界に大きな事や変りた事が出て来るのは、皆此《こ》の金神の渡る橋であるから（中略）今のうちに改心致さねば、何処に飛火が致さうも知れんぞよ」などと叫んでいた。

四月に、材木屋が焼けた翌日、なおの近隣の主婦たちが「狐憑者《きつねつき》や狸憑者《たぬきつき》の中には能《よ》う放火をして喜ぶのがあると云ふさかいなア」などと、この火事の噂話をしていた。すると、「余り改心致さぬと、千田町の森殿が良い懲戒《みせしめ》ぢや。改心々々と神が一点張りに知らすなれど、未だ敵対《てきと》うて来るもの可哀想なものぢや」と喚いている、なおの声が聞こえてきた。そして、なおは放火犯として警察に通報されている。

> 材木屋が焼けたら、その翌日に、（原文、二〇字伏字、筆者注）でありましたのを、安藤金助の家内初《はつ》と申すものが、毎日呼ばりて居りても、庭までも這入《はい》り呉《く》れなんだものが、その声に驚いて、警察へ願うて騒動起し、組、近所大騒ぎ。そうすると翌日になれば、国谷《くにたに》が探偵でありまして、一寸出口をかけに来ました。お直さん、お前さんは金神様を信仰してざげなが、ド偉い大病人がありますが、一寸来て伺うて貰ふことは出来ませんかと、一寸弄《いら》ひに来ました。〔一九〇一年旧正月五日〕

伏せ字の部分には、「ゆう《（夕）》べやけ《（焼）》たのわ《（は）》をれ《（俺）》がやい《（焼）》たのざと九《（口）》ちでをど《（脅）》したの」（『経歴の神諭』）という言葉が入る。すみの『つきぬおもいで』には「『昨夜の火事は、この方が焼いたのだア』と神さまが大声で叫ばれたそうです」とある。警察への通報によって、刑事が駆け付け、病気直しを頼まれるが、それを断わると、なおは刑事と巡査二人に畚《もっこ》で担がれて、綾部警察署の留置所に拘留された。

これはおもに放火の容疑者としての処置であるが、狂人ともみなされて拘留された。「狐憑者《きつねつき》や狸憑者《たぬきつき》の中には能う放火をして喜ぶのがあると云ふさかいなア」という言葉はそれを示していよう。路上を「徘徊」して、大声で喚き、何をしでかすか分からない危険な存在として、衆目の一致するところだったのである。そして、なおは尋問されている。

お前、守蔵の家は妾《わし》が焼いたと呼ぼりたげなが、お前焼いたのかと申したら、この金神は他《よそ》の家を焼くと云ふ様な、悪戯《わるさ》をする神では御座りませぬと申せば、なんぞ守蔵に意趣でも有りはせなんだかと申せば、何も意趣などは有りやせぬと、それでも神の中にも悪神《わるがみ》もあるから、又どんな神が悪戯《わるさ》して居《お》ろうやら分らんから、又吟味を致さうと申して、そうする間に未だ警察は普請致して、新《さら》の牢へ畳の敷《しき》た初発の牢に入れたら喜びて、此処《ここ》は牢と申して居るが、結構なおみとだと喜びて蒲団を敷きて、ゆつくり致し、喉が渇いて居《お》れど、外の者には水も汲ませず（中略）グツスリ一寝入致したら、それからは神様の御用聞いて居りました。さあ、警察で大きな声で呼《よ》ば》り出《だ》いたが、役人これだけ呼りても眼が開かんのか、寝た振りして居るのかと声張り上げて、それから翌日引続けに呼りても、役人もほうどの目に逢うて、さあ、町中の者を呼びて来いと申して、巡査に用意なされよ、お足か上《(が)》るぞえ、己等《われら》がこの世へ喰《く》ひ倒しに来て居るから、この世が行けぬやうになるぞよ、用意を為《な》されと血相変て呼るばかり

〔一九〇一年旧正月五日〕

なおは放火したのではないかと詰問されたのに対して、この金神は他人の家を焼くような悪戯をする神ではないと、金神の名で答えている。警察はあくまでなお個人の行為と動機を問い質そうとしている。自白により、犯罪の行為と動機との因果関係を求めようとするものであり、いわば近代的な司法警察のもとで尋問が行われている。こうしたなおの神がかりの言動に辟易して、できたばかりの留置所に入れている。

新しい畳と蒲団の木の香りのする「牢」、それをけっこうな御堂だと見立てて、神がかり状態で大声で叫び続けて、喉が渇いたとはいえ、久しぶりにゆっくりと身体を休めることができたのは確かであろう。ぐっすり一寝入りして、夜中に起きると、なおは再び神がかりとなり、警察官に向かって、「己等《われら》がこの世へ喰ひ倒しに来て居るから、この世が行けぬやうになるぞよ、用意を為され」と、艮の金神となって怒鳴っている。これは、国家の役人たちが人民から税金を搾取して、人民の生活をどん底へと落とし、この世を成り立たなくしてしまっているということである。なおは自分の体験を、国家権力が貧窮者を搾取してきた体験として捉え返したのである。

座敷牢への監禁

なおが留置されて二日目の夕方に、放火の真犯人が逮捕された。警察ではなおを留置所に入れて置くことができなくなり、長女よねの夫、鹿造《しかぞう》を呼んで、なおを

保護・監督させようとした。

鹿造、連れ帰り守《もり》をせよと言ひつけられ、そんな大気違ひの守は能《よ》うせぬから、手錠《てがね》足錠《あしがね》貸して下されと申せば、科《とが》無き者に手錠足錠は入れられぬと、そんなら座敷牢して入れいと申しても、鹿造素直に致さぬから、近所、組へ警察から座敷牢致せと言ひつけられて、皆寄りて、牢拵《こしら》へて待ち受けた。（中略）モウ気違ひであるから、此《こ》の牢へ入れて置いたら楽ぢやと申して、しつかりした牢が待受《まちうけ》にしてありました。

〔一九〇一年旧正月五日〕

鹿造がなおの保護・監督を拒んだため、警察は座敷牢への監禁を命じている。なおは犯罪者ではなかった。そして、釈放された。だが、なおの身は留置所への拘留から座敷牢への監禁へと移される。路上を「徘徊」し、大声で喚き、暴行や放火などといった危害を犯す恐れがあるとされ、公共の秩序を守る予防のために、人権などといったことを度外視され、警察が民間に命じて、なおの身体は再び拘束された。これは保安処分的な処置である。先に見たように、憑依された者としてではなく、狂病者・瘋癲者として、親類の鹿造と組内の者が呼び出されて、「厳重監護」を命じられ、座敷牢に監禁されることになる。

わしはそんな所へ這入《はい》るものでは無いと申したら、四、五日這入りて貰はねばならんと鹿造申すに依《よ》つて、おう、そんなら這入りてやろうと這入り居りて、モウ出して呉《く》れさうなものだと、神様に伺うて見れば、有明けの月を待ち兼るとの御指図、（中略）出口は家も何も要《い》らん、牢から出さへしたら良いのであるよつて、それは良い方法であるから結構と任して置て、四月十五日に出して貰ふて、科《とが》なき者を牢へ入れて、四十日座敷牢して入れられたのも、皆神様からでありました。余り叶はぬで牢の中で死のうと思ふても、死んだらこの中に居るのと同じことだ、見たいものも見られず、物言ひたうても言はれせず、なんぼ死のうと思ふたとて、神屹度《きっと》憑《つ》いて居るから、死なれせぬぞと、艮の金神様言ひなされて、止めに致したのだ。死ぬも生けるも、皆神様からの都合の事でありますから、この筆先で判ることになりた。何事も神様に御まかせ申せば楽なもの

〔一九〇一年旧正月五日〕

四〇日間、なおは座敷牢に監禁されていた。この急造の座敷牢は組内の者たちによって建てられた。なおは座敷牢への監禁に耐えられず、自殺を試みたようである。だが、艮の金神に諭されて、思い止まっている。別の筆先にも、次のように記されている。

くろう《（苦労）》のかたまり《（塊）》の、はな《（花）》のさく《（咲）》おほもと《（大本）》であるから、くろうしただけのこんど《（今度）》は、はながさくのざぞよ。くろうなしのはなは、ひとはれ《（一晴）》のはな、さくら《（桜）》のはなざぞよ。はじまり《（始）》はりつぱ《（立派）》にあれど、ちる《（散）》のがはや《（早）》いぞよ。こんどのたとへ《（喩え）》は、んめ《（梅）》とさくらとのたとへであるぞよ。んめはさむ《（寒）》さ

にむか《向》ふと、くろうしかけるぞよ。くろうがなが《長》いが、このよ《世》になると、けつこう《結構》であるぞよ。(中略)でぐちを四十にち、ろう《牢》にはいりたのも、かみ《神》からのつごう《都合》のことでありたぞよ。四、五にちはいりてをれともうしていれさして、べんきやう《勉強》がだいぶ《大分》でけたのでありたぞよ。つら《辛》いことがさしてあるぞよ。(中略)わる《悪》きこともせんものを、けいさつ《警察》につれゆきたり、あるいてでもいくことを、じゆんさ《巡査》がさんにん《三人》いたしてかいて《担いで》いつて、むら《村》でよいさら《晒》しものにあはせ、またつれかへりて、ろう《牢》して四十にち、ひ《火》のなかにみづ《水》のなかにはいりてをるおりは、いちにちく《暮》れるが、一ねんほどにおぼ《覚》えました。あまりかなはんから(中略)これはくび《首》しめてし《死》んでしまふとおもふて、ひとへ《単衣》もののゑり《衿》をとりてくびにかけたら、なをよ、し《死》にたらこのなかにをると、おな《同》じことであるぞよともうされる

〔一九〇二年旧一〇月五日〕

一九〇二年(明治三五)、後に述べることになるが、なおと王仁三郎の対立が激しくなっていた情況のもとで、なおは〝梅と桜の喩え〟を用いて、二度目の世の立替えを実現させるために、苦労の大切さを説いている。そこで、なおが振り返って、起点としたのが座敷牢への監禁である。

近隣で晒し者にされ、座敷牢では火と水のなかに入っているのと同じで、一日暮れるのが一年経つほどだった。座敷牢に入れられ、辛苦に満ちた苦労を重ねるのは〝神の都合〟なのだ、となおは艮の金神の言葉から理解している。そして、神に自分の命運を委ねてしまうところにこそ、我が身の「楽なもの」となる自由の境地があると改めて思い知ったのであろう。

筆先を書く

なおは座敷牢で懊悩していたとはいえ、そればかりではなかった。「べんきやう」をしていたのだ。無筆だったといわれるなおが、この座敷牢のなかで初めて文字を書いたと伝えられている。この経緯に関しては筆先に記されていない。『開祖の巻』から見てみよう。

なおは神がかり状態になって、暴力を振るいはしなかったが、街路や家のなかで大声を出して、神の言葉を叫んでいた。それは近隣の者たちに神の意志や戒めを伝えるものであったが、そのようには受け止められず、非難する言葉とみなされて忌避され、〝気違い〟として扱われた。その帰結が留置所への拘留、座敷牢への監禁であった。

座敷牢のなかで、なおは、神が自分の口を借りて、世の人々を戒めているが、世間から誤解されて「気違婆」などと呼ばれているため、これだけは止めさせていただきたい、と懇願した。すると、神は、それなら筆を執って書け、と命じた。なおは無学であると言うと、神が教えるから書けと命じた。なおは落ちていた釘を拾って、牢の柱に書きつけ始めたのである。

筆先の文字は漢字をほとんど用いず、平仮名のほかに、五、九、十などの漢数字が用いられ、その字体は二七年間ずっと変わらなかった。生涯、半紙二〇万枚に及ぶ筆先を記した。初めは自分の書いたものを読めなかったが、後には読めるようになったと言われる。筆先については、次のように意味づけている。

この世の変り目に、今度此方《このかた》が天の規則を定《き》めるから、天の規則を龍宮館で出口の神と現はれて、

> 筆先に出したなれば、万劫末代遺《まんごまつだいのこ》る規則であるから、明治二十五年から出口の手で気をつけたのであるぞよ。これまでは誰も誠に致さぬのはもつともの事であるぞよ。（中略）筆先に出ることは、机に座りた折は、何を書くのざ判らねど、判らぬ事を書くのは、一字か二字出たなれば、何程でも書けるなれど、これまでの有りた事を書くのは、書きにくいから、能《よ》く調べて写《うつ》いて下されよ。
>
> 〔一九〇二年旧九月二八日〕

なおが机の前に坐り、何を書くのかは分からないが、明治何年何月何日と日付まで書き、一字か二字、自分でも分からないことを書き始めると、いくらでも書き続けてできあがったのが、筆先であるという。いわゆる自動筆記と言えば自動筆記なのだが、あくまでも神が書かせている。筆先は、艮の金神が永劫に残る「天の規則」をなおの手で書かせたものだが、誰も真実が記されたものとは考えない。

なおは書いた筆先を信者に見せたり渡したりして、書き写させていたが、その内容を解読できる者はいなかった。それほど、神の意思もしくは仕組（経綸）を理解するのはむずかしい、となおは言う。筆先を読み解き、文を整えて公表したのが、上田喜三郎、後の出口王仁三郎である。なお、またなおの艮の金神がこの世に現われ受け入れられるためには、まだまだ時を要したのである。

なおの「推量節」

座敷牢への監禁中、なおは「推量節《すいりょうぶし》」という流行歌を歌う声が牢の外から流れてくるのを聴いている。なおはこの推量節に触発されて、ごく初期の筆先のなかに、この歌の替え歌を作っている。

明治二十六年に、出口直が牢へ這入《はい》りて居る折に、推量節が作りて在るぞよ。『今度の推量節は何処から流行る、綾部出口の屋敷から推量々々』と申してあるぞよ。出口が座敷牢へ這入りて居る折、夜の十一時と思ふ時分に、二十歳《はたち》ぐらいな声で、二人が牢の傍《そば》で、推量々々と謳《うた》ふて居る声が致した事がありたが、翌《あく》る日の朝になりて、神明《みよじん》の高倉稲荷と鬼嶽《おにたけ》稲荷で在りたが、推量節を唐土《から》天竺《てんじく》へ拡めに行くのでありたと云ふ事が、直に分りて喜びたぞよ。／推量節が流行《はやり》て来るやうに成りたらは、判りて来るなれど、〇〇きち（清吉）の心と出口の心を推量せいとの歌でありたぞよ。

〔一九〇三年旧六月八日〕

「推量節」は一八八八年（明治二一）頃に流行した歌である。見田宗介（『近代日本の心情の歴史』）によると、「推量節」のモティーフは「おどけ」である。添田知道の『流行歌明治大正史』（一九三三年）では、「推量節」は「自由民権運動時代」に分類され、その歌詞は次の通りである。

鯰《なまず》エー、アリヤ推量々々／だまして権妻《ごんさい》となれど、チヨヨイト、ア、さのよやさのさ、またも、
コラシヨ、地しんでジツ元のねこ
ふつとエー、アリヤ推量々々／出逢ふてすぐあひ乗りで、チヨヨイト、さのよやさのさ、車夫に、
コラシヨ、気がねのジツほろの中

先の筆先には、「今度の推量節は何処から流行る、綾部出口の屋敷から推量々々」とある。他には次のようなものがある。


あやべ《綾部》、で九ち《出口》のたけぞ《竹造》さんのやしき《屋敷》、てんか《天下》となるわいな、すいりよ《推量》すいりよ。

あやべ、で九ちのすみさんのやしき、てんし《天子》となるわいな、すいりよすいりよ。

あやべ、で九ちのでんきち《伝吉》さんのやしき、てんかとなるわいな、すいりよすいりよ。

あやべ、で九ちのせきち《清吉》さんのやしき、てんかとなるわいな、すいりよすいりよ。

あやべみやこ《都》となるぞよ。うしとらのこんじん、なをのうしろみをいたすぞよ。めづらしきことがでけるぞよ。うし九そ《牛糞》がてんかとる。あい《開》た九ち《口》がすぼまらぬとゆたと江《喩え》が、こんど《今度》のたと江であるぞよ。このよ《世》がひ九りか江るぞよ。びつ九りいたすぞよ。せしん《精神》よ《善》きものわ、こんなことがでけるぞよ。せしんわる《悪》きものわ、みたま《身魂》のいれか江《入れ替え》いたすぞよ。たま《魂》をみが《磨》いて九だされよ。このよ《世》のじんみん《人民》、さんぶ《三分》のとこまでい九ぞよ。しんじん《信心》つよ《強》きもの、ふしぎ《不思議》があるぞよ。めじに十九ねん五がつに十ににち、なをのふでさき。

〔一八九六年旧五月二二日〕

ひぐらし《蜩》のな《鳴》くこゑ《声》き《聞》けば、つき《月》のよ《夜》になるはさむ《寂》しき、ひ《日》ので《出》をまつ《待》ぞよ。こんど《今度》のすゐりやうぶし《推量節》どこからはやる、あやべ《綾部》でぐち《出口》のやしき《屋敷》から、すゐりやう《推量》すゐりやう、でぐちのとりつぎ《取次》ほとゝぎす《不如帰》、たびたびのど《喉》からち《血》をは《吐》くごとく、すゐりやうすゐりやう。

〔一九〇三年旧六月一六日〕

一八九六年（明治二九）と一九〇三年（明治三六）に、「推量節」の替え歌が作られている。一八九六年のものには、綾部の出口なおの長男の竹造、三男の伝吉、次男の清吉の屋敷、なおのかつての新宮の屋敷が「天下」、都もしくは世界の中心となると記されている。また、五女のすみの場合は、「てんし」は「てんか」かもしれないが、天子になるとする。それを推測してみよと歌われている。天子（天皇）の住む東京から、綾部へと都が移り、艮の金神がなおを後見し守護する。

〝牛糞が天下を取る〟、なおのいわば常套句である。汚穢物、最下層に落とされた者として、自らを規定している、あるいは神に名づけられている。この世で最も貶められた者、賤しまれた者、最底辺の者がこの世を治める、統治する。この世が引っ繰り返る、転覆する、これが開いた口が塞がらないほどびっくりする、珍しきことなのである。

精神の善い者が天下を取り、精神の悪しき者は改心させるので、魂を磨け、人民の七分を滅亡させ、三分だけが生き残ることになるぞ。信心の強い者には不思議なことがあるぞ。このような預言、もしくは託宣めいたことが「推量節」の替え歌の後に付け加えられている。

一九〇三年のものは、短歌のような歌から始まっている。蜩の鳴く声を聞き、月の夜になると寂しく、日の出が待たれる。孤立し寂寥とした境涯にあるなお、艮の金神の世へと立替えになるのが待遠しい、といった意味だろうか。「こんど《（今度）》すゐりやうぶし《（推量節）》どこからはやる、あやべ《（綾部）》でぐち《（出口）》のやしき《（屋敷）》から、すゐりやう《（推量）》すゐりやう」は、先にあげたものと同じである。もうひとつは、喉から血を吐く時鳥のように、苦渋に満ちた取次をしている、なおの心を推し量れ、といった意味となる。当時のなおと王仁三郎が対立していた情況を反映していよう。

時節の変わり目を歌う

「推量節」は諧謔を弄し、おどけた戯《ざ》れ歌だが、富裕者や権勢者といった上流階級を揶揄している。なおの「推量節」の替え歌は、それとまったく異なっている。直接に権力を批判したり、世界の変革、世の立替えを訴えたりするものではない。だが、明確に世の変革が到来すること、またその兆しがあることを確信をもって告げている。なおは「推量節」の替え歌を時節の変わり目が訪れようとしていることを告知する歌として作っているのである。

なおは社会の流行に対して、頑なに心を閉ざし、無縁だったわけでもない。先に、投機の対象となっていた万年青《おもと》を挙げた。万年青＝大本と、語呂合わせして、世界の中心となるメタファとして植えたのである。なおは、夫が稼がなくなってから、饅頭屋を始めたり、糸引きや紙屑・ぼろ布買いの商いに出かけたりしている。饅頭屋の商売では、原料を仕入れるうえで、小豆の値段・相場に関心をもたざるをえなかっただろうし、投機的な取引にも耳を傾けることもあっただろう。饅頭屋は客たちの社交の場となり、近郷近在の様々な情報や噂話を耳にすることにもなったであろう。

糸引きの場も、各地から集まった女性たちが世間話や噂話で盛り上がり、花を開かせる交流の場となり、なおの世間を広がらせ、見聞する知識を増やしていったであろう。なによりも糸引きに行く途次において、なおは自分に憑依した神がどのような神なのかを見分けてもらうために、新興の宗教勢力である金光教会や天理教会を巡り歩いて訪れている。そこでは、新たな流行神を知ったばかりでなく、神々に関する知識をも吸収していった。また、「金光、天理、妙霊、先駆《さきがけ》」と後に筆先に記したように、めざましい発展をしつつあった新興の宗教勢力を知り、そのなかで自分に降りてきた神を確信していく〝巡り〟のプロセスでもあった。

「推量節」の替え歌には、なおが糸引きや商いの〝巡り〟のプロセスにおいて、身体で感じ取った変革の兆しが、座敷牢という〝籠り〟の空間のなかで表象されたのである。古代では、政治や社会を諷刺して、時節の変わろうとすることを知らせる予兆の〝はやり唄〟を童謡《わざうた》といった。〝流行歌〟と言うようになったのは、昭和の初め頃とされ、それ以前は〝はやり唄〟と呼ばれていた。朝倉喬司の『流行り唄の誕生』によると、〝はやり唄〟自体、「風の移らんとする兆」を託した歌のことであり、権力者にとっては、不気味な予兆を告げる歌だった。なおは「推量節」の替え歌に我が身を乗せて、神によって世のなかが変革されていく予兆を確かに体感していったのである。

再生・更新していく、なお

入牢して四〇日後、組頭の四方源之助はなおの逆上が鎮静していると判断し、鹿造になおの監督を約束させて、警察が許可した後に、なおは座敷牢から出されている。当時の狂病者、瘋癲人に対する処遇の手続きを踏まえた処置である。なおの新たな起点を刻印することになる、座敷牢から出た時の筆先を見てみよう。

> 牢から出て、西町に二日居りて、八木へ往きて、家も売り道具も売り、綺麗に新《さら》つに、出口他から見ると、モウあかん様に思ふて、鹿造、四方《しかた》へ家売りて下さりたのが、今になりたら、誠に結構、こゝ迄《まで》致さんと、此《こ》の取次は出来ぬのざと、出口新《さら》つに糸引きて、新つに衣類拵《きるいこしら》へて、生れ赤児《あかご》

になりたのざ。皆神が為《さ》してあるぞ。こゝ迄世に落して御用為してあるぞよ。神と人民とは全然《さっぱり》心が反対であるから、神の御用聞く者は何か違ふぞよ。人民は表面《うわつら》飾り、金《きん》がちつと廻る人でありたら、誠に重宝がりて、零落《おちぶれ》た人には物も云ふと、汚《けが》れる様に思ふ世の中。見て居りて下されよ。世が変るから、アラクラに覆《かえ》るぞよ。

〔一九〇一年旧正月五日〕

なおは出牢するうえで、鹿造にどのようなことでも従うと約束し、家屋敷から家財道具まで一切合切、売り払われてしまった。石臼ひとつだけが残ったと言われる。全面的に身代限りとなったのだ。なおはそれを「綺麗に新《さら》つに」と表現している。さらに、新たに糸引きに行くために、新しく衣服を整えた。座敷牢から出た後、なおは身ひとつとなり、何から何まですべて「新つに」なった、更新されていったと実感したことを記している。このような自分を「生れ赤児になりたのざ」と言い切って、新たに再生したことを告げたのである。

座敷牢への監禁は、死の空間からの再生・新生として体験されている。それはまた、座敷牢という繭のなかで蛹《さなぎ》としての〝籠り〟から、成虫へと孵化して、開かれた〝巡り〟の世界へと飛翔し、変身していくプロセスとたとえることができよう。

なおは、処罰・監禁システムとしての相貌を露にし始めていた、座敷牢から出立し、歩み始めた。ここに、なおの生涯の転回となる基点が刻み込まれていよう。なおの得体の知れない神との歩み、それは決して平穏なものではなく、艱難・辛苦にまみれたものだった。なによりも、近隣をはじめとする地域社会の人々、また日本や世界の人々、なおの言う「人民」との争闘が深刻なテーマとして、神から突きつけられていたのである。

「神と人民とは全然心《きっぱり》が反対である」というのが、なおの神、艮の金神である。「人民」は表面ばかり飾り、金持ちを大事にし、零落者や貧乏人を汚穢物のように扱う、となおは徹底して人民を批判している。人民という用語は、今日ではまったくと言っていいほど使われていないが、一八七〇年代末から自由民権運動で使用されていた。とはいえ、当時、おもに政府の用いた言葉だった。左派的な用語になるのは、明治末期からである。

なおの人民批判は、政府の権力を嵩《かさ》にきた役人や警官、羽振りのいい金満家に向けられた、政府や権力者、富裕層に対する批判であった。なおは自らを「生れ赤児」と表象し、この世の変革、世の立替え・立直しへ向けて、出立するのである。

第二章　人助けと艮の金神講社

牛の糞《くそ》が天下を取ると申すのは、今度の事の譬《たとえ》であるぞよ　〔一八九四年旧正月三日〕（なお「筆先」）

1　籠りから巡りへ

唐と日本との戦がある

なおは出牢後、大槻鹿造・よねの家に二日ほど滞在し、八木の福島寅之助・ひさ宅へと向かっている。なおは家屋敷を売り払われ、住むべき家がなかったのだ。なお一家は離散していた。三男の伝吉はすでに大槻鹿造・よねの養子となって働いていた。次女ことは王子の猟師のもとに嫁ぎ、髪結いをしていた。四女のりょうは組頭の四方源之助方で子守奉公、次男の清吉は東京の近衛師団に入隊、五女のすみは八木の福島ひさ宅から私市《きさいち》の大島宅へ奉公、長男の竹造は出奔して行方不明であった。

出口、牢から出て八木へ参りて、四月の十八日に八木へ参りて、牢へ四十日這入《はい》りて居りたので、身体が軟らかうなりて、又一働き致さねばならぬから、なか〳〵辛い事で御座りました。（中略）八木に居る折に、明治二十六年の五月頃に、来春四月から唐《から》と日本との戦《いくさ》があると御指図ありて、こんな時節に戦と云ふやうな事無いと、皆が申して居りたなれど、違ひなく戦、二十七年大戦《おおいくさ》。

〔一九〇一年旧正月五日〕

なおは八木の福島宅に落ち着いてから、糸引きに出かけ巡り歩いている。「唐《から》と日本との戦がある」とは、日清戦争勃発の予言を指している。また、米価騰貴を予言したとも言われている。前年に、家の裏庭に一〇枚（十葉）の葉蘭《はらん》を植えて、熱湯をかけて萎れさせ、東洋の波乱が起こることを予言するとともに、それを神が鎮定することを、メタフォリカルな見立てによって演劇的に遂行していた。なおにとっては、事態が切迫し、神から「唐へ行つて呉れい」と指図を受けて、出立したのである。

清吉の死

なおが国家とかなり密接な接点や関心を抱くに至ったのは、次男の清吉が宮城（皇居）の守衛と儀仗を任務とする、近衛師団に入営したことによろう。清吉は一八七二年（明治五）に生まれ、九四年に徴兵検査を受け、近衛兵となった。息子を兵士として送り出した、なおにとって、天皇・国家と軍隊、そして戦争は他人事としてではなく、身近なこととして感じられたのであろう。

清吉は、九五年（明治二八）、日清戦争後に台湾が割譲された際、台湾の征服・反乱鎮定のために、近衛師団の兵士として出兵した。なおは息子が天皇直属の兵士となり、天皇と国家と出口家が連繋されたとする思いをいだき、栄誉だと感じたことだろう。しかし、清吉は九五年に台湾で戦病死した。享年二三である。なおは清吉の死をにわかには信じられず、中国大陸で生き続けていると思っていた。

> せきちどの《清吉殿》を九にが江《国替え》さして、いまでわ九や《悔》しあれども、これはまことにけこ《結構》をであるぞよ。じんみん《人民》わしら《知》ぬことがあるぞよ。まことにけつこをなことがあるので五ざるぞよ。あとのへたい《兵隊》、いまでわけこ《結構》をながみ《眺め》てをざれよ。
>
> 〔一八九六年旧一一月二一日〕

なおは清吉の死を悔しがっている一方で、「結構」だと捉えている。人民には理解できないことがあるとし、やや分かりにくい筆先だが、清吉の死は兵隊に対して「結構」なことをもたらすと思い至っている。この筆先の前には、外国人が日本の国を「じよに《自由》いたして、てんし《天子》までもじよ《自由》をにいたされて、九や《悔》し九ないか、かみわ九やし九てながら九《長らく》かつせん《合戦》をいたしてをるぞよ。（中略）こんどがとどめであるぞよ」とある。「清吉殿は神が借りて居るぞよ」〔一八九六年〕ともある。清吉は神の兵士として、日本国や天子（天皇）を自由に操っている外国人と最後の合戦を戦っているとしたのだ。

先に見たように、筆先のなかの「推量節」に、清吉が歌われ、記憶し続けられている。そして、「清吉殿は死んで居らぬぞよ。神が借りて居るぞよ。清吉殿と御直殿とが此世《この》の初《はじま》りの世界の鏡」〔一八九七年〕とも記しているように、清吉が神の授けた役目を引き受けて、神霊として生き続けていると、なおは確信していた。

そして、「他では云はれぬが、出口清吉殿は死んで居らんぞよ。人民に申しても誠に致さねども、清吉殿は死なさしてはないぞよ。今度御役に立てねばならんから、死んで居らんぞよ。天地の御神様、艮の金神様に御用聞かして戴いて、結構な御用聞かして貰ふて居りまする。母様、御安心して下されよ。（中略）疑はずと、出口清吉は結構に艮の金神様、龍宮の乙姫様に世話になりて、結構な事をさして貰ふて居りまする。清吉殿は艮の金神が日の出の神と名がつけたるぞよ。正一位稲荷月日明神と申すぞよ」（一八九九年旧八月二二日）と後には記している。

この「母様」とは、なおのことである。艮の金神がなおに「御安心して下されよ」と諭したわけである。清吉は艮の金神や龍宮の乙姫の世話になり、「日の出の神」また「正一位稲荷月日明神」という神号を授けられていることを告げられている。

また、「出口清吉は二十九才で申《さる》の年、是《これ》は因縁ある事ざ。今度の仕組は世の立替致して、世の元は出口直、出口清吉とが世の元の地になるのざどよ。（中略）出口清吉を日の出の神と、神界からは命令を戴きて、今度の大望について出口清吉を三千世界の手柄致さして、日の出の神と現れて、艮の金神は出口の神と現れて」（一九〇〇年旧七月二五日）と、清吉の「御魂《みたま》」も世の立替えをして、「世の元になる因縁の御魂」として生き続け働いているとしている。

そのせいか、一八九八年の第二五回靖国神社臨時大祭から、日清戦争の戦病死者も合祀されることになったが、清吉が天皇・国家によって〝忠霊〟という神霊として祀られたことにも、靖国神社にも、また後には明治天皇の死去にも、なおは筆先でまったく触れず、なんら関心も寄せなかったのである。

2　唐行き〝巡り〟と綾部の金神さん

唐行き〝巡り〟

なおが「唐《から》へ行つて呉《く》れい」との神の指図を受けて、得体の知れない危機意識のもとで敢行した「唐行き」の経路を筆先〔一九〇一年旧正月五日〕から辿ってみよう。

なおは、一八九四年（明治二七）六月（旧五月）、綾部から八木の福島宅へ向かい、一月ほど滞在し、まずは亀岡の金光教会に立ち寄る。教会長の大橋亀次郎に会い、「私は外国へ行くので御座ります。天理王《てんりおう》様へ、お筆先がやりてありますから、大和へ参りて、其の先は唐へ行くのでありあます」となおは伝えている。あらかじめ筆先を送っていた、大和・丹波市《たんばいち》の天理教教会本部へと向かうつもりでいたようである。

大橋は、大和へ歩いて行く必要はない、綾部に帰って、「人助け」をしたほうがいいと言い、そして「人が助かるか」と尋ねている。なおは四〇人ほど助けたと答えている。大橋はなおの「唐行き」を止めさせようとするが、なおは王子の次女の栗山こと宅

天理教教会本部（筆者撮影）

へ向かう。さらに、戸倉のときという女性を道連れにして、京都へ向けて出発し、二年前に出会っている天理教の先生宅を訪れて泊まっている。

天理教河原町大教会（筆者撮影）

河原町の教会へ行きたら、先生が七人居りて、其《そ》の筆先を見せいと申して、奥へ這入《はい》りて見たなれば、天理のおみきさんの筆先と似て居るが、これは皆ある事で御座りますと出て来て申し、左様か、こんな事が書けたので御座ります。神様に下がりて貰はうかと相談し致して、へイ下りて貰ひますと、直《なお》、水を浴びて、広間の裏へ連れて行きてすれば、戦場へ連れ行けと荒立ちて、余り人騒がしう御座りますから、二階へ上りて下されと、二階で神様御下がりありて、いろ〳〵と申しなされば疑ふて、いろ〳〵と七人の先生が評議を致し、これは狐狸《こり》ではない、宮嬪《ぐひん》さんであらうかと、なか〳〵解らぬので、宿屋へ帰りても、皆心配を致し（中略）夜が明けて居りますれば、オトキ殿は、むつけな顔をして夜具畳《たた》みよれば、出口の身体《からだ》舞う如くに神様荒立ちなさる。世が変るぞ、此《こ》の戦ひ治まりたら、天も地も世界中桝掛《ますかけ》曳《ひ》いた如くに致すぞよ。神も仏事も人民も勇んで暮す世になるぞよと、お筆先を書かせなさりて、この筆先を此の家に置いて帰れとの御言葉あり。

天理教河原町分教会で、なおは筆先を見せるが、天理教の先生から「天理のおみきさんの筆先と似て居るが、これは皆ある事で御座ります」とあしらわれている。「神様に下がりて貰はうか」と言われ、なおは水垢離をとると、神がかりとなり、「戦場へ連れ行け」と荒立ち叫んでいる。天理教の先生たちは、なおに憑依しているものが狐や狸ではなく、狗賓《ぐひん》（天狗）だろうかなどと言い、見分けてくれないので、なおは失望して宿屋へ帰っている。

夜が明けて、なおは再び神が憑依して荒立ち、筆先を記して、宿屋に置き、王子へ帰った。なおは「唐天竺まで行かうと思ひました」が、どうして「唐行き」を止めさせたのかを神に尋ねている。神の指図通りに「行くか行かぬか」、なおを試し、神は「偉い者」だと喜んだのである。

この「唐行き」の背景には、天理教、特に教祖の中山みきに対する、なおの親近感、さらには崇敬心があったように思われる。「おふでさき」を記し、「唐」について語ったみきを、自分の先達として敬っていたのではなかろうか。なおは一八九二年に天理教の先生と出会い、天理教の教義や中山みきの「おふでさき」について話を少しは聞いていたのであろう。

なおは「不思議な事」のひとつとして筆先に、「是《これ》は初発の折、天理王のおみきさんがありやかに見えた事ありた。年のよりた腰のかがみた白髪の髪を男髷《まげ》に結ふて、髷の先がひりと横へ曲りたとこが見へた」〔一九〇三年旧六月二〇日〕と記している。なおは初めて神がかりした際、天理教の教祖、中山みきの姿をありありと見たと語っている。

腰を屈めた老いた姿で、白髪の髪を「男髷」に結った髪型だったという。この「男髷」とは、頭の

天理教教祖・中山みき
（永岡崇氏所蔵）

後ろで髪を束ねて垂らしたものである。現在では見られなくなったが、ある時期まで教祖中山みきの肖像画が印刷されて、頒布され販売されてもいた。ややもすると、なおは中山みきのこのような肖像画を見ていたのかもしれない。

唐とナショナリズム

なおが「唐行き」を志すに至ったのも、みきの「おふでさき」によるかもしれない。「おふでさき」では、「とふぢん《唐人》がにほん《日本》のぢい《地》、入《いり》こんで／まゝにするのが神のりいふく《立腹》／たん〳〵とにほん《日本》たすける《助》もよふ《催》だて《立》／とふじん《唐人》神のまゝにするなり／このさき《先》ハから《唐》とにほん《日本》をハ《分》けるてな／これハ《分》かりたらせかい《世界》をさ《治》まる」（第二号）などと、「唐」に関して幾度も記している。

一八六九年から七四年にかけての「おふでさき」（第二～五号）に「唐」が現われている。この「唐」とは清・中国ではなく、外国、とりわけ西洋を表象している。「唐人《とうじん》」は西洋人である。「唐人が日本の地《ぢい》へ入込んで／侭《まま》にする」とは、西洋人が日本に治外法権の居留地を設けて、勝手に振る舞っているということである。

安政五カ国条約で決められた治外法権は、関税自主権の喪失とともに不平等条約の軸であった。一八九九年（明治三二）に改正され、その代償として外国人の内地居住・旅行・営業・土地所有を認めることになり、内地雑居が実施された。八九年から、不平等条約の改正において、この内地雑居問題は政治問題化し、反政府勢力が反対した。なおも後に内地雑居に反対し批判する筆先を記している。

みきは「唐と日本を分ける」「この先は日本が唐を侭《まま》にする」などと記しているように、日本から西洋勢力を追い払う、日本が西洋を支配すると、ナショナリスティックな色彩の濃厚な主張をしている。日本と西洋をはっきりと分割することによって、あるいは日本が西洋を支配することによって、日本が世界の中心となり、世界が治まるのが神の摂理なのである。維新期、また文明開化期、日本を〝神国〟とするナショナリズムの心性が民間でも培われ、それが反政府的な言説も生み出していった。

天理教徒の布教（にをいがけ）
（大阪・戎橋）（筆者撮影）

なおは「唐行き」を神から命じられても、「唐」がどこにあるのか分からなかった。「唐」は「外国」「天竺《てんじく》」とも表わされているが、直接、中国・清を指してはいない。「唐行き」の経路を見るなら、まず目指そうとしたのは大和・丹波市《たんばいち》の天理教教会本部である。それが京都の天理教河原町分教会へと転じられている。なおが天理教教会本部に送ったり、河原町分教会で見せたりした筆先には、「来春四月から、唐と日本との戦がある」という、神の「御指図」が記されていたと推測できる。

この「御指図」は、なおが「天理の先生」から話で聞いた、みきの先の「おふでさき」の言葉に影響されたものだとも考えられる。それがどのようなことなのかを解釈してもらうため、あるいは中山みきの「おふでさき」とどのような関わりをもっているのかを判断してもらうために、なおは天理教会を訪ねようとしたのであろう。

なおは、後に述べるが、一八九四年に金光教の教師と広前を開いても、「こんじん《(金神)》わ《(は)》ひろま《(広前)》でわ《(分)》からねば、てんりうさま《(天理様)》にわ《(分)》けてもらいも《(申)》すぞよ。もとはひとかぶ《(一株)》であるぞよ。をなじ《(同)》かみ《(神)》であるぞよ」〔一八九六年旧七月九日〕と、なおの艮の金神がどのような神なのかを見分けることを求めていたとともに、金光教も天理教も同じ神だとして、天理教に期待し連携しようとしていた。

なおにとって、「天理王のおみきさん」は同じような体験をして、我が進むべき道を鮮明に照らし出してくれるかもしれない、先達とも模範ともなるとする、期待や願望をいだいたと思われる。後のことになるが、一九二五年に綾部の元天理教会の建物に、大本皇大神、また開祖なおと天理教教祖・中山みきの神霊を祀り、「二聖殿」としている。

3 綾部の金神さんの人助け

綾部の金神さん

なおは先の筆先に、四〇人ほど人助けをしたと記している。また、「出口が気違ひになりて弘《ひろ》めて四十人利益やりてありた」〔一九〇一年旧正月五日〕とも記している。綾部では、なおが病気直しの霊力をもっているとする噂が次第に広まっていったのだろう。地域のなかで、巫女として認められ始めるようになったのである。

綾部の方に向いて、手を合わせ、「綾部の金神さん」と唱えると、病気が平癒するといったことも言われるようになった。なお自身も「綾部の金神さん」と呼ばれるようになったであろう。巫女は守護神と一体となっているとみなされて、地域名と守護神名が組み合わせられて呼ばれることが往々にしてあるからである。

「唐行き」の際には、京都からの途次、保津へ向かい、糸引きをしながら人助けをしていた。これらのケースでは、なおがどのような人助け、もしくは病気直しをしていたのか、実態はあまりはっきりしない。『開祖の巻』には、なおの病気直しによる、人助けの場面がやや詳しく描かれている。

なおは「唐行き」の後も、紙屑・ぼろ布買いの商いに精を出して、糊口を凌ぎながら、亀岡や福知山の金光教会を訪れていた。山家村西原に、商いに出かけた時、西村文右衛門の妻みねがぼろ布を売ったついでに、二年ほど「因循《いんじゅん》」（気の病）で伏せっている夫を助けてくれと、なおは頼まれている。なおは文右衛門の寝ている床の傍に坐って、病人を起こし、右手を病人の腹部に置き、左手を背中に当てて、口で神に祈願しながら、身体を擦ってやった。すると、文右衛門は激しい叫び声を上げて、失神した。「男の肚《はら》の中に宿つて、無暗に大食してゐた憑依物《つきもの》が、この一刹那に退散して了《しま》つた」と説明されている。

なおは「鬼門《きもん》の金神さん」と唱えたなら、お蔭《かげ》がいただけると教えた。それから、一〇日間ほどして、文右衛門は全快している。なおが西村宅を訪れると、全快の礼をされて、お礼参りをしたいと言われ、夫妻と一緒にたびたび訪れていた亀岡の金光教会に向かっている。なおにとって、金光教会に対しては、「こゝも金神ぢやさかいに、御礼詣りに一緒に上りました」と、金神という名の繋がりで関わったにすぎなかった。

病気直しから心直し・世直しへ

> 教会長の大橋亀次郎は綾部に役員を送って、なおと一緒に「神さんの道を弘めて貰ふたら、こんな結構な事はない」と話をもちかけている。一八九四年（明治二七）一一月（旧一〇月）、布教師の奥村定次郎が綾部に派遣され、何鹿《いかるが》郡長の離れ座敷の六畳間を借りて、金光大神と艮の金神を祀り、広前（布教所）とした。

金光教の信者、四方《しかた》平蔵がなおからお蔭を受けた人の名を聞いて、一一名の役員を集めた。四方は後のちまで信奉者としてなおを支えた。初めて、なおは金光教傘下の講社を構えながら、艮の金神を祀り、その教えを説く場を設け、艮の金神を〝表〟に出すことができるようになったのである。

なおは神に祈りながら、腹部と背中を擦るという動作をしている。腹のなかに宿った憑きもの・憑霊が病気の原因とされ、この動作によって憑きものを外部に追い出すことによって、病気から回復することになる。ごくありふれた民俗宗教・巫俗（シャーマニズム）の病気観であり、治癒儀礼である。

> 大本の経綸《しぐみ》は病気《やまい》直しで無いぞよ。神から頂いた結構な身魂《みたま》を、外国の悪の霊魂に汚されて了《しま》ふて、肉体まで病魔《やまい》の容器《いれもの》になりて、元の大神に大変な不孝を掛けて居る人民が、病神《やまいがみ》に憑《つか》れて居るのであるから、素《もと》の日本魂に捻《ね》ぢ直して、チツトでも霊魂が光り出したら、病神は恐がりて逃《に》げて了ふぞよ。此《こ》の大本は、医者や按摩《あんま》の真似は為《さ》さんぞよ。取次ぎの中には、此の結構な三千世界

の経綸を、取違い致して、病気直しに無茶苦茶に骨を折りて、肝腎の神の教を忘れて居る者が多数《たっぴつ》在るが、今迄《ここまで》は神は見て見ん振《ふり》を致して来たが、モウ天から何彼《なにか》の時節が参り来たから、今迄の様な事はさしては置んから、各自《めんめ》に心得て下されよ。　〔一八九九年旧七月一日〕

神から授けられた、すぐれた身魂を「外国の悪の霊魂」に汚されて、肉体を病気の入れ物としていること、また「元の大神」に重大な不孝をしている人民が「病神」に取り憑かれていることを病気の原因としている。「外国の悪の霊魂」に汚された身魂を元の「日本魂」に捻じ直すなら、「病神」は逃げてしまうとする。病気直しではなく、心直しもしくは改心が重要であると説かれている。心直しによって、病気は直る、病気にはならないのである。民俗宗教的な病気観を超えている。「日本魂」と「外国の悪の霊魂」の対立・抗争、それが「三千世界の経綸」なのだ。

「この神は世界をかまう神、病なおしの神ではないぞよ。この神は病くらいは何でもないぞよ。水晶魂《だま》のまことの心でたのむなら、おおきな神徳《りやく》をやるぞよ」〔一八九五年〕、「此の神は病気直しの神では無いぞよ。精神《こころ》直しの神である」〔一八九八年旧正月三日〕、「此の金神は病気直しでは無いぞよ。三千世界を引くり返して良く致すので在るぞよ」〔一八九八年旧七月一六日〕などとも記される。同じようなことは、次のように後にも記されている。

綾部の大本は、病気《やまい》直しの神ではないぞよと、毎度筆先に書いて知らしてあらうがナ。病気などは、自己《われ》の心を水晶に致したら、病魔《やまい》は体軀《からだ》の内へハ、怖《こわ》うて能《よ》う這入《はい》らんぞよ。今の世は外国のみぐるしきカラの身魂になりて居るから、亡霊《しにみたま》やら、根底国《むこう》の極悪神の眷族《けんぞく》やらが、皆悪事《あくたく》を企みて、神国の世を汚して居るから、日本の国には邪神《わるがみ》の霊が殖るばかりで、斯《こ》ンな醜《あ》しき国になりて了《しま》ふて、真《まこと》の神から眼を開《あ》けては見られんぞよ。汚《きたな》うて、世の洗濯を致さねば、何時迄《いつまで》も人民に言ふてきかしたとて、些《ち》ツとも効能《ききめ》か無いから。効験《しるし》の無い事に、永く懸《かかわ》りて居りたら、何《ど》ちらの国も亡くなりて了《しま》ふぞよ。

〔一九一二年旧九月一一日〕

外国＝唐の身魂になっているために、「亡霊」や外国の「極悪神の眷族」といった「邪神《わるがみ》の霊」が増え、病気になるばかりでなく、日本の「神国の世」を汚して、「醜《あ》しき国」にしてしまっている。水晶の心・身魂になって、「世の洗濯」あるいは世の立替えが行われたなら、病気にならず、「神国の世」となるとする。

病因に関しては先と同じだが、ここではさらに心の状態が国の状態に投影もしくは二重化され、心直しが世直し＝世の立替えの前提となっている。人間の心身（水晶の心と悪の心）とこの世（神国の日本と獣の外国）、そして神（真の神と悪の神）の国という三つの領域において、それぞれ二項が対立しつつ、互いに作用し抗争し浸透し合っている三重構造の領域が、艮の金神がなおに教えた世界観であり、世直し＝世の立替えの思想が生み出された。このような三重構造の各領域内の対立し抗争する「型」が、大本の内部や出口家の人々を通じて現われる、となおは説いている。それが「三千世界の経綸」

なのである。

病気直しと世の立替えの間で

この「大本の経綸は病気直しで無いぞよ」という言葉は、幾度も繰り返されているように、一貫したものであり、世の立替えこそがなおに艮の金神の命じる指図である。しかし、現状では、病気直しこそが近郷近在の民衆の要望であり、それになおは応えざるをえなかった。人々が納得でき、眼に見え感じ取ることのできる仕方で、カリスマ（霊能）を発揮し実証しなければ、なおの神、艮の金神は信じられなかったのだ。

先に述べたように、一八九一年頃、「何鹿郡に二十八人の気違が出来た」と言われるように、貧困に喘ぐなかで、精神に異常をきたす者が数多く現われていた。病気や貧困に苛まれ切迫した人民の苦境こそ、「醜《あ》しき国」の現相でもあったのである。多くの人々が病気直しばかりでなく、多種多様な相談や依頼のために、なおのもとを訪れていたようである。次は、瓦《かわら》職人の依頼事である。

大島の座敷に居る折に、出口、お千代の家、瓦を焼きて居れど、少《ちっ》とも瓦焼けいで、伺ひをして呉《く》れいと願ひに参り、伺へば稲荷の気障《きざわ》りあると御指図ありて、それから金神様を御願ひ申さなならんと、奥村が御詫《おわび》致して、一週間致したら、一週間ズット瓦焼きたら、八分鉄のやうな瓦焼けて、二分焼けず、直、亀岡へ御礼に参り　〔一九〇一年旧正月五日〕

広前を開き始めた頃のことである。瓦が焼けないのは「稲荷の気障り」だと、金神から知らせを受けている。稲荷の祟りというほど強いものではなく、稲荷に対する不敬によって、稲荷が不快を覚え、瓦を焼けなくしたわけである。布教師の奥村が金神にお詫びの祈願をすると、瓦が八分焼け、なおが亀岡の金光教会にお礼参りに行っている。稲荷への不敬を詫びて、稲荷の不快感を鎮めるという、儀礼の手順をとっている。仕事や物事が首尾よくいかない場合も、神に伺いが立てられ、その指図を受けている。これも病気直しと同じように、人助けのひとつであった。

病気直しはなおの癒しのカリスマ、また艮の金神の神威を証明するばかりでなく、「神国の世」を招来するための、いわば方便ともなったのである。現世利益的な祈禱は絶えず求められ、それに応えざるをえなかった。「病気直しに無茶苦茶に骨を折りて、肝腎の神の教を忘れて」いるとする、本末転倒が避けられなかったと言える。なお、またなおのもとに集まってくる民衆も、なおの霊能・カリスマによる病気直しのお蔭と「神の教」による救いの間で揺れざるをえなかったのである。

4 金光教の展開となおの神

赤沢文治と新進の金光教

なおが金光教と関わったのは、一八九〇年（明治二三）から九九年（明治三二）、約一〇年間ほどである。なおの講社には信者ばかりでなく、金光教の布教師も加わっていたように、なおは天理教よりも、金光教に多大な影響を受け、多くのものを摂取していったと推測できよう。

金光教は、備中国浅口郡大谷村の赤沢文治（後に金光大神《だいじん》（大陣））によって開かれた。一八五九年（安政六）に、金神の言葉「立教神伝」を受けて隠居し、「広前《ひろまえ》」と呼ばれる神前で、金神の言葉に基づいて救いを授ける「取次」に専念することになった。金光教では、この年を立教の年としている。地域の祈禱師・宗教家から、教祖への道を歩んでいる。

取次では、病気などの難儀に苦しむ人々に対して、「実意丁寧《じついていねい》」な神信心を説き、不浄や日柄・方位などの俗信を無用なものとして退けた。文治は金神の祟り神（厄神）としての性格を払拭し、天地の親神であると説き、「天地金乃神《てんちかねのかみ》」と称した。文治自身、「天地金乃神」の言葉を語ることによって、「生神《いきがみ》」としての自覚を深化させ、自ら「文治大明神」「金子《こんし》大明神」「金光大明神」「金光大権現」、さらに明治以降は「生神金光大神」と名乗っている。

明治初年から、信者が次第に増加し、高橋富枝、斎藤重右衛門、藤井きよの、白神新一郎などの金光教の発展を担っていく信者も現われ、備中（岡山県西部）を中心として、各地に講社が結成されていった。各講社では、有力信者も神号をもち、神意を伺い知ることのできる「生神」として病気直しなどの活動を行い、「生神」を中心とした、いわば〝金神〟共同体を核として、教勢を拡大していった。

文治は「世の狂い」に対して「時節を待ち」（「金光大神御覚書」『金光教教典』）、「おいおい三千世界、日天四《にってんし》の照らす下、万国まで残りなく金光大神でき、おかげ知らせいたしてやる」（「お知らせ事覚帳」『金光教教典』）世界を構想し、政府の宗教政策に妥協せずに、広前で取次に専念して、一八八三年（明治一六）に没した。

金光教の明治二〇年代

出口なおが金光教と初めて出合ったのは、福島ひさが神がかりになった、一八九〇年（明治二三）のことである。この明治二〇年代の金光教の活動について見てみよう。

金光教本部（筆者撮影）

文治の没後、佐藤範雄を中心にして、教団の組織化や教義の形成・整備が行われ、合法的な宗教活動を目指していく。教義では日柄・方位などといった民俗信仰を否定する開明性・合理性が強調され、神意を伺う取次に従事する生き神ではなく、政府の教導職にならった教師制度が編成されていくことになる。佐藤は八五年に神道事務局（本局）備中分局内で神道金光教会を設置し、神道本局直轄教会となり、一九〇〇年（明治三三）に神道本局から別派独立が認められることになる。

金光教は、国家の宗教・文明化政策のもとで、教義や布教法、組織を整えて、医薬を妨害するような淫祠邪教ではなく、「宗教」のカテゴリーに包摂され、「国家の宗祀《そうし》」とされた非「宗教」の神道を補完する、教派神道の体裁をとっていくことを余儀なくされていくのである。

このプロセスのなかで、祈禱・祈念によるお蔭＝霊験・神徳から教え中心の布教へと移行していった。お蔭や霊験といった直接的な救済財を授けるだけでは、ローカルな巫者・祈禱師と祈願者との一時的・短期的あるいは断続的な関係に止まるのであろう。それを実証し裏づける神の教え・教義が論理的・合理的に説かれ信仰されることによって、誰でも一定の条件のもとで獲得できる、いわば普遍的な救済財が信仰の目標となり、神と信徒との関係に基づいた集団が恒常的に運営され、教団へと発展していくことになろう。

5　金光教からの決別と艮の金神講社

綾部で広前が始まる

一八九四年（明治二七）一一月（旧一〇月）、なおの広前が開かれ、月次祭を旧暦の三日、一五日、二三日とし、なおの神、艮の金神と金光教の金光大神が祀られて、艮の金神は一応、表へ出ることになった。

この大島の座敷に、初まりに祭りたのざ。これも皆都合の事ざぞよ。人民では判るまいがな。皆艮之金神の仕組であるぞよ。（中略）奥村引寄して、出口に苦労さして開きてあるから、奥村来た夜から、人参りたぞよ。それは出口の苦労の御かげざ。直《す》ぐ開けて御かげも烈しくなるし、（中略）天でも地でも人の心でも、自由になさる御神様。〔一九〇一年旧正月五日〕

この広前を設けるうえで尽力したのが、四方《しかた》平蔵である。当時、三四歳、農業のかたわら、養蚕製糸業をしていたが、失敗し、亀岡で出稼ぎしていたところ、金光教の信者になっている。亀岡教会長の大橋亀次郎に導かれたのであろう。後に、四方は上田喜三郎（後の王仁三郎）を綾部に迎えに行き、大本の草創期を担う中心人物となる。

なおと艮の金神の系譜

なおが金光教の教義、金光大神（赤沢文治）の教えを知っていたかどうかは分からない。ほとんど関心がなかったと推測できる。とはいえ、艮の金神という神名をはじめとして、金光教と関わりのあるものも、いくつかあることは確かである。筆先には、「教祖生神、金光大陣殿は、大広間を御構ひなさるぞよ」〔一八九六年旧一〇月一八日〕などと、「金光大陣殿」の名が多く現われている。なおの広前を守護するのが「教祖生神、金光大陣殿」だとし、金光教との繋がりを意識していたことは確かである。

やはり艮の金神という神名が現われるうえでは、金光教との関わりを抜きにしては語られない。先に述べたように、なおは、三女の福島ひさの神がかりの際、金光教の信者の中西さだ、同亀岡教会長の大橋亀吉を通じて、金光教を知るに至っている（福島夫妻は金光教の信者となり、後になおのもとで王仁三郎と対立する一派を形成している）。一八九〇年（明治二三）のことである。しかし、その際、中西や大橋が艮の金神の神名を唱えたかどうかは不明である。ひさによると、大橋は「天照皇大神・日の大神・月の大神の神名」を唱えている。

明治二〇年代の金光教に関しては、先に少々見ておいた。金光教の教祖、金光大神の死後、有力信徒たちは明治の宗教体制のなかで布教の合法化の道を推進し、別派独立を模索していた時期であり、

「真の教え」としての教義編成期でもあった。このようなプロセスのなかで、一八八五年（明治一八）に作成された「神道金光教会規約」には、「月乃大神日乃大神　金乃《かねの》大神　右三柱の神を本会の主神」とするとある。また、八八年に制定された「神道金光教会条規」には、主神として、月乃大神・日乃大御神・金乃大神、三柱の神を総称した天地金乃神が挙げられている。

金光大神は「金神」信者として出発している。金神とは艮《うしとら》（丑寅）の金神であり、「鬼門金神」とも呼ばれている。文治が信者に授けた「書附《かきつけ》」のいくつかに記された神名を挙げると、「日天四《にってんし》」「月天四《がってんし》」を上方に、「丑寅鬼門金之神」「丑寅未申《ひつじさる》天地金之神」「天地金乃神」を中心に、「大志うくん」（大将軍）「不残《のこらずの》金神」を左方に配している。日天四は日の大神、月天四は月の大神と同じである。

金光大神が死の前年に記した『お知らせ事覚帳』には、「天地金乃神」「日天四」「天照皇大神」「金神」「金乃神」といった神名が現われている。「金神」「金乃神」「天地金乃神」という、金光大神の主神だと推測されよう。『金光大神御理解集』（Ⅰ、Ⅱ）に記された、明治初期頃に金光大神の語った神名を挙げてみると、同じように「金神」「天地金乃神」「金乃神」が多く現われている。

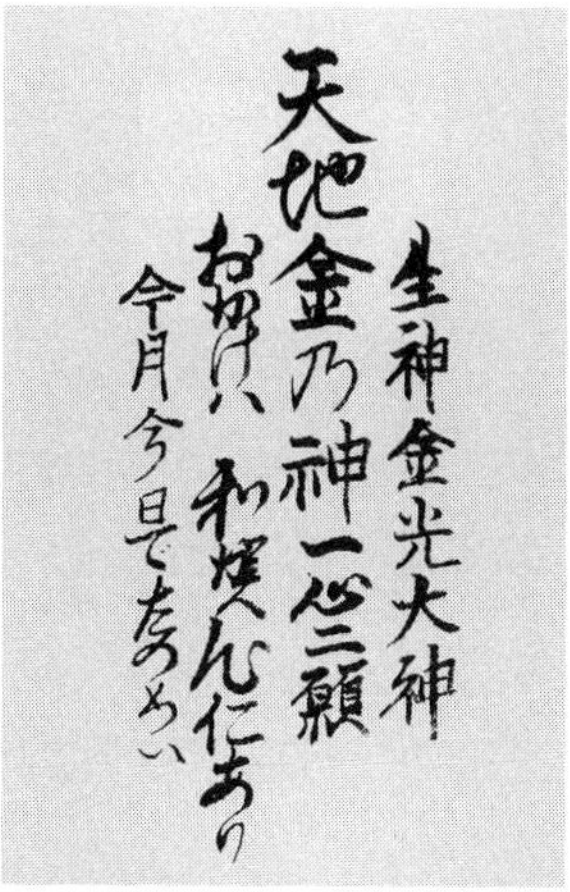
生神金光大神
天地金乃神一心ニ願
おかげハ和賀心にあり
今月今日でたのめい
天地書附（『金光教教典』1983年）

大橋の唱えた「日の大神・月の大神」は文治の日天四・月天四を後に言い換えたものと推測される。

「天照皇大神」は『お知らせ事覚帳』に記されている。なおの初期の筆先には「日の大神様と月の大神様の御指図で、鬼門の金神が此世の世話をいたすぞよ」〔一九〇三年旧正月三日〕とある。また、「艮の金神は、月日大神《つきひ》さまのおんさしずをいただきて」〔一八九六年一二月一九日〕とあり、「月日大神」を「つきひ」と読ませている。「此世《このよ》の替り目で世界泥海に致すのであれども、月日様を御頼申して、良き世と致すから、世界の人民心の洗濯致して下されよ」〔一八九六年〕ともある。

「日の大神さま」「月の大神さま」は金光大神また金光教に由来していよう。だが、金光教では、「月日様」という月日を合わせた神名は用いていない。「月日」を神名として用い、世界の始まりを「泥海」としているのは、天理教の教祖・中山みきである。筆先では、この「月日様」は初期の明治三〇年代あたりまで見えるだけで、後には用いられなくなるとはいえ、「月日様」を艮の金神よりも上位に、また至高神として位置づけたのは、中山みき・天理教の影響によると言えよう。

なおの初期の筆先のなかに見られる神名として、「艮の金神」をはじめとし、「鬼門の金神」「金神」「大地の金神様を金勝金《きんかつかね》の神様と申すぞよ」、「天地の金神様残らずの金神様」、「龍宮の乙姫様」などの神名が見られる。「天地の金神様残らずの金神様」、特に「残らずの金神」という表現は金光教によるが、「天地の金神」は金光教では「天地金乃神《かねのかみ》」である。なおの場合は、あくまでも「金神《こんじん》」であり続けている。

「鬼門の金神、悪神ともうしたが、この世になれば結構な神」〔一八九五年〕、「艮の金神の取次と致して、三千世界を神国の世と開くぞよ」〔一八九五年〕とあるように、なお自身が広前での「艮の金神の取次」と位置づけられている。さらに、なおにとっては、艮の金神の指図のもとに書いた筆先、またその読み解きこそがなによりも重大だった。なおと金光教・金光大神とを分かつのも、この筆先にある。

読み解きを待つ筆先

大島家の裏座敷で開設された広前には、「御かげも烈しくなるし」とあるように、多くの人々が訪れるようになり、手狭になって転居を繰り返している。なおは筆先を読み解きできる人をずっと求めていた。金光教布教師の奥村にその希望を託したのだが、「奥村参りた折に、筆先に直《なお》書いて出したが、奥村はちつとも筆先はむごう解らなんだぞよ」〔一九〇一年旧九月二九日〕と記すように、奥村は筆先にまったく関心を示すこともなく、読むこともできなかった。

それ以前、天理教の布教所・教会も訪ねて、筆先を見せて読み解いてもらおうとしたが、まったくかなわなかった。なおは奥村に期待したのだろうが、不信感を強め、対立が激しくなり、なおは糸引きに出てしまう。その間、奥村は夜逃げし、後任に足立正信が京都の金光教会から派遣された。九六年（明治二九）七月（旧六月）のことである。

足立殿の広間の折に筆先出《い》で、足立に写して呉《く》れいと申しては、福知の青木殿の宅《うち》へ持つて行きて写さして、徳をやらうと思ふたなれど、仕組が判らぬから、能《よ》う解けぬのは無理はないぞよ。大分筆先溜りて写して居らぬから、さう筆先を写さぬと封じて了《しま》ふと申したら、吃驚《びっくり》致して、足立さん筆先写いて御《お》いでるかと直《なお》が問へば、腹へクツト入れて御座りますと申して居りたが、腹へ這入《はいり》りて居《お》らいで、筆先を拡《ひろ》げて見ては、畏れ入りますと広間で頭《つむり》をつけて、臀部《おいど》花立に致して、御《お》詫《わび》を申して居りたが、筆先結構とは申しても判らぬので、又出口、此処《ここ》に居りても詮《つま》らぬと思ひ乍《なが》ら、大分広間に居りたなれど、何時《いつ》迄、金光《こんこう》殿の広間に居りたとて能《よ》う解けぬから、この広間を伴《つ》れて出ると筆先が出て（中略）それで家《や》移り致して、生れてからなき、気楽に暮らさして貰ふた。

〔一九〇二年旧九月二九日〕

艮の金神がなおに筆先を書かせる。それを足立に写させ、福知山金光教会の青木松之助のもとに持っていかせて、徳を授けようとした。だが、足立は数多くたまっている筆先の字を読み解けないために、写せないのである。なおが筆先を写しているのかと足立に問うと、腹のなかにしっかりと入っていると言うが、「畏れ入ります」と畳に頭を着け、尻を花瓶にするかのように持ち上げて詫びたり、「筆先結構」と言ったりしても、筆先を読み解くことができないままである。

金光教の布教師、奥村や足立にとって、なおの筆先はなんら価値のないものだったばかりでなく、布教のためには不必要なものであった。金光教には、先に述べたように、明治二〇年代末にはすでに教義が作成され、布教の場で用いられていたのである。金光教の布教師の方針としては、なおは「金光様」のお蔭を授けて、参拝者を多く集めるだけで事足りる存在にすぎなかったのだ。

金光教布教師との決別と自立

なおは「金光殿の広間」に留まっていてもつまらない、無駄だと思っていると、この広間を出ろという、艮の金神の筆先が出た。一八九七年（明治三〇）四月

(旧三月)、なおは東四辻の広前を出て、艮の金神を単独で祀ることになる。金光教、その布教師を批判し決別していくのである。

「こんこうどの《金光殿》のとりつぎ《取次》、かんじん《肝心》のもとのとりつぎを、ゆかした《床下》におとしておいて、こんこうどのをうへ《上》にいたして、さかさま《逆様》をいたしてをりて、それでよいとおもうてをるが、かわいそうなものだな」〔一八九七年旧三月一五日〕と、「金光殿」批判が現われている。

「金光殿の取次」を上にして、艮の金神の取次を下にして粗末にしていると、金光教、とりわけ布教師の足立を批判した。また、なおがやや期待していた、福知山の青木も批判されている。「金光殿」とあるが、筆先・艮の金神をないがしろにしている、金光教の布教師が非難の的となる。なおにとって、金光教の布教師と教祖の金光大神(大陣)、また金光教は、一応、区別されている。

早い時期の筆先には、「こんこうだいじん《金光大陣》、このをんかた《御方》がひろめて九だされたゆ江に、こんじんわ《金神は》けこ《結構》であるぞよ。むかしのかみよ《神世》がめ尢《廻》りきて、もとのかみよ《神世》になりたぞよ」〔一八九六年旧七月二九日〕とあり、金光大神が金神を広めて、「元の神世」になったとしている。

さらには、「金光大陣殿といふ結構な御方が御出ましになつて、教祖を致して下さりた故に、皆の金神は世に出して敬ふてお貰ひ申すよになりて、万の御神様の御喜びであるぞよ」と「金光大陣殿」が評価されてもいる。しかし他方では、「金光大陣殿を拡める丈《だ》けの取次ではないぞよ。金神を拡《ひろ》めさす為の取次であるぞよ。此大まう《望》がある故に、金光大陣殿は世に御出ましになりたのであるぞよ」〔一八九七年七月二〇日〕とあるように、「金光大陣殿」＝金光教が現われたのは、先駆けとして、艮の金神を広めるという大望のためとされているのである。

「金光大陣殿」という「結構な御方」が現われて、「教祖」となったために、金神が世に出されて敬われるようになり、あらゆる神が喜んでいる。だが、なおを「金光殿の広間」にいつまでも置いても、なおをよく理解できないから、艮の金神が「表になる迄は、直は気楽に暮さすぞよ」と語る。そして、「金光殿の上はまだ金神があるぞよ。まだ上があるぞよ」〔同年七月一三日〕と、「金光殿」のうえに「月日様」の直接の守護神である、艮の金神がいることを説くのである。

今迄は金光どのを開いた斗《ばか》りで、金神の道は開ひてをらんから、是から金神の道を開ひて、三千世界の立替立直しにかゝるぞよ。世界にはこの大望があるゆえに、艮の金神が金光殿に憑《うつ》りて、先導《さきばしり》の御用を命《さ》したなれど、後の取次ぎ慢神《まんしん》を致して、神を商法《かんばん》にいたして、香具師《やし》にも劣りた行《や》り方を致したり、宗忠《むねただ》（黒住教の教祖、筆者注）どの、教を盗みて、神商法《かみかんばん》の道具に致したり

〔一八九八年旧七月一六日〕

金光殿・金光大陣が取次を始めたことは評価するが、それは「金神の道」とは異なるとして、金光殿＝金光教の取次を否定する。艮の金神が三千世界の立替え・立直しのために、金光殿に乗り移って、先駆けの役目を命じたというのが、なおの金光殿の位置づけとなる。しかし、金光殿の後継者となる布教師の取次は「神商法の道具」にしたと批判する。そして、艮の金神・なおは憤激を露に発するの

である。

日天子《にってんし》艮の金神、月天子《げってんし》坤《ひつじさる》の金神、禁闕金《きんかつかね》の神と申す、大地の大金神の名を隠して了《しも》ふて、金神は金山彦命《かなやまひこのみこと》じやと詐《いつわ》り、日の神、月の神、金の神の三柱を、天地金の神なぞと、取次が勝手な名を付けて、天地の眼を眩《くら》まそうと致して、沢山に神の嫌いな教会場《ひろま》を国々に建て（中略）真正《まこと》の艮の金神の教までも、日本の人民が疑ふやうに成りたのは、皆金光どのと取次ぎの行状《わざ》が悪いからであるぞよ。（中略）是から神は教会《ひろま》の審査《あらため》を致すぞよ。宣教師《とりつぎ》を調《あらた》めてそぐり立てるぞよ。

〔一八九八年旧七月一六日〕

「大地の大金神」の名を隠して、日天子・艮の金神、月天子・坤の金神、禁闕金の神を金山彦命とし、日の神、月の神、金の神の三柱を天地金の神と勝手に名づけて偽っていると、なお・艮の金神は憤慨する。日天子・艮の金神、月天子・坤の金神も、日の神、月の神、金の神も、天地金の神も、金光大神の「書附」に見える神名である。なおは金光殿＝金光教・布教師の取次で現われる金山彦命・天地金の神の神名を嫌ったからこそ、「皆金光どのと取次ぎの行状が悪い」とまで語っている。

金光教からの自立

なおは艮の金神を祭祀する広間と布教師を改革し更新するために、金光教と決別していく。「金光殿の教も金神の教えも同じ教であれども、此広間は手を合して行く御広間であれども、聞き入れがなくては、どちらも面白はなき故に、此広間は艮の金神と一派を立て丶利益をやるぞよ」〔一八九七年旧八月二二日〕と、いわば分派を宣言していく。そして、なおの筆先を読み解く者が現われることを切に望むのである。

なおは独立して、艮の金神を祀る場を確保し、晴れて〝表〟に出した。「此方は金光殿と手を引き合うて行きたいと思うて、筆先にも出してあれども、聞入なき事なれば、是非なく一力で立て、世界を動かすぞよ」〔一八九七年旧八月二七日〕と記すように、艮の金神の「世界を動かす」という言葉が実地に移っていくのである。これ以降、「金光大陣」や金光教に関わる名は筆先にほとんど見られなくなるが、なおの講社には金光教の信者が残っていた。とはいえ、翌年には王仁三郎が訪れ、なおの艮の金神は新たな展開を迎えることになる。いよいよ「苦労艱難致して仕組みた経綸」を実現する「差添への人」が登場することになるのである。

なおは金光教傘下では決して満たされることなく、艮の金神の名が公然と世に出ることをきわめて強固な意志をもって求めていった。それは艮の金神・なおの筆先が読み解かれて、教えが世に広まっていき、世の立替え・立直しが成就されていくことでもあった。なおに苦難を課し、憤激を露にする、恐るべき艮の金神、その途方もなく遠大な構想を伝える言葉・筆先への信念、それが独立した拠点となる結社を志向する道を切り開き、なおが巫女から教祖への道を辿っていく始まりとなるのである。

6　なおの立替え・立直し思想

吉本隆明と安丸良夫

なおの宗教を民衆思想と捉えて、まっとうに考察したのは、安丸良夫の『出口なお』（一九七七年）が初めてだったのではなかろうか。それ以前に、なお・大本に関しては述べていないのだが、吉本隆明が「新興宗教について」（一九七〇年）で、天理教の教祖・中山みきを中心にして、新宗教の思想を対象にして論じている。これは高橋和巳の『高橋和巳作品集4　邪宗門』の巻末論文として載せられている。『邪宗門』は大本もモデルのひとつとしたとされている。『朝日ジャーナル』に一九六五年から翌年にかけて連載され、一九六六年に上下二巻本として刊行された。『邪宗門』は全共闘・新左翼運動の真っ只中でよく読まれた。吉本の論文と安丸の書は全共闘・新左翼運動が退潮期に向かう時期に当たる。高橋は『邪宗門』の「あとがき」に、「発想の発端は、日本の現代精神史を踏まえつつ、すべての宗教がその登場のはじめに色濃く持っている〈世なおし〉の思想を、教団の膨張にともなう様々の妥協を排して極限化すればどうなるかを、思考実験してみたいということにあった」と記している。それは同時代の白土三平の『忍者武芸帳』や『カムイ伝』と同じように、「さもありなむ、さもあらざりしならむ」歴史を想起することに潜む可能性へ向けた、すぐれて実践的な問いかけだった。

天理教や大本などの新宗教に関心が抱かれ出したのは、『邪宗門』もさることながら、やはり吉本や安丸の影響によるだろう。筆者もそのひとりである。一九六〇年代後半から七〇年にかけて、なお・大本の言説・思想は一部にではあったろうが、たんに戦前に国家権力によって弾圧された、稀有の宗教的な変革・反体制思想・運動というだけではなく、さらにどこか引き付けるものがあったのである。

吉本は「新興宗教について」で、中山みき・天理教の創造神話が人間創造神話であるのに対して、「大和教（天皇制）」のそれが国土創造神話であり、両者は根本的に対立するほかなく、一方が他方を否定することによってしか存立しえないと、天皇制・国体神話の政治性をまとった根拠を浮き彫りにした。それとともに、「生活体験から獲得した思想が、体験に裏うちされて血肉化した迫真性をもっているとすれば、彼女が農家の無智な主婦であっても、その生活思想は、宗教体験としての入眠幻覚とむすびつけられて、かなりの普遍的な真理をもちうるはずである」と、みきの人間創造神話の根底をなす生活思想に、民衆の自立した思想構築の可能性を見出している。

この生活思想を民衆思想史の領域から探究していたのが、安丸良夫である。「日本の近代化と民衆思想」（一九六五年）を起点として、民衆思想史に関わる諸論文を発表し、それらは『日本の近代化と民衆思想』（一九七四年）にまとめられている。一九六〇年に発足した大本七十年史編纂会の一員となり、亀岡に出向いて、なおの筆先などを読み込んでいた。翌年には、編纂会の資料として、「幕末——明治中期における綾部町の社会経済状態、およびその大本思想への影響について」を発表している。

そして、先の論文「日本の近代化と民衆思想」の締め括りで、勤勉・倹約・孝行・正直などの日常的な生活規範となる、通俗道徳が転轍機になり、社会批判を実践する民衆思想へと結実していった例として、出口なおを挙げて、短くはあるが、「通俗道徳をつきつめて社会批判にいたる内面的過程」について論じている。

なおは「民衆道徳の自己規律」を厳しく守り続け、極度の貧困のなかで「道徳的矜持のきわめて高い人間として生きた」、だが、努力と没落の間の「すさまじい循環が、ひそかに懐疑と憤りを蓄積させ、それがやがて神憑りという土俗的形態を通してこの世の悪と因縁の思想となって爆発した」と、神かがりと民衆思想の発生に至るまでの、安丸のなお論をまとめることができる。

なおが「民衆的な通俗道徳を、高い緊張感をもって実践してきたということが、こうした社会批判のはげしさや鋭さをささえていた」のであり、「広汎な民衆の強靱な自己鍛錬（主体的な自覚の過程）にささえられたときにはじめて、社会批判は、はげしさ、鋭さ、持続性、組織性などを獲得しうる」と、なおを近代民衆思想史のなかに鮮やかに位置づけたのである。この論点は『出口なお』に引き継がれて発展させられていく。

安丸は「なお自身が育ててきた内的確信をつきつめてゆけば、それを原理ないし拠点とする社会批判も可能になる、というようなきわめて単純に一般化された次元にとどまってしまった」と自ら批評している。そして、『出口なお』では、なおの教祖・宗教者としての生涯について、当時の社会・経済的な情況も踏まえて、民衆思想史ばかりでなく、社会史また心性史的な領域にも踏み込んで、すぐれて精彩豊かに苦難に満ちた姿を生き生きと描いている。

安丸は「民衆は自己の内的真実を語るうえで大きな困難」をもたざるをえないのを、なおが突破していったのはどのようにして可能だったのか、その突破はどのような特質をもっていたのか、それを「歴史的なものとしての生の様式の内在的分析という視座」から、「生活者としてのなおの生き方から神がかりへ、神がかりから教義形成のプロセスへとたどった」と、『出口なお』の指針をまとめている。

ここでは、安丸の論点を踏まえ、また援用しつつ、これまで述べたところとやや重なるが、神がかりによる生活世界の突破と跳躍、筆先の執筆による人と神の世界の解読への飛躍を論点として、なおの立替え・立直しの思想を描いてみよう。

神がかりによる生活世界との対峙

なおは二人のすでに所帯をもった娘に続いて、神がかりになった。それはままあることで、そう珍しいことではなかった。極度の心身不調・異常状態だが、狐憑き、また「気違い」と呼ばれるのがおおよその通念である。それには対処法があった。狐憑きには、加持祈禱による狐の憑霊のお祓い・駆逐、民俗療法である。言動の激しい狂気には、桶のなかに入れる桶伏せ、座敷牢への押し籠めであり、心身状態の鎮静化を意図する民間療法である。また、寺社での参籠、滝打ち・水行、温泉での温浴・湯治が両者にはあり、民俗療法でも信仰療法でもある。

なおはこれらの民俗・信仰療法のいくつかを施されたが、なかでも放火犯の嫌疑を受けた後、留置所への監禁、そして座敷牢への押し籠めが神がかりを通じた決定的な突破・跳躍の契機となっている。

それは日常の生活世界を突破して、もうひとつの別の世界、異世界へと跳躍させたのである。極貧者として嘲笑・侮蔑される以上に、異常者・犯罪者として世間から排除・差別されたことは、世間に対するなおの心を凍りつかせ、心構えを一変させた。

「出口直も人から見れば是《これ》も狂人《きちがい》」〔一九〇〇年閏八月二日〕、「三千世界の大狂人である」〔一九〇二年閏七月二一日〕と、「気違い」という世間による侮辱・排除の烙印であるスティグマを敢然と自ら負う。この自己スティグマ化を梃子《てこ》として、世間・社会と対峙し、それを乗り越えていく異世界、神が現われ、思想が生まれてくる。座敷牢はそれを孵化《ふか》させる籠りの場となったのである。

座敷牢のなかで外から聞こえてくる、当時流行していた「推量節」を耳にして、「今度の推量節は何処から流行る、綾部出口の屋敷から推量々々」などと、その替え歌を作っている。それが筆先の始まり、心的な変革（メタノイア）ではなかったろうか。

あやべ、で九ち《（出口）》のたけぞ《（竹造）》さんのやしき、てんか《（天下）》となるわいな、すいりよ《（推量）》すいりよ。あやべ、で九ちのすみさんのやしき、てんし《（天子）》となるわいな、すいりよすいりよ。　〔一八九六年旧五月二二日〕

先に挙げたように、竹造《たけぞう》（なおの長男）、すみ（五女）に続いて、伝吉（三男）、清吉《せいきち》（次男）の名を読み込んだ、同じ「推量節」が記されている。綾部の出口家の屋敷が天下になる、天子の住むようになる、という予言であろう。「めづら《（珍）》しきことがでけるぞよ。うし尢そ《（牛糞）》がてんか《（天下）》とる、あいた九ち《（開いた口）》がすぼまらぬとゆたと江《喩え》がこんどのたと江であるぞよ。このよ《世》がひ九り《ひっくり》か江るぞよ」〔一八九六年旧五月二二日〕と筆先は続いている。

「牛糞」とはなおのことであり、天下を取る、この世がひっくり返る、変革すると、たんに因縁・罪障を取り去るといったレヴェルではなく、将来にわたる天下国家の仕組（経綸）を説く。推量節を座敷牢の外で歌っていたのは「高倉稲荷と鬼獄稲荷」であり、「推量節を唐土天竺《からてんじく》へ拡《ひろ》めに行く」と告げる。なおと艮の金神は「推量節」を日本・世界へと広めて、天下を取ると告げるのである。

「いなり《稲荷》九《く》らいわ《は》たれ《誰》でもうつる《移》が、こんじん《金神》わねぎ《禰宜》やみこ《巫女》にわうつらぬぞよ」〔一八九二年旧正月〕と、艮の金神という至高の神は、狂人や牛糞に落とされ貶《おとし》められた「いんねん《因縁》あるみたま《身魂》」にだけ憑依する。それも、「うしとらのこんじん《艮の金神》がなをのたいない《体内》をかり《借》てをる」〔一八九六年旧七月九日〕ばかりでなく、「このなをわ《は》かみ《神》のからだ《身体》である」〔一八九六年旧一一月二一日〕と、神を宿して一体となっていることを自覚している。

巫女や祈禱師の場合、守護神・守り本尊は既成の社寺の神仏であり、その神仏に霊威を期待してはいるが、多神、多仏菩薩の世界の一員であり、その序列はない。しかし、なおの場合はきわめて異なっている。なおに降りた神は艮の金神ばかりではなく、複数の神仏・神霊が降りている。だが、筆先から、艮の金神、一神が体内に宿り、至高の神という神性を帯びるに至っていることが分かる。

神名は金光教の影響が濃厚にあるが、なお自身が断じているように、金光教の神とは異なっていることは確かである。艮の金神は悪神によって退隠させられたが、再出現して、世界の立替え・立直しを実現する、闘いの神として現われるのであり、まったく新しい神として展開していくのである。

神がかりから生活世界の突破・跳躍

なおは「推量節」という流行歌の替え歌を作ったように、社会の流行に対して、頑なに心を閉ざしていたわけではなかった。西洋化・文明化には大いに嫌悪し唾棄していたからこそ、限りなく注視し、敏感に時代の風潮や流行に反応して、神仏をめぐる信心をはじめとして、いわゆる伝統的な生活世界から離脱していた、あるいは切り離されていたと言えよう。「推量節」の替え歌には、表現のスタイルとして、なおが身体で感じ取った変革の兆しが籠められている。

伝統的な民俗社会の解体は、資本制や国家的政策を通じた、都市化や近代化によって、一方的に推進されたわけではなかった。投機の対象になった万年青《おもと》に眼の色を変えたり、流行り唄におのが身を託したりして、日常世界の危機に対応しつつ、新たな生きるスタイルを模索していた、群像があった。

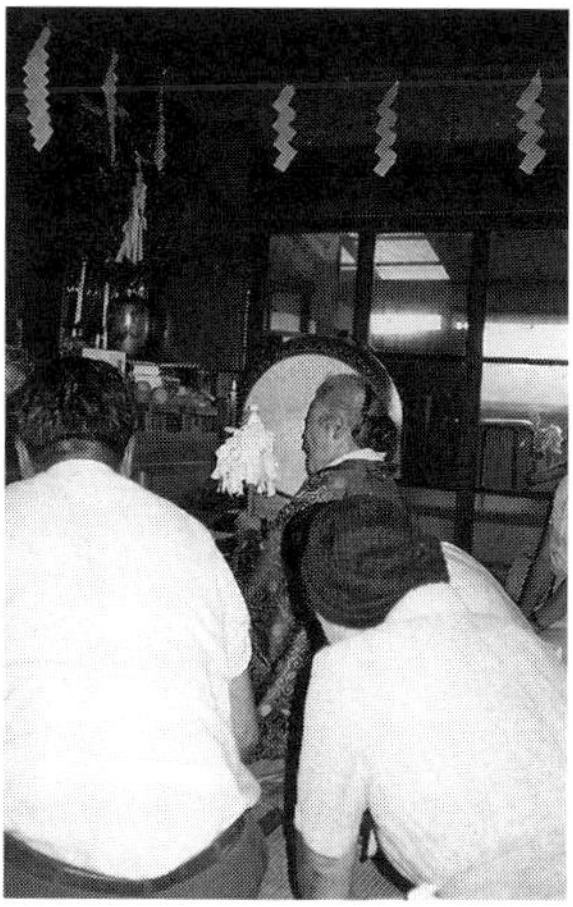
巫女の儀礼（筆者撮影）

一八九一年（明治二四）には、京都府何鹿郡で二八人の発狂者があったと言われる。安丸良夫（『出口なお』）によると、この地方の製糸業は八二年に機械製糸が導入され、なおが出稼ぎにしていた糸引きは次第になくなっていった。八六年に何鹿郡蚕糸業組合（組合長：波多野鶴吉）が設立され、九六年には郡是製絲《ぐんぜせいし》株式会社（現・グンゼ）が波多野によって設立されている。

なおは暮らしのために自ら進んで糸引きや紙屑・ぼろ布買いに励んだ。近隣の誰も助けようとしないばかりでなく、乞食にまで身を落とすことも命じられた。家の零落はもはや浮かばれない霊の祟りでも、先祖のせいでも、自分のせい、いわば自己責任でもなかった。苦難を課せられる根拠は神の仕組なのだと、なおは神から告げられて解き放たれた。


あまりじんみん《（人民）》のこころ《（心）》がわる《（悪）》きゆ江に、せかい《（世界）》わかみ《（神）》のめ《（眼）》からわ、さつぱり九らやみ《（暗闇）》になりてをるぞよ。せんだ九《（洗濯）》いたしてよ九《（良く）》なるぞよ。は《（早）》よかいしん《（改心）》いたされよ、にんがい《（人外）》のよ《（世）》になりてをるぞよ。ひと《（人）》もよ《（良）》きよ、わがみ《（身）》もよきよとをも《（思）》わな、このよわいけぬぞよ。つよ《（強）》いものがち《（勝）》のよ《（世）》であるぞよ。これでわこのよわいけぬぞよ。つよいものがちのよであるから、さらたまりて、よ《（善）》しわる《（悪）》しのみせしめ、あるぞよ。

〔一八九六年旧九月一三日〕

なおの根本的かつラディカルな現状批判である。「人外の世」「強い者勝ちの世」、また「金の世」「獣の世」「我よしの世」「末法の世」「紫陽花の世」などが、現状をリアルに、仏教的に、隠喩的に表象した、なおの常套語であり、体験に裏打ちされていよう。

なおにとって、「人民」とは直ちに連帯できる性質をもったものでは決してなかった。「惨酷《むご》い精神《こころ》に成り」「鬼か大蛇の精神《こころ》になり」「服装ばかりを立派に飾り」「無闇に鼻ばかり高い化物」でしかなく、「我よし」の「人の国を取ったり、人の物を無理しても強奪《ひった》くりたがる」、「外国の教《おしえ》」に毒された、文明化・西洋化の権化である。国会開設も自由民権も、種痘も肉食も、あらゆる西洋文明の所産とみなされるものは否定される。

当時の政府や社会からすれば、「昔の元の神世《かみよ》」を志向して、反動的で復古主義そのものであった。しかし、なおは「元の神世」を原点として、生活世界の細部から、諸相にわたって現在の情況を解読しようとする。人々の生計・生業の営み、顔つき・身振り・言葉、またそのメタファが、なおの思考・表現の基軸になっている。そして、なお・艮の金神のメッセージに貫かれているのは、「世の立替え」という言葉に象徴される、神々の闘いを通じた時節の到来と世界の変革である。

このよ《世》がおに《鬼》とぞく《賊》のよであるともうすのは、した《下》におち《落》てをるじんみん《人民》、かんちう《寒中》にでも、あつ《暑》さのひどいどよう《土用》のあついひにでも、いちにち《一日》やす《休》めば、そのひ《日》がく《食》はれんゆ江に、いちにちやすむこともよせずに、はたら《働》いてをるが、そのひ《日》のくちすぎ《口過》のでけんもので、じやうのうかかり《上納掛》もの、ちよつとおそく《遅》なると、ごせん《五銭》のばつきん《罰金》とりて、またおそくなれば、またごせんとる、せいじ《政治》のやりかたであるが、このなんじう《難渋》してをるじんみん《人民》のあぶら《膏》、しぼ《絞》りたきん《金》でうへ《上》あがりてをる。

〔一九〇三年旧一一月一〇日〕

休まずに働きつめても、税金を取られ、一日の糊口を凌ぐこともままならないという、まさしく膏《こう》血《けつ》を絞り取ってやまない「鬼と賊の世」の政治が、実に身近な言葉でリアルに描かれている。この筆先では、こうした世であるゆえに、二度目の世の立替えが行なわれるのだと続いている。なおの表現は、常に体験の位相に手繰り寄せられている。政治の現状に対する眼ざしを通じて、日常世界の微細なところで体感した、根底的な矛盾を鋭く告発している。

生活世界の日常性批判

なおにとっては、危機が日常性の細部に存在していた。食糧に事欠く家族関係、労働の報われない生産関係、「金」を媒介にして拘束される社会関係、「五銭」を収奪してやまない政治的な生殺与奪の権を握る支配関係、こうした日常的な関係性を自明のものとして受け入れてしまう生活世界のスタイル、そこに社会に貫徹されている露な権力関係を透察して、ラディカルなメッセージを発した。

一方では、こうした生活世界での改心、「身魂の洗濯」、生活スタイルの変革を唱えた。他方では、「外国の教《おしえ》」「学」に対する批判・排撃である。危機の乗り越え、秩序の回復、そして日常性の奪還は、霊魂と敵「外国」へと照準が合わせられ、まさしく国内・国際・神々の世界の三領域で、霊魂と「外国」の批判、ナショナリズムが展開されている。

「外国の教《おしえ》が善いと申して、現代《このよ》の大将までが洋服を着て、沓《くつ》を履く如《よ》うな時節に成りて了《しま》ふて、上下《かみしも》は全然《すっかり》破れて、間に合はん事に成りて居《お》りた」〔一八九八年旧一一月三〇日〕と、「外国の教」に染まってしまって、洋装・軍服になった「大将」、すなわち天皇を代表にして、秩序を解体した西洋化・文明化のスタイルを罵倒し、激烈に批判する。

また、神が人民に五穀・野菜・海魚・川魚を授けているのに、「がいこくのまねをいたして、にくじき《肉食》をてがらげ《手柄気》にいたして、にくじきせんものは、ひらけ《開》んともす《申》よな、みぐるし《見苦》きよ《世》にいたして」〔一九〇三年旧正月一七日〕と、仮名垣魯文《かながきろぶん》の「牛鍋《うしなべ》食はねば開化不進奴《ひらけぬやつ》」（『牛店雑談《うしやぞうだん》　安愚楽鍋《あぐらなべ》』一八七一年）を真似たような言葉を用いて、肉食は「見苦しい世」の「外国」スタイルだと難じている。「にほんのじんみんは、ばんぶつ《万物》のちよ《長》ともして、かみについでの、けつこう《結構》なじんみんを、ちくるい《畜類》のみたま《身魂》とおなじ《同》よに、なりてしもて」〔一九〇三年旧正月一七日〕と「畜生道に堕として」しまったことも批判してやまない。さらに、矛先は政治批判へと向かう。

ないちざつきよ《内地雑居》なぞと、ゆよなことをゆるい《許》て、がいこく《外国》へ、にほん《日本》のおんな《女》をつれ《連》てゆきて、ちくしよ《畜生》と、つるまして、ぜに《銭》もうけさへすれば、よいとも《申》して、またがいこくじんが、にほんのおんなを、じよに《自由》いたして、かね《金》にさへなれば、ちくしよど《畜生道》へおち《堕》ても、かま《構》はんとゆよな、みぐるし《見苦》きことに、さつぱり、にほんをけが《穢》してしもたによつて、これから、みてをりてくだされよ。〔一九〇三年旧正月一七日〕

条約改正によって、外国人の内地雑居を認めた政府を非難している。それも、日本女性を外国人に売って、娼婦にして金儲けをして搾取し、畜生道へ堕としていると、女性の身体を商品として媒介にした、資本制の国家権力に真っ向から挑もうとするのである。なおにとって、内地雑居ということがどれほど生活世界に影響を及ぼしたのかは分からない。

だが、一八九〇年代に起こった、内地雑居反対運動の声や動静を耳にしたのだろう。それは製糸業が機械化されて、郡《ぐん》是《ぜ》製《せい》絲《し》株式会社が設立され、生糸が大量生産されて輸出され、なおに現金収入をもたらした糸引きの稼ぎが断たれていったことと結びついていただろう。西洋化・機械化の資本制社会による搾取・貧窮は、外国人・内地雑居をシンボルとしていたと言えよう。

郡是製絲株式会社本社事務所
(1917年竣工／現・グンゼ記念館)(筆者撮影)

こうしたなお・艮の金神のメッセージは、たしかに偏狭な排外主義・ナショナリズムに徹底して通じている。復古主義・反近代主義とも言われてきた。後に述べるように、種痘は「畜類」にしてしまうとして、孫娘に種痘を受けさせず、罰金を科せられた。なおの教条主義的な信者は肉食を忌避したばかりでなく、木綿物だけを着て、髪を切らないで蓬髪にし、旅支度は蓑笠と草鞋履きで、マッチを忌み嫌い、「暗闇の世」だからといって、白昼に提灯をぶらさげている。

文明開化期には、和物と洋物の戦いを戯画にした錦絵が数多く出された。南京米に日本米が勝つくらいで、和物はほとんど洋物に負けている。いくら反動で国粋主義がはやろうとも、それは地方都市でさえ時代の趨勢だった。西洋の物は開化・進歩を象徴していたのである。しかし、こうした物は人々の欲望の対象となっていたといえ、なおのような底辺の貧民層にはほとんど無縁であった。それ以上に、日々の暮らしさえ事欠くことが多かった。物によって媒介され組織化された人間関係や地域の社会関係、また労働力の収奪によってシステム化された生活世界、なおたち貧民層にとって、それは「獣」「外国人」として表象された、敵によって生み出されたものにほかならない。

　このような生活世界の仕組に対するささやかな抵抗が、日常性を非難・批判していく排外主義的な身振りであり、当時ですらアナクロニズムと呼ばれるであろう行動スタイルであった。ナショナリズムと呼ぶにはあまりにも素朴すぎる生活感覚に根ざしたものである。とはいえ、ナショナリズムとはこうした素朴な心情を母体としたものであろうし、それが共鳴盤となって人々の心情を揺り動かしていくこともありえたのである。

天子と「元の神世」

　なおは「昔の元の神世」に復帰することを二度目の世の立替えとしている。それは復古主義である。しかし、なおの描いた「元の神世」とは、天照大神や皇室・天皇家の皇祖皇宗《こうそう》に連なる神々の世界とはおよそ無縁だった。天皇すら、洋服を着て、靴を履き、外国人の「獣の身魂」になっている。

「がいこ《（外国）》九からまいりて、にほんの九《（国）》にをじよ《（自由）》にいたして、てんし《（天子）》までもじよ《（自由）》をにいたされて、九《（悔）》やし九ないか、かみは九《（悔）》やし九て、なが《（永）》ら九のかつせん《（合戦）》をいたしてをるぞよ」（一八九六年一一月二一日）と、外国人は日本も天子・天皇も自由に操り、神は悔しくて、戦っていると説くのである。

なおにとって、天皇とはかつて京の御所にいた天子だったが、現在は外国人・悪神またその手先に自由に操られて、悪神の都・東京に移されている。「てんし《天子》までもじよ《自由》にいたして、これからわへんぽ《返報》か《返》やしをいたすぞよ、にほんわしん《信》とかみ《神》のよ（中略）とうきよう《東京》わもと《元》のすすきの《薄野》になるぞよ。なが《永》うわつづ《続》かんぞよ」〔一八九六年二月二二日〕と、神は戦って、仕返しをし、東京を薄野にしてしまうことを予告している。

せかい《世界》がう五九《動く》ぞよ。ときよ《東京》江《へ》せ《攻》めかけるぞよ。てんし《天子》はあやべ《綾部》にし五《守護》がいたしてあるぞよ。（中略）あやべ、みやこ《都》にいたすぞよ。（中略）せかいわいちど《一度》にかいしん《改心》をいたさすぞよ。かみ《神》がおもて《表》にあらわれて、にほん《日本》にてがら《手柄》をいたさすぞよ。だいぶたいも《大望》なことであるぞよ。てんしじんびき《陣引》いたして、ほじつ《穂実》をか江《変え》るぞよ。（中略）うしとら《艮》のこんじん《金神》のみや《宮》をいたして、てんかたいへ《天下泰平》にをさめ《治》て、みろ九《弥勒》のよ《世》、まつ《松》のよといたさすぞよ。（中略）うし尢そ《牛糞》がてんか《天下》をとるとゆことが、こんど《今度》のことであるぞよ。よき《善》ものわをち《落》ぶらかしてありたぞよ。

〔一八九六年旧九月一九日〕

東京に攻め込み、薄野にしてしまう。天子・天皇は綾部に守護していて、綾部を都にすると記す。その一方で、「てんしじんびきいたして、ほじつをか江るぞよ」と記している。よく分からない文である。天子を陣引きして、つまり引退させて、現実を変えるということであろう。

綾部では天子の身魂を守護し、都とする一方で、綾部に艮の金神の宮を建てるとしている。なおは京にいた天子を尊んでいただろうが、東京へ行ってしまった洋装の天子・天皇は「獣の身魂」となり、身魂を改心させるべき対象となろう。零落した「牛糞」のなお・艮の金神が天下を取り、天下泰平のミロクの世・松の世となると、苛斂誅求《かれんちゅうきゅう》の政治を断行する天皇制国家に挑んでいよう（筆先では、「みろく」を弥勒・五六七・三六・ミロクと表記するが、以下、ミロクにする）。

なおの「元の神世」は明治維新のように「諸事神武創業之始」（「王政復古の沙汰書」）に戻るわけではまったくなく、国家神道に連なるものでもなく、いわば〝超神道〟とでも言うことができる。艮の金神が退隠させらる以前の神世、「昔の元の弥勒の世」とも呼ばれるのが「元の神世」である。きわめて曖昧ではっきりしないのだが、あらゆるものの根源となる〝始原〟が想定されているだろう。「元の神世」は松の世、ミロクの世、水晶の世などと表わされ、松＝神世の永続性、水晶＝心・身魂の純粋無垢・透明性を表象している。ミロクの世とは弥勒菩薩の下生による衆生の救済された世であり、民間では世直りによる豊饒の世が訪れるとする、弥勒信仰があった。

日常性批判と生活スタイル

「元の神世」やミロクの世への復帰、二度目の世の立替えの道筋はまったくといっていいほど打ち出されず、「絶体絶命の世」でありながら、時節が到来することによって、一挙に実現するというしかない。その具体的な手立てははっきりとせず、「身魂の洗濯」、改心につきている。変革のための手段、方針、方法、組織、あるいは日程表などを求めてしまう、近代の革命運動とは、なおは一切無縁だった。信心の世界に深々と根を下ろしているのである。

「絶体絶命の世」だという危機意識、なおは終生それを抱いていた。なおにとって、国家の変革・

改造といったことは、差し迫った問題ではなかった。「絶体絶命の世」における人々の関わり合いの現況が問題であり、それこそが政治なのである。

　このよ《世》もつのは、みろく《ミロク》のやりかたにいたさねば、しはうだい《放題》やりはうだいのよのもちかたではつゞきはせんから、かみ《神》はじんみん《人民》をらく《楽》にくら《暮》さしたとおも《思》ふて（中略）なにもふそく《不足》のなきようにあたへてやれば（中略）よがのぼ《登》りつめて、よがまつぱふ《末法》のよ《世》ともうして、よをもちてをれたかみ《神》が、つよ《強》いものがち《勝》になりてしまふて、おほかみさま《大神様》のごおん《恩》といゆふことも、わす《忘》れてしまふて、うへ《上》のこともした《下》にお《落》ちてをるじんみん《人民》のこともおも《思》はずに、われ《我》さへよけらよいやりかたになりてしまふて（中略）ひと《人》のて《手》にも《持》ちてをるものでも、たた《叩》きおとしてでも、わがものにするような、あくとう《悪党》なじせつ《時節》になりてしまふて、このなりで、よ《世》をたてか《立替》へずにおいてたら、さつぱりくに《国》がつぶ《潰》れてしまふが、ここまでこのせかい《世界》をこしらへて、せかい《世界》のじんみん《人民》になにもふじゆう《不自由》のなきように、にほん《日本》のくにはごこく《五穀》わさもの《早物》、さえんもの《菜園物》なり、くだもの《果物》から、くさき《草木》やま《山》にはき《木》のは《葉》であらうと、なにからなにまで、つましういたして、まつべていただけば、にほん《日本》はにほんでけつこう《結構》にいけるように、かみからにほんのはんりやう《飯料》はさず《授》けてあるのざよ。

〔一九〇三年旧一一月一七日〕

「末法の世」となり、強い者勝ちに収奪を事とする「悪党な時節」の政治・生活スタイルに対して、大神様・艮の金神がなに不自由もないようにと授けた、五穀などの食糧によって、慎ましく気楽に暮していけばよいとする、生活スタイルを対置している。なおは神から課せられて、零落し苦労・艱難に遭わせられたのだが、「これまでのようにむり《（無理）》にはたら《（働）》かいでも、もつとおだや《（穏）》かにいけだす」（同年月二一日）生活スタイル、進歩や成長への欲望、また無理な労働や贅沢三昧を否定した、質素で簡素な暮らしぶりを基調にする世界に対する構え、いわば政治スタイルが提唱されている。それが「ミロクのやり方」である。

資本主義・帝国主義を目指している明治政府の「悪党な時節」に対しては、保守・反動である。先の筆先でも、寒中でも土用の暑い時でも、一日休めば食えなくなり、休まずに働いても、その日の口過ぎもできないばかりでなく、過重の税金を課し、滞納すれば追徴金をむしり取り、難渋している人民の膏血を絞り取る、それが政治のやり方、公権力の政治スタイルだと難じている。「鬼と賊の世」に「ミロクの世」を対置し、日常の生活スタイルに依拠して批判するのである。

決して過酷な搾取ばかりが問題視されているのではない。苦難に喘いでいる人民こそ、政治の主役として推参すべきなのだと、政治の舞台での人民中心主義を、政治スタイルの変革を、日常性批判のなかから汲み上げている。救いの問題は現実の生活世界のなかで問われるのである。苦難を及ぼす悪・敵が鮮明にされ、その滅亡・殲滅こそが希求される。なおの苦難の救済論は、生活世界のスタイル・日常性の批判として現われ、さらに政治スタイルの批判へと展開されるのである。

国際主義と政治スタイルの変革

なおの苦難の救済論は、外国・外国人を悪・敵とした。そこにあるのは、日露戦争前後を中心として、明治中期から大正初期にかけて、なおが「絶体絶命の世」として体感・体験した民衆的な危機のナショナリズムというべきものであり、国家的な公定ナショナリズムとは異なっていよう。

しかし、なおが生活世界の深部から汲み上げた危機のメッセージ、民衆的ナショナリズムは、危機的情況にあった民衆にほとんど共鳴されず、民衆意識を組織化できないまま、孤立していた。なおの結社は地域的なマイノリティとしての位置にあった。慎ましい生活スタイルは決して民衆の求めるものではなく、なおの日常性批判、また危機のナショナリズムは民衆の心情の深部に触れることはできなかった。

他方、帝国主義的な危機の国家的ナショナリズムは、民衆の危機意識を回収して、敵国民ばかりでなく、自国民の死も招くことになる、戦争へ向けた〝死の共同体〟へと統合していった。危機のナショナリズムは民衆的であれ、国家的であれ、熱烈に排外主義《エクスクルーシヴィズム》・自民族中心主義《エスノセントリズム》・人種差別主義《レイシズム》を標榜し、敵＝悪の殺戮・殲滅を必然として、侵略と支配へ向けて組織化し動員していく。

なおの筆先では、敵としての外国は「露国」や「清国」と記されながらも、具体的な国家として対象化されず、伝統的・伝説的・想像的な「唐」イメージで語られているにすぎない。なおは日本（神国）・外国（悪国）・神界の三層の構造的に相剋した神々・人民の闘いを描いている。なおも外国・外国人に対しては、排外主義と自民族中心主義を唱えているが、想像的な「唐」イメージでしかなく、アジアに対する視線をほとんど欠如していたため、国家間の戦争では、帝国主義・侵略主義的な色彩はなかったと言える。それよりも、国際主義《インターナショナリズム》の萌芽を感じさせるような思想を説いている。

艮の金神、出口直の手を借りて、世界の事を知らせるぞよ。明治の人民は、昔の剣《つるぎ》より今の菜刀《ながたな》と申して、金さ江有りたら何も要らぬと申して、欲ばかりに迷ふて、人に憐みといふことをチットも知らずに、田地を求め、家倉を立派に建て、我物と思ふて居れども、世が元へ還るから、昔の日本魂《やまとだましい》でないと、此先《このさ》きは一寸も行けぬ世になりて、昔の剣が世に出るぞよ。昔の剣が世に出ると申すのは、日本魂の誠の人民の光りが現れて、世界の間に合ふ様になる事であるぞよ。艮の金神が表面《おもて》に現れて、世を構ふやうになると、今迄の様に我善《よ》しの世の持方はいたさせんから、思いの違ふ人民が多数《たっぴつ》に出来てくるぞよ。

〔一八九三年旧七月一二日〕

ここには、偏狭な排外主義はない。「昔の剣」＝「日本魂」よりも「菜刀」＝金を重宝にして、欲の迷い、憐みを忘れたのが、明治の人民である。艮の金神が表に現われて、ヤマト魂の人民も現われ、我善しの世を粉砕して、元の神世に戻す、ミロクの世に建替えをする。このミロクの世のイメージが構想されている。ヤマト魂には日本主義的・国粋主義的な色合いもあろうが、そうでもないのが続く筆先から分かるだろう。

金銀を用ゐでも、結構に地上《おっち》から上りたもので、国々の人民が生活《いけ》るやうに、気楽な世になるぞよ。衣類食物《きるいたべもの》家屋《いえ》倉庫《くら》までも変へさして、贅沢な事はいたさせんぞよ。世界中揃《そろ》ふて喜ぶ様の政治にいたさねば、神国とは申されんぞよ。（中略）金銀を余り大切に致すと、世は何時までも治まらんから、艮の金神の天晴《あっぱれ》守護になりたら、天産物自給其《おっちからあがりたその》国々の物で生活《いけ》る様にいたして、天地へ御目に掛る仕組がいたしてあるぞよ。（中略）日本は神国、神の守護の厚き国であるから、日本の人民が先きに改心いたして下さらんと、世界へ鏡を出さねば成らぬ国であるから、余り愚図々々いたして居ると、外国の方が、改心が、速くなりて、日本は世界へ恥かしき事が、出来いたすから、神が昼夜に出口直の手を借り口を籍《か》りて、気を付けるので在るから、疑ひを止めて、生れ赤児《あかご》の精神《こころ》になりて、神の申す事を聞いて、霊魂《たま》を研いて、神国の行い、いたして下されよ。

〔一八九三年旧七月一二日〕

「世界中揃ふて喜ぶ様の政治にいたさねば、神国とは申されんぞよ」、これがミロクの世である。金銭を用いないでも、「地上から上りたもの」、大地から生み出されるもので暮していける「気楽な世」である。日本人民が霊魂を磨き、「生れ赤児の精神」になって、早く改心し、世界の鏡になって、世界中が喜ぶ政治をしなければならないと、懇切に説かれている。

「天産物自給」の「おつちからあがりた」という振り仮名はなおの言葉で、それに王仁三郎が漢字を当てた。「天産物自給」では、自給自足の自然経済のようなイメージを与え、また農本主義まで連想させてしまう。なおは現在の生産体制を踏まえることなどせずに、田畑の作物で暮せるような、慎ましやかな生活を思い描いていたであろう。衣食住において、謙虚に慎ましくした身振り・心構えによって、自分を培い組織化していくことが、なおの打ち出した「獣の世」や「強い者勝ちの世」「鬼と賊の世」「悪党な時節」に対抗した政治スタイルであり、人民の政治性の核心となろう。

　なおの言う「神国」、ミロクの世とは、世界中が「強い者勝ちの世」ではなく、互いに憐みをもって思いやる、情けのある「気楽な世」である。そのような世を世界に実現していくことが、なおの唱えた「政治」である。〝土〟を基盤にした、生活スタイルの変革を通じた、国際主義に溢れた政治スタイルの提唱である。なんの変哲もない、きわめて素朴すぎるといえば、そうなのだが、誰もこのようなことを説こうとはしなかった。百姓でもなかった、なおが土の恩によって生きてきたとする体験から生まれた〝土の思想〟である。

身魂の立替えと未成のユートピア思想

　理想、もしくはユートピアを語ること、それは未成の歴史を生きていこうとする気概に溢れてのことだろう。筆先には一八九二年（明治二五）が基点であることを幾度も記している。神がかりの年がそれである。そこに絶えず立ち戻りながら、自らの負った苦難の救済論が織り成されていった。なおの幻視したユートピアはリアルだったろうが、遠いところにあることを、なお自身が知っていただろう。

みろく《（弥勒）》さまのよ《（世）》になると、せかい《（世界）》にはくぜつ《（口舌）》がないように、ひとのこころ《（心）》がおざやか《（穏）》な、よいこころになりて、わるいこともせんようになりて、これまでのようなぜいたく《贅沢》なことはいたされん、にどめ《二度目》のよのたてかへ《立替え》をしたら、うへ《上》からした《下》まで、つゝまし《慎》いやりかたで、にちにち《日日》らく《楽》にくら《暮》せるように、てんち《天地》からしゅご《守護》いたすから（中略）これまでのこころ《心》をさつぱりいれかへをいたしてしまはんと、じんみん《人民》のこころさへかは《変》りてきたら、てんち《天地》のせんぞ《先祖》はなにかのことを、まち《待》こ《焦》がれてをるのであるぞよ。

〔一九一五年旧五月二四日〕

なおはミロクの世を描いている。世界に言い争いがないように、人の心が穏やかに、よき心となり、悪いこともせず、贅沢もせず、上から下まで慎ましいやり方で、日々楽に暮していけるように、心をきっぱり入れ替えて、人民の心が変わってきたなら、ミロクの世になろう、そういう世界を待ち焦がれている。このように艮の金神・なおは告げている。そして、いつまでも待ち焦がれていると、世界に向けて語りかけるのである。

いまだに生成されない世界、だがいつかたしかに現われるであろう世界が、あきらめられることなく、遠望されている。未成の歴史を生きていこうとする志が貫かれている。それはやはりささやかなところから始まる、日常の生活スタイルの変革こそが、ミロクの世、立替えの思想の核心であろう。なおの説くのはつまるところ、「改心」「身魂《みたま》の洗濯」、心の変革ということになる。それが生活スタイルの変革の根底となって繋がっている。日常の自然とされるような身振り・心構えについて、なおは幾度でも語り続ける。

ひと《（人）》をそねみ《（嫉）》たり、ひとをみさげ《（見下）》たり、まんしん《（慢心）》のでるせいしん《（精神）》では、まにあはんから（中略）うぶ《（初心）》のこころ《（心）》になりてみると、われ《（我）》のこころがよくわかるぞよ。（中略）はや《（早）》くかいしん《（改心）》をいたして、にほん《（日本）》のうちのしゅご《（守護）》いたしてくだされよ。（中略）このふでさき《（筆先）》をとく《（解）》のは、すゐせう《（水晶）》のみたま《（身魂）》になりてしまはんと、まこと《（誠）》のことはとけんから（中略）このおほもと《（大本）》のをしへ《（教）》は、われ《（我）》のりこう《（利口）》だしたり、ひとをみさげ《（見下）》るようなくちぶり《（口振）》がありたら、さつぱりふでさき《（筆先）》のとく《（徳）》がおち《（落）》るぞよ。

〔一九〇四年旧九月二七日〕

これが日露戦争中のなお・艮の金神のメッセージであり、世の立替えの根本は改心、「身魂の立替え」であることが明らかにされている。室町時代の物語『いそざき』には「人を憎み、妬み給えば、生きながら、鬼とも、蛇とも、なるぞかし」「一念、憎しと思う心が、鬼となりて、人を殺しけるぞかし」と説かれていた。昔から憎悪や嫉妬が戒められてきた。人を見下しさげすみ、慢心・傲慢になる心、増上慢である。なお自身も無縁ではないだろうが、いやというほど味わいつくした、人の心、「獣の身魂」である。

「初心《うぶ》の心」になると、自分の心がよく分かると言う。しかし、そうはたやすくなれないのが、人の性《さが》であろう。なおは神がかりを通じて、この世を超えて、もうひとつの世界から、この世を見渡しながら、「初心の心」もしくは「生れ赤児の精神《こころ》」になることができ、そして現界と他界を行き来した。そこで到達したのが「水晶の身魂」という、すぐれて澄明な表象である。

艮の金神の媒体・メディア（ミディアム）として、生活体験を日常性批判へと転化させ、言語化するためには、なお自身の生活スタイル・身振りを転換させ、自己組織化することが不可欠だった。それが「初心の心」「生れ赤児の精神」、さらには「水晶の身魂」として結晶され表出された。「みたま」に「身魂」また「御霊」「霊魂」の漢字を当てたのは王仁三郎だが、たんに霊魂に限定してしまうよりも、一体化された身と魂、全身全霊を表わす、身魂《しんこん》のほうがふさわしい。「外国の教」に染まって慢心した「悪の身魂」「曇った身魂」に対抗する、身振りや心構え、生き方とも密接に繋がって、「水晶の身魂」は立ち現われるのである。

神が降りて宿ったという言明、またその言葉が信じられ、信憑性を獲得するなら、たとえ社会内で狂人・狐憑き、異常者・逸脱者のスティグマの烙印を捺し付けられようとも、当人と信じる者との間で超自然的な霊能を発揮するカリスマ的存在として認められることになる。世間によって侮蔑され排除されても、神の権威に依拠して、世間と対峙し、スティグマを自ら負うことによって、カリスマへの確信を一層強めていく。自己スティグマ化は自己カリスマ化を推進していく。

神の憑依は世間に対抗した神々の世界のメディアとして、自己を統合して組織化していく方法なのである。したがって、既存の神々の世界、天皇や国家の権威・権力を自明視する世間を否認ないし無化しえる、神のメディアとして、隔絶した権威を樹立することもできる。まさしく、なおがそれであり、乞食や狂人の身振りをしながら、「水晶の身魂」を生成させていった。

そして、生活世界のなかで日常性に貫かれている生活・政治スタイルを批判して、激しく攻撃的に対抗する生活・政治スタイル、すなわち身魂の立替え、世界の立替えを唱えていったのであり、心直しから世直しを展望する、民衆思想として位置づけることができる。

なおはいわば「水晶の身魂」を自ら輝かせて、世間を照らし、生活スタイルの帯びた自明視された日常性を世界のなかに反照させて浮かび上がらせた。死者の霊や神霊にも用いられる「みたま」を、王仁三郎と合作であるが、世界を反照させる媒介を表象する言葉として用いて、霊魂感覚に新たな位相を切り開き、霊魂なるもののコンセプトを発展させたと位置づけることができる。

各自それぞれが個別の「水晶の身魂」を志向して、生活スタイルを変革し、日常の生活世界のなかで、政治スタイルを展開し組織化していく実践こそ、世界の立替え・立直しであり、「水晶の身魂」共同体の樹立、「水晶の世」の顕現となるであろう。

今度天地が開けたら、草木も、人民も、山も海も光り輝いて、誠にそこら中がキラ〳〵致して、楽もしい世の穏かな世になるぞよ。是が誠の神世であるぞよ。雨も欲しい時分に降り、風も欲しい時に吹いて、人民の身魂も清らかになりて、天下泰平、天地の身魂が勇む世になるぞよ。月も日もモツト光りが強くなりて、水晶のやうに物が透き通りて見え出すから、悪の身魂の潜れる場所が無きやうになるぞよ。

〔一九〇三年旧六月四日〕

なおの幻視した「水晶の身魂」の満ち溢れた「水晶の世」のイメージは、想像するなら、かぎりなく澄みわたり、うるわしい。とはいえ、近代日本の道のりのなかでは、孤立する宿命にあった。なおの宣告した、世界の立替え・立直しはいまだに見果てぬ夢である。だからといって、無益だとして、捨て去るにはあまりにも惜しいのも確かであろう。

二〇世紀の始まり、日露戦争の前後から、国家は生者・死者の霊魂を隷属させ、統制・管理の強化を推し進めていた。国家と民衆の間で霊魂をめぐって、いわば攻防戦が闘われていた。なおは身魂の変革を唱えることを通じて、霊魂・身魂の自立か収奪かをめぐって、世界に向けて問いかけていたのである。

第三章　若き日の王仁三郎と修行

旧城址銀杏のしたにたたずみてわれ回天の偉業をおもふ

（王仁三郎「故郷の二十八年」）

1　王仁三郎の青少年期

小作農の息子として

上田喜三郎《きさぶろう》、後の出口王仁三郎は、一八七一年（明治四）八月二二日（旧七月一二日）、京都府南桑田郡曽我部村大字穴太《あなお》小字宮垣内《みやかいち》（現・亀岡市曾我部町穴太）に、長男として生まれた。父は吉松、母はよね、貧しい小作農家である。王仁三郎の「故郷の二十八年」（『出口王仁三郎全集　第八巻』）によると、父は「茅屋は破るゝに任せ、檐廂《えんしょう》は傾くに委《い》し、壁は壊れて骨露《あら》はれ、床は朽ちて落ちむとする、悲惨なる生活に甘んじ、正直男と名を取つた、水呑百姓」である。

王仁三郎は、一九三〇年（昭和五）に、若き日を追懐して、鬱屈し苦渋に満ちながらも、大望を胸に潜めた青少年期の姿を短歌に数多く詠って、歌集『故山の夢』などにまとめている。それは短歌自叙伝であり、王仁三郎の興味深い心象が表わされている。引用しながら、王仁三郎の青少年期を辿ってみよう。

王仁三郎は小作農の父のもとで成長していく。病弱だったため、一八八〇年（明治一三）、一〇歳の時に、地元の小学校に入っている。上級生になるとともに、身体は大きく丈夫になり、腕白ぶりを発揮していく。その一方で、遊び仲間と戯れていながらも、小作農の貧しい息子としての自覚を早くから抱かざるをえなかった。

須弥壇《すみだん》のあみだの口に鰌《どじょう》等《ら》はませて友と手をうち笑ふ
日曜の午後山に入り火を放ち一と山焼きて叱られしかな
人魂《ひとだま》が出ると村中ふれまはし藪にひそみて灯《ひ》をともしたり
君とこの田は何処にあるかと尋ねられ吾は黙《もだ》して答へざりけり

一四歳の時、担任の教師と諍いを起こして、暴行に及んでいる。王仁三郎は退学処分になった。校長の計らいによって、異例ながら代用助教員に採用されるが、「満二年小学校に教鞭をとりて十五の春にしりぞく」と、二年ほど勤めた後に辞めている。

狂歌狂句都都逸《どどいつ》戯文を作成し月月かがさず投書したりき
楽しみは団団珍聞《まるまるちんぶん》あほら誌を眼をも放たずしのび読みけり
霜の夜の一番鶏に起き出でて凍てたる道を荷車曳き行く
大枝《おおえ》坂七本《しちほん》杉のかげに立ち霜夜の汗を拭きつつやすらふ
法華宗妙見《みょうけん》ごりのばあさんに宗教心をそそられしわれ

王仁三郎は父とともに小作農として生きていく。一五歳になり、隣家の地主のもとに住込み奉公をした。「プロレタリア小作の父は地主等に小作田のこらずとり上げられたり」「小作米と肥料の代をひきされば新年までは喰《くら》ふ米なし」といった窮境にあった。奉公をやめて家に戻り、山で刈った薪を荷車で引いて、大枝坂を越え、京都市に売りに行って、生計を助けていた。「弱ければ踏みつぶさるる世と知りて心の駒をたてなおしたるも」といった心境であった。なおと同じように、峠道を往還している。厳しい労働のなかで、王仁三郎の楽しみは『あほら誌』という雑誌に、安閑坊喜楽と名乗って、狂歌や都々逸《どどいつ》、戯文などを投稿することで、憂さ晴らしをしていたのである。

「神人」の幻視

村内の金剛寺の夜学に通い、漢籍や仏典に触れた一方で、妙見信仰に凝った老婆に親近感を抱いている。王仁三郎、一六歳の頃に初めて芽生えた「宗教心」である。この老婆は近郷で〝信心狂い〟のために「妙見ごり」と嘲られていたであろうが、真摯な信心の姿に魅かれるものがあったのだろう。また、法華宗・妙見信仰の加持祈禱での、憑きもの落としや稲荷下ろしといった神がかりの祈禱・儀礼、巫俗（シャーマニズム）に不気味さと興味を覚えたのであろう。「プロの家に生れたる身は若き日も人恋ふるさへためらひにけり」「人魂の出る夜なりけり恋人の家にかよひて雨に追はれぬ」と歌に詠んだように、初恋をしたのもこの頃であった。そして、近隣の「悪友」と夜遊びにも興じ、西瓜泥棒をしたり、井戸に石を投げたりするなど、いたずらをしては失敗を繰り返している。王仁三郎は満二〇歳で徴兵検査を受けて、「徴兵の検査に召され丈《せ》の高さ五尺二寸で乙種にまはさる」と乙種予備役となり、兵役には出ることはなかった。穴太の村では、四人受けて、いずれも身長のせいか、乙種・丙種であった。

産土の神に夜な夜なまゐ詣で迷信家よとわらはれしわれ
たくづぬの白毛《しろげ》の駒にまたがりて異様の神人《しんじん》近づくが見ゆ

小幡《おばた》神社に夜な夜な参詣し、「吾を世にたたせ給はば百倍の御恩返しを為さむと誓ひぬ」と、貧からの脱出を願って祈り続けて、「迷信家」と嘲笑されている。この神社は開化天皇を祀った式内社で、由緒のある古社である。夜詣りをしているうちに、幻聴・幻視が起こってきたようである。「黒き影」が立ち現われ、「恐ろしきまま黙禱」をしたこともあった。また、「駒のひづめの音」が聴こえ、白馬（「栲綱《たくづの》の」は白にかかる枕詞）に跨った「異様の神人」が見えてきたのである。出口なおが神がかりになり、筆先を記すようになったのは、一八九二年（明治二五）で、王仁三郎が「異様の神人」を見たのも、この頃である。

同じ頃、西国三十三観音の二一番札所・穴太寺《あなおじ》の観音堂の法会で出会った女性と、逢瀬を重ねるようにもなっている。「穴太寺観音堂の法会の夜こころ合ひたる女とかたる」「観音堂の裏の小暗《おぐら》き庭にたち堅く握りし手は熱かりき」と、多感・多情な若き王仁三郎である。しかし、「お互ひの恋の佳境に入りしころ吾は修業のために村を去る」と、日清戦争の始まる前年、二三歳の王仁三郎は穴太を後にし、園部《そのべ》に出ている。園部では園部殖牛社を経営し、獣医をしている従兄・井上直吉の住込みの書生となった。また、牧畜業にも従事し、牛乳を絞って、付近に朝夕売り歩いていた。

二四歳の時、近所の南陽寺に寄寓していた、国学者の岡田惟平《これひら》のもとで、王仁三郎は働き終えた夜、国学を学んでいる。「惟平翁にはじめて国学をしへられ吾が国体の尊厳を知る」と詠っている。また、岡田は月例の歌会を催し、王仁三郎も熱心に出て、句作や歌作に精を出している。これは後年の短歌熱に繋がっている。

「和歌冠句狂歌都都逸《どどいつ》に趣味をもち搾乳の外は筆もちつづける」と、和歌や冠句、狂歌という定型のなかに、喜怒哀楽の心情を入れ込む術を習練していたのであろうが、王仁三郎はまだまだ彷徨の途上にあった。「暇あれば亀山城址に忍びゆきて無言の銀杏といつも語れり」と詠うのである。亀山城とは叛将・明智光秀の居城であり、後の王仁三郎の拠点・天恩郷となる。

妙霊教会との縁

妙霊《みょうれい》教会は、教派神道の御嶽教に属した法華系神道で、兵庫県多紀郡春日江村に本部を構え、山を隔てた亀岡盆地でも布教して、信者を増やし、教会を設けていた。王仁三郎の周辺には、父や叔父の佐野清六をはじめとして、妙霊教会の信者がいた。

わが伯父《ママ》の佐野清六は妙霊教会布教師として教会所持てり
妙霊教会に詣で奥歯臼歯刃の劇痛を封じてもらひ信仰に入る
伯母の家に到れば何時も稲荷下《おろ》し病気平癒の祈禱なしをり

王仁三郎、二四歳の頃、奥歯の激痛に見舞われ、船岡の妙霊教会で祈禱して治癒し、これを機縁に妙霊教会の信者になっている。家には妙霊教会の布教師が祈禱のためにしばしば訪れていた。一三歳の時に、妙霊教会の信者だった父に連れられて、妙霊教会に行っていた。父方の叔父佐野は妙霊教会・船岡分教会の布教師であった。

この叔父に連れられて、兵庫県多紀郡春日江村の本部に参詣したこともあった。その際には、教主の山内勢至《せいし》から布教師になれと勧められている。父の吉松をはじめとして、叔父も従兄の獣医・井上も妙霊教会の信者である。従兄の牧場をやめた後、叔父の船岡分教会に住み込んでいたことがあった。母方の伯母は婚家で狐憑きとなり、稲荷下げの行者の加持祈禱を受けていた。この伯母は病気になるとともに、精神に異状をきたし、それが狐憑きと判断されたのであろう。

獣医なる従兄弟《いとこ》井上直吉は神に詣でてかむがかりとなる

荒れくるふ神憑《しんぴょう》状態ながめては信仰心もうすらぎてゆく

金儲け待ち人縁談病なほしそんなことのみしてる教会

「わが村に五人の妙霊新信者父が宣伝のために出来たり」と詠われているように、父は近隣で布教して、五人の信者を獲得していたようである。妙霊教会では、造化三神（天御中主神《あめのみなかぬしのかみ》・高御産巣日神《たかみむすびのかみ》・神産巣日神《かみむすびのかみ》）・天照皇大神を祀る一方で、占いや現世利益の祈禱をするとともに、神がかりによる託宣も行なっていた。妙霊教会で従兄が神がかりになって荒立ったのに対して、王仁三郎は「野天狗や野狐狸」といった低級な霊だと侮蔑したとはいえ、妙霊教会への信心が失せたわけではなかった。やがて王仁三郎は鎮魂帰神《きしん》法を修得していくことになるが、出口なおと同じように、こうした神がかりが起こるような、民俗宗教の世界に棲息していた。

二五歳の春、穴太に戻り、一攫千金を狙ってマンガン鉱を探しに熱中し、山野を駆け巡っている。「船岡に満俺礦《まんがんこう》が出るときて妙霊教会のうらなひを乞ふ」と、妙霊教会の神示でマンガンが出るとなり、奮闘したが、尻を傷つけ、「教会の神示もあたらずいたづらに山をかけりて怪我したるのみ」と、床に伏せるようになっただけだった。「わが叔父の妙霊教会にこもらひて負傷《いたで》の平癒日夜に祈る」と、叔父の妙霊教会に籠り、病気平癒を祈願してもいる。冒険的事業家となって、近郷近在に名を馳せようとしたのだが、「山子《やまこ》」（山師）と嘲られたにすぎなかった。

次は少し地道な事業を企てている。「ラムネをば製造販売せむとして園水社なる会社をおこせり」

といった次第で、園部でラムネ製造販売の会社「園水社」を設立している。ラムネ製造の機械に多額を投資しすぎたせいもあろうが、ラムネを飲み倒されて、金巡りが悪くなって、倒産に帰している。

2　立志と恋愛のなかで

牛乳と若き血潮

一八九五年（明治二八）に、王仁三郎は穴太に戻り、翌年の元旦に、小作農の傍ら「上田牧牛場」を開き、牛乳搾取場「精乳館」を始めている。やや安定した収入を手にするようになったが、「糞汁にまみれて朝夕牛を飼ふ若き日の吾血は燃えさかる」と、牛の飼育や搾乳、牛乳の配達、集金など、働きずくめの日々を送っている。牛乳は高価であり、「あちこちの医者の世話にて病人のある家ごとに牛乳配りけり」と詠っているように、病人の滋養として牛乳は飲まれるようになっていた。精乳館は順調に軌道に乗って繁盛していたが、同業者との競合も起こっている。

王仁三郎、二七歳の年、父・上田吉松（旧姓・佐野）が死去した。享年五四である。「吾が父は吾に抱かれてやすやすと眠るがごとく息絶えにけり」と、王仁三郎は父の死に水を取っている。「浄瑠璃《じょうるり》をかたれば父は義太夫《ぎだゆう》で生活たたぬとまたもいましむ」と、王仁三郎の遊興・遊芸や飲食による怠惰・浪費・贅沢を戒めた父であった。王仁三郎が生まれた年に亡くなった、祖父は博打が何よりも好きで、サイコロと一緒に葬ってくれと遺言したほどだった。養子の父は実直で律儀者だったが、「亡き父の借金返せと村人のきびしき談判に吾悩みつつ」と、借金も残していった。

王仁三郎は父の生前からの忠告を少しは守ってもいたが、山っ気があり余るほどで、夜遊びにも興じている。「夜遊びに毛布《けっと》かかへて出る奴は男惣嫁《そうか》よとわらふ友がき」、秋口の夜遊びに、赤毛布を引っ掛けて出て、路傍に立つ男娼だと嘲られている。「赤毛布しきの田舎《いなか》の青年の恋にも涙のある世なりけり」、「今日よりは君一人をたよりぞと深く契りし野辺の朝明け」、夜遊びでの若い男女の交際は、当時の若者のありふれた慣行である。穴太にはかつての若者組を引き継いだ青年会が存続し、刈り取って干した稲を盗まれないように、王仁三郎も加わって田圃で夜警をしている。

精乳館経営の頃の王仁三郎
（大本本部提供）

王仁三郎は恋をした。「色白きか弱き女はめとらせじと叱言《こごと》いひ出しぬ頑固なる父」と、父に「百姓なれば尻ふとく色黒き女《め》」が適していると反対されている。「ふっくらと肥えたる彼女の白き顔闇の夜半にも目の前に浮けり」と、ふっくらとした色白の恋人の容貌を詠っている。それが王仁三郎好みだったのだろう。この恋人は大阪に出て結婚することになり、「恋びとをとらるるごとき弱虫は青年会をのぞくと友いふ」と、意気地なさを青年会員から責められている。そして、王仁三郎は「恋捨てしこころの苦しさひねもすの業ををはりて浄瑠璃《じょうるり》学ぶ」と、師匠のもとで浄瑠璃を習い始めて没頭している。

俳諧の席で、王仁三郎は一七歳の裕福な家の娘と互いに目配せをし、心を通わして親しくなっている。「紅筆《べにふで》のあとすらすらとなまめきて若き男《お》の子の血潮湧き立つ」と、娘の文を見て、例のごとく血潮を湧き立たせた。だが、朝夕に「牛乳屋《ちちや》」と「小作田」の耕作にいそしまなければならない、王仁三郎の「貧者の恋路」は多難である。「プロの家に生れしわれとあなどりて相思のなかも呉《く》れぬ親達」「人恋ふるこころの空は五月闇《さつきやみ》の山時鳥《やまほととぎす》か血をはきて啼く」と詠いつつ、二人の恋路は親たちに引き裂かれて、また「若き日の血潮」を浄瑠璃に燃やしている。

浄瑠璃会である女性を見初めている。「如何にしてまたあはむかと彼女いふ吾は牛乳買へとすすめし」と、王仁三郎は朝夕二回、牛乳配りに通うようになる。王仁三郎の父はこの女性と結婚を許し、仲人を頼んで申し込むと、娘の親が一人娘なので養子なら認めると言ったのに対して、父は長男なので養子にはやれないと拒んだ。しかし、父は折れて、結婚式を挙げて、養子になった。だが、「今までの恋びとと比して背はひくく色浅黒きをもの足らず思ふ」と、王仁三郎の好みに合わなかった。そのためか、牧場に泊りこみ、養家にあまり帰らないようになり、百日で養父に追い出されて縁が切れた。今度は浄瑠璃に加えて、「端唄《はうた》や舞や踊」の稽古にも精を出している。

彷徨する青春と喧嘩の末に

王仁三郎自身は「青雲の希望《のぞみ》をいだく若者」だと言いながらも、「青春の血は体内に燃えて」「心猿意馬《しんえんいば》はますます狂ふ」のであり、「恋の闇路」にさ迷い続けている。

浄瑠璃会で出会った、王仁三郎好みの色白でふっくらとした身体つきの女性が、夏の夕暮れ、王仁三郎を訪ねている。「背は高く身体《からだ》は肥えて色白く夕べのわが目に麗しかりけり」と詠う。炊事や裁縫を手伝い、「女房気どり」で押しかけて、王仁三郎の悪友たちも集まり、酒宴を開いている。この女性は「丹波の山中《やまなか》で押しも押されぬ」「侠客で名を売つてゐた多田亀」の一人娘、琴であった。

多田亀に養子になるなら娘をやると言われて、「親と子の縁を結びの盃を重ねて」いる。王仁三郎は侠客見習いとして見込まれた。この「侠客の娘」琴は「内縁の妻」となって、王仁三郎の家に留まるようになり、父母とも認めていたようである。この頃、父は亡くなっている。王仁三郎は「侠客の娘」に満たされず、またぞろ「恋の闇路」にさ迷っている。とはいえ、琴は王仁三郎に惚れて執心していた。

父が亡くなった後、もはや心配をかけることもなくなり、喧嘩をしたり、喧嘩の仲裁をしたりして、得意になっていた王仁三郎であった。弟の由松《よしまつ》が博打にのめり込んでいた際には、侠客の息子の開いている賭場に乗り込んで、ひと悶着を起こしている。それから多田琴の父から「侠客学問」を教えられ、侠客を志すのである。

自分は幼時から貧家に生れ、弱者に対する強者の横暴を非常に不快に感じて居《い》た。（中略）弱い者を助け、強い者を凹《へこ》ます侠客になつた方が、一番名が挙がるだらうと下らぬ事を考へ、幡随院《ばんずいいん》長兵衛《ちょうべえ》のちよんがれを聞いて、明治の幡随院長兵衛は俺がなつてやらうかと迄思ふ事が屢々《しばしば》あつた。其《その》平素の思ひと強者に虐げられた無念とが一つになつて、社会の弱者に対する同情心が、父の帰幽と共に突発し（中略）一年経たぬ間に、九回迄も酷《ひど》い目に会はされたのである。

（『霊界物語』三七巻子の巻）

「思ふ存分大喧嘩をやつて……偉い奴だ！強い奴だ！と云はれ度い。さうして強い名を売つて仮令《たとえ》丹波一国の侠客にでもよいからなつて見たい」という調子で、弱きを助け、強きを挫くといった、任侠道に身体を張って邁進していた王仁三郎であった。このような破天荒な喧嘩三昧と任侠道を続けていくなかで、「神様の御用」に目覚める転機が訪れている。

王仁三郎が賭場荒らしをした、先の侠客とは大喧嘩を繰り返し、九回目に王仁三郎は襲撃されて頭部を痛め、小屋に潜んでいたところに、母や八五歳の祖母うのなどがやって来て、説教された。「お前は三十近い身分だ、物の道理に分らぬやうな年頃でもあるまい。侠客だとか人助けだとか下らぬ事を言つて（中略）無頼漢《ならずもの》の賭博者《ばくちうち》を相手に喧嘩をするとは不心得にも物好きにも程がある。（中略）お前の実父は幽界《あのよ》から、其《その》行状の悪いのを見て行く処へもよう行かず、魂は宙に迷うて居るであらう程に」と、祖母からこんこんと諭されている。

そして、『霊界物語』（同前）によると、「水さへ眠る丑満《うしみつ》の刻限、森羅万象寂として声無き春の夜」、王仁三郎は「任侠気取りで、屢々《しばしば》危難の場所に出入《しゅつにゅう》し、親の嘆きを今迄《いままで》気づかなんだのは何たる馬鹿者ぞ、何たる不孝者ぞ」と悔悟の念が湧き上がり、呆然自失となった。この時、芙蓉山《ふようざん》（富士山）に鎮まる木花咲耶姫命《このはなさくやひめのみこと》の使いとして、松岡芙蓉仙人が現われ、王仁三郎に高熊山の霊山修行を命じたのである。

3　高熊山修行と霊学修業

高熊山籠り

一八九八年（明治三一）旧二月九日（三月一日）の夜半から、高熊山で七日間の修行をした。この高熊山修行は王仁三郎自身にとっても、大本にとっても、聖師王仁三郎の宗教的な転回として重要な位置づけをなされている。とはいえ、なにしろ霊界に関わる神秘的な宗教体験であり、かなり荒唐無稽な色彩を帯びていることは確かである。

王仁三郎が高熊山修行について最も早く記したものは、「本教創世記」（一九〇四年）である。日露戦争の開始した年である。また、一九二一年にも記し、『霊界物語』（第一巻子の巻）に収められている。この『霊界物語』から高熊山修行を見てみよう。王仁三郎は穴太の西南にある高熊山の岩窟に籠り、七日間にわたって坐り続けていた。この現界において、霊界を巡って修行した。修行を通じて、「霊力発達」「霊的研究」が進展し、「過去、現在、未来に透徹し、神界の秘奥を窺知《きち》し得ると共に、現界の出来事などは数百年数千年の後まで知悉《ちしつ》し得られた」とまで語っている。『霊界物語』では、壮大な霊界巡りが繰り広げられ、王仁三郎の一九二〇年代前半の宗教思想や世界観、コスモロジーが展開されているが、ここではその一端を見てみよう。

幽界修行へ

王仁三郎は「寒天《さむぞら》に襦袢《じゅばん》一枚と成つて、前後一週間水一杯飲まず、一食もせず、岩の上に静坐して無言」のまま修行した。「衣食住の大恩」「空気の御恩」、これが現界での「神示の修行」である。ついで霊界の修行である。

霊界には、天界（神界）・地獄界（幽界）・中有界《ちゅううかい》（精霊界）がある。天界には、天の神界と地の神界があり、「正しき神々や正しき人々の霊魂の安住する国」であるとされる。地獄界は幽界とも言い、「至悪、至醜、至寒、至苦の刑域」であり、根の国と底の国に分かれ、罪の軽重・大小に応じて、いずれかに堕ちる。中有界は精霊界とも言い、「浄罪界」である。王仁三郎は高熊山に端坐し、霊界探険の途に上ることになる。

王仁三郎が芙蓉仙人に連れて行かれた所は、大蛇の蝟集《いしゅう》した大河のような「大蛇川《おろちがわ》」の対岸にある「黄泉《よみ》の八衢《やちまた》」という辻である。そこには「霊界の政庁」があり、牛頭《ごず》・馬頭《めず》の番卒がいる。奥へ入ると、「大王」が坐していた。冥界の境に流れる、三途の川の対岸に閻魔庁があると記す『日本霊異記』を想起させる記述である。「八衢《やちまた》」は天孫降臨を記す記紀神話に基づいていよう。

大王は王仁三郎の「産土大神《うぶすなの》」、小幡《おばた》神社の祭神・開化天皇を招き、大王の許しをえて、罪人の審判廷を傍聴した。大王は「是《これ》から冥界の修業の実行を始められよ。顕幽両界のメシアたるものは、メシアの実学を習つて置かねばならぬ」と、メシアになることが予定された王仁三郎に告げた。この大王は閻魔大王をモデルにしていようが、王仁三郎はなおと初めて会った際、「其の優美にして温和、且《かつ》慈愛に富める御面貌《ごめんぼう》を見て、大王の御顔《おかお》を思ひ出さずには居《お》られなかつた」と思い返している。

芙蓉仙人は去り、王仁三郎は灰色の「囚人の衣」を着せられて、番卒に「第一の門」から突き出された。歩いていくと、広く深い川のなかで罪人が苦しめられているのを眼にしたが、「産土大神」から授けられた巻物に記された「天照大神、惟神《かんながら》、霊幸倍坐世《たまちはえませ》」という神号を唱えると、川向うに渡っていた。王仁三郎は幾度もこの神号を唱え、「言霊《ことだま》の神力」によって、責め苦に遭っている人々を助けながら、たび重なる困難を乗り越えて、幽界修行を終える。この幽界はまだ「地獄の入口」であり、三途の川や閻魔大王、地獄の責め苦など、仏教の地獄観が濃厚であるが、記紀神話や神道的な色彩も加味されている。

「根の国、底の国に堕ちて、無限の苦悩を受けるのは、要するに、自己の身魂《みたま》より産出したる報いである」一方で、「善悪と謂ふものは決して一定不変のものではなく、時と処と位置とに因《よ》つて、善も悪となり、悪も善と成る事がある。人を殺すのは悪に相違ないが、一朝宣戦の詔勅が降《くだ》つて、勇士が戦場に出て敵を殺傷しても、是《これ》を以て大悪と云ふ事は出来ない。否却《かえ》つて、殊勲者として賞讃されるやうなものである」と悟る。天皇の詔勅によって、戦争をして殺戮するのは殊勲であり、善であるというのが、幽界修行で修得した境地である。

神界修行へ

現在、霊界も、現界も切迫しているため、幽界の探究よりも、神界の探検を優先すべきだとして、神界修行へ向かう。「現界と霊界とは相関連して居つて、所謂《いわゆる》霊体不二であるから、現界の事は霊界にうつり、霊界の事は又現界にうつり、幽界の方も現界の肉体にうつつて来る」、現界と幽界・神界は合わせ鏡のように反映し合うのである。

三保の松原のような浜辺に出ると、夫婦の神が現われて、王仁三郎は「天然笛と鎮魂の玉」を授けられる。高天原に上れと命じられ、「天の八衢《やちまた》」に連れていかれた。ここを地獄に堕ちる者が通っていく。「天然笛」を吹くと、芙蓉仙人が現われ、死去してから四九日間は中有《ちゅうう》と言い、幽界で迷っているため、近親者が追善供養をしなければならないと教えている。王仁三郎もここでしばし迷うが、神界の旅路を進んでいく。

その途上では、狐や狸などの怨霊に取り憑かれて苦しんでいる者たちを鎮魂によって助けたり、無惨に殺された狐を人間に生まれ変わらせたりするという、神界の修行をしている。王仁三郎が神界の清流でのんびりと魚採りをしていると、盲目の神使《しんし》が「地の高天原」から迎えに来た。神使から「地の高天原は今悪魔が、種々と邪魔をして黒雲に包まれて居る」と教えられた。地の高天原では、主宰神の国常立尊《くにとこたちのみこと》と稚姫君命《わかひめぎみのみこと》に迎えられ、天眼鏡を授けられると、王仁三郎の身体は上昇して、須弥仙山《しゅみせんざん》の頂上に立った。

神界創造の再現

天眼鏡で見渡すと、毬《まり》のような塊《かたま》りが現われ、その周辺には泥水が漂っている。塊りは次第に膨らみ、宇宙全体に広がるかのようになっていった。その真中には、鮮やかな金色《こんじき》の円柱が立っている。円柱は左旋回し始め、速度を眼に見えないくらい速めていくと、円球のなかから暗黒色の小さな球体が飛び出して散乱し、黒い星になった。そして、後方から太陽が輝き始めると、黒い星は一斉に輝き出した。これは王仁三郎の幻視した、宇宙創成のヴィジョンだろうか。

金色の円柱はたちまち「龍体」に変化し、大地の上を馳せ巡り、腹や口、身体全体から、おびただしい龍が生まれて泳ぎ出した。その波動で泥が次第に固まって山脈となり、水の溜まった所は海になっていった。最大の「龍体」が国常立尊である。宇宙は朧月夜の少し暗い状態だったが、海原から銀色の柱が突出してきて、右旋回を始め、柱から多種多様な種が山野河海に撒き散らされていった。銀の柱が倒れると、たちまち龍に変わった。この銀の龍神が坤《ひつじさる》の金神《こんじん》である。

金龍の口から赤い玉が飛び出し、天に昇って、太陽になる。銀龍は霧のような清水を噴き出し、清水は天地の間に架かった虹のような形になり、白い球体が昇っていき、それは「太陰」つまり月になり、地上の水を吸い上げている。地上の水は引いていき、次第に固まり始め、山には松、原野には竹、周囲には梅が生え出した。多種多様な樹木や植物が芽吹きだした。地上が創成されると、神は龍体を必要としなくなり、龍神は「霊体の人間姿」に変化した。

国常立尊は天に日月星辰を顕現させ、地に山川草木を発生させた。だが、草木はか弱く柔らかだったため、国常立尊は自分の胸の骨を一本抜き取り、歯で噛み砕いて、四方に吹き散らした。草木は直立し、五穀が稔るようになった。ここには、人間をはじめとする動物の創造については記されていないのだが、海鼠《なまこ》のように柔軟に匍匐していた人間などの動物には、骨が備わり、活発に動けるようになった。「人間には日の大神と、月の大神の霊魂を付与せられて、肉体は大国常立尊の主宰として、神の御意志を実行する機関となし給うた。これが人生の目的である」と、まさしく『旧約聖書』の天地創造を髣髴とさせ、かつ凌駕するような、壮大な天地創造のドラマの一幕を披露している。

世界の悪化と再創造

第二幕は、「人智は乱れ、情は拗《ねじ》け、意は曲り」、私欲をほしいままにする、弱肉強食・生存競争の時代になる。天地の間に残っていた「邪気」が凝り固まって、悪龍や悪蛇、悪狐を生み出し、また邪鬼・妖魅《ようみ》となって、人間の身魂に憑依して、世の中を悪化させ、邪霊の世界にしようと企んだ。国常立尊は深く吐息をつき、八種《やくさ》の雷神や荒《あれ》の神を生み出した。龍神である荒の神は地震の神であり、国常立尊が激怒した時に発動して、地震を起こす。それは「世の中を善美に立替、立直したい為《た》めの、大慈悲心の御発現に外ならぬ」と記す。

世界がさらに悪化していき、国常立尊の神慮の叶わないことが頻発し、「怨恨《うらみ》、嫉妬《ねたみ》、悲哀《かなしみ》、呪咀《のろい》の声」が天地に充満していった。国常立尊は再び地上の「修理固成」を企図して、高山の頂上に立ち、大声を発し、地団駄を踏んだ。すると、地震の神・荒の神が発動して、山河は崩壊・埋没し、草木は倒れ伏し、地上の蒼生《そうせい》、つまり人間は滅亡するに至った。それは「ノアの洪水」を髣髴とさせるものだったと記している。

国常立尊が雄叫びをすると、大地の一部が陥没して、現在の地球の姿のように、大陸や島々、海が出現した。大変動によって、地球の中心に龍の形をした、最も地盤の強固な部分が残された。それが日本の地である。この龍の形をした日本は「元の大国常立尊が、龍体を現じて地上の泥海を造り固めてゐられた時のお姿」であるため、「地球の艮《うしとら》に位置して神聖犯すべからざる土地なのである」と、日本国土の比類なき神聖性・特異性・特権性を力説し、国粋主義が唱えられている。

この大変動によって、地上の蒼生は全滅し、国常立尊は神々と人間を産むことが必要となり、稚《わか》姫君命《ひめぎみのみこと》と夫神・天稚彦命《あめのわかひこのみこと》に、三男五女の神々を産ませた。このような大変動を起こさなければならなかったのは、「天に於て天上の政治が乱れ、それと同じ形に、地上に紛乱状態が現れ来《きた》つたからである。天にある事は必ず地に映り、天が乱れると地も乱れ、地が乱れると、天も同様に乱れて来る」と、天と地の相同運動、天地のシンクロニシティ、そして霊界・神界と現界のそれも説かれるのである。

国祖隠退の世へ

国常立尊は神力によって天地の間の混乱状態を収め、邪悪な神々を掃討して、天の律法を制定し、厳格な神政を敷いた。数百年の間は治まっていたが、世が開けるにつれて、神界・幽界・現界にまた邪悪な悪神《あくがみ》が増えて、国常立尊の神政に対する不服も増大していった。そこで、地の神界の宰相の大八州彦命《おおやすひこのみこと》は国常立尊の意志に背くと知りながら、「和光同塵の神業」を施行し、神々の争いを鎮定したが、盤古《ばんこ》大神派や大自在天《だいじざいてん》神派などの派閥ができて、国常立尊の神政と対立を深めていった。

国常立尊は勢力を衰退させ、盤古大神派や大自在天神派の悪神によって退位を迫られる。天照大神・日の大神（伊邪那岐尊《いざなぎのみこと》）・月の大神（伊邪那美尊《いざなみのみこと》）の天の大神は忍びがたいが、この時節には止むをえないと判断して、国常立尊を地の神界から隠退させた。これが「国祖御隠退」の次第である。地の神界と同じように、現界も混乱し、その主宰者の素盞鳴尊《すさのおのみこと》が追放され、漂泊の旅を続けることになったのである。

王仁三郎は一転して、地の神界から天の神界へと転移し、霊界巡りは続行する。この高熊山修行での霊界巡りは、地上での抗争から逃避した、王仁三郎の山籠りを契機として、国祖国常立尊の隠退の経緯を説き、その再出現によって「天国の政治の地上に移され、仁愛神政《みろく》の世に近づいた時なので、是が所謂三千世界の立替建直しの開始である」ことの根拠を明らかにするものである。王仁三郎の壮大な他界遍歴譚はまだまだ続いているが、とりあえずはこれで十分だろう。

霊術・霊能の発揮

王仁三郎は高熊山から帰宅して、床に伏せった。身体が硬直して身動きできず、口もきけないようになっていた。それは七日間続き、牛乳製造・販売、牧場経営をやめている。そして、宗教家の道を歩み始めることになる。この契機は高熊山修行にあるとされている。牛乳製造・販売の経営が、競争相手の出現で行き詰まっていたことは確かだ。他方で、侠客・無頼漢のような行状から足を洗おうとしていただろう。内縁の妻、多田琴との関係を切ろうとした様子は見られない。かといって、琴と所帯を構えて、地道に暮らしていこうとしたとも思われない。二人の関係はまだしばらく続いている。

王仁三郎は友人の奥座敷を借り、「鎮魂の術」によって、歯痛を直すなどの病気直しで近隣の評判になり、「穴太《あなお》の喜楽天狗《きらくてんぐ》さん」と呼ばれるようになっている。王仁三郎の「鎮魂の術」による病気直しは、叔父も属していた妙霊教会での加持祈禱などの行法を修得して実践していったものと推測される。王仁三郎は宮川や船岡の妙霊教会で「惟神の徳性」などの題で説教するようになり、近隣で評判になっている。

また、「幽斎《ゆうさい》」修行を始めている。多田琴をはじめとして、八名ほどが修行者になっている。王仁三郎が憑霊を見分ける「審神者《さにわ》」となり、多田が神霊の憑依する「神主」となって神がかりをした。「始めて会うた発動状態、神の託宣。愈《いよいよ》人間にも修業さへすれば、老若男女の区別なく、神通《じんつう》が得られるものだといふ確信はたしかについた」と語る王仁三郎であり、幽斎修行は三週間にわたって続けられた。

霊学者・長澤雄楯との出会い

この年の四月、静岡県の稲荷講社総本部の役員が王仁三郎の評判を伝え聞いて、稲荷講社への加入の勧誘に訪ねてきた。王仁三郎は「中監督」に任ずるとの辞令を受けて、静岡に旅立っている。王仁三郎にとって、初めての遠出の汽車の旅である。「列車の窓より、琵琶湖上、彦根の旧城なり、名古屋の金城を望見して、吃驚《びっくり》大声を発して、車中の人々に笑われ、気がついては顔色を赤くしたり、天竜、大井、富士諸川の鉄橋を通過する列車の勇ましさなぞ、田舎者の余は夢の如くになるのであった」と記している。

王仁三郎は稲荷講社の総理、長澤雄楯《かつたて》と出会い、霊学に関する教示を受け、また長澤が審神者となって「神感法」の修行をした。翌月、霊学会本部の設置を許可してもらうために、再び稲荷講社に出向いている。王仁三郎は長澤に「自分の神懸りなつた一伍一什《いちぶしじゅう》を息もつがずに三時間ばかり述べ立てたところ、長澤は神妙に聞いていたという。

そして、長澤が審神者、王仁三郎が神主となって、「幽斎式」が行なわれた。その結果、男山（岩清水）八幡宮の眷属「小松林命《こまつばやしのみこと》の御神憑《ごしんぴょう》」と判断され、「鎮魂帰神の二科高等得業」の証書を授けられている。また、「京都大阪府下講社事務担当」「京都府下に於て霊学会本部設置の件認可」、「皇道霊学会会長」の辞令を授与されている。

『霊界物語』（三七巻子の巻）に長澤との出会いを記している。これまで「人々に発狂者だ、山子《やまこ》だ、狐つきだとけなされ、誰一人見わけてくれる者がなかつた」が、「審神《さにわ》の結果、高等神懸《かむがかり》と断定を下され」、大いに喜び、「自分の霊感を認めて貰つたのが嬉しかつた」ために、長澤の門人になっている。長澤に誘われて、三保の松原などを見物したり、長澤が社司になっている県社・御穂《みほ》神社を参詣したりしていた。だが、多田琴をはじめ、帰神修行者四名が憑霊によって荒立って、騒動が起こっているとの報が入り、帰郷している。王仁三郎は狐を憑けたなどと罵られ、評判が地に落ちていった一方で、霊学会の会員の間でもいざこざが頻発して、王仁三郎の霊学会は前途多難だった。

『霊界物語』（同前）には、丹波地方に現われた巫者・祈禱師の蠢いている群像が生き生きと描かれている。王仁三郎もそのひとりだが、鎮魂の術によって病気直しを行ない、穴太に霊学会一派を打ち立て、神がかりとなる神主《かんぬし》と憑霊を判断する審神《さにわ》者を養成していた。王仁三郎は眼病を直した女性に幽斎修行をさせて、邪神を駆逐して正しい神霊の憑依する神主に育成している。

とりあえずは病気直しによる霊力の発揮・信徒の獲得、勢力の拡張である。王仁三郎は「親戚や兄弟、村の者までが、山子《やまこ》だ、飯綱使《いづなつかい》だ、狐だ、狸だ、野天狗《のてんぐ》だと口々に嘲笑悪罵を逞《たくま》しう」するなかでもがきながら、罵詈雑言と嫉妬憎悪の坩堝から逃れて、新たな霊学・霊術の世界へと躍り出ようとしていた。

第四章　なおと王仁三郎の相剋と共闘

時節参りて、変性男子と変性女子との身魂が、揃ふて守護が在り出した
〔一八九八年旧五月五日〕（なお「筆先」）

なにほどわるくゆはれても、きちがいと、ゆはれても、ほうけてをるとゆはれても、きにさえんと、あほうになりてをるが、けつこうざよ。
〔一九〇〇年旧七月二三日〕（同前）

1　王仁三郎の綾部行き

陣羽織・お歯黒スタイル　一八九八年（明治三一）一〇月八日（旧八月二三日）、王仁三郎は二八歳の時、出口なおのもとを訪れた。陣羽織をまとい、歯にお歯黒を付け、手にはコウモリ傘とバスケット、これが初めてなおと出会った際の王仁三郎の風態であったという。この出立は奇をてら

ったものなのだろうが、それればかりではないようだ。髪型や衣服というファッションは、すぐれてよく個人のパーソナリティや生き方を表象する作風・スタイルである。

お歯黒（鉄漿）は平安期に上流女性の間に起こり、室町期に民間にも広まり、女性が一九歳頃に成人の印とし、江戸期には結婚した女性がつけるようになった。明治期には、初潮をみて、婚期に達した女性にお歯黒道具や腰巻を贈る風習がまだ続いている。お歯黒は、女性ばかりではなく、平安中期頃から、公卿など男性にも広まり、明治期前まで公家の間で行なわれていた。

王仁三郎の生家、上田家は古く藤原姓を名乗っていたが、八代前の祖先から上田に改姓したとされ、王仁三郎自身、「藤原家の末裔たる王仁《わたし》」と称している。王仁三郎がお歯黒をつけたのは、「藤原家の末裔」といった矜持による公家的な趣向、由緒のある出自の貴種の印であったかもしれない。

また、陣羽織は出陣の出立として、敵陣に乗り込もうとするような決意めいたもの、もしくは初対面の者たちへ優位性を誇示して、威圧感を帯びさせる矜持を表わしていよう。奇態で、やや時代錯誤《アナクロニズム》だが、虚勢を張って、権威づけようとした若者の気負いではなかろうか。洋風のハイカラなコウモリ傘とバスケットを持ったのは、稲荷下ろしのような〝田舎者〟の祈禱師ではなく、新進気鋭の霊能に溢れた霊学者として、はったりをきかせようとしたのであろう。

『霊界物語』（三七巻子の巻）によると、王仁三郎は産土《うぶすな》の小幡《おばた》神社に参詣すると、小松林命《こまつばやしのみこと》が神がかりして、「一日も早く西北の方をさして行け、神界の仕組がしてある。お前の来るのを待つてゐる人がある。何事にも頓着なく速かにこ、を立つて園部の方へ行け」と命じられた。穴太にいられなくなり、園部を拠点として、霊学会を再組織して発展させようと、方向転換をしたのである。

それは、精乳館を経営していた際に所有していた、乳牛を知人の借金を返すために売り払い、その代金をだまし取られ、それを知った弟の由松に「此神《この》は盲神《めくらがみ》だから、兄貴の馬鹿がだまされて居るのを黙つて見ていやがつた、腰抜神だ。モウ俺の家《うち》にはおいてやらぬ」と難じられ、祭壇を破却されて、家に留まっていることができなくなったことにもよる。王仁三郎は「故郷を離れる事を決意した」のだ。高熊山籠りと同じように、身の不始末のために出奔せざるをえなかったと言えそうである。

なおと王仁三郎の初対面

王仁三郎は穴太《あなお》を発って、園部に向かう途中で、なおの三女福島ひさの営む茶店で休み、ひさからなおの筆先を見せられ、王仁三郎はなおのもとを訪れるに至っている。なおは王仁三郎と出会い、どのような神様を信心しているのかと尋ねている。王仁三郎が稲荷講社だと言ったのに対して、艮《うしとら》の金神《こんじん》を世に出すのは時節を待つことにすると言い、王仁三郎と提携するのを拒んだ。稲荷といえば、狐憑き、狐使い、稲荷下ろしといったように、邪霊のイメージが濃厚であった。

その頃、なおは艮の金神を無視する金光教師の足立正信への不信を深めていった。筆先には、「金光殿の取次豪《えら》さうに申して居りても、誠の御方が御出なさりたなれば、後へ寄りて頭を掻いて居る事が出来るぞよ」「今では艮の金神を別物の如《よ》うに申して、敵対《てきと》うて御座るが、全然《さっぱり》世の調査《あらため》を致して、新たまりての世に致すので在るから、今迄の事を申して覇張《はば》りて居りても、何にも成らぬぞよ」（一八九八年旧一一月二六日）と記されている。

金光教師の足立への不信と「誠の御方」の出現を繰り返し記して、切迫した事態の打開を切望した。なおは筆先を四方平蔵《しかたへいぞう》に持たせて、王仁三郎のもとに届けさせている。

世界には追々と大望が初まるぞよ。この大望在るゆへに、出口直に明治二十五年から言はしてあるぞよ。金光殿は天地の大恩を教え在《あ》りたなり、是《これ》から艮の金神が表に成りて、世に落ちて御出坐《おいでま》す神様を世に出して、三千世界を神国に致すのであるから、中々大望であるから、人民の知らぬ事を、出口直に大望な御用さして居る故（中略）直が苦しみて居るから、よろしく頼むぞよ。

〔一八九九年旧四月一二日〕

王仁三郎は四方平蔵の手配で、再び綾部のなおのもとを訪れ、王仁三郎との提携に金光教を信仰する反対者もいたが、なおに迎えられている。

後に王仁三郎の妻、二代教主になる、すみの回想録『おさながたり』（一九五五年）には、「私は、不思議な人を見ました。その人は年齢《とし》は二十七、八ぐらい、男のくせに歯に黒くオハグロをつけ、もうそろそろ夏に入ろうとするのに、お尻のところで二ッに分れているブッサキ羽織というものを着て、ボンヤリ縁側から空を眺めていました。私は変つたその姿をみながらも何処かで一度見たことのあるような気がして来ました。『安達ガ原』という芝居に出てきた、お公卿《くげ》さんの姿の貞任《さだとう》に、そつくりの感じでした。／『うちに来ている人、芝居の貞任にそつくりやなア』／これが、初めて会つたときの、先生に対する印象でした」とある。王仁三郎は一年前と同じように、お歯黒と陣羽織のスタイル、「お公卿さんの姿」だった。

この一八九九年には筆先が多く出され、「艮の金神が御礼申すぞよ。永らくの経綸《しぐみ》いたした事の、初発《はじまり》であるぞよ。上田喜三郎殿、大望な御世話が能《よ》う出来たぞよ。（中略）艮の金神はチト経綸が大きなから、此の方で世話に成らねば開けんのじやぞよ」（一八九九年旧六月三日）、「お直の傍へは真正《しょうまつ》の御方が御出で遊ばすから、来た人を粗末な待遇《あしらい》いたすでないぞよ（中略）人民では判らんから、皆守護のしてある事であるから、不思議な人が見えたならば、我を出さずと密《ひっ》そりと御話を聞くが宜《よ》いぞよ。徳の付く事であるから、広前でも是からは変な人が出て来るぞよ」（一八九八年旧八月二七日）と、なおの王仁三郎に対する歓迎ぶりが記されている。なおは六四歳、王仁三郎は二九歳である。

2　なおと王仁三郎の結社

金明霊学会の創立

王仁三郎はなおの神、艮の金神を公然と合法的に表に出す、組織体制を整えていく。一八九九年（明治三二）、なおを教主、王仁三郎を会長として、金明《きんめい》霊学会が誕生した。「金明」は艮の金神の「金」、日の大神と月との大神の月日を合わせた「明」である。

「金明霊学会会則」を挙げてみよう。第一条は「本会は金甌《きんおう》無欠《むけつ》の皇室を仰ぎ朝旨を遵守し、皇典を講究して国体を弁明し、古今の成績を推考して国家の実益を謀り（中略）天神《てんじん》地祇《ちぎ》八百万《やおよろず》の神を崇敬し、以て報恩謝徳の道を拡充し、惟神《かんながら》の徳性を宇内《うだい》に宣揚するを主要とす」、第二条は「皇祖の聖教を発揮し、国武彦命《くにたけひこのみこと》の大教《だいきょう》を遵奉し、出口会祖の幽玄聖美なる神訓を顕彰し、聖教本義を講究して神理を闡明《せんめい》するを以て目的とす」である。

皇国史観に基づき国体ディスクール（言説）を散りばめた、国家神道的な体裁である。それに、王仁三郎は艮の金神の名を出さずに、記紀神話風の国武彦命の名を出して、天皇制神話の神々のなかに位置づけようと努めつつ、なおを会祖（開祖）として盛り立てようとしている。

会則には、王仁三郎にとって、重要なテーマである幽斎修行も掲げている。第二一条は「学術を以て最形而上の理を究め、幽斎は以て神人感合の妙境に達し、幽玄なる神理《しんり》を闡明するを期す」としている。幽斎修行は最高の研究、至高の修行と位置づけられ、その資格も限定されている。第三六条では、幽斎修行で鎮魂帰神《きしん》法を修得し、稲荷講社総本部から認可された後、鎮魂帰神法を施すことができるとしている。制御できない激しい憑依状態になり、かつて穴太などで起こったような騒動を避けようとしていた。

綾部での幽斎修行

王仁三郎は綾部を拠点にし、幽斎修行によって、神霊の憑依する神主となる霊感者の養成に取りかかっている。王仁三郎は四方平蔵に正坐させ、手を組んで瞑目させて、祈念を凝らし、遠くの様子を知ることのできる「天眼通《てんがんつう》」（『霊界物語』三七巻子の巻）を授けて、霊学を教えている。四方は天眼通を発揮して、占いをしたり、病気直しをしたりして、大いに評判を集め、大勢の人が好奇の眼差しをもって寄り集まってきた。

「二十有余人の修業者が集まつて、朝から晩までドン〳〵と幽斎の修業にか丶つて居た」ため、「一時に発動するので、床の根太《ねだ》が歪み出し」、警察に告発されもした。王仁三郎は修行場を転々と移しながら、「神道の為《た》め、赤誠をこらして修業にか丶つてる熱心者のみなれば、少しも怯《ひる》まず頓着せず、ドン〳〵と」幽斎修行を続行していった。

王仁三郎によると、幽斎修行の結果は「二、三の変則的不成功者」を出しただけで、他は「残らず神人感合の境に達し」、きわめて良好だった。世界動乱、北清事変、日露戦争、世界戦争の予言があった。また、天眼通、天耳通《てんじつう》、宿命通、感通などの霊能力を上達させる者もあった。王仁三郎は「最も不可思議なる」霊能を現わした一八歳の女性を挙げている。「俗にいふ白痴であつたが、彼は神がかりとなるや、平素の言動は一変し、かの神世に於ける大気津姫《おおげつひめ》の如く、自分の耳から粟を幾粒となく出し、鼻よりは小豆《あずき》を出し、秀処《ほと》よりは麦種等を出したる奇蹟があつた」（同前）と特筆している。

なおはこうした王仁三郎の指導する幽斎修行に、「駿河の本部は御手柄いたさすぞよ。次には上田喜三郎どの大手柄だぞよ」（一八九九年旧七月三日）と好意的であった。筆先には、「綾部と土谷の行場は、大変騒がしいなるのじやぞよ。（中略）綾部金明界の霊学会と申して、世界に誰も知らん事が出来るぞよ。（中略）何神様の御憑《おうつ》りでも、艮の金神へ、直が願えば、神、仏事、人民、鳥類畜類、餓鬼、昆虫《むしけら》までも助ける神で在るから、何が出て来《こ》うやら判《わか》らぞよ」（一八九九年旧七月二九日）とも記されている。

なおは歓喜の声を上げているかのように、「艮の金神は本望遂げたぞよ」と記している。やや後に

「艮の金神も国武彦命と御名を戴きて、是《これ》で表に成りたぞよ」〔一八九九年旧一一月一七日〕とも記すように、艮の金神が表に出た、世に出たということであり、なおの積年の願いが一応かなったのである。王仁三郎が艮の金神を鎮魂帰神法によって見分け、正神である国武彦命としたことによる。なおは「大変騒がしい」鎮魂帰神法を修得する幽斎修行を奨励し、その成果を讃えた一方で、王仁三郎は大いに満足して、自分の居場所を見出したと思ったことだろう。

幽斎修行場の憑霊騒動

　王仁三郎が静岡の長澤雄楯を訪ねていた留守中に、綾部ではひと騒動が持ち上がっていた。修行場に「邪神が襲来して」、一三名の「神主が大乱脈となり、あらぬ事ばかり口走つて」騒動を起こしていたのである。特になおの三女の夫ひさ、福島寅之助《とらのすけ》は「出口と上田は裏鬼門《うらきもん》の金神《こんじん》ぢや、誠の丑寅《うしとら》の金神は出口直《なお》ではなかりたぞよ。（中略）これからは福島寅之助を神が使うて、三千世界の立替立直しを致して、神も仏事も人民も、餓鬼虫けらに至る迄《まで》、勇んでくらさすぞよ」（『霊界物語』同前）などと騒ぎ立てていた。

　他の者も「目を剥《む》いたり腕をふり上げたり、跳んだりはねたり、尻をまくつてはねまはつたり、畳は穴があき、床はおつる。ドン〳〵と響きわれるやうな音をさして、非常に大騒ぎ」をして、近隣から見物人が大勢押し寄せて来た。王仁三郎が静岡から戻って、鎮魂をしても収まらず、修行者の親兄弟らは「吾家《わがや》の大事な倅《せがれ》を気違にしたから承知せない、吾《わが》妹を狐つきにしよつた……おれの子を巫子《みこ》に仕立てようとしよつた……狸をつけたのだろ、其《その》筋に告訴してやる」などと罵倒した。

　王仁三郎は「審神者《さにわ》の職権をふりまはして漸く邪神を帰順」させた。だが、金光教師だった足立正信や福島寅之助たちが王仁三郎を排斥する運動を企てて、金明霊学会は四分五裂の状態に陥っている。この王仁三郎排斥運動は四方などの協力によっていったん収まったが、根強く続いていく。

なおは「直の御世継は末子《ばっし》のお澄殿であるぞよ。因縁ありて上田喜三郎、大望な御用を致さすぞよ。然《さ》る代りに御大将に致さすぞよ」〔一八九九年旧六月一〇日〕と筆先を出して、王仁三郎を婿に迎えて、なおの後継とした娘のすみと結婚させ、金明霊学会を安定させようとした。だが、反王仁三郎派の王仁三郎追放の勢いは止まず、激しさを増していくことになる。「大本の最初、即ち明治三十二年頃の神がかりといつたら、実に乱雑極まつたもので、まるで癲狂院其儘《てんきょういんそのまま》の状態であつた」(『霊界物語』三八巻丑の巻)が、もうひとつの世界を切り開いていくことにもなったのである。

3　変性男子と変性女子の共闘・相剋

なお＝変性男子と王仁三郎＝変性女子の体制

なおはこれまで艮の金神の筆先としていたのに対して、「国武彦命の筆先であるぞよ」と国武彦命の筆先、また「艮の金神、国武彦命と現はれて、出口の手で書きをくぞよ」と艮の金神と国武彦命を併記した筆先を出している。

なおにとって、「国武彦命を表に出して下さりたのは上田どの、出口と上田殿の身魂は、因縁ある身魂であるから、珍らしき事を致さすぞよ」〔一九〇〇年旧正月一五日〕と記されているように、王仁三郎は艮の金神を国武彦命として世に出した殊勲功労者となっている。続けて、「此《こ》の変性男子、上

坤の金神に扮した王仁三郎
（大本本部提供）

田殿の変性女子と、斯《この》二人の因縁が判りて来たら、世界がなるぞよ。綾部を世界の大本として、珍らしき事を致すぞよ」と、なおは変性男子、王仁三郎は変性女子という両輪となる「因縁」が告げられている。鎮魂帰神法とその基盤となる霊学を担う、王仁三郎に対する信任はきわめて厚かった。

そして、「初発に此《こ》の艮の金神が出口に表れて、此の世の守護致すぞよ。次に坤《ひつじさる》の金神が変性女子に現はれるぞよ。女子が男子に化《な》りて此の世を守護致し居りたなり」（一九〇〇年旧四月七日）と、なお＝変性男子・艮の金神、王仁三郎＝変性女子・坤の金神の現界と神界の体制を告げている。「出口直は婦人《おんな》に化《ばか》して在れど男子《おとこ》じや。上田は男子で女子であるぞよ」（一九〇〇年旧閏八月二日）と、身体と身魂の逆転した男女性別・ジェンダーを明かし、相互に補完した役柄を担うことを知らせている。

変性男子は仏教用語の変成《へんじょう》男子に由来する。『法華経』（提婆達多品）で、五障のために仏になることができないとされた女性「龍女《りゅうじょ》」が文殊菩薩の説く法華経を聞き、男に変身して、成仏したと説かれている。限界はありながらも、差別された女性の成仏を説く法華経信仰が平安時代から広まっている。なおは変成男子という言葉を知っていたのであろうか。

変成男子を変性男子に変え、変性女子と対にした用法は、なお・大本独自であり、王仁三郎の影響もあるだろうが、身体・霊魂（精神）観に新たな領域を切り開いたと言える。性同一性への異和を障害・疾病として病理化する、心身・ジェンダー観を覆して、多様な性・セクシュアリティ観を提示していよう。王仁三郎は後に変性女子・坤の金神の顕現として、トランスヴェスティズム（異性装）を実践している。

なおは、「今度は神徳と学との力競《ちからくら》べであるぞよ。（中略）今の外国の学は間に合はんぞよ。今度綾部の霊学で何彼《なにか》の事を解《わ》けて、外国の教を帰順《おうじょう》させるぞよ」〔一八九九年旧九月一九日〕と記すように、外国・西洋の学問を霊学によって解体させると、王仁三郎の霊学を信頼している。「大本の霊学会は世界中を水晶に致して、天地え御眼《おんめ》に掛ける大本で在るから、余致《よほど》心を立直して下さらんと」〔一九〇〇年旧正月七日〕と、金明霊学会を大本の基軸とし、心の立直しによって二度目の世の立直しをすることを告げている。

艮の金神を国武彦命、後に一九〇〇年（明治三三）頃に国常立尊として世に出した、王仁三郎に対して、「大本の長《かしら》に上田を致さうと思ふから、神が気を付けるぞよ」〔一八九九年旧一二月二九日〕と、当時はなおの王仁三郎に対する信任はいわば絶大だったのである。

慢心する大化物・王仁三郎

王仁三郎はなおの後継者また霊学者として、かなり尊大に振る舞っていたようである。

筆先は出口に書かすなり、霊学は上田に授けてあるのざど。此因縁上田も分るまい。分らん故に俺がひろめに来てやりたと、偉い慢心が早出て居るぞ。今から慢心致す様な事では御世話出口もえらい心配致すぞよ。大将になるのはちと行《ぎょう》がないと、御大将にはなれんぞ。

〔一九〇〇年旧四月六日〕

なおは自分に重ね合わせて、王仁三郎について記している。「綾部の大本には出口直の大気違いが表はれて、化《ば》かして御用が致してあるから、見当は取れんなれど、モウ一人の大化物《おおばけもの》を引寄して、神界の御用を致さす」〔一九〇〇年旧正月七日〕と、「大気違い」のなおに対して、王仁三郎を「大化物」と呼んで、王仁三郎の活躍に大いに期待していた。しかし、なおの指図に従わず、やりたい放題の王仁三郎に厳しく注意を促している。

上田は大本に依然《じつ》として居るのが神業《ぎょう》ぢやぞよ。（中略）仕放題《しほうだい》に致して居りては、斯神《この》の御用は辛いぞよ。上田どのは今までは仕放題にさしてありたぞよ。是《これ》からはチト窮屈になるぞよ。人の頭《かしら》を致すものは今の如《よ》うな為《し》放題に致して居りては、児《こ》が役に立たんぞよ。

〔同前〕

この年の筆先では「今度の戦《たたかい》、大戦《おおたたかい》ざぞよ。一旦顔が青なるぞよ」〔一九〇〇年旧五月二〇日〕と、日露戦争の予言とされることを記している。そして、霊学と鎮魂帰神法の権威を振りかざす王仁三郎に「慢心」を見出して、「大将に成るがよいか、乞食に堕落《なる》がよいかと言うて出してあるが、大将に綾部に坐りたら、崇められて結構であるが、最早慢心致して居《お》ざるが、慢心は大怪我の原因《もと》ざ。（中略）今迄変化《ばけ》て守護致した艮の金神、今度世に顕した海潮《かいちょう》でないか」〔一九〇〇年旧五月二〇日〕と警告する。

なおの神、艮の金神・国常立尊・国武彦命は、慢心している王仁三郎（海潮：王仁三郎の号）に改心を求めている。激しくなっていた反王仁三郎派である、旧金光教派、なおの筆先を遵守して反文明路線を貫こうとする開祖派が、王仁三郎の会長派を激しく排斥しようとしていた。なおは「上田は元は稲荷講社であれども、是は仕組の事であるから、身魂に因縁ある事で引寄して、御世継と致してある」〔一九〇〇年旧七月二四日〕と、出口家と金光霊学会での王仁三郎とすみの地位を確認させている。

4　なおの聖地創出――冠島・沓島開き、弥仙山籠り

聖地での修行・和合を求めて

なおは突如として冠島《おしま》・沓島《めしま》開きを行なっている。冠島とは、京都府舞鶴沖の約二〇海里に浮かぶ小島である。沓島は冠島から二海里ほど離れている。ここには浦島太郎伝説がある。この二島とも、綾部から東北・丑寅（艮）の方角にあるが、なおはまったく知らない島であり、艮の金神の指図に従って渡っている。かつて宮津近辺に出かけ、普甲峠で遭難した、紙屑・ぼろ布買いの際に聞き及んでいたのかもしれない。

冠島・沓島開きの記念写真（1900年）
（大本本部提供）

「此《この》世界には、神の住居を致す聖地は沓島冠島の山よりない……龍宮の乙姫殿は海の底の御住居でありたなり（中略）昔から人民の行かれなんだ所を今度二度目の世の立替に付いて聞かしてあるのは大望な事であるなれど、人民からは何も解らんなれど」（一九〇〇年旧六月一〇日）という筆先を出している。

冠島には七月四日（旧六月八日）、沓島には八月二日（旧七月八日）に遠路遥々と渡っている。冠島開きの際には、なおは王仁三郎、すみ、四方平蔵、木下慶太郎の四名を同道させている。木下は後になおの四女りょうの婿になっている。沓島開きは一二名で、なお、王仁三郎、すみ、四方平蔵、福島寅之助の五名だけが沓島に渡った。

この冠島・沓島開きは何よりも「二度目の世の立替」を目指してのことである。艮の金神をはじめとして、世に隠れていた神々を世に出すためであり、それが二度目の世の立替えでもある。そして、もうひとつ、先に述べたように、王仁三郎と反王仁三郎派の抗争という状況下で、「女島《めしま》男島《おしま》へ参りてこんといかんと申すのは、神道の行場になるのざどよ。今迄《いままで》は綾部のもと、まざ此《この》仕組が神様へ分りて、皆和合出来んと、誠の事は定まらねども、十分清らかに致して下されよ」（一九〇〇年旧七月二四日〕と筆先に記されているように、その和解と和合が意図されていた。

艮の金神・国常立尊、龍宮の乙姫は「元を造《こしら》へた神代の活神《いきがみ》」であり、世に落とされて沓島を住居としている。これらの神々を女人のなおが表の世に現わした。なお自身、零落して神がかりとなり、世間から「気違ひ」「狐憑き」と罵られ、自らも「三千世界の大気違ひ」と名乗り、また神から落ちぶれさせられたと称している。神界の「型」が現界に現われているのであり、世に落とされた神々となおは同じ情況にある。

それはまた「世界の出来事が斯《この》大本の中に、実地《じっち》が為《し》て見せて在るのじやぞよ。世界の鏡と申すのは、世界の事が皆写るからで在るぞよ。（中略）世界にある事変《こと》は、皆明治三十二年から大本の内部《なか》に模写《かた》が為《し》て見せてあるぞよ」〔一九〇〇年旧八月一三日〕とあるように、大本内部の事態は「型」となり、合わせ鏡のように世界の情況を写している。そして、「気違ひ」のなおと「大化物」の王仁三郎は同じ情況にある。しかし、王仁三郎は苦労が足りずに、慢心しているばかりでなく、反王仁三郎派から攻撃されてもいる。


綾部の化《ば》ケ物、狂人《きちがい》を見て来てやろうと、嬲《なぶ》り心で来るものもあるぞよ。（中略）上田は阿房《あほう》に化《な》りて居《お》ざれよ。面白い事が出来るぞよ。（中略）モウ暫くの行《ぎょう》であるから上田どのは辛抱して勤めて下されよ。

〔一九〇〇年旧八月一一日〕

元伊勢内宮・皇大神社（筆者撮影）

王仁三郎の慢心を「阿房に化りて居ざれよ」と諫めて、辛抱することを勧める一方で、反王仁三郎派に対しても厳しく戒めている。双方に「身魂の磨き合ひを為《し》居《お》りてくだされよ」（一九〇七年旧七月一一日）と切に願い、「身魂の磨き合ひ」による改心、そして皆の和合を求めていた。他方では、始原の神々の住居を高天原ではなく、冠島・沓島としたのは、天皇制神話と真っ向から対抗したのであり、なおの反国体神話〝大本神話〟が創出されたのである。

元伊勢と出雲へ・水と火の御用

冠島・沓島開きに次いで、鞍馬参り、「水と火の御用」と呼ばれる元伊勢と出雲への出修、聖地巡礼の修行を重ねた。一九〇一年（明治三四）四月（旧三月）、水の御用では、京都府加佐郡河守上村字内宮（現・福知山市大江町）にある元伊勢へ参拝して、その神水を汲んできて、艮の金神をはじめとする神々に捧げた。

「水晶の御《お》ン水を頂きて、綾部の邸《やしき》の内《うち》には、その結構な御水《おんみず》で身魂《みたま》の洗濯を日々致して居る」（一九〇三年旧五月一九日）と、元伊勢の水晶の水は信徒たちの「身魂の洗濯」をして改心させ、二度目の世の立替えに備えるためのものだった。元伊勢には天照大神を祀る社があり、伊勢の内宮に鎮座する前に立ち寄ったという伝承があった。

元伊勢での水の御用は「世界を一つに致す経綸《しぐみ》」であり、出雲での火の御用とは「天も地も世界を平均《なら》す」（一九〇一年旧三月七日）御用であるとされている。なおは王仁三郎やすみ、四方平蔵など一四名とともに、陸路と海路で出雲大社へ参詣し、出雲大社の神火・神水、社殿床下の土を持ち帰った。神水と神火、もしくは浄水と浄火を、天皇制神話・国体ディスクールでは遺棄された、丹後の伊勢と出雲から持ち運ぶ、水と火の御用は、世に落とされた神々を表に現わすことになる。それとともに、二度目の世の立替えによる、世界の人民および大本内部の信徒の「身魂の洗濯」にまでおよぶ、天と地の世界の変革、世界と人民の浄化をめざすものと言えよう。

一九〇〇年から一九〇三年にかけて、なお・艮の金神はかなりの危機意識を抱いて、二度目の世の立替えを告知する、数多くの筆先を執筆している。「世界の出来事が斯《この》大本の中に、実地《じっち》が為《し》て見せて在るのじやぞよ。世界の鏡と申すのは世界の事が皆写るからで在るぞよ」（一九〇〇年旧八月一三日）とあるように、世界の波乱は大本の内部のそれでもあった。なおがいくら諫めても、王仁三郎と反王仁三郎派の反目は終息することなく続いていた。さらには、布教の公認問題をめぐって、警察から干渉されていた。なおにとっては、まさしく内憂外患の事態が起こっていたのである。

なおは「明治二十五年に出口を警察へ連れ参りた折に云はした事、皆出て来るぞ。此気違《このきちがい》の因縁が近々にわかる様になりたぞよ。今迄《まで》いばりて居りた者、気の毒な者ざ。（中略）警察も政治の出《で》けん様な時節になるから、此世は人民からわからねども、神の目からはさつぱりくらやみざどよ」（一九〇〇年旧一二月一五日）と、初めての神がかり後に巡査に拘引されて、留置所に監禁された事を思い返している。なおにとっては、「明治二十五年」が基点もしくは雛型なのである。そして、警察・権力体制に対して、恐れることなく、暗闇の世界を突破しようとする。

みな《（皆）》わごう《（和合）》いたして、じんみん《（人民）》に、はやくかいしん《（改心）》さして、なが《（永）》らくよ《（世）》におちておりたかみ、みなよ《（世）》にだして、あげませんと、せかい《（世界）》のじんみんがよくならんぞよ。（中略）あまりこころ《（心）》のちさ《（小さ）》いひと、けいさつ《（警察）》こわ《（恐）》いようなことでは、おほ《（大）》きなおかげ《（蔭）》はとれんぞよ。〔一九〇〇年旧七月二六日〕

布教に対する警察の妨害に、ひるまずに対抗する強固な信念・心構えを信徒たちに求めている。それは王仁三郎に対しても同じである。神・神意と警察・権力、そのどちらに立つのかをなおは厳しく問いつめて、信徒たちの和合こそ早急の課題だとする。それがまた、世の立替えを早めるのである。

弥仙山の岩戸籠り・巡りから籠りへ

一九〇一年は、「明治三十四年でさつぱり世の立替になるぞよ」〔一九〇〇年旧九月二四日〕「明治三十四年絶命ざ」〔一九〇〇年旧一〇月一九日〕と、世の立替えの時として、筆先で告知している。その一方で、切迫して改心と和合を要請していたが、内部抗争はやまなかった。

なおは「海潮《かいちょう》の霊学も皆仕組《しぐみ》であれども、海潮は参りた折から霊学で開きたいのは当然ざ、志望《こころざ》して居《お》れども霊学で開いたら、飯綱《いづな》ざ山師《やまこ》ざと申されて、貴方《そなた》一代悪く言はれて、目的《おもわく》は立たんぞよ」〔一九〇一年旧正月一六日〕と、王仁三郎の霊学だけでは不十分だとして牽制しようとしている。

それでも、「三千世界の人民を、改心させるための、金明《きんめい》霊学であるから、劫々《なかなか》大望であるぞよ」〔一九〇一年旧七月一五日〕と、なおは王仁三郎の霊学を認めて防衛するのだが、反王仁三郎派は健在だった。なおと王仁三郎、王仁三郎と反王仁三郎派、金明霊学会と警察という、おおよそ三つ巴の抗争が渦巻いて、なおは二度目の世の立替えが切迫していることを訴え続けるのである。

王仁三郎は警察の干渉を避けるために、静岡の長澤雄楯を訪ねようとした。なおは「けいさつ《（警察）》こわ《（恐）》いようなことでは、おほき《（大）》なおかげ《（蔭）》はとれんぞよ」と止めたが、密かに静岡に旅立った。『霊界物語』（三八巻丑の巻）によると、なおは「神勅に反《そむ》く怪《け》しからぬ所業だ、神代の須佐之男尊《すさのおのみこと》の御行跡と等しきものだ」と言って、山籠りを決行した。何鹿郡東八田村於与岐《およぎ》の弥仙山《みせんざん》中腹にある彦火火出見命《ひこほほでみのみこと》を祀る於成《おなり》神社の社殿に籠り、筆先を書いていた。

是《こ》れ丈《だ》け乱れた醜《みぐる》しき世を立替致すのであるから、中々骨が折れるぞよ。千疋猿《せんびきざる》であるから、叶はん取次であるぞよ。（中略）和合が出来、判りて来る程、此《こ》の大本が静まりて、打って変りて良くなるぞよ。左様《さよう》なりたら、機《は》織《た》が速く織れるぞよ。揃うて身魂を磨きて貰《もら》うたら、物事速くなるぞよ。

〔一九〇一年旧九月一日〕

弥仙山籠りの三日前の筆先である。なおは切に信徒間の和合を説いていたが、千匹のくくり猿のように、それぞれ勝手に振る舞っていて果たせなかった。縦（経）の糸のなおに対して、横（緯）の糸

天王平から見渡した弥仙山（筆者撮影）

である王仁三郎は、なおをないがしろにする一方で、反王仁三郎派との抗争が熾烈になっていった。

王仁三郎の妻すみの『おさながたり』によると、「明治三十四年九月、『瑞《みづ》の御霊《みたま》の変性女子が敵対《てきと》う』と大変怒られ、弥仙山という山にこもられました。これが天の岩戸がくれと云われるお仕組であります」と、なおと王仁三郎の不和・対立が弥仙山籠りの直接のきっかけであった。縦糸と横糸がそろわず、二度目の世の立替え・岩戸開きが遅れるばかりで、なおは岩戸隠れというシンボリックな行動を敢行したのである。

大本の仕組は機《はた》の仕組であるから、経緯《たてよこ》か揃はんと、錦の機であるから、手間がいるぞよ。経緯の心揃ふたなれば、機はよう織れるなれど、昔からまだ此世《この》に無き事致すのであるから、骨が折れるのざぞよ。出口、岩戸へ這入《はい》りた時のしるし、出口の神と現れる、明治三十四年の九月の八日に立て籠りたのざどよ。〔一九〇一年旧九月八日〕

なおは「経緯の心揃ふ」ことを懇願し、「こんど坤《ひつじさる》の金神《こんじん》と、和合が弥仙山ででけたぞよ。弥仙山の咲耶《さくや》姫さま、大《たい》もうなご用、彦火火出見命《ひこほほでみのみこと》さまも、えらいおん喜びでありたぞよ」〔一九〇一年旧九月一六日）と、一時的には信徒間の和合が生まれたとはいえ、あまり首尾よく事は運ばなかった。より一層、混迷が深まっていたのである。

なおは弥仙山の神社に七日間籠った。神社の氏子が参拝すると、突然、社殿のなかから白髪の老婆が顔を出し、「弥仙山の社内には狒《ひ》々《ひ》猿《ざる》が居る」（『霊界物語』三八巻丑の巻）と噂が立ち、村民や巡査が押し掛けて、なおを駐在所に連行し、王仁三郎が出向いて交渉して、事なきをえた。なおは「世の中が暗がりだから隠れたのだ」と平然としていた。反王仁三郎派の幹部たちは「是《これ》は小松林といふ四《よっ》足《あし》の悪の守護神の所業だ」と言って、王仁三郎を六畳の部屋に閉じ込めた。小松林命を守護神とする王仁三郎は「開祖様の岩戸隠れなども、年寄の我儘《わがまま》だから仕方がない」と言い放っている。

なおは弥仙山籠りによって、真正の天照大神となり、天の岩戸籠りを再演して、二度目の世の立替えの「型」を現わした。〝国史〟とした天皇制神話に基づいた、日本国の始原を否定するパフォーマンスである。

なおと王仁三郎の衝突・神々の闘い

すみの『おさながたり』によると、「出雲参りの帰り道に、弥仙山ごもりへとつながる厳《いづ》の御霊《みたま》の教祖さまと瑞《みづ》の御霊の先生の霊的なたたかい」が始まり、なおには天照皇大神宮、王仁三郎には須佐之男命（以下、素盞嗚尊）が「帰神となり」、「ここにお二人の激しい荒れようとなられた」、いわば神々の闘いが繰り広げられるに至った。

「今度は自我《が》を張りて居《お》るほど出世が遅くなるぞよ。変性女子もチト我を折らんと、皆が難渋を致すぞよ。（中略）斯《この》大本に世界の所作柄《しょさがら》が為《さ》して見せて在るから、この大本《なか》の様子を能《よ》く見ておくが宜《よ》いぞよ。大本に在りた事は世界に皆あるぞよ。（中略）斯《こ》の綾部の大本は世界に出来てくる事を、前に実地の形がして見せて在るから、十分に気を付けて考えておくが能《よ》いぞよ」〔一九〇二年旧四月三日〕、「肝心の上田会長は一寸も力に成つて呉れず、一々反対ばかり到すなり」〔一九〇三年旧六月八日〕と、なおの王仁三郎に対する忠告も激しくなり、対立・不和、そして衝突が露になっている。

艮の金神出口の苦労が水の泡となるから、此仕組は智恵学では分らんと申して、毎度筆先に出してあるのざどよ。（中略）縦をほかいて置いて、横の御役一力でやれるならやりて見よれ（中略）艮の金神は稲荷講社の下にはなれんから、此方で一派たてるから、坤の金神か我か折れて、上田の改心出来たら、其上では仕組通りに致そなれど（中略）我の鼻の下の目的に信者を苦しめて、余所の教を表に致し、艮の金神をかつぶしに致して、此方の肝腎の筆先はどうでもよきものゝ様に申して、添へここに致して、我の目的ばかりざど。〔一九〇二年旧四月六日〕

なおの王仁三郎に対する憤懣が露に表明されている。縦の役・仕組のなお＝艮の金神を、横の役・仕組の王仁三郎＝坤の金神が無視し尻に敷いている、王仁三郎ひとりの力でやれるならやってみろ、稲荷講社に従属はしない、こちらで一派を立てるぞ、改心しろ、と分派をほのめかして難じている。なによりも、筆先を尊重せず、読もうともせず無視していることに、なおは立腹していたのである。なおと王仁三郎の対立は、一九一六年（大正五）九月の神島開きまで続いている。

霊学という「智恵学」や鎮魂帰神法を重視する王仁三郎は、いわば「外国のやり方」であり、それは一掃されるべきものであった。他方、反王仁三郎派は筆先通りに信仰し実践して、反文明・旧守的な色彩を色濃くしていた。反王仁三郎派の福島寅之助は神がかりになり、「此誠の艮の大金神《だいこんじん》さまのお憑《うつ》り遊ばした福島寅之助を、能《よ》う見分けぬやうな開祖が何《なん》になる。（中略）上田も小松林のやうなガラクタ神が憑《うつ》つてゐるから、此結構な大神を能う見分けぬとは困つたものであるぞよ。何の為の審《さ》神者《にわ》ぎや」と怒鳴ったり、「三千世界一度に開く梅の花、艮の金神の世になりたぞよ」（『霊界物語』三八巻丑の巻）などと筆先をまねしたりして、朝から晩まで叫びながら荒立っているという情況だった。

また、今は「暗がりの世」だからといって、昼日中に火を灯した提灯を持って歩いたり、「獣の世」の電信を恐れて、傘を差して歩いたりもしている。「邪神界が暗いからマツと燈明をつりてくれと（中略）神憑《かむがか》りの口をかつて仰有《おっしゃ》るので、百日蠟燭を二三本づつ立てます」と、文明を拒んで、蠟燭を何本も燃やし続けて、浪費を重ねて困窮しながら、信心に凝り固まった〝狂信的な〟大騒ぎを街中で繰り返していた。

反文明路線の信徒たち

なおは神がかりした当初から、西洋文明をことごとく忌み嫌っている。それは「獣の世のやり方」、「外国のやり方」にほかならなかった。肉食や洋装、マッチ、電信、電灯など、西洋的な文物は清らかな水晶の魂を穢れた魂にしてしまう。なおの生のスタイルは当時ですら迷妄、旧弊と嘲られた、徹底して頑固な保守主義・復古主義である。だが、そこには金銭にとらわれない、信心の平穏な生活に立ち戻ることにこそ意義を見出していた、なおの意地があろう。

いわば反動的だったとはいえ、欧化主義、その反転した国粋主義といったイデオロギーにも、なおは無縁だった。欧化主義への反動の国粋主義、国粋主義の変革としての欧化主義、端的に言うと、国粋主義は精神と質素に、欧化主義は物質と贅沢に象徴される。なおは質素を重んじ、精神というよりも身魂、心身であり、生と信のスタイルとして、その清浄さ、「水晶の身魂」を絶えず志向している。それは円熟し完成することなく、未完のままであり、常に途上にあり、いつまでも過渡期を生き抜こうとしている。

王仁三郎は『本教創世記』（一九〇四年）で、世界の文明は発展途上の「物質的文明の壮年時代」である一方で、「精神的文明」は衰退しつつあり、「精神的文明の伴わざる物質的文明と、人類の徳義信仰」とは両立せず、「徳義と信仰のなきものがだんだん悪く利口になる程、国家のため社会の為めに恐るべき事をなし、故に今に当って、精神的文明即ち惟神の大道を鼓吹して、全世界を覚醒するに非ずんば、国家も社会も維持する事難く、終に世界の滅亡を招かんこと火を見るよりも明かならん」と説いていた。このように文明の移入を一概に否定しなかったばかりでなく、方便として積極的に摂取している。ことさらに欧化主義であろうとしたわけではなく、精乳館の経営にみられるように、失敗をものともしない、進取の気性を身につけていた。

他方、なおの反文明路線は反王仁三郎派、とりわけ開祖派で際立ち、それも教条主義的であった。横文字や漢字ではなく、「いろは四十八文字」に固執し、タバコを吸う際には、マッチではなく、火打石で火を付ける。四方平蔵は王仁三郎に「小松林の四《よ》つ足の守護神」と罵ったのに対して、王仁三郎は「癪《しゃく》に触《さわ》つて耐《たま》らぬから、一つ、四つ足の真似をしてやれと思つて、小豆の飯を焚《た》かせ、揚豆腐と牛乳と牛肉とを煮させて、洋服を着たまゝ四つ這《ばい》になつて口を付けてムシヤ〳〵と食つた」という。そうすると、「あゝお筆先は争はれぬ、四つ足の本性が露はれた、有難い〳〵」（『霊界物語』三八巻丑の巻）といった次第であった。

二度目の岩戸開き

一九〇二年三月、王仁三郎とすみとの間に娘が生まれた。あさ野と名づけられたが、一年ほどして直日《なおひ》に改名された。後に三代教主となる。翌年、世継を授かったなおは、艮の金神＝なお、坤の金神＝王仁三郎、金勝金《きんかつかね》の大神＝すみ、木花咲耶姫《このはなさくやひめ》・日の出の神＝直日の「四魂」がそろったお礼として、王仁三郎やすみ、世継の直日、反王仁三郎派も引き連れて、弥仙山《みせんざん》に参っている。それは「二度目の岩戸開き」と呼ばれている。

明治三十六年の四月二十八日に、岩戸開きと定まりて、変性男子と変性女子と和合が出来て（中略）清らかな弥仙山と言ふ結構な御山《おやま》の在る所、御山の頂上《おそら》に木花咲耶姫殿、中の御宮が彦火々出見命《ひこほほでみのみこと》殿（中略）今度は頂宮《おそら》の木花咲耶姫殿が、世に出ておいでる神サンと世に落ちて居りた神との和合を為せる御役を、神界から仰せ付けが在りたのじやぞよ。〔一九〇三年旧正月三〇日〕

なお＝変性男子と王仁三郎＝変性女子、世に落ちた神と世に出た神との和合が、木花咲耶姫＝直日を介してできたとされている。直日の誕生を契機とする、この二度目の岩戸開きには、なおの冠島・

沓島開きという聖地創出に続く、最大の神事と言えるほどのものである。

天照皇大神宮の岩戸開きには、天之宇受女命《あめのうずめのみこと》殿も御手柄で其折りはありたなれど、誠でない、ざまいて岩戸を開いて、無理やりに大神様をざまいて、岩戸から出すのには勇みて、うそでざまいて、岩戸開いたのであるから、それから結構と申して、此世は勇みさえすらよいであると申しなされて、勇む様になりて、嘘《うそ》は此世の宝ざと申して、世を立て丶、好きすっぽうの世の持方なれど、日本の遣り方は其遣り方では続かんぞよ。（中略）持放題に世を持ちてお出でたのを、影から改めしてありての二度目の世の立替。

〔一九〇三年旧一〇月二二日〕

この世に出ている神々・悪神が勇んで、嘘でだまして、天照大神を岩戸から出したのが、記紀神話の天の岩戸開きであり、まだ暗闇の世である、そのような好き勝手し放題の「日本の遣り方」では日本は長く続かないと、なお・艮の金神は説いている。天皇制神話ばかりでなく、天皇制国家の現体制、さらには古代からの「日本の遣り方」、すべての歴史をまるごと、嘘偽りだと否定しきったのである。岩戸のまだ閉まっている、暗がりの世界から、世に落ちて隠れている神々を光り輝く表の世に出すこと、それが二度目の岩戸開きだという、遠大な構想が語られている。西洋文明も含めた、トータルな文明批判・排撃が必然的になおの信条となっている。

なおと王仁三郎との諍いがまた始まっている。なおの孫、直日が種痘を受けなければならなくなったが、なおは直日が「水晶の種」であるとして、種痘を拒んだからである。すみに対しては、「神様は、この子に疱瘡を植えたら世界が一旦泥海になると仰せられている。もしそんなことになれば、私は申訳のために自害する」（『おさながたり』）とまで告げていた。

種痘騒動

日本は天然疱瘡と申して居《お》れたのを、神力が全然《さっぱり》無くなりて、世に出て居れた神の規則も遵奉《もち》ゐん如《よ》うになりて、此の世は無茶苦茶になりて仕舞《しま》ふたぞよ。外国から学の教《おしえ》を持つて来て、人民を全然《さっぱり》外国の教に心酔《した》がはして仕舞ひ、又外国から牛の疱瘡の種を持つて来て、全然《ぜんぜん》畜類にして仕舞はれても、結構と申して居るが、神は何彼《なにか》の根本《もと》が審査《あらため》てゐるぞよ。〔一九〇三年旧一〇月一日〕

種痘は一八七六年（明治九）から出生後満一年以内に受けることが義務化され、腕の上部に施した。王仁三郎が大阪に出かけていた留守中に、役場や警察から種痘を受けるように迫ってきたが、無視していたために、警察から呼び出しを受けた。罰金が二〇銭から二〇円にはね上がっていた。『霊界物語』（三八巻丑の巻）によると、反王仁三郎派の幹部役員連中は罰金の支払いを承知しないで、「是《これ》が御筆先の時節到来で、世を顚覆《ひっくりかえ》すのだ」と言い張っている。王仁三郎が罰金を払ったことが分かると、幹部たちは蓑笠をまとって、警察署に押しかけ、「種痘をしなかつたと云つて罰金を出しては、日本が外国に負けた形になる」と、罰金の返却を要求したのである。種痘騒動は七、八年続いている。

綾部を出る王仁三郎

一九〇四、五年、日露戦争の頃、反王仁三郎派の幹部たちは、六畳の部屋に押し込まれている王仁三郎に向かって、「会長さん如何《どう》です。大望が始まったぢやありませぬか、早く改心をなさらぬと、今年中に世界は丸潰れになりますぞ。露国から始まりてもう一戦《ひといくさ》があると、お筆先に出て居りますぢやないか（中略）早く開祖さんにお詫びなされ」、「愈《いよいよ》世の立替で、五六七《みろく》の世になる。それまで変性女子を改心さしておかねば、お仕組が遅れる」（『霊界物語』同前）などと怒鳴っていた。

王仁三郎は六畳間から抜け出して、園部や大阪に出て布教したり、役員に妨害されると、綾部に戻ったりするのを繰り返していた。王仁三郎派は二人くらいになってしまい、ことごとく反王仁三郎派に妨げられていた。いわば臥薪嘗胆の時であり、『玉の礎』『筆の雫』『道の栞』『道の大本』『本教創世記』などの教義書を蟄居して執筆していた。なおと王仁三郎の対立も一層激しさを増し、次のような筆先も出ている。

出口に悪神が憑《うつ》りて、肉体を弄びに為して居るので在《あ》ろうと申して、変生女子《へんじょうにょし》が出口直を攻める（中略）出口に憑りて居る神は、神力の無いヤクザ神に違いない、出放題の無茶九茶斗《くちゃばか》り申す、馬鹿神であるから、相手に阿房《あほう》らして成《な》れんと申し（中略）戦争と天災とで世を覆して、世界の人民を改心させるぞよと申して知らせば、戦争や天災は何時《いつ》の世にも是迄《これまで》に沢山在り、だから別に艮《うしとらの》金神《こんじん》の筆先を見いでも宜《よろし》い、コンナ筆先は気に喰《く》はぬから、引き裂いて了《しま》へと申すなり、是《こ》れ程何も解るエライ神なら、何故三千年も丑寅《うしとら》の隅に押籠られて、依然《じっと》して居りたのドや、力量の無い神じゃと申して、変生女子の身魂が反対いたしたり、モツト上のエライ人に憑《うつ》りて知らしたら、善《よ》かりさうなものじや無ないか。斯様《こん》な田舎の婆さんを便り《ママ》に致さいでも、神なら夫《そ》れ位の事は出来さうなものじや無いか。（中略）筆先の読み様が足らんからであるぞよ。〔一九〇四年旧八月三日〕

王仁三郎の悪態が連綿と綴られ、なおの悔しさ、無念さが滲み出ている。「悪神」「ヤクザ神」「馬鹿神」「力量の無い神」「世間の狭い神」などと、王仁三郎は罵倒している。世界の転覆と人民の改心という、日露戦争の勃発した神意も理解しようとせずに、戦争を自明のものとみなし、戦勝の報道に浮かれている。なによりも、なおの神・艮の金神、また筆先を王仁三郎が信じなかったことに、なおは耐えられなかったのである。

日露戦争後、世の立替えが日露戦争だと信じ込んでいた役員幹部たちは、予言が成就しなかったとして、次第に去っていった。一九〇六年（明治三九）、王仁三郎は京都に神職養成機関として設置されたばかりの皇典講究分所の国史国文科（後に教育部）に入って、半年の課程を終えて卒業している。王仁三郎は在学中に『古事記』や『日本書紀』『古語拾遺』『万葉集』などの古典、また祭式法を学び、文芸誌『このみち』に参画して寄稿し、雑誌作りを学んでいる。

一九〇七年（明治四〇）四月、京都府の神職尋常試験に合格して、織田信長を祭神とする別格官幣社・建勲《けんくん》神社の主典になった。同年一二月に建勲神社を辞任し、伏見稲荷山の御嶽《おんたけ》教《きょう》西部本庁の主事になっている。翌年には、御嶽教の大阪大教会長になるとともに、綾部に御嶽教大本教会を設立している。さらに大成教《たいせいきょう》の直轄教会として直霊教会を設立して、布教の合法化と教団の組織化を目指していた。一九〇九年頃には、『霊界物語』（三八巻丑の巻）によると、なおのもとには、二人の信者が残っているだけだったとあるが、きわめて寂れていたことは確かだろう。前年の年末に、王仁三郎は御嶽教から全面的に離れて、綾部に戻って、組織の再編、布教に専念していくことになる。

5 大日本修斎会・皇道大本の設立

大日本修斎会の日本主義

一九〇八年（明治四一）八月、王仁三郎は金明霊学会を大日本修斎会《しゅうさいかい》と改めて、綾部で再出発していく。なおを会祖・総長、王仁三郎を会長とした。宗教団体ではなく、「純神道」を講究する学術研究団体として設立されている。とはいえ、教団の組織化を目指していることは言うまでもないが、「宗教」という概念を制度的な組織宗教に限定するのではなく、かなり幅広く捉えている。王仁三郎は、日露戦争後、「戊申詔書」の出された時流に棹差すような、政治的宗教運動を志していたと言えるだろう。

「大日本修斎会創立要旨」（『神霊界』一九一七年一月一日号）には、当時の王仁三郎の思想が凝縮されている。初めに述べられるのは、一神教と多神教についてである。

一神教と多神教の優劣をめぐる争いは「迷妄的僻見《へきけん》の所産」であるとし、戦争ももともなった紛争を批判している。今日に通じる見解であろう。これに続けて、「我固有の国教」である「惟神《かんながらのみち》の道」は「一神」にして「多神」、両者を包摂して、その教義には高遠な真理があり、「日本の国是」かつ世界平和に適合した「天下の大道」だと持ち上げる。だが、「西洋産出の悪流毒波」に影響されて、神道の教理も知らず、国民自身がその天職も知らず、「外国の経典学説」ばかり求めていると慨嘆している。次に、「惟神の道」に基づいた「日本主義」もしくは国粋主義の称揚である。

日本は他の諸国とまったく「建国の基礎」が異なり、伊邪那岐・伊邪那美の二神は天の御柱を廻って「男尊女卑の別」を教え、高皇産霊神《たかみむすひのかみ》は皇御孫《すめみま》・瓊瓊杵尊《ににぎのみこと》の天下り、天孫降臨に際して、天児屋根命《あまのこやねのみこと》や天太玉命《あまのふとだまのみこと》に「忠孝の大義」を教え、天照大神は「豊《とよ》芦原の千五百《ちいほ》秋の瑞穂国は、是《こ》れ吾子孫王《わがうみのこのきみ》たる可《べ》き地なり、宜しく爾皇孫《いましすめみま》就きて治《しら》せ、宝祚《あまのひつぎ》の隆《さか》んならんこと、天壌《あめつち》と共に窮りなかるべし」とする、「天壌無窮の神勅」を授けたように、「万世一系尽くることなく絶ゆることなく、天津日嗣《あまつひつぎ》の高御座《たかみくら》は三種の神宝と共に」、安らかに変わることなく存続している。「神恩遍くして」、これまで「擾乱争奪」を敢行する「逆臣賊徒」を出さず、国難に際会したなら、「挙国の民」は「山行かば草生《む》す屍《かばね》、海行かば水漬《みづ》く屍、大君の辺《へ》にこそ死なめ」と言挙《ことあ》げして、「義勇忠誠の兵士」となり、「八百万の天神地祇の荒魂《あらみたま》」は武装して、「猛烈無比の軍神となり、常に仁義の皇師に厚き冥護《めいご》」を授けた。

これに続けて、日本が世界に無比であることを列挙する。「彊土《きょうど》の広く豊かなる」、「民衆の多く、衣食住の安楽を享有する」、「万世一系なるもの」は他の国にはない。「富国強兵にして四隣を摺伏《しゅうふく》するもの」、「無比独特の神話を有し、赫々《かつかく》たる神護の霊異を有し」、「四時《しいじ》不足なき天産物を有し、細《くわし》矛千足《ほこのちだる》の国の号を負ひて国民は勇武」、「位置は万全無敵の要塞をなし、亦《また》大義上に明かに名分下に正しきを以て、異邦よりも君子国」と称されているとし、さらに次のように自画自賛している。

由来東海の一隅に偏在する弾丸黒子《ほくろ》の小島を以てするも、国体の精華たる天地正大の気は、粋然《すいぜん》として独《ひとり》神州に鍾《あつま》り、秀《ひい》でゝは富士の嶽となりて巍々《ぎぎ》千秋に聳《そび》え、注いでは大河の水となりて洋々八洲を環《めぐ》り、凝っては百錬の鉄となりて鋭利能く矛を断ち、爰《ここ》に万邦無比の日本魂を成す。日本魂は如何に他邦人の練磨修養せんと腐心するも、固より可能的心性を有せざるを以て、決して会得すべからざる日本国民の専有に属する至大無量なる神賦《しんぷ》の分霊に外ならざるものとす。

志賀重昂《しがしげたか》のベストセラー『日本風景論』（一八九四年）を想起させるような、富士山の地勢を叙述して、理気説的な観点から、他国にはない「万邦無比の日本魂」の生成を説いている。「国体の精華」を「天地正大の気」としたのは、皇典講究分所で水戸学や平田派国学を学んだ影響によるだろう。排外主義的な国粋主義・日本主義の風潮に乗じていこうとしていたと言える。

王仁三郎・大日本修斎会は、神が世界中に多様な名称で数多く存在しているが、それは「天之御中《あめのみなか》主神《ぬしのかみ》と同一体」にすぎないとはいえ、「神は一視同仁に非ずして不公平」で、「至慈至愛」ではなく、「酷薄偏頗《へんぱ》」であり、日本にだけ幸福を授け、恩徳を平等に施さないと言い、「日本主義」を掲げていく。そして、大日本修斎会では、「我日本主義即ち神道教義を以て神人両界の統一を期すべき、至高至難の使命を自覚体得」するために創立すると宣言する。

次には、神道、とりわけ教派神道一三派に対する批判である。確固とした教義もなく、「教導職たるの辞令を競売し」、「禁厭祈禱神占の所得税徴収所」にすぎない「淫祠邪教」だと根底から批判している。また、神道界は迷妄で、「儒教的神道」や「仏教的神道」であり、大日本修斎会だけが「惟神《かんながら》の遺訓に従ひ、本来の真伝」に基づいた、唯一の「純神道」だとする。

国民の聖典・戊申詔書

王仁三郎・大日本修斎会の四つの「主義」いわば信条とでも言うべきものを提起している。そこでは、一九〇八年に渙発《かんぱつ》された「戊申《ぼしん》詔書」が引かれる。「宜《よろ》しく上下《しょうか》心を一にし、忠実業に服し、勤倹産を治め」「荒怠相誡《こうたいあいいまし》め、自彊《じきょう》息《や》まざるべし」「淬礪《さいれい》の誠を輸《いた》さば国運発展の本近く斯《ここ》に在り」というむずかしい漢字を多用したものである。王仁三郎・大日本修斎会では、活動主義・楽観主義・治産主義・豊富主義という、かなりアクティヴな実利主義的色彩を濃厚にした四大主義を掲げて、新たに出発しようとしている。

「皇道の大本に就きて」、「威霊赫々《かくかく》たる万邦無比の此大日本帝国に生れて日本臣民たる以上は（中略）建国の始源及び我国の基礎精華を知り、顕幽両界の大秘奥を窮《きわ》め」ようとする「尽忠報国、至誠有道の真研究者」を求めて、結集を呼び掛けている。それは日露戦争後の風潮を大いに反映していよう。戦勝による一等国意識・ナショナリズムの高揚、遼東半島租借権の獲得による一〇年来の三国干渉・国辱の臥薪嘗胆を覆す膨張・侵略主義と排外主義へと傾斜していくのである。

戊申詔書は天皇の権威に基づいて、日露戦争後の国民教化・統制を企図して出された。第二次桂太郎内閣の組閣に当たって示した施政方針の大綱で、「貧富の懸隔をして益々甚からしめ、従って社会の間に乖離反動を促し、ややもすれば安寧を危害せんとするに至るは、欧米の歴史に徴して寔《まこと》に已《や》むことを得ざる理数なり。故に教育に因り国民の道義を養うは言を待たず」と述べ、天皇の権威に依拠して、国民教化を目指した。

この戊申詔書は、一九〇五年に二宮尊徳を模範として実践するために、内務官僚主導で設立された、報徳会の報徳運動を支えて発展させ、戦後の地方再編政策である地方改良運動を推進する理念的な基盤ともなった。それは詔書として、教育勅語に次いで重視されて、国民道徳の典拠・イデオロギーとなり、ことに自助努力を意味する「自彊」の言葉は大いに流行し、勤倹・刻苦・精励をモットーとして、祝祭日には小学校などで朗読され、また暗誦もさせられて、通俗道徳の核心となっていった。王仁三郎・大日本修斎会は戊申詔書を聖典として崇め遵奉していったのである。

大日本修斎会の活動

大日本修斎会は「惟神の道」に基づいた日本主義・国粋主義の路線を前面に押し出している。このような特徴をよく表わしている「大日本修斎会会則」を挙げてみよう。

第一条は「本会は大日本帝国に万世一系の皇統を知食《しろしめ》す金甌《きんおう》無欠の皇室を欽仰《きんぎょう》し、国体の尊厳を弁明し、神祇《じんぎ》の洪徳《こうとく》に報謝し、併《あわ》せて皇祖皇宗の遺訓を遵奉して、至粋至醇なる惟神《かんながら》の大道を宣伝し、敬神尊皇の大義を祖述し、以て国家の進運を翼賛するを要旨とす」と、国家神道・皇国史観に基づいた国体ディスクール（言説）で貫かれている。「大日本修斎会創立要旨」には出てこない、天之御中主神・国常立尊が「宇宙万有の主宰」と位置づけられ、主祭神として祀られる。天照大神の名は出てこないが、神典は国家神道の記紀神話に依拠し、国史は神話的説話も交えた皇国史観となろう。

他方では、第二条に「深遠なる会祖の教旨を恪守し」とあり、なおの筆先に記された教えを尊び守ることを標榜している。また、第三条に記す「斎殿には会祖創設の由緒」にしたがって、天之御中主神・国常立尊をはじめ、天神地祇・八百万神を神殿に祭祀することを明記している。

『古事記』では、天之御中主神は「天地初めて発《ひら》けし時、高天の原に成《な》れる神」の最初の神、なおに艮の金神として現われた国常立尊は六番目の「成れる神」である。王仁三郎・大日本修斎会は、国体ディスクールに準拠しながら、なおの筆先の教えを取り込んでいこうとしていたと言える。

この大日本修斎会に参画して、重要な役割を果たしたのが、湯浅斎次郎である。湯浅は京都府桑田郡宇津村の地主であり、材木業を営み、農会長を務めるなど、名望家であった。妙霊会の信者であったが、王仁三郎の神道教説や鎮魂帰神法に心服して、信者になり、大日本修斎会の運営や資金の面で支えていった。

湯浅が地元の周山《しゅうざん》警察署から出頭を命じられたのに対して、王仁三郎は指示を与えている。「祈禱禁厭《きんえん》は本教教規に依りて執行差支《さしつかえ》なし」、「修斎会辞令は神社宗教以外の学術研究団体なれば是《これ》も又差支なし」、「『本教講習』第一回より四回迄は、雑誌でも新聞でも書物でもなし、只会員が集りて学術を研究する学科」、「神界の秘は他言すべからず、警官に流言浮説と見做《みな》され、社会よりも中傷さる、恐れあれば、是又慎しむ可《べ》き事」、「何事も警察へは神秘的の事は言はぬがよろし」などである。

大日本修斎会は宗教団体ではなく、学術研究団体として設立されたが、神道系教団に対して批判した「祈禱禁厭」を認めている。現世利益的な祈禱や呪《まじな》いは大日本修斎会の信者獲得や繁栄にとって不可欠であり、やがて鎮魂帰神法の霊術を布教の中軸にすえて活用し、大いに教線を拡張して発展することになる。『本教講習』は大日本修斎会の機関誌として刊行され、文書による布教活動が開始された。これは四号で終わり、一九〇九年に本格的に機関誌として『直霊軍《ちょくれいぐん》』が創刊されている。

機関誌『直霊軍』の創刊

王仁三郎が綾部に帰って、まず着手したのは『直霊軍』の創刊である。編集人は湯浅斎次郎、月刊誌で八頁ほど、当時としては珍しく活版印刷であった。主幹の王仁三郎の「発刊之辞」を見てみよう。「方今世界の文明は日に月に進歩して、物質的文明の壮年時代とも称す可《べ》き傾向あり」と始まり、物質的文明による「生存競争優勝劣敗の悪弊は各種の方面に起こり」と、宗教や倫理、哲学が人民を惑わせているとする。

偽予言者・偽聖人の跋扈は「皇典」に見える「大戸惑子《おおとまどいこ》大戸惑女神《おおとまどいめのかみ》の生《あ》れませる世」となり、交通機関の完備や戦艦・軍備の発明は「火迦具土神《ひのかぐつちのかみ》」が生まれ、衣食住の贅沢は「大宜津姫《おおげつひめ》」が現われたかのようであり、空中飛行船などの発明は「鳥の石樟船神《いわくすぶねのかみ》」とでも言うべきものである。以前とは異なり反文明的色彩を濃厚にしている。「生存競争の武器発達すると共に、人心は軽佻浮薄奸智に長け、温厚淳朴の美風は消失《きえう》せて、神州男子の気骨なし」と断じ、日露戦争後の政府の軍備拡張路線を批判する。

明治四十二年二月十五日　直靈軍　毎月一回十五日發行　（一）

直靈軍

明治四十二年二月十二日印刷　明治四十二年二月十五日發行（定價參錢）
京都府北桑田郡宇津村字下宇津四十五番地　編輯人　湯淺齋次郎
京都府何鹿郡綾部町字本宮町第二番地　發行者　竹原房太郎
京都府天田郡福知山町字下柳廿七番戸　印刷所　小宮活版所
京都府天田郡福知山町字蛭屋　印刷者　野崎亦市
京都府何鹿郡綾部町大字本宮町第二番地　發行所　綾錦社

發刊之辭

主幹　上田王仁三郎

方今世界の文明は日に月に進步して物質的文明の壯年時代とも稱す可き傾向あり理化學上の新發明は、神秘の鍵を携へ神庫を開きしかと疑はるゝ迄に進渉せり、生存競爭優勝劣敗の惡弊は各種の方面に起り、偏見固陋なる宗教、倫理、哲學等の教義學説は奇拔なる聲を放ち來りて、人民を迷はせ、僞豫言者僞聖人は五月蠅の如く群り起りて、天下無智の人類を瞞着し世人は終にその依信する處を知らず皇典に所謂大戸惑子大戸惑女神の生れませる世とはなれり、亦文明の利器たる交通機關は益完備して坤輿を縮少せしめ戰備軍器の發明は火迦具土神の生出ませる如く、衣食住の贅澤は遂に大宜津姫を模現し、鳥の石楠船神とも云ふべき空中飛行船など發明せられ生存競爭の武器發達すると共に人心は輕佻浮薄奸智に長け温厚淳朴の美風は消失せて神州男子の氣骨なし軍資金の充用は年々歳々增大し國民は皆多具理に成りませる金の神の出現を待ちつゝ前途の如何に成行かと煩悶苦慮しつゝあるのみ、アゝ此時に當つて國家を平安に富强に導き玉ふ埴安彦埴安姫の出現なきか、社會の濁流を清めんとする彌都波能賣神、和久產巢日神の顯現なき乎、精神的文明を唱導して國家を天國たらしむる直日神は何處に坐すぞ、世人の多數はこの物質的文明の進步を謳歌しつゝあるものゝ如しと雖も精神的文明は常に正反對の方向に退却しつゝ、德義信仰は地を掃ふに至れり、是國家社會の爲に慶すべき事ならんや、王仁三郎等鈍根劣機不肖至痴を顧ず滿腔の熱誠を捧げて天下の爲斯道の爲社會の非潮流を清めあらゆる邪神惡鬼を掃滅せんと鏑矢の矢竹心にも惟神の神法を秘となし。

茲に直靈軍なる神道團を組織し滿天下の志士を糾合し皇祖大神の授け給へる敏心の日本魂を振り起し荒魂忠勇義劒の手上取持り伊豆の男健び蹈健び伊豆の嘖讓を起し海往かば水漬屍山往かば草生屍大君と惟神の道の爲にこそ死なめ閑には死なじ願みはせじと彌進みに進み邪道の砦に向つては彌迫りに迫り惡魔の軍勢を山の尾毎に追伏せ、河の瀨毎に追撥ひて服へ和し凱歌を奏して神國を泰山の安きに置んと欲するの微衷に出たるのみ、直靈軍は今や將に呱々の聲を揚げたる赤子の如しと雖も其任や至て重く且大にして前途亦遼遠なり、假令軍士參謀彬々たるも數百の戰鬪員あるも一鳴人を驚かして社會の惰眠を覺醒するは難事に屬す仰願くは海内有志の士よ速に來つて本軍の目的を援助し玉ひて本教天授の眞理活教をして、潮沫の凝りて成るてふ海外の諸國に迄も旭光と共に宣傳し諸教をして一に歸せしめ日出る國の眞價を發揮せば亦以て皇猷を天壤無窮に贊襄する事を得ん以て發刊の辭と爲すと云爾

かすみの奥くものあなたにすめ神の黄金の御門見ゆる嬉しさ

『直霊軍』創刊号

一九〇五年には日比谷焼き打ち事件が起こっていたが、政府は地租税や酒税などの増税、営業税や砂糖消費税などの国税の新設、煙草・樟脳・塩の専売事業実施により、軍拡また満洲の植民地経営費を増大させ、文字通り苛斂誅求を強行していたことにも、王仁三郎は悲憤慷慨している。

王仁三郎は教団運営に専念し、一九〇九年には神殿の新築に着手している。湯浅斎次郎や京都の梅田常次郎が資金面で支援した。『直霊軍』第三号（一九〇九年）で、王仁三郎は教団を「直霊《なおひ》教」と称して、次のように記している。「直霊教は現今行はれつ丶ある宗教の如く人為的ではない。皇祖皇宗の御遺訓を今や忘れんとするの世俗に警告せんとする」「神教」、すなわち「我正史に明《あきらか》に載せられたる天神地祇《てんじんちぎ》の教示、特に国の元祖国常立尊《くにとこたちのみこと》の御教を伝ふる真理活教」であり、「日本臣民たる以上は、神社に祭られ玉《たま》へる神の教と同様に信奉せなければならぬ」とするのである。

そして、「我教長は唯々神の命の随《まま》に筆を取りて、皇道の大本を講明せられ」、「世に埋没せんとする真教所謂《いわゆる》祖宗の遺訓を中外に明かにし、神威霊徳を宇内《うだい》に宣揚せん為の神慮に依らせ玉《たま》へるものなれば、普通一般の宗教なぞと同一視すべきもので無いことを断言する」と、教長なおの筆先が「皇道の大本」を明らかにし、「皇祖皇宗の御遺訓」、特に「国常立尊の御教」また「祖宗の遺訓」を伝えることを使命としていることを記す。なお・艮の金神の筆先は、国家神道的な教説のなかにすっぽりと包摂されてしまうのだ。

官国幣社への批判

『直霊軍』第四号（一九〇九年）では、教派神道一三派の批判を繰り返し、官国幣社の神職に対しても論難している。王仁三郎は「皇国の真髄を宇内に輝かすを得ば足れり」と考えて、「神道宗教界を脱し」、官幣社建勲神社の神職を勤めたが、それもやめて、「神道宗教」に逆戻りして、「皇道霊学に拠り大《おおい》に天下に雄飛活躍せん」と記す。

官国幣社の神職は「信仰の有無に関せず、一定の報酬を得て、以て直接国家の宗祀《そうし》に奉仕」するだけで、「敬神尊皇愛国の精神」をもつ者も、「皇室の尊厳を維持し、皇道を天下に拡充せんとするの勇者」もいない。「惟神《かんながら》の霊法を施行し、衆庶を接化輔導《ほどう》し或は結合する」ことも、自由に各地で巡教することもできないで、「朝《あした》に日供《にちく》を献撤《けんてつ》し、夕《ゆうべ》に賽銭《さいせん》を勘定して能事《のうじ》終れりと為すもの」だけであり、飲酒に耽り、登楼して娼妓と浮かれ、放逸の生涯を送る者が多数を占めている。「パンの種」の俸給で安堵し、上役に媚びへつらう臆病者ばかりで、「外教の跋扈《ばっこ》」つまりキリスト教の流行には冷淡極まり、無関心である。社頭の狛犬《こまいぬ》のように社前に仕えるだけで、「皇道を宇内《うだい》に宣揚布演《ふえん》する」ことは「絶対的に不可能」なのだと、宗教とは無縁になっている官国幣社の神職、ひいては国家神道の現状を舌鋒鋭く難じている。

明治初年以来、神社神道は宗教ではないとされ、「国家の宗祀」、神社祭祀・儀礼を行ない、教派神道一三派が神道の説教・教化を担うことになっていた。王仁三郎は神職の「腐敗堕落の様」を難じるとともに、神社神道・非宗教論の限界に抗して、「陛下の臣子として皇国刻下の状況に想到する時」、「皇道霊学」に依拠して「神道宗教」樹立の道へと邁進することを意気揚々と宣言している。

なおの後継者となる王仁三郎

最終号となる『直霊軍』第一五号（一九一〇年）によると、大日本修斎会では、神殿や大広前、祖霊殿などを新築し、隣接地を買収して境内地を拡張し、教団としての体裁をかなり整えていった。だが、肝心の『直霊軍』の発行部数は数千部、ほとんど無料配布をしてしまい、「一銭の雑誌料」も出さない会員ばかりで購読料は入らず、三〇人ほどの有力会員の援助に頼らざるをえず、財政上では破綻していた。また、一時的に病気平癒や身体堅固などの祈願を依頼する者ばかりが訪れるだけで、固定した信徒は数少なかった。一九一一年(明治四四)に作成された会員名簿では、八五戸、四〇〇余人である。

しかし、一九一〇年(明治四三)に国鉄山陰線の京都・綾部間が開通したことは、教団の発展に大いに貢献している。これまで綾部を訪れるためには、大阪を経由して福知山で下車し、徒歩か人力車で向かわなければならなかったが、鉄道の開通によって、京阪地帯に教勢を大きく拡張する好機となったのである。

この年の暮れ、王仁三郎は養子縁組の手続きをして、出口姓に改め、翌年には王仁三郎となおの五女すみは正式に婚姻届を出し、なおが隠居して、王仁三郎は家督を継いで、戸主となっている。名実ともになおの後継者となり、教団内で王仁三郎の地位が確定し、新たな闘いの地平を切り開いて、全面展開していくことになる。

6　皇道大本への展開

なおの教えと皇典

大正期に入り、大日本修斎会はいよいよ教勢を拡張していくことになる。一九一四年に、「大本教教則」を「大本教教規」と改めた。それは大日本修斎会の会則をほぼ引き継いだものである。また、一九一二年に出した「皇道大本信条」と「皇道大本誓約」を修正して、「大本教信条」と「大本教教信徒誓約」を制定している。「大本教信条」には、大正維新を呼号した大本の路線が鮮明に打ち出されている。

第一条は「我等は無限絶対無始無終の万物を創造し給ひし、絶対無限の天之御中主大神《あめのみなかぬしのおおかみ》なる真の神の世に厳存し給ふ事を敬信す」である。『古事記』にまず「成《な》れる神」として初めに出てくる天之御中主神を挙げ、創造神・至高神として信奉することを記す。

第三条は「我等は国の太祖国之常立尊《くにのとこたちのみこと》の修理固成の大威徳を備へ、二神を降し給ひし世界の大守神に坐《まし》ます事を敬信し、日夜其《その》洪徳に報ゆるの義務ある事を信ず」。『古事記』で六番目、『日本書紀』では一番目の「成れる神」国常立尊が伊邪那岐・伊邪那美の二柱を降臨させた世界の大守護神だと宣言する。『古事記』では、伊邪那岐・伊邪那美も「成れる神」、いわば自然発生した神で、天之御中主神をはじめとする五柱の「天《あま》つ神」に命じられて、国土の修理固成・国造りをする。だが、ここでは国常立尊が修理固成をしたとして、記紀神話にいわば戦略的に依拠しながら、主要な信条が作成されている。

そして、第四条は「我等は本教開祖の世界の大教主にして、亦《また》宇内《うだい》の大予言者たる事を敬信す」である。なおを開祖として位置づけ、「世界の大教主」「大予言者」だとする。一九一二年の「皇道大本信条」では「大予言者」は「救世主」であり、先駆的な存在として、いわば格下げされたと言える。

第六条は「大教主の予言」である「地にも亦《また》一つの玉帝の顕はれ給ひて、万国を統治し給ふに至る事を信ず」と、地上に玉帝が現われて世界を統治するという、なおの予言とする言葉を明記している。筆先では「この世界は一つの王で治めん事には、人民の王では治まりは致さんぞよ」(一九一六年旧一一月八日)とある。筆先の「人民の王」とは天皇のことを指しているとするなら、「玉帝」とは世界を統一・統治する王・救世主であり、天皇を指してはいないだろう。だが、後には天皇が世界を支配すると語ることになる。

第七条では「地球の中心たる綾部の本宮を以て、天神地祇の神集ひに集ひ給ひて、神律を議定し、金甌無欠《きんおうむけつ》の神政を行ひ給ふ『タカアマガハラ』の霊地たる事を信す」と、綾部は地球・世界の中心であり、神々が集い、神律の議定・神政の執行をする「タカアマガハラ」だとする。現界での綾部＝高天原中心主義を打ち出し、国体ディスクールを用いながらも、国家神道・天皇制国家に対する否定・対峙を志向していく。

第八条は「国祖大国常立大神を敬祭し、大教主の神訓を遵守して、報本反始《ほうほんはんし》の大道を履践すべき義務ある事を信ず」。国祖国常立尊を祭祀し、大教主なおの教えを守り、報本反始(本に報い始めに反《かえ》る)

の大道を実践するとする。報本反始は『礼記』を出典とし、祖先の恩に報いることを意味するが、会沢正志斎などの後期水戸学を踏襲した、国体ディスクールの重要タームであり、皇祖皇宗への報恩を旨とする、天皇崇拝・復古主義である。

第九条では「大本直日大神《なおひのおおかみ》に祈らば、神は総ての願を叶へ、総ての苦難を救ひ給ふ」と、大本独自の神として「大本直日大神」の名を挙げ、現世利益も含めた救済神としている。皇典の皇祖皇宗、天皇制神話・国家神道の神々と「大本直日大神」とが相容れない関係にあるのではなく、記紀神話の神々の系譜に連なる神として命名され、なんら矛盾していないと考えられていただろう。

第一一条・一二条では、皇典が「無上神聖にして世界第一の真教典」で、「大本教《たいほんきょう》」（教団名ではなく、皇典を指す）つまり根本的な教えとして、世界の教義・宗教を帰一させるために宣教するとする、目標を掲げている。

第一三条は「大教主の敬神尊皇愛国の正義円満なる御行蹟を見て、我等教信徒の模範となす可きものなる事」、「大教主の何事も惟神に任せ、神直日大直日に見直し聞直し寛恕し給ふ御心に則り、何事にも忍耐す可き事」と、なおを「敬神尊皇愛国」の実践者として見習うべき模範としている。だが、なおが「尊皇愛国」だったのかは疑わしい。

「惟神」はたんに神慮を意味すると言えるかもしれないが、やはり当時の国体ディスクールをコンテクストとするなら、国家神道の「惟神の道」と密接に連結していよう。なおの教えに皇典・国家神道を並列・接合して、皇道主義・日本主義を力説し続けていくところに、王仁三郎の宗教政治的な思想・実践運動の特徴がある。

皇道大本と聖地・神島開き

第一次世界大戦が勃発し、「天佑」と見た大隈重信内閣は参戦を決定し、御前会議が開かれ、ドイツに対して宣戦布告の詔書が出された。大本でも戦勝祈願が行なわれている。中国の青島《チンタオ》を占領した翌年、袁世凱《えんせいがい》政権に対して、二一カ条の要求を提示した。山東省のドイツ権益の継承や南満洲・東部内蒙古での権益の延長・獲得などを承認させる高圧的な要求である。一九一九年には、中国で激しく反日・抗日の五・四運動が展開されたが、日本では大戦による好況で「成金」を続出させ、日露戦争後の沈滞ムードを一新するとともに、さらなる大陸侵略へと突き進んでいくことになる。

大本では、大戦開始後、『直霊軍』を廃刊して、三年八カ月ほど後、機関誌『敷嶋新報』を創刊した。自前の印刷所を設けて、出版事業を開始し、再び情宣活動が盛んになっていく。この印刷所はやがて大本の出版事業をすべて担っていく、天声社へと発展していった。王仁三郎は最先端のマスメディア技術である活版印刷を大いに活用して、文書宣伝による信徒の獲得を重視している。メディアの力こそが効力を発揮すると、読書人かつ能書家の王仁三郎は、すぐれて先取的に時代を読んでいたのである。そして、布教部隊として、「直霊軍」が結成されて「直霊軍本営」なる統括部が設置され、軍隊式の陣立てで、街頭宣教が繰り広げられていく。こうしたなかで、一九一六年（大正五）、教団名を皇道大本と称することになる。

この年の六月、王仁三郎は「神島開き」をした。神島は兵庫県高砂市の沖合にある無人島である。

神島参詣（1916年）　左側３人目の白髪の女性がなお（大本本部提供）

王仁三郎は霊感によって、西南・未申《ひつじさる》（坤）の方角の沖合に、坤の金神の分霊が鎮まっている島を見たとされている。その神霊を迎えるために、娘の直日《なおひ》ら一行六〇名とともに出発した。王仁三郎は瑞霊《づいれい》（みづのみたま）・変性女子の坤の金神として女装し、神島に上陸して、その神霊を鎮祭し、綾部の龍宮館に迎えた。これは艮の金神と坤の金神の対面と解釈され、なおと王仁三郎の間でお祝いの盃を交わした。二度目の神島参りで、王仁三郎は神宝を授けられたという。

　三度目には、八一歳のなおも加わって参詣した。この直前に出された筆先には、「古き世の根本のミロク様の教を致さな成らん（中略）沓《め》島《しま》のやうな淋しき所に、三千年余りも押込められておいで遊ばした御心は（中略）なか〳〵汲み取れんぞよ。今度神島へ参るのも、同じ事で在るぞよ」〔一九一六年旧九月五日〕とある。

沓島に国常立尊が押し込められたように、神島にも押し込められた神がいる、それを表に現わすことが使命となる。これまで隠れて潜在していた籠った神々を発掘して、新たな可能性の溢れた世界を切り開いていくという、すぐれて考古学的《アーケオロジイ》な歴史性を帯びた「経綸」を実践していくことを告げている。この三度にわたる神島参りを神島開きと呼び、一九〇〇年に開かれた冠島《おしま》・沓島《めしま》とともに、神島は大本の聖地として位置づけられ、この神島の聖地への参詣が大本の重要な行事になっている。

筆先によると、神島にはミロクの神霊が押し込められており、ミロクとは坤の金神・素盞嗚尊《すさのおのみこと》と小松林命であるとされている。ミロク＝王仁三郎の瑞霊が根本の天の先祖、国常立尊＝なおの厳霊《げんれい》（いづのみたま）が地の先祖であり、変性男子＝なおが「世界の実地を分けて見せ」、変性女子＝王仁三郎が現われると「世界中が一度の改心を致さな成らんやうな神事《こと》」が起こる。「是《これ》から変性女子の身魂を表に出して、実地の経綸《しぐみ》を成就いたさして、三千世界の総方様《そうほうさま》へ御目に掛るが近よりたぞよ」（一九一六年旧九月九日）と、変性女子＝坤の金神が出現して、いよいよ二度目の世の立替えが行われると告げている。この筆先は安丸良夫の『出口なお』によると、王仁三郎の手になるものである。

ミロク＝変性女子・王仁三郎が根本の天の先祖と上位に位置づけられ、国常立尊＝変性男子・なおは地の先祖とされる。そして、なおは「世界の実地を分けて見せ」、二度目の世の立替えの先駆となり、それを実現・成就させるのが王仁三郎＝ミロク神だとされている。皇道大本において、なおの筆先を通じて、王仁三郎の宗教的な権威が確立されたのである。

7　なおの筆先と死

なおの筆先

なおは筆先を書き続けている。それは一八九二年（明治二五）から一九一八年（大正七）の死のほぼ八カ月前まで続き、二六年に及んでいる。『神霊界』（一九一七〜二一年）に掲載された「神諭」（括弧内は、池田昭編『大本史料集成Ⅰ　思想篇』所収の神諭）から、書かれた年とおおよその数を挙げてみる。

一八九二年（明治二五）に二篇（三篇）、九三年に二篇（一篇）、九四年に一篇（二篇）、九五年に〇篇（三篇）、九六年に四篇（二〇篇）、九七年七篇（四九篇）、九八年に一四篇（四〇篇）、九九年に二五篇（三八篇）、一九〇〇年に四四篇（八二篇）、〇一年に一五篇（三九篇）、〇二年に四六篇（六七篇）、〇三年に一二七篇（一六七篇）、〇四年に一八篇（七八篇）、〇五年に二篇（二八篇）、〇六年に一篇（三篇）、〇七年に四篇（三篇）、〇八年に九篇（九篇）、〇九年に二篇（六篇）、一〇年に七篇（九篇）、一一年に一篇（一一篇）、一二年に五篇（一六篇）、一三年に一篇（四篇）、一四年に六篇（一三篇）、一五年に二一篇（二九篇）、一六年に三〇篇（三〇篇）、一七年に一四篇（一五篇）、死の年の一八年には五篇（七篇）である。

あまり確定したことは言えないのだが、おおよそのことを述べてみよう。最大のピークは一九〇三年である。一八九六年から一九〇五年にかけて、ひとつの大きな山を形作っている。そして、一九一四年から一七年にかけてがやや小さな山になっている。二つのピークである。それは日清戦争後・日露戦争後と第一次世界大戦期に当たる。

大本内部、なお・王仁三郎に関連させてみると、なおと金光教信徒の確執が続くなかで、王仁三郎が綾部に来て、金明霊学会が設立され、大本内部、またなおと王仁三郎の不和・対立が起こり、聖地巡りが行なわれた時期、これが第一のピークである。

なおと王仁三郎の不和・対立が最も激化した時が日露戦争前年の一九〇三年であり、なおの弥仙山籠りが行なわれ、筆先の最大ピークとなっている。大本内部での王仁三郎をめぐるなおや役員たちの対立・抗争が熾烈だった一方で、大本の教勢が衰退していった情況のなかで、なおがひとりで奮闘していたのが、一九〇〇年代の始まりである。

第二のピークは、神島開き、『神霊界』創刊・筆先の掲載開始である。なおにとっては、艮の金神の筆先を世に出すことがようやく果たされた時であり、『神霊界』の読者をはじめとして、多くの信徒が筆先を眼にして読むことのできるようになった始まりである。一六年は王仁三郎の神島開きであり、王仁三郎が大本で地歩を固めて、なおと共存・協力していく時期である。

なおは大本の発展を眼にしながら、老齢により、活力が次第に衰えていったことは確かだろうが、ひたすら神の声・意思を書くことを手放さず、絶えず目の前の世界、またいまだ訪れていない二度目の世の立替えの世界に向かっていたのである。

筆先と王仁三郎

王仁三郎がなおの筆先を公表するのは、かなり遅かった。一九〇八年（明治四一）に『本教講習』（二号）に「がいこく《（外国）》はけもの《（獣）》のよ《（世）》、おう《（王）》のうにいたすぞよ。ななおう《（七王）》もやおう《（八王）》もおうがあれば、せかいにはくぜつ《（口舌）》がたえんから、ひとつのおうでおさめる」などと記された筆先が、「神論」と題して載せられたのが最初である。そして、一九〇九年（明治四二）に『直霊軍』に「天の真奈井《まない》」と題して四回にわたって載せられた。王仁三郎が初めて筆先を眼にしたのが、一八九八年（明治三一）になおの三女福島ひさから見せられた時であり、翌年には綾部に居住して、なおとともに活動するのである。

なおは筆先を世に出し広めていくことを切望していたが、王仁三郎は筆先にほとんど価値を見出さずに無視していた。「経《たて》と緯《よこ》との錦の旗の経綸《しぐみ》を致して、変生男子と変生女子に、神界の大望な御用さして在るぞよ。（中略）肝心の神の御用を致さす変生女神の身魂《みたま》に、今に改心が出来んので、世界の事が段々おくれて来て、世界の人民が永らく苦しみをいたすから（中略）出口直が日々苦しみて居るぞよ」（一九〇三年旧三月五日）と、なおの怒りと世の立替えの切迫感が重ね合わせられて露になっている。二度目の天の岩戸開き、なお＝変性男子と王仁三郎＝変性女子の縦（経）と横（緯）の経綸を整えて、三千世界の立替え・立直しをしなければならない。だが、王仁三郎の身魂の改心ができないために遅れている。世界の人民もなおも苦しみに喘いでいる。早く筆先を表に出して、神の教えを広めよ、となおは急くのである。

変生女子の身魂は何時も敵対役がさしてあるぞよ。三千世界の事が皆さして見せてあるぞよ。此《この》筆先を持ちて神の教を拡めて下されよと、出口の口で申させば、斯様釘《こんな》の折れ見たいな文字の書いた筆先は、耻《はず》かしいて世間の人に見せられんと申して取上げて呉ぬから、そんなら写して能《よ》い字にして拡めて下されと申せば、斯様《こん》な下手な文句は読めん、写すのも馬鹿らしいと申すなり、斯《こ》んな事を人に知らしたら、世界の人に馬鹿にしられると申して聞入れて呉れず（中略）早く改心をして下されと急《せ》き込めば、私は別に改心せんならん様な悪い事は致して居らん、神は失敬な事を仰せられる、神なら私《わし》の精神が判りさうなものじや、生《しょう》も無いガラクタ神が憑《うつ》りて、老婆《としより》を欺して居るのじやと申して、力一杯反対を致す（中略）一寸も嘘は無いから、神の心もチット推量いたして、素直に聞いて其様の行為《おこない》を為《し》て下され、神急《せけ》るぞよ。

〔一九〇三年旧三月五日〕

王仁三郎の身魂は、この世でなおの「敵対役」として現われている。なおは筆先で神の教えを広めてくれと頼む。だが、王仁三郎は、こんな釘の折れたような字で書いた筆先は恥ずかしくて、世間の人に見せられないと言って、取り上げようとはしない。それなら、きれいな字に書き写して、広めてくれと言うと、このような下手な文句は読めないし、書き写すのも馬鹿らしいし、このようなことを知らせたなら、世界の人に馬鹿にされると言って、王仁三郎はまったく聞く耳を持たなかった。

さらに、なおが「早く改心をして下され」と神がかりになって激しく言うと、王仁三郎は「私は別に改心せんならん様な悪い事は致して居らん、神は失敬な事を仰せられる、神なら私の精神が判りさうなものじや、生《しょう》も無いガラクタ神が憑りて、老婆を欺して居るのじや」と、なおの神・艮の金神の権威にまで否定した。「筆先を調べて、それを世界の判る人民に一人なりと言い聞して下されし、これがなおの神がかり以来の切なる願望であり、王仁三郎が筆先を読み解いて広めることを最も期待していた。その期待は裏切られ、誰もかなえてはくれなかった。

他方、なおの周辺にいた、古くからの熱烈な信徒は筆先を篤実に書写し、いわば身体化して、懸命に読み解こうとし、文字通り予言として信奉していた。筆先を読むとは、筆先を書き写して、文字通り信じ、それが自分の身の周りや世間・世界にどのように現出しているのかを調査して、人々に告げ知らせることであった。王仁三郎はようやく筆先を表に出した。それも「敵対役」と名指しされた筆先を公表したところには、王仁三郎の度量の広さが現われていよう。

筆先の公表

『神霊界』創刊とともに、筆先は改めて再発見された。それは、なおの筆先に記された世の立替え・立直しが、王仁三郎の唱える大正維新の宗教思想的な基盤となることを時代情況から読み取ったことによろう。また、新たに大本に参画した浅野和三郎が、筆先に熱烈に共鳴して信奉していったことも、大いに寄与しているだろう。次は『神霊界』（二月号、一九一七年）に初めて掲載された筆先である。

至仁至愛《みろく》の神が御出ましに御成なさる時節が参りて、大国常立尊が出口の手で書き知らして置いた世が迫りて来たから、世界中の人民が改心を致さねば、この世では最《も》う一寸も先へ行けず、後へ戻ることも出来んぞよ。この世が来ることを明治二十五年から、今につゞいて知《しら》してをるのに、チットモ聞入れが無いが、国同士の人の殺し合いといふやうな、斯《こ》んな約《つま》らん事はないぞよ。（中略）用意をなされよ、世の立替は新《さら》つの洗ひ替《かえ》であるから。みろくの神の世に立返りて、万古《まんご》末代善一筋の世になる尊ひ事の初《はじま》りてあるから、皆の人民の思ひが違ふてあるぞよ。あやべの大本は今では粗末なとこで在るなれど、此の広い世界に外に亦《また》とない、大神の世の元の尊《とう》とひとこであるから、全部判《わ》けて見せたならば、余り大きな仕組であるから、思ひが大違いで驚愕《びっくり》いたすぞよ。

〔一九一六年旧一一月八日〕

ミロク神が降臨し、世の立替えが切迫していることを告げ、改心を求める筆先である。国家間の殺し合い・戦争ほどつまらないものはないと断じる。そして、「新つの洗ひ替」である世の立替えに備えよという。なおは一八九二年（明治二五）の神がかり当初から、筆先を出し知らせてきたことを強く説いてやまない。それがなおの基点だったのである。

最後の筆先

なおは一九一八年（大正七）に入り、八三歳となっても、筆先を記し続けている。旧正月一二日、一三日、二三日、旧二月二三日、二六日と書き続け、旧三月一五日が『神霊界』に発表された筆先の最後になる。ただし『大本神諭』五集には、一九一八年旧六月一七日（七月二四日）の筆先があり、これがいわば留めの筆先である。

善と悪のかわり目のさかいの大峠となりてきて、悪のこれほど栄えておる世を、むかしの根本の世へ善ひとつの世へ世をねじなおして、心やすき世にいたして、元の神世にもどすぞよ。（中略）みろくさまの世というのはおだやかな良い世であるぞよ。みろくさまの善ひとつのまことのつよい世であるぞよ。（中略）もう知らせることはないぞよ。（中略）大出口なお八十三才のおりのおん筆先であるぞよ。善と悪とのかわりめのおりぞよ。

なおは「善と悪のかわり目のさかいの大峠となり」と記し、丹波のいくつもの峠を幾度も越え、また宮津を望む普甲峠では崖から転落して助けられ、新たな世界が切り開かれていったことを終生思い続けていたのだろう。なおはいつでも大峠を越える身構えをしている。悪の栄える世を単純に転換させるのではなく、「ねじなおして」と、無理にでも捻り直して、「心やすき世」「元の神世」へと変革しなければならない、それが善ひとつの誠の強い世、ミロクの世である。

艮の金神は「もう知らせることはないぞよ」と告げて、なおの役柄が達成されたことを知らせている。なおは死期を悟ったかのようである。大峠で転げ落ちて、誰とも知れぬ人に助けられながら、峠を往還しつつ培ってきた、民衆に向けた思想、それが艮の金神の筆先には籠っている。しかし、今なお善と悪との変わり目の大峠にある情況なのだ。なお自身、ミロクの世がいまだ実現されず、大峠に立ちつつ、未成の歴史を遙かに展望し、書き続けてきた筆先を後世に託したのだろう。

なおの肌守(大本本部提供)

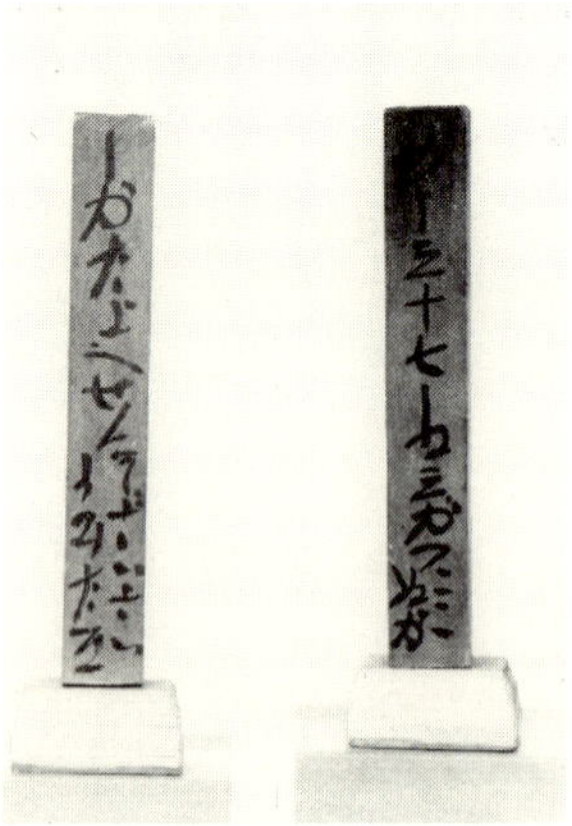

なおの霊璽(大本本部提供)

なおの死と葬儀・墓地

王仁三郎や浅野などが全国各地に赴いて宣教し、各地に支部が設立されていき、大本はいよいよ発展していった。綾部に移住する者も増えていった。なおはこうした大本の盛んになり、賑わう姿を眼にしながら、朝早くから終日、「うしとらのこんしん」と筆を執って記した「おひねり」や「御神体」「お守り」を信徒に授ける日々を送っている。一九一八年一一月六日(旧一〇月三日)、なおは朝、手洗いに立って昏倒した。床に伏したなおのもとに、王仁三郎が駆けつけると、二言三言話し、しばらくして昏睡状態に陥り、やがて安らかに息を引き取った。八三歳(満八一歳）の生涯である。

『神霊界』大本教祖号（一九一八年一二月二二日号）の「教祖の御上天及び御葬祭式次第」には、なおの死と葬儀について記されている。なおの昏睡状態の際に、役員・信徒が祈念していると、「忽《たちま》ち霊気御居間の中外に漲り、天上より恰《あた》かも星の屋根の如き燦爛《さんらん》眼を奪ふばかりなる瓔珞《ようらく》の如きもの舞ひ下り、畏くも教祖様の御魂は稚比売岐美命《わかひめぎみのみこと》の御霊姿を以て静かに御上天遊ばされたり」と、絢爛かつ荘厳な雰囲気だったことを記している。また、「一座祈念の人々の身体は皆な釣り上げられ」、「霊眼には種々の神異を拝したり」と、神秘的な事態が生じたことも伝えている。

改築前のなおの墓地（大本本部提供）

金龍殿で直ちになおの「御上天奉告祭」が行なわれ、二日後に舟入式をして、柩を金龍殿に移し、「惟神真道弥広大出口国直霊《かんながらまみちいやひろおおいつきくになおひ》主命《ぬしのみこと》」の諡名《おくりな》が贈られた。墓地はなおが参籠した弥仙山を遥かに望む、天王平《てんのうだいら》一の瀬の山腹と決められ、信徒の奉仕によって墓地造営に着手している。一二月六日（旧一一月三日）、葬儀が盛大に執行された。

なおの天王平の墓地は一九二一年の第一次大本弾圧事件で破壊され、三五年の第二次大本弾圧事件では修復した墓を破壊されて、共同墓地に移転することを命じられた。そして四八年、王仁三郎の死去により、遺体を天王平に埋葬するとともに、開祖三〇年大祭を催し、なおの墓も造営している。

なおの死の年の筆先（一九一八年旧二月二六日）を挙げてみよう。ここには、平仮名に解読のかなり難しい漢字が当てられ、なおと王仁三郎の言葉が入り混じっている。

最晩年の筆先

天照皇大《みろくのおお》御神様が天の御先祖様であるなれど、今迄は世が逆様《さかさま》になりて居《お》りたゆへに、地の先祖までも斯世《このよ》に無い同様に為《し》て在りたので、斯世は薩張《さっぱ》り永い間暗黒界《やみのよ》となりてありたのが、時節が参りて日出《ひので》の守護《しゅごう》になりたぞよ。至仁至愛神《みろくさま》は、善一つの何とも譬へるものも無い、円満至真《まるいまこと》の何処まで往《いっ》ても角の無い、世界の主師親三徳具足神《おつきさま》であるぞよ。（中略）国常立尊を丑寅《うしとら》へ押込《おしこめ》て、鬼門の金神、悪神、祟り神と申して、何一つ不調法《ふちょうほう》も無い神に悪い名を付けて居《お》りたが、世の元の国常立尊が世界の守護をいたさねば、お地《つち》から何一色《ひといろ》も産出《あがり》は致さぬぞよ。（中略）茲《ここ》は世界の大本に成る、尊い神の経綸地《しぐみば》であるから、身魂の行を致さねば、良い御用は到底出来ぬぞよ。（中略）此後《このさき》は二度目の世の立替を致して、（中略）巌《いわ》に松の動かぬ固い神世に成るのであるから、梅で開て松で治める天地の先祖が変化《ばけ》て、世界の守護を陰で致して居りたなれど、モウ何時までも和光《ば》同塵《け》ては居れんから、天地の先祖の神権《しんりき》を発動《あらわ》して、善悪を速に立別《たてわ》けて、日本の国は元の霊主体《ひのも》従《と》の大神の御血筋で、日本の国は混《まぜ》り無しの御魂で立て行く、昔からの経綸《しぐみ》であるぞよ。（中略）贅沢三昧は何《ど》うしても出来ぬやうに厳しく変るぞよ。今迄のやうな贅沢な生活方法《やりかた》では、世界中がモウ立行かんから、明治二十五年から筆先に出してある通りの、心の持方を致して居らぬと、大変に困窮事《こまる》が出来するぞよ。

天の先祖がミロク、地の先祖が国常立尊であるが、国常立尊が艮に押し込められ、世が逆様になり、闇の世になっていた。だが、時節が来て、天ではミロクが、地では国常立尊が現われて守護することになり、二度目の世の立替え・立直しが行われる。ここ綾部は世界の大本になるように、神が仕組をした地であり、身魂の修行をせよと、大本の役員には警告しておいたが、身魂の曇った者ばかりで、いくら説き聞かせても理解できないでいる。これからは今までの生き方、贅沢三昧の暮らしでは、世界が成り立たないから、根本から立替えをする。明治二五年から出している筆先通りの心の持ち方に転換せよ。以上は、なおの遺言であると言えよう。

筆先と王仁三郎の翻訳・編集

なおの筆先はすべて「いろは四十八文字」の平仮名書に漢数字を加えたものであり、なお・艮の金神の許しをえて、王仁三郎が文章を整えたり、漢字に改めたりしている。筆先で「出口に実際《しょうまつ》を書すから、夫《そ》れを上田海潮が写して、細《こま》かう説いて聞かせる御役なり、此《こ》の筆先で昔からの事が解るので在るから、是《これ》を一字も直したら、合はんやうに成るぞよ」〔一九〇〇年閏八月一日〕と知らせていた。

なおの筆先には、特に平仮名に漢字をあてた所に、王仁三郎の思想が色濃く滲み出ている。先の筆先では、ミロク（神）が「天照皇大御神」「至仁至愛神」「ミロク様」の三通りに表記されている。「天照皇大御神」は天界の日の大神・伊邪那岐命と月の大神・伊邪那美命とともに地に降り、二度目の世の立替えを手伝う神とされるが、国家神道では皇祖・天照大神である。

「至仁至愛神」は王仁三郎の儒教的・国学的な教養による当て字である。「おつきさま」のルビの付いた「主師親三徳具足神《おつきさま》」とは、王仁三郎の唱える主・師・親の三徳であり、これをミロクが円満具足しているということになる。だが、筆先では、ミロクは満月のように欠けるところのない「お月様」、善ひとつの神であると、ミロクのまったき善性を強調しているだけだと言える。

「霊主体従」は「体主霊従」と対になる、王仁三郎の重要な用語である。霊魂が主で、肉体は従だったが、霊魂が穢れて、肉体が主で、霊魂は従になった、この世界を変革するのが二度目の世の立替え・立直しである。筆先の「日本の国は元の霊主体従《ひのもと》の大神の御血筋」とは、日本が「元の日の本」、いわば太古・神世の日本の大神の系譜を継承した国といった意味であり、記紀神話と少しは重なっているだろうが、国家神道とは関わりはないと言える。

また、「何と申しても一切万事に体主霊従主義《あく》斗《ばか》りで、霊主体従《ぜん》の道は汚らはしいと思ふ守護神斗りである」（一九一六年旧三月二八日）と、「あく」に体主霊従主義、「ぜん」に霊主体従の漢字を当てている。王仁三郎は善悪の二項対立を霊魂と肉体の対立、また霊魂＝善、肉体＝悪と解釈し、霊肉二元論を展開している。

「天壌無窮之真生命《おかげ》を発揚《とる》のも埋没《おとす》のも、其《そ》れは各自《めんめ》の心の持《もち》やう一つで、光明世界《よいほう》へ行ける身魂と、汚穢界《わるいほう》へ堕落《おち》る身魂とが出来るので在るぞよ」（一九一六年旧六月一〇日）では、「おかげ」に「天壌無窮之真生命」の漢字を当てている。お蔭を天壌無窮の真生命と、かなり無理をして、国家神道に基づいた国体ディスクールで解釈し、日本主義・国体イデオロギーへと傾斜している。

王仁三郎はこれまで蓄積してきた国学や神道学、儒学、神霊（心霊）主義といった知識を総動員して、筆先を解釈して、文章を整序し、いわば編集して公表した。それはなおの筆先の翻訳であるかもしれないが、改編とも言えなくはないであろう。とはいえ、王仁三郎がなおの筆先を全面的に改竄《かいざん》したとは言えない。翻訳エディターの位置から、王仁三郎自身の思想に基づく解釈に依拠して、編集して作成したのが「神諭」であると捉えることができよう。

こうした王仁三郎の翻訳・編集は、国体ディスクールを利用して、官憲の執拗な介入・干渉を回避し、無用な争いを避けようとする意図があったことは確かだろう。その一方で、国体ディスクールを流用して包摂し、国体ディスクールを膨張させた超国体ディスクール、いわば皇道を騙《かた》って、天皇制神話・国家神道を凌駕する大本・国体ディスクールを構築していくことにもなった。それこそが官憲の最も忌み嫌うディスクールの実践だったのである。

なおの死後・王仁三郎の神諭

なおの死後、一二月二日（旧一〇月二九日）、王仁三郎に国常立尊が降って、「伊《い》都能売《づのめ》神諭」（『神霊界』大本教祖号、一九一八年）を役員・信徒に向けて発表している。それはなおの死から一カ月に満たない二六日後である。

艮の金神国常立尊が、明治二十五年から永らく出口直の体内を借りて、若姫君の尊《みこと》と引添ふて変性男子と成りて、三千世界の世の立替の経綸《しぐみ》を、筆先に書《かか》して知らしたなれど、後の立直しの筆先は未《ま》だか丶して無いから、変性女子の体内を藉《か》りて、是から時節に応じて書かすぞよ。（中略）変性男子は人民に百日の水行《みずぎょう》を命《さ》して、身魂《みたま》を研いて水晶に洗濯いたす御役《おやく》なり、変性女子は霊を以て人民の身魂を研く御役に拵《こし》らへてあるぞよ。（中略）変性男子の霊魂《みたま》は天の役、夫の役なり、女子の霊魂は地の役、妻の御用であるぞよ。火と水との守護で、天地を開く火水の経綸であるから、此の先は天と地との神の働きが明白《ありやか》に判りて来るぞよ。

先に少し述べたが、王仁三郎はなおの筆先の文体、念を押す意味合いで助詞の「ぞよ」を用いて「伊都能売神諭」を記している。この神諭は、なお・変性男子の神である艮の金神・国常立尊が、王仁三郎・変性女子の体内を借りて、いまだ書かれていない「立直しの筆先」を書かせるというものである。なおの信奉者に対して、王仁三郎がその地位を正当化しようとしたというよりも、なおの神、艮の金神・国常立尊を継承した、正統性を宣言していよう。なおは立替え・天・水・夫の役、王仁三郎は立直し・地・火・妻の役、この二人・二神がそろって、世の立替え・立直しの経綸が遂行され、人民の改心によって成就されるとするのである。

この神諭は「神界の経綸《しぐみ》が成就いたして、今度の世界の大戦争《おおたたかい》を一寸止めさして置いて、其晩の四つ時（十時三十分）に、天からの御迎《おむかい》で、出口直は若姫君尊の御魂《みたま》と引添ふて、天へ上りたぞよ。是からは天の様子も明白《ありやか》に判り出すぞよ。一旦出口直は天へ上りたなれど、直の御魂は三代の直霊《なおひ》に憑《うつ》りて、地の御用を致すぞよ。直の御魂は天にありては国常立尊と引添ふて、大国常立尊大出口神《おおでぐちのかみ》となりて、世界の守護を致すなり、地に降りては変性女子の身魂《みたま》に国常立尊が憑《うつ》りて、立直しの御筆先をか丶すなり」と続く。

「世界の大戦争」、すなわち第一次世界大戦を休戦させて、静謐かつ平和のなかで、なおの霊魂は若姫君命の神霊と連れ添って昇天した、と死の場面を描いている。そして、国常立尊とともに天で世界の守護をしながら、地に降って、王仁三郎に憑依し、いまだ記されていない、立直しの筆先を書かせるのだ、王仁三郎こそが、なお・国常立尊を体現する霊統である、と改めて告げている。

第五章　大正維新と立替え・立直し

九分九厘で悪の世の終末《しまい》と成りて、二度目の世の立替を致して末代の事が決りて、従来《これまで》の習慣制度《やりかたほじつ》を薩張《さっぱり》変へて了《しも》ふから、申すやうに致さん身魂は為《せ》な為《す》るやうに変《かえ》さすぞよ。

〔一九一八年旧三月一五日〕（なお「筆先」）

1　『神霊界』と大正維新の呼号

王仁三郎の大正維新論

英文学者で横須賀の海軍機関学校教授であった浅野和三郎が一九一六年（大正五）に、教授の職を辞して、綾部に移住した。そして、皇道大本の発展の一翼を担うことになる。浅野が入信するに至った契機として、海軍の大本信徒たちとの関わりがある。一九一三年に福中鉄三郎（海軍予備機関中佐）が入信し、ついで福中を介して飯森正芳（同中佐）、飯森を介して浅野、ま

『神霊界』表紙

た浅野の兄の正恭（海軍中将）が入信した。そして、日露戦争の際に東郷平八郎司令長官のもとで連合艦隊の作戦参謀として活躍した秋山真《さね》之《ゆき》（少将）など、海軍将校が続々と綾部を訪れている。

浅野は、一九一七年一月に『神霊界』の主筆・編集長を引き受けている。この『神霊界』の一七年二月から二一年四月まで、なおの平仮名書の筆先に王仁三郎が漢字を当てた「大本神諭」が掲載され、信徒が筆先を皆等しく読めるようになった。『神霊界』による文書布教、また全国的な宣教活動が大本を全国的な発展へと導き、大正維新・皇道維新を激烈に呼号していった。浅野は『大正維新の真相』（一九一九年）を刊行している。王仁三郎は「大正維新に就て」（一九一七年）、「世界の経綸」（一九一八年）、「神政復古の本義」（一九一六年）などの大正維新論を執筆している。

「大正維新に就て」（『神霊界』一九一七年三月号）は、王仁三郎の大正維新論の代表的なものであり、政治・経済論が展開されている。まず冒頭では「皇道大本の根本大目的は、世界大家族制度の実施実行である。畏くも天下統治の天職を惟神《かんながら》に具有し給ふ、天津日嗣《あまつひつぎ》天皇の御稜威《みいづ》に依り奉るのである」と、天皇の御稜威《みいつ》のもとで、「世界大家族制度の実施実行」をすることが第一の目的として掲げられる。この世界大家族制度を世界中に普及して、世界を統一し、神政復古にすることが、大正維新であるとされている。「万世一系の国体の精華《せいか》と皇基《こうき》を発揚し」などといった、国体ディスクールで粉飾された文である。

国家経綸策を根本より変革

当時、第一次世界大戦が続行中であり、日本もドイツに宣戦布告して参戦している。一九一七年はロシア革命が起こる年でもある。「世界的大戦乱となり、日に月に数万の生命を消殺し、幾千億の財力を費消しつゝ、未だ平和の曙光を見る事の見当さえ付かない」情況、それは「神聖なる大日本天皇の御稜威と、日本皇道大本の宣揚に因つて、世界を救済し統治し玉《たま》ふ天運循環の神力に外ならぬ」とする。

そして、開祖なおの筆先「七王《ななおう》も八王《やおう》も王があれば、世界の苦舌《くぜつ》が絶えぬから、神が表面《おもて》に現はれて、戦ひで世を還《か》へして、神の血筋の一ツの王で治めるぞよ」を引いて、「万世一系の天皇」が世界の支配者・統治者になる時期が到来していることは明らかだと宣言している。

過去二〇〇〇年来の社会情勢は「金銀為本の国家経済が、国家の存立的競争と、人生の不安不平を醸成する禍因」となっているとし、「人生の和楽、世界平和の基礎となるべき、国家々族制度を実施する」ためには、財政・経済を根本から改革することが第一義であることを説く。「金銀為本」の国家経済が財力を強大するために、「富国強兵」を「国家経綸の本能」としているのはまったく誤りであり、西欧の大戦乱のように「国家の存立的競争」と「人生の不安不平」を招いているとする。

現在の世界大戦とは「彼等半獣人種に経済的根本革命の斧鉈《ふしゃ》を加え給える我皇祖稜威《みいづ》の顕現」であ

り、それは「開祖の二十五ケ年間の御筆先」から証明できると、「皇祖稜威」が現われて、「半獣人種」の西洋人に鉄槌を下す、「経済的根本革命」が断行されるとして、「大本開祖の神訓」の権威を強調している。そして、現在はまさしく「皇道発展の時代」であるとして、大正維新・神政復古の成就を高唱している。

現在は「今や天運茲《ここ》に循り来つて」、「国常立大神の顕現」した「皇道発展の時代」だとする現状認識、そして「根本革正の時期が到来した」という展望である。だが、現国家体制の政治は「二千有余年来輸入したる世界野蛮劣等国の弊政の模倣にして、皇祖の御遺訓に示し給へる国体の根本義と絶対的に矛盾して居る」と、国家体制を弾劾し否定する。「開祖の神諭」の明示している、「国常立大神の顕現」による「大正維新神政復古の皇謨《こうぼ》」を成就して、「世界の争乱と人生不安の禍因を根絶するには、第一着《だいいっちゃく》に現代の金銀為本の国家経綸策を根本より変革せねばならぬ」と宣言するのである。

この「金銀為本の国家経綸策」の抜本的な変革、それは資本主義的世界の打倒・革命へと直結するものではない。国家家族制度――天皇と国民を本家と分家の関係にあるとして、忠孝一本論を説く、家族国家論の世界的拡張ヴァージョン――に基づいた「財政経済の根本的革正」とは、「財産平均論」や「富の分配」、また共産主義や社会主義を理想とするものではないと、一応、断っておかなければならなかった。とはいえ、皇祖皇宗の遺訓と開祖なおの筆先を「体得」することを掲げながら、財政・経済の「根本的革正」、ひいては皇国日本・世界革命を志すことが、王仁三郎の大本・大正維新であることには変わるところがない。

天産物自給の国家経済とスタイル

このような世界情勢の認識から、大正維新の要点として、「天産物自給の国家経済」こそ「衣食住の根本革新問題」だと提唱している。服装に関しては、「天産物自給の法則」に根本的に基づいたものはなく、「野性的欲望の窮極するところ、終に弱肉強食の暴状をも敢て憚らざるに至つた」と言う。最も甚だしいのは西洋強国で、「動植物が天賦自然の使命を有すること」を知らず、「弱肉強食的野獣性を発揮して、無暗に鳥獣を屠殺して、其肉《その》に舌鼓を打ち、其毛羽や皮革を服用して、文明社会の常事として毫《ごう》も怪しまない」、それは「野蛮因習」によるものであり、「残忍酷薄なる習慣」はついに「他人の国家を浸蝕し、併呑し、飽食暖衣を誇るを以て、世界的文明強国なり」と信じ、「仏者の所謂《いわゆる》畜生道、餓鬼道、修羅道」だと弾劾する。

服装から国家の問題へ、一見すると飛躍しているが、日常の生活世界のスタイルから国家という政治世界のスタイルを問い直している。いわば整風運動である。世界的な文明だとして、国民が競って使用し、かつて王仁三郎自身が愛用した洋服や洋帽、洋傘、洋靴などは「非文明的野蛮を標榜したる獣的蛮装」であり、その材料が貴重なものほど、「残忍無道を敢行せる産物」でもあり、「蛮的獣装」の禁止が「国家経済と人心革正の必要と、天産物自給の法則上に於ける最大急務」だとする。

唐風の衣冠束帯、不便極まる長い振り袖は不要であり、「日本国体の精華を発揚し、世界を経綸すべき皇国の天職を発揮せしむる服装」を制定しなければならないと主張するが、具体性には欠けている。なお自身は木綿の着物、紙巻きの鼻緒を付けた藁草履などの装い、菜食を主とする食事、終生、質素であり続けていた。

食料品に関しては、「各自天賦的に発生する土地の生産物を以て、需用供給の原則とすることは、世界的通義」だが、金銀為本の国家経済による悪弊が蔓延している現状を批判する。「天賦所生の土地」を遊猟場にして「残忍酷薄なる遊戯に耽溺し」、また工業地にして「金銀財力の収穫を目的」とし、そして「野獣的欲望の窮極は、利害相衝突する所、国家の存亡を賭して戦争する」だけである。「西洋野蛮人種の真似をして、猥《みだ》りに動物を屠殺して食料に供給する」ことは、「神聖なる皇典」の教える「天理人道に違反する悪魔の行為」であると、王仁三郎自身がかつて好んだ肉食を忌避するのだ。食料問題を解決しなければ、世界平和も「救世安民の経綸」も実現できず、「神聖なる祖宗御遺訓と大本神諭を拝すれば」直ちに解決できると説く。

大正維新の使命・私有財産制度の撤去

さらに大正維新の要点として、「弱肉強食野蛮制度の遺風」である「租税制度の廃絶」を挙げる。租税の徴収は「多数民衆の膏血《こうけつ》を絞り、人民を奴僕視して」、「鞭打奨励を以て血肉を啖《くら》ふを経綸の要訣《ようけつ》」、また「金銀為本を以て富国の要目」とし、「生存競争を以て人生の根本義と解し、弱肉強食的世界併呑を以て最終の目的と為す大個人主義（中略）人面獣心的文明強国の経綸的制度である」と批判している。

そして、国家家族制度の実施に先立って行わなければならないのは、明治初年の版籍奉還と同じように、「動産と不動産とを問はず、一切之《これ》を至尊《しそん》に奉還すること」、すなわち「私有財産の制度を根本的撤去」することである。「元来総ての財産は、上御一人《かみごいちにん》の御物《おんもの》であつて、一箇人の私有するを許さない事は、これ祖宗《そそう》の御遺訓と、開祖帰神《きしん》の神諭」に説かれ、「一切の私有財産」の「上御一人」への返還、これが土地為本・稜威《みいづ》為本の皇道経済だとする。後の大本・昭和維新でも一貫した主張である。

大正維新の使命として、「犠牲的精神を発揮して、挙国一致私有財産の制度を根本的撤去し」、「万世一系の天皇に奉還し、以て国家財産の統一整理を敢行し、神聖なる祖宗の御遺訓を実践躬行《きゅうこう》し、先帝の遺詔《いしょう》に奉答すべき献身的覚悟を持たねばならぬ」と、犠牲的精神による「私有財産の制度」の撤廃を力説して、決意のほどを示している。

王仁三郎の大正維新論は「天運循環、茲《ここ》に世運の進展は国祖国常立尊《くにとこたちのみこと》の世界の中心に顕現せられ、開祖の手を通し言を通じて、神聖なる皇祖の御遺訓を顕彰し」、「済世安民の鴻業《こうぎょう》を大日本皇国に因つて大成せしめ給ふ千載一遇の時機」となったことを前提としている。すなわち、国祖国常立尊がこの世に現われ、開祖なおを通じて、皇祖皇宗の遺訓を開示し、大正維新・皇道維新を断行する時機が到来したということである。

皇室・天皇制を否定する論理はなく、ただ天皇親政の神政復古を樹立すべきだとしている。だが、この神政復古の内実、またその実現に向けた方策は明らかではない。そして、なによりも国家神道体制の頂点に位置する、神宮・天照大神を無視して、記紀神話の主要な神であるとはいえ、国祖国常立尊を中心に立てていることは、国家神道・国体イデオロギーと抵触したことは言うまでもない。

また、なおの筆先が皇祖の遺訓を顕彰しているとするのも、王仁三郎の強引な解釈とみなされただろう。ともあれ、大本の大正維新・皇道維新の鼓吹は、第一次世界大戦下での危機意識を覆す、ドイツに対する戦勝・好景気の気運のなかで、ナショナリズムを大いに喚起して盛り上げ、都市知識人や軍人、大衆を惹き付けていったのである。

「大本神諭」の公表・刊行

先にも述べたが、『神霊界』誌上に、なおの筆先が掲載された。それはなおの激烈に断定する文体による、立替え・立直し思想が世に広く知られていく契機となり、大正維新の宗教政治的運動のバックボーンになっていった。『神霊界』一九一七年五月号に載せられた「神諭」（後に『大本神諭　天之巻』所収）を挙げてみよう。

お照らしは一体、七王《ななおう》も八王《はちおう》も王が世界に在れば、此世《このよ》に口舌《くぜつ》が絶えんから、日本の神国の一つの王で治める経綸《しぐみ》が致してあるぞよ。外国は獣の○であるから、○○に致すぞよ。この日本は神国の世であるから、肉食《にくじき》なぞは成《な》らぬ国を、余り汚して、神は此の世に居《お》れんやうに成りたぞよ。世界の人民よ改心致されよ。元の昔に戻すぞよ。ビックリ箱が明くぞよ。（中略）艮《うしとら》の金神《こんじん》は此世のエンマと現はれるぞよ。（中略）この神が天晴表面《あっぱれおもて》に成りたら、世界を水晶の世に致すので在るから、改心を致したものから宜《よ》く致すぞよ。水晶の神世に成れば、此世は思ふやうになるぞよ。水晶の霊魂《みたま》を調査《あらため》て神が御用に使ふぞよ。（中略）モ一《ひと》ツ世界の大洗濯を致して、根本から世を立直すから、世界が一度に動くぞよ。東京へ攻めかけるぞよ。○○○は綾部に守護が致してあるぞよ。あとは宜《よ》くなりて、綾部を都と致すぞよ。世界には何でなり共見せしめがあるぞよ。綾部に天地の神々のお宮を建て、三千世界を守るぞよ。世界がウナルぞよ。世界は上下《うえした》に覆《かえ》るぞよ。

〔一八九三年〕

これは「明治二十六年」と執筆年が記され、日清戦争の前年に出された、なおのきわめて初期の筆先である。先にあげた王仁三郎の「大正維新に就て」に、この筆先の冒頭と類似した文が用いられている。「ぞよ」と断定した文末で終わる、短文が綿々と続いている文体である。この筆先がなおの直筆のものをどのように改めているかは分からないが、立替え・立直しの思想はしっかりと伝えられていよう。

伏字の〇〇は原文のままであり、不敬罪や治安警察法に抵触しないように配慮されている。「外国は獣の〇であるから、〇〇に致すぞよ」は「外国は獣の国であるから、新《さら》つに致すぞよ」であろう。「〇〇〇は綾部に」は「てんし（天子）は綾部に」とされている。もうひとつ、『神霊界』一九二〇年二月一一日号に載せられた平仮名書の「おふでさき」を挙げてみよう。

めいぢさんじうろくねんじういちがつにじうくにち

うしとらのこんじん、へんじようなんしのみたまが、あらはれると、みろくぼさつが、あらはれなさると、いちとでであるそよ。へんじようなんしが、あらはれると、このよにでてをれる、かみぶつじにも、じんみんにも、たれもしらんことが、わかりてきて、あまりなことが、でけてきて、あいたくちが、すぼまらんことが、でけてきて、みたまのいんねんが、わかりてきて、てんちがさつぱりかへりて、よがさかさまに、なりてをるのが、もとにもどりて、なにごとも、むかしのみろくのよの、やりかたにいたすしぐみが、してありての、こんどのにどめの、よのたてかへであるから、ながくかかりて、しぐみたたいもうな、みたましらべのおほもとであるから、よをたてかえるともうすのは、みたまのたてかへであるから、ほねがをれるともうすのであるぞよ。さんぜんせかいを、ひとつにまるめて、しんこくのよにいたすと、もうしてあろうがな。〔一九〇三年旧一一月二九日〕

（艮の金神、変性男子の身魂が、現われると、弥勒菩薩が現われなさると、一度であるぞよ。変性男子が、現われると、この世に出ておれる、神仏事にも、人民にも、誰も知らんことが、分かりきて、余りなことが、出けてきて、空いた口が、すぼまらんことが、出けてきて、身魂の因縁が、分かりきて、天地がさっぱり返りて、世が逆さまに、なりておるのが、元に戻りて、何事も、昔の、弥勒の世の、やり方にいたす仕組（経綸）が、してありての、今度の二度目の、世の立替えであるから、長くかかりて、仕組た大望な、身魂調べの大本であるから、世を立替えると申すのは、身魂の立替えであるから、骨が折れると申すのであるぞよ。三千世界を、ひとつに丸めて、神国の世にいたすと、申してあろうがな。）

短文と超長文と短文の三文で構成されている。直筆の筆先は平仮名と漢数字で記され、句読点は付されていない。現在では、平仮名だけの文は読みにくいが、当時はそうでもなかっただろう。王仁三郎がなおの直筆を編集しつつ、句読点を加えた。この筆先も、世の立替えについて記している。漢字混じりの「神諭」は高等小学校・中学校以上卒業向けで、一九二〇年に平仮名だけの「おふでさき」を掲載しているが、それは農民や女性向けだったのであろうか。

『神霊界』連載の「大本神諭」は、一九一九年に『大本神諭　天之巻』としてまとめられて刊行され、なお・艮の金神の筆先が本格的に表に現われることになり、教団の内外へと大きな衝撃を与えながら広まっていった。一九二〇年に刊行されたばかりの『大本神諭　火之巻』は「不敬」と「過激思想」を理由に発売を禁止され、押収されている。

2　大正維新へ向けて

世界戦争の警告・予言

『綾部新聞』（一九一八年八月号）に、『神霊界』編集員の友清天行（九吾）の「一葉落ちて知る天下の秋」が掲載された。さらに、『神霊界』（一九一八年九月一日号）に載せられ、『神と人との世界改造運動』と改題されて出版され、大きな反響を起こした、大正維新運動の全国的な発展を刻印した記念碑的なものである。

まず冒頭で「世界立替の日は愈々《いよいよ》迫る!!」とアジテーションをしている。欧州大戦に引き続いて「日本対世界の戦争」が勃発すると警告・予言をする。それは、国祖国常立尊の計画を実現する、「悪の世を善一筋の世」に立替える「世界の大洗濯」、天変地異も起こる「建設前の破壊」であり、一、二年のうちに勃発すると切迫感を募らせている。

この「日本対世界の戦争」の「世界」とはアメリカが想定されている。日露戦争一〇年後あたりから、ロシアの次はアメリカとの戦争だと、アメリカを仮想敵国とする日米未来戦記が出版されてもいたのであり、日米戦はたんなる妄想ではなかった。やや後のことになるが、一九二三年に政府がアメリカを仮想敵国とする新国防方針を立てるとともに、アメリカの日本人移民に対する反日感情・排斥から、一九二四年に成立した排日移民法に対して反米感情が高まり、アメリカを仮想敵国とする風潮が強まっている。

また、一九三〇年代前半の第二次大本弾圧事件前にも、〝世界最終戦争〟を夢想した、世界最強国のアメリカを仮想敵国とする日米戦記が数多く出版されている。反軍国主義者として知られる水野広徳（海軍大佐）は、日米未来戦記として、一九一四年に『次の一戦』、一九三二年に『打開か破滅か興亡の此一戦』（発禁）を刊行し、米軍の空襲によって、東京が火の海になる光景を描いている。

友清の描く「日本対世界の戦争」は「敵の上陸」によって惨状を呈し、「日本も一時は〇分の〇を〇〇される」。だが、「愈々《いよいよ》と云ふ時」、「神力の大発現」があり、「大地震、大海嘯《かいしょう》、大暴風雨、火の雨等」の「天災地変」によって解決される、これが「此世の大洗濯」、「世界の立替の大芝居」の筋書きである。たんに神力による天変地異でしか、世界の立替えを構想できなかったのである。

「今から一千日ばかりの間」に勃発して、「大正十一、二年頃は此の世界は暴風雨の後の様な静かな世」になり、「生き残つた人達が神勅のまに〳〵新理想世界の経営に着手」することになる。多くの死亡者を出すが、生き残るのは「大本神に帰順」して改心した「因縁の身魂」をもつ「霊統の立派な人」であると、ユダヤ教のような選民思想を濃厚に漂わせている。

立替えの時の予言

世界の立替えの時がいつなのか、それは教団内外で大きな関心が抱かれていた。

友清は「日本対世界の戦争」が始まるのが一九一九、二〇年頃、それが終決して、「新理想世界の経営に着手」するのが一九二二、二三年頃であると予言を伝えた。立替えは武力による「日本対世界の戦争」で日本が敗退しながらも、「神力」による「天災地変」によって勝利し、皇道主義の「忠君尊皇愛国の大義」が実現されていくとされる。

浅野和三郎は「大正八年を迎ふ」（『神霊界』一九一九年一月一日号）に「本年は大正八年である。弥《や》の歳である。いよ〳〵の歳である。『三千年《みそとせ》の世の立替えも迫りけり後の三年《みとせ》に心許すな』これは大正七年五月十日、教主に神懸《かむがかり》まして詠まれたる二百首中の一首である。後の三年の第一年は本年である」と、王仁三郎の歌から立替えの時を一九二一年（大正一〇）、古代中国で革命が起こるとされた辛酉《しんゆう》（かのととり）の年（神武天皇が橿原で即位した年とされる）と主張するに至り、教団内では立替えをめぐって切迫した情況のなかで、熱烈な宣教が全国で貫徹されていったのである。

なおの最晩年の筆先の日付は、一九一八年旧三月一五日（四月二五日）であり、『神霊界』（一九一八年一一月一日号）に発表されている。

九分九厘で悪の世の終末《しまい》と成りて、二度目の世の立替を致して、末代の事が決りて、従来《これまで》の習慣《やりかた》制度《ほじつ》を薩張《さっぱり》変へて了《しも》ふから、申すやうに致さん身魂は、為《せ》な為《す》るやうに変《かえ》さすぞよ。（中略）外国の七尾《ななおう》も八尾《やおう》もある王を平《たいら》げて、一つの王の元の天地の王で治めるぞよ。（中略）天照皇太神宮《てんしょうこうだいじんぐう》様が大出口直《おおでぐちなお》にお憑《うつ》り遊ばして（中略）余り大望な御用であるとお言葉を戴いた事が、六年後《あと》から大本の内部《なか》にも、お邸の内に実地《しょうまつ》のお姿が、彼方此方《あちらこちら》にお出《い》でますなれど、余り曇りた世の中であるから、この内部《なか》お邸を余程清らかにして、男も女も生神ばかりの中に居《お》るのであるぞよ。

二度目の世の立替えを告げる筆先である。現在を困難な変わり目・転換期と捉え、一挙に世の立替えが起こるとしている。六年後の一九二四年から、大本の内部に「勿体ない事」が起こり、次第に「仕組」ができあがってくるため、大本の内部や屋敷を清浄にしておけ、それはなおに「天照皇太神宮様」が知らせてくれたことであると記している。

このことはたんに大本の内部だけに留まらない。大本の内部や出口の屋敷に起こることは、前もって世界に起こる「型」だとみなされているからである。なおは一九二四年に世の立替えが起こるから、身魂を磨いておけと告げたのである。世の立替えには、浅野の大正一〇年説ばかりではなく、なおの大正一三年説もあったとみなすことができよう。

一九二〇年前後の世界情勢

一九一四年、第一次世界大戦が起こり、日本はドイツに宣戦布告をして、山東半島に上陸して交戦し、青島を占領した。翌年には対華二一カ条の要求を突きつけ、関東州の租借期限や南満洲鉄道の権益期限の九九カ年への延長など、権益拡大を要求した。これは中国での反日・排日運動を巻き起こしたばかりでなく、国際問題へと発展していった。一六年、吉野作造が民本主義を提唱し、大正デモクラシー運動が起こる。ロシア革命の翌年の一八年に日本政府がシベリア出兵を宣言すると、米の買い占め・売り惜しみや投機に拍車がかかり、米価が高騰して、米騒動が全国を席捲していった。

第一次世界大戦中、好景気と急速な工業発展によって経済が急成長し、国民生活が豊かになるにともない、米の消費人口が増大し、貧農や都市の下層民も米を食べるようになっていた。米騒動は富山湾の海岸地帯から発生し、「越中女房一揆」として新聞で報道されると、全国に波及していった。名古屋市や京都市などでは警察の鎮圧では収まらず、軍隊まで出動した。米騒動によって、寺内正毅内閣はその責任をとって総辞職した。米騒動の際に、米屋や警察派出所の襲撃、略奪や打ち壊し・焼討ちの騒乱、炭鉱の暴動が起こったのは、青森・岩手・秋田・沖縄の各県を除く、一道三府三八県、参加者は政府の推計で約七〇万人に及んでいる。自然発生的ではあれ、暴動によって、内閣を倒すほどの民衆の力が発揮されたのである。

一九一九年、朝鮮で三・一独立運動、中国では排日・抗日の五・四運動も起こり、日本帝国の植民地支配・侵略に対する闘争が激しくなっている。翌二〇年には、尼港《にこう》事件が起こっている。ロシアのニコライエフスク（尼港）を占領していた日本守備隊は抗日パルチザンに包囲され、降伏協定を受け入れながらも、協定を破って奇襲攻撃に出たところ、反撃されて敗北した。そして、領事や守備隊長・兵士、居留民、七〇〇余人が抗日パルチザンに殺害され、一二二人が捕虜となったが、パルチザンがニコライエフスクを撤退する際、捕虜全員を殺戮した。

第一次世界大戦を背景にして、この時期の貿易収支は大幅な黒字であり、戦争成金を生んだように好景気だったが、労働者の賃金は低く抑えられ、労働運動が組織化されて、三菱長崎造船所をはじめとして、大型ストライキが多発したばかりでなく、小作争議を中心とした農民運動も盛んになってい

「敬神尊皇報国」の街頭宣教隊（大本本部提供）

る。二〇年には、全国普通選挙期成連合会が結成され、東京で一一一団体、数万人が参加した普選デモが行われている。また、上野公園で一万人を超える参加者を集めて、初めてメーデーが開催され、労働運動も普選運動も高揚している。世界大戦が終結した後、株価が大暴落し、戦後恐慌が起こり、成金が急激に没落したばかりでなく、農民・労働者も苦境のなかで戦闘的になっていったのである。

宣教スタイルと長髪

大本は激動する国際情勢の下で、熱烈な宣教活動を展開していった。大本信徒たちは、長髪にして、紋付羽織に袴の姿で、「敬神尊皇報国」と染めた幟《のぼり》を翻して、二度目の立替えを大声で叫びながら街頭で宣教をした。

王仁三郎はかつて断髪しないで、結髪する理由として、「人霊は頭脳中に鎮居《ちんきょ》す。故に頭毛と称す。曰く髪。髪は即ち神の謂なり。神髪何ぞ断ず可《べ》けん哉」、また『孝経』「開宗明義章」から「身体髪膚《はっぷ》之《これ》を父母に受く、敢て毀傷《きしょう》せざるは孝の始なり」をあげ、「蓬髪豈《ほうはつあに》独立を好まん哉《や》」（『敷嶋新報』一九一五年一月一五日号）と記している。神と独立不羈のシンボルが髪なのである。

この長髪について、内務省警保局長による「皇道大本教に関する件」（一九一九年）では、「髪なるものは伸ひるまて伸すへし。彼の眉及髭は如何に伸さんとするも、或程度より伸ひす。然《しか》るに頭髪は伸ふへく出来居るものなり。無残にも切り取るは神意に背き居るなり」と記されている。中国の太平天国軍のように「長髪賊」の名を負っている。

一九二〇年には、修行道場として五六七《みろく》殿が竣工し、講話や幽斎修行が大きな規模で行われるようになった。また、亀岡城址の一万三五〇〇坪の土地を買い、亀岡大道場として修行の本拠地となっている。この亀岡城址、かつての亀山城は明智光秀が築城した。それが三四〇年ほどの歳月を経て、王仁三郎のいわば居城となったのである。

『神霊界』（一九二〇年一月一日号）の「王仁随筆」に「三百余年の昔、天正の十年に明智光秀が天下を治めた亀山城跡に道場を開設するのは、国魂《くにたま》の関係上、最も適切な神策である。（中略）松の大本は、万世一系、天壌無窮の皇運を扶翼し奉る、忠良無比の神民の集る、神聖なる霊地である」と記して、亀岡大道場を皇道の宣教と修行の拠点としている。

街頭宣教・演説や公開講演などを通じて、大本に関心を抱く者が増え、綾部を訪れ、修行する者も多くなっている。地方の支部・会合所は一九一七年まで四〇カ所前後で、その多くは近畿地方だったが、一八年から一九年にかけては八〇カ所に急増し、北海道から熊本、そして台湾にも設置されていった。さらに二〇年に至ると、台湾で二カ所、沖縄に一カ所など、六八カ所も増え、計一四八カ所にもなっている。

3　大本信徒の入信経路

入信者の契機と『おかげばなし』

『大本七十年史』編纂に際して実施した「入信の動機」に関するアンケート調査の結果によると、入信者の多くは農業で、大本の教義や立替え・立直しに共鳴した人が多数を占めている。学歴は中学校卒業以上が全体の三〇％、年齢は二〇代から三〇代の者が五六％、大本の教義や立替え・立直し説に共鳴した人が五七％を占め、病気直しは一一％である。入信の契機をどこに求めていたのかを判断するのは、かなりむずかしい。病気直しと教義・立替え・立直し説への共鳴を分けることに、あまり意味がなく、両者は連繋した入信の要因になっているとも考えられるのである。入信者の手記を集めた、大本天恩郷宣伝部編『おかげばなし』（一九二八年）から、一九二一年以前のものを拾ってみよう。

神の実在と心的革命

［事例一］まず、北里利義（熊本県阿蘇郡下城小学校長）の「一夜の心的革命」を見てみよう。一九二〇年（大正九）、北里は学校の宿直室で同僚一〇余名とともに、郷里の先輩Kから「これまで三千年と云ふ長い間、宇宙の艮の方向に悪神から押籠められてゐられた、国祖国常立尊様が此度《このたび》愈《いよいよ》御現はれになつて、宇宙一切の立替立直しを断行される時節が到来したので、これから世界にはそれは〳〵大《だい》もうが起るのです」などという話を聞いて、「最初キ印か」と思ってい

る。Kは慶應義塾大学を卒業後、大阪で就職し、重要な地位についていたが、突然、職を棄て、「丹波の大本に走つて、神《かん》気違になつた」という評判が郷里では立っていた。

　翌日の夜、またKの講演が始まった。テーマは、「宇宙の始まりから、神々の御因縁、及び丹波綾部に於ける出口大本教祖の奇蹟的出現、出口王仁三郎聖師の神格的行跡等」で、深夜一二時過ぎにまで及んだ。北里は初めから話に引きつけられ、聞き終わった時には、「何時のまにか霊の存在、神様の厳存といふことを固く信じ」、「一夜の出来事としては、余りに大きな心的革命に自ら驚くと共に、得も云はれぬ心の歓喜を覚えた」と記している。

　この「心的革命」とは「宇宙には矢張神様がゐて下さつてよかつたと歓喜した」ことである。そして、「突然実在の神の存在を教へられ、現界は神界の移写《いしゃ》で、神界と現界とは合せ鏡の状態になつてゐること」、「今や時節到来して、国祖大元神が或る特定の真人の肉体をかつて、実際に活動されつゝある」ことを聞いて、「愕然として驚いた」と語っている。

　この後、北里は筆先や大本関連書を耽読し、「お筆先さへ拝誦《はいしょう》すれば、何時の間にか拭ふが如く其《その》恐怖の雲が消え去る」という体験をし、一九二〇年八月に綾部に講習を受けに行った。朝夕の礼拝、昼の講演には五六七《みろく》殿の大広間に、一五〇人位集まるという盛況ぶりを伝えている。北里は七日目に「大神様の御分霊」を授けられ、翌日、帰宅している。「理屈好きの議論好きの慢心強い私は、この第一回綾部参詣の七日間に、『人間が如何に威張つて見た所で、神様に対しては絶対不可抗である』と云ふ事を十二分に体験さして戴いた」と、手記を締めくくっている。地方インテリの『一夜の心的革命」、回心・メタノイアを契機として、神の実在を確信した入信である。

筆先に歓喜する

〔事例二〕川崎勇（朝鮮江原道《カンウォンド》春川《チュンチョン》）の「地の高天原へ行くまで」は、珍しく朝鮮在住の大本信徒について記している。川崎は一九一八年に江原道庁の食堂で、内務部長（現・慶尚北道《キョンサンブクド》知事）の須藤から、初めて大本の話を聞いて「大に感動した」。

須藤によると、知人の判事から手紙が届き、「今回の欧州大戦争後は、従来の物質本位であった世界が、精神本位の世界に立替はる」、そして「日本が道義的に世界を統一する」、「丹波の綾部といふ処の、出口直といふ老婆が神懸りになつて（中略）今の世界的大戦争も予言され」、信者には「知識階級の者」も少なくなく、入信したが、かつて借金していたことが心苦しくなり、返済すべく送金した、と記されていた。この判事に金を貸したのが川崎であった。

翌年、『大阪毎日新聞』で「鎮魂の状況」などを伝えた、大本に関する記事を見て、前年のことを思い出し、大本関連の書物や機関誌を購読した。これまで、「時に無神論に動き、唯物主義に傾き、或は左に或は右に」、「常に心の空虚と不安とで淋しい境地に居つた」が、「神書を拝読するに至つて、前途に光明を認め、将に自分の行くべく進むべき道はこれである」と思って、「全く大本開祖の『御筆先』の権威に服してゐた」。

一九年の夏の休暇に、綾部に行く決心をしたところ、同僚が購読していた中村古峡の『変態心理』を送ってくれた。そこでは、『御筆先』は偽物だ、「鎮魂帰神は催眠術である」などと、大本を攻撃していた。「自分は妖魔の渦中に飛び込むのではあるまいか」、そうなら「身の破滅である」などと、

「一種異様の不安と淋しみとを感じ」ながらも、大本の黒門をくぐった。八日間にわたる、鎮魂帰神法の修行、講話の聴講のなかで、「千百の疑問は春の氷の如く解けて、心に積んでゐた重荷を下して、歓喜悦楽の者に更生し」、「口や筆には尽せぬ御神徳であります」と記している。

鎮魂による子宮病の全快

［事例三］小川来作（大分県下毛郡上津村）の「入信の経路」によると、一九二〇年（大正九）八月に入信した。当時、大阪に居住し、同郷出身で在阪の郷社神職の長男から、入信を勧められていた。小川の宗旨は浄土真宗本願寺派で、小川は「無用の言とし」断っていた。小川夫妻は「貧にして病めるもので」、特に妻は結婚前より、「慢性的子宮疾患」があり、結婚後も直らず、「子宝」にも恵まれそうになかった。

そこに、神職の息子が来て、「大本の大神様に縋《すが》り、鎮魂を受けなば、著しき霊験ありて治癒する」と勧められた。「鎮魂のお取次」を四、五回してもらうと、「永年の子宮病も全快し、起死回生の思ひ」がして、夫婦ともども真宗を捨て、入信するに至った。小川は「大本神諭」などを読み、「神慮の深遠微妙にして、神徳の広大無辺」「教義信条等の他教に卓越せるを悟り」、弾圧に屈することなく、大本信徒として七年経っている。

都市から農村へ

北里も川崎も小川も、一九二一年の弾圧以前に入信し、その後も信仰を継続している。同じような事例はいくつか載せられている。北里は小学校教員で、大本の神や霊の存在に関する教えを聞いて、一夜にして起こった「心的革命」・メタノイア、また筆先のもつ霊力が発揮された体験を語っている。神界と現界の関係、立替え・立直しの時節といった、宗教的世界観と社会変革に関心を抱いていたようである。

川崎は朝鮮総督府の官吏で、自らを「知識階級」として位置づけ、開祖なおの筆先に「引き付けられ」、その「権威に服してゐた」と言い、「神書」としてあがめている。この二人は前もって大本信徒や「大本研究者」と出会って、話や講演を聞き、かなり大本にシンパシーを抱いた後に、確証をえるために、綾部で講習を受けたり、鎮魂帰神法の修行をしたりして入信している。

小川の場合は、大本信徒との接触があるものの、もっと直截である。「鎮魂のお取次」によって、妻の病気が直され、直ちに家の宗旨である真宗を捨てて入信している。小川は大分の農村を出て、大阪に住み、郷里に戻っている。職業はおそらく大阪で労働者となり、郷里に帰って農業を営んだのだろう。大本自体は地方都市から都会へと進出して、布教の拠点を構築し、信徒を獲得・増大させていった。そして、都市部の信徒が地方出身者に布教し、地方出身者が帰郷した地方・農村部で布教していったという、宣教戦略による教勢拡大の経路を想定できよう。

4 大本攻撃の嵐

鎮魂帰神とスピリチュアリズム

「大本研究者」とは、当時、霊術や霊学、西洋からもたらされた心霊主義・神霊主義（スピリチュアリズム）の流行にともない、心霊現象の実在を探究しようとして、大本の鎮魂帰神法に関心を抱いた者たちであり、都市部の文化人・知識人に多かった。

この「大本研究者」が綾部を訪れて鎮魂帰神法を実修し、心霊や霊魂の実在・作動を心身をもって体験しようとした。

この鎮魂帰神法とともに、病気直しのためには「病気鎮魂」も行なわれており、一九二〇年あたりまでは、大本の重要な宣教手段だったのである。スピリチュアリズムは死後の霊魂の存在を信じるものであり、ヨーロッパで世紀末また第一次世界大戦後に流行している。日本でも、土井晩翠などが息子や娘の死を契機として、心霊主義・スピリチュアリズムに傾倒していった。

先に述べたように、小松林命を守護神とする王仁三郎は、正神と邪神の判断をし、病気を直したり、神霊の実在を証明したりして、信徒を増やしていた。しかし、なおが筆先を通じて、鎮魂帰神法を非難し、王仁三郎は鎮魂帰神法をひかえていった。他方で、信徒の間では大本の神威を発揮しようと、布教のために鎮魂帰神法を行なっていた。鎮魂帰神法が積極的に布教のために用いられるようになるのは、浅野和三郎が入信し、自ら幽斎修行として、大本の講習で行なうようになってからである。

浅野は『皇道大本略説』（一九一八年）に「鎮魂帰神法は、皇道の萎微《いび》振はざる過渡の時代、又は天下の一大事に際して、皇道大本が時として使用すべき破邪顕正の一大機関なり」と記している。鎮魂帰神法は邪神と正神を判別して、「皇道の闡明《せんめい》と実行」をするが、皇道の衰退している過渡期、あるいは「天下の一大事」に際会した時に用いるべき行法である。

鎮魂帰神法・幽斎修行は以前にもあったように、憑霊によるとされる言動が激しくなって収まらず、物議を醸すようなことがしばしば起こっている。大本の教勢が拡大していった一方で、鎮魂帰神法の実修によって精神異常者が続出したと非難攻撃されることになる。〝邪教〟〝妖教〟の烙印が押され始めてくるのである。

こうした情況のなかで、王仁三郎は「地方に於て、無暗矢鱈《むやみやたら》に鎮魂帰神の修行を為すと云ふ事は、最も危険である。（中略）本人の肉体は、守護神の口車にのせられ、何時の間にやら、邪神の捕虜になつて了《しま》つて居るのである」（『神霊界』一九一九年八月一五日号）と、鎮魂帰神法の魅力のゆえの危険性を絶えず警告していた。そして、筆先を「静坐瞑目」させて拝聴・拝読させ、その解説や霊学講話を「霊魂教育法」とした。「病気鎮魂」や憑霊を鎮静させる鎮魂帰神法は、その熟達者に限定し、王仁三郎は憑霊・霊術技法の管理体制を敷こうとしていたのである。

大本攻撃の怒濤のなかで・中村古峡の大本批判

大正一〇年立替え・立直し説を中心にした、大本の宣教が大いに熱を帯びるにしたがい、大本は邪教視され、非難・攻撃が盛んになり、大本撲滅が熾烈に呼号されるに至っている。一九二〇年になると、『改造』（八月号）で「特集　宗教改革問題」が組まれ、谷本富（文学博士）「大本教と天理教」、石神徳門（佛教大学教授・文学士）「改造を要求さる可き皇道大本」などが掲載されている。

そして、中村古峡の『大本教の解剖――学理的厳正批判』（一九二〇年）が出されている。それ以前、中村は主宰する『変態心理』で、大本攻撃をすでに開始していた。「大本教の迷信を論ず」（二一号、一九一九年）を出し、ついで特集号「大本教追撃号」（三八号、一九二〇年）、大本弾圧事件後には特集号「大本教撲滅号」（四四号、一九二一年）を刊行するに至っている。最も戦闘的かつ徹底して大本攻撃を敢行したのが、中村だったのである。

中村の『大本教の解剖』は「大本教が大なる迷信であり邪教である」として、一貫して攻撃してやまない書である。なお・艮の金神の「霊異」は「将眠時の一幻覚に過ぎない」とし、「教祖がやつといろは四十八文字が曲りなりにしか書けない無教養の老婆」で、筆先は「神経学で云ふ妄想性痴呆（教祖の際には特に宗教的の色彩を帯びてゐる）患者に屢々《しばしば》現はれる濫書《らんしょ》症と云ふ一種の症状に外ならない」と断じている。

「教祖出口なほは宗教性の妄想痴呆者」「教主出口王仁三郎はイカサマ師」「総務浅野文学士はパラノイア」「今日の大本教は、短刀《ママ》直入にこれを云へば、つまり出口王仁三郎と浅野文学士とが、教祖の『お筆先』を種にして、巧に捏《でっ》ち上げたもの」と、精神異常者・詐欺師と罵るだけである。

宗教学の権威・姉崎正治の大本批判

中村の『大本教の解剖』刊行後、浅野和三郎から「直接伝道をも受け」たことのある、東京帝国大学の宗教学の権威、姉崎正治は『変態心理』（三五号、一九二〇年）で「大本教に就いて――中村文学士の『解剖』と行政処分」と題して、「やれ鍋にとぢ蓋《ぶた》」のように、「大本教と現代日本」とが「相応」していると、大本と現代日本を批判している。

第一に、大本の「有識階級」は「精神的にはゼロ以下で」、「迷信遍歴者」にすぎないと、軽信・躁信の現代日本の風潮とともに批判している。

第二に、「現世利益と偏狭な国家主義」の批判である。軍人や「狂熱者」を惹きつけるのは「直接眼前の利益（健康を主とし、財産問題是に次ぐ）と、偏狭な国家主義（即ち彼等の愛国心）」であり、それが大本の教説によく現われているとしている。日米開戦の鼓吹・宣伝、日本の包囲・破綻という畏怖、そして「誇大妄想」によって「日本の世界統一が来る」とする、「思想を誇張的に代表する」のが、大本だと指摘する。

第三に、「科学的研究的真精神の欠乏」である。「独創の研究に必要な思想の自由が圧迫せられる今日」、科学的研究や批評分析の精神が、日本の教育全体に及んでいないために、世直し願望、破局（カタストロフィ）願望が蔓延しているとする。「今年又は来年（即ち辛酉《しんゆう》歳）の紀元節に、天皇が宇宙大皇帝にならせられる」などといった「何か突然の激変で事態が片付く」という「激変躁信《そうしん》」、それが大本の宣伝するところだとする。

第四に、「宗教感化の失墜」である。姉崎によるなら、「宗教信仰は社会人心の已《や》み難い要求である」が、「明治初年以来、政府も学校も宗教を虐待して来た」ために、「迷信躁信」が流行した。「個人にも社会にも宗教心といふ天性が、圧迫に対する逆襲的復讐」を起こしているのが、現代の日本であり、大本も「此の逆襲の病的なるもの」のひとつであるとして、大本を「時代相応」の「迷信躁信」だと批判するのである。

迷信遍歴者への批判

姉崎は、「思想言論の自由なき処には、精神の窮屈が生ずる」、「今の日本社会に大本教同様の気風あるを、同時に痛嘆する。重ねて政府当局者に云ひたい。外面から加へる圧迫迫害は無効である。社会思想の病体を取除く第一歩、又根本要義は、社会人心の窮屈を除くにある」と、国家権力の強圧的支配を踏まえず、やや暢気に締め括っている。

姉崎が批判したのは、「精神的にはゼロ以下」の有識者階層、特に軍人であり、神秘的なものを「迷信躁信」してやまない「迷信遍歴者」である。民衆の「軍人万能の迷信」のもと、現世利益と偏狭な愛国主義・国家主義の風潮には、科学的精神の欠如、政府による宗教の虐待・迫害や思想・言論の検閲・制裁があり、そうした風潮に乗じた大本は「時代相応」だと、「誇大妄想」により激化していく、大本を根底から攻撃した。

姉崎は、確かに軍人の跋扈する帝国日本の現状と大本の拡大する教勢を重ね合わせて、的確な見解を述べている。だが、そこには帝大教授として自分が「思想言論の自由」圧迫・弾圧に加担している自覚がないばかりでなく、愚民観から、やみがたい信心・宗教心を吐露する、民衆に対する眼差しがまったくと言っていいほど欠けていたのである。

第六章　第一次大本弾圧事件と再建

「神様の名前位は覚へ居るも、常態に復したらは、何を申したか判りませぬ」「小松林命《こまつばやしのみこと》が憑依して居ります」

（王仁三郎の大審院での尋問への応答）

地上に天国を建設する準備として、先づ新王国を作り、東亜の連盟を計るのが順序だらう。あ丶思へば実に壮快だ、腕が鳴り、地が踊るやうだ。

（王仁三郎『入蒙記』）

1　大本弾圧事件勃発と裁判経過

弾圧前夜の大本

大本は罵倒され、好奇の眼差しに晒されながら、大いに教勢を拡大させていった。一九二一年（大正一〇）正月、教主補・王仁三郎は大日本修斎会会長・亀岡大道場長・大正日日新聞社長の責任者の地位に自ら就任した。立替え・立直しの大正維新の体勢を樹立していったのである。それ以前、一九年に皇道大本教主の王仁三郎や皇道大本総務の浅野和三郎などは、二度にわたって京都府警察本部の調査を受けている。立替え・立直し、綾部遷都説、私有財産制廃止、鎮魂帰神法などが問題視・危険視されていた。そして、京都府警は内務省の通牒に基づいて、王仁三郎を召喚して警告を発している。

「皇道大本教宣伝者等取締に関する件依命通牒」では、「皇室の尊厳を冒瀆し、国交を紊《みだ》り、人心を誑惑《きょうわく》し、公安を妨害する虞《おそ》れある演説等」として、「皇室に関し苟《いやしく》も不敬に亘《わた》るか如き虞れある言説」「日米戦争若《もしく》は日本対世界大戦の極めて切迫せるを予言するか如き言説」「近く憲法廃止せられ、又は土地私有制度、若は貨幣制度の廃止せらるゝを予言するか如き言説」「天変地異悪疫等の大流行等に関する予言にして、人心の不安を惹起する虞れあるか如き言説」を挙げている。

鎮魂帰神法については、「動《やや》もすれは精神に異状を起さしめ、又は医療を妨害して疾病を重からしむる等、諸種の弊害を生したる事例尠《すくな》からさる」として、「厳密御取締」を求めている。そして、二〇年六月に入ると、内務省警保局長が、国家の安寧・秩序を乱す恐れから、絶対禁止の可能性を示唆する談話を発表している。

大不敬事件の報道

一九二一年二月一二日、大阪梅田の大正日日新聞社で王仁三郎、綾部で浅野和三郎と吉田祐定の三名が検挙され、京都監獄未決監に収容された。王仁三郎と浅野は不敬罪・新聞紙法違反、吉田は新聞紙法違反である。京都地方裁判所判事の西川武の『皇道大本教事件に関する研究』(一九三九年)によると、当時、皇道大本は支部約一二〇カ所、信者約一万人とされていた。大正初年の信者数は一〇〇〇〇人に満たなかった綾部の地方教団が、一九一九年に二万五〇〇〇人となり、翌年には三〇万人になったと号するに至った。この信者数にはかなりの誇張もあろうが、第一次世界大戦後、驚異的な発展を遂げていたことは確かである。

この大本事件が公表されたのは、大阪地方裁判所の「記事差止命令」から三カ月後、予審が終わった後である。『東京日日新聞』（五月一〇日付号外）の大見出しは「大不敬事件発覚／大本教に大鉄槌／出口王仁三郎、浅野和三郎等収監／国体を危くする秘密出版」。『大阪朝日新聞』（同前）の大見出しは「戦慄す可き大陰謀を企てた／大本教は奇怪な正体を暴露した／（中略）出口、浅野以下幹部、信者の喚問三百余名の多きに上る／見よ其の真相を！見よ其の内面を‼」である。

『大阪朝日新聞』第一面の中見出しは、「日本刀と金貨／荷車に七台の証拠物／長髪を逆立て丶怒った信者」「出口浅野等／続々収監さる／三回に亙《わた》る大捜査／血判状の行方？」「国家の安寧を／維持するために／司法権の発動となつた」「撲滅運動と告発／伏魔殿の正体を探つた」「お筆先は贋《まが》ひ物／王《わ》仁《に》三郎《さぶろう》が勝手の作物《つくりもの》」。

不敬と陰謀

「真に危機一髪の時／恐ろしい出口の勢力」の記事を少々見てみよう。「出口は大本教団のキングとして勢力頗《すこぶ》る強く、彼が一度叱呼《しっこ》すれば、どんなことが起つたかも知れぬといふ、危機一髪の所まで事態は進んでゐた。神に奉献するといふ名の下に多数の日本刀を蒐《あつ》め、軍用金を準備し、竹槍を造るため数十町歩の竹藪を買い占めたといふ説も立つた。過激派から多額の金塊を輸入したといふ説もあつた」、「地下の秘密室に蔵《しま》ひこんであつた日本刀数百本、金銀貨数万円もあつた」。

また、王仁三郎に関しては、「怪しき『鎮魂帰神』の法で婦女を姦《かん》し、人妻を凌辱し、色仕掛けで大金を騙取《へんしゅ》したと伝へられて居る。然《しか》も奸智に長けて、狐狸《こり》の如く粗野で、茫漠とした風采にも似ず、人を籠絡するに宛《さなが》ら悪魔の如き凄腕《せいわん》を有し、虚言でも信ぜしむる魅力を有してゐる、而《しか》して同人は現在一万余円の所得税を納めて居るといふ」とも報じられている。

筆先については、一八九二年（明治二五）の「三大戦争予言」の筆先とされる「露国から始まりて、もう一《ひ》と戦があるぞよ、あとは世界の大たゝかひで、是から段々判りて来るぞよ、日本は神国、世界を一つに丸めて、一つの王で治めるぞよ」を引いて、「写しさへ発見しない」、「王仁三郎が勝手の作《つくり》物《もの》」だと強調している。

そして、「鎮魂帰神の催眠術」で「信徒を麻痺させ」、筆先の説く立替え・立直しが到来すると、「綾部を中心として十里四方の皇都が出来る」という「綾部遷都説」を信じ込ませて、「出口教主補の命に絶対に服従せしめた」といったように、いわば〝洗脳〟によって、信徒をカリスマ的支配の下に服従させ、不敬を犯しているとするのである。

王仁三郎のスキャンダラスな伝聞を交えながら、武装蜂起・世界革命の証拠らしい刀剣・竹槍や金塊の収集・隠匿によって、国家転覆を意図し、内乱を準備したといった報道が主である。それとともに、「綾部遷都説」による不敬罪を強調して、「過激思想の宣伝、不逞の陰謀の企て」を白日に晒すといった紙面構成がなされたのである。

「予審終決決定書」では、「両陛下の御尊厳を甚しく冒瀆し、不敬の行為をなしたるもの」として起訴されている。新聞紙上で報じられた「国家の安寧」を乱す「戦慄す可《べ》き大陰謀を企てた」といったことは問題視されず、不敬罪だけに的を絞って、公判に付せられた。法廷での王仁三郎の陳述を見てみよう。二四回調書で、これまで不敬の意味はないとした神諭の伏せ字の解釈を変えて、予審判事の見解を認めている。しかし、いざ公判が始まると、王仁三郎は全面的に前言を翻していくのである。

憑霊を裁く

　裁判の過程では、王仁三郎の不敬罪とみなされた言動が憑依状態におけるものか否かが問題となっている。王仁三郎は裁判のなかで、「直《なお》の筆先は普通時には難解のものなるか、神憑《かむがかり》となれは読むに容易にして（中略）事後之れに対する記憶なし」などと、不敬に当たるとされた『神諭』の編纂は「憑霊」によるもの、神霊の憑依した状態におけるものとして、無罪を主張している。このような〝憑霊裁判〟は一九一六年に沖縄のユタ裁判などでも行なわれたが、裁判史上、稀で奇異であることは確かである。王仁三郎の展開した〝憑霊裁判〟を見てみよう。

　先に一九二一年五月、王仁三郎は予審判事に対して、「大本教改良の意見」を提出していた。そこでは「出口直及び王仁に神憑《かむがかり》して書きたる所謂神諭（筆先）」には「不敬なる文辞」があり、「神憑《かむがかり》の筆先なぞは邪神のイタヅラにて、有害無益の代物」にすぎず、「直及び王仁に憑《うつ》りて書きたる筆先を全滅させ度《た》きものと衷心より」考え、「出口直及び出口王仁の神憑りの作物なる筆先は全部焼却して、向後の迷ひの種を消滅せしめ度《た》き覚悟」だとまで語り、「転向を声明」（西川、前掲書）している。

　だが、一九二一年九月の大阪控訴院での第一審、二二年六月から二四年五月の第二審公判廷では、前言を翻し、「憑霊」によるものと主張し続けた。天魔坊《てんまぼう》・転倒坊《てんとうぼう》・小松林命《こまつばやしのみこと》の三神が「私に憑《うつ》つ

大阪控訴院に出廷する王仁三郎と浅野和三郎（1923年６月21日）
（大本本部提供）

て、私に書かせた」と言い、「唯今申上て居る事も、神様が申されることを自分の口を介して申して居る次第です」と弁明している。しかし、王仁三郎の「憑霊」は認められなかった。

一九二四年七月に出された、大阪控訴院の第二審判決は、「出口家が祭祀長と為《な》りて神勅を受け、之を　天皇に奏上し　天皇は之《こ》れに拠りて政務を親裁せらるる祭政一致、ミロクの世の出現するものなりと僭称し」「不埒《ふらち》にも　両陛下の御動静を云為《うんい》し奉り　皇統は何時断絶するや判らす旨の記事を掲載し（中略）不敬竝《ならび》に新聞紙法違反の犯行を為したり」として、「被告王仁三郎を懲役五年に、被告和三郎を懲役十月に処断す」というものである。

2　王仁三郎の精神鑑定

大審院・有罪判決の棄却

王仁三郎も浅野も、直ちに上告した。翌二五年三月、大審院での公判が始まったが、大審院では「被告人王仁三郎に対する原判決には、事実の誤認を疑ふに足るべき顕著なる事由」があるとして、有罪の判決が棄却されたため、改めて審理し直すことになった。そして、弁護人側は精神病理学また心霊学からの鑑定を申請して受理された。大審院では王仁三郎の憑依に関する精神鑑定、いわば〝憑霊〟鑑定が行なわれることになる。精神病学者の今村新吉（京都帝国大学医学部教授・精神医学）、杉田直樹（東京帝国大学医学部助教授・精神医学）、それに王仁三郎に鎮魂帰神法を教授した神道家の長澤雄楯《かつたて》である。

今村新吉の精神鑑定

今村新吉は、王仁三郎の「自己意識の活動なくして無意識状態」にあるとする主張を認めず、「人格意識の存在」があるとする。「王仁三郎の憑依と称するものは（中略）彼か先天性に有する軽薄なる性格なり」、「被告人の所謂《いわゆる》憑霊的動作は本人の任意動作に準すへきものなり」と、王仁三郎の言う「憑霊」には「人格意識の存在」があり、作意とみなされて、完璧に否定されるのである。

そして、「精神病質者の性格異常を呈する」が、著しく病的ではなく、「本人格意識の存在あり」、「神諭原稿発表決意より出版に至るまでの期間中に本人格意識の存在」があったというのが、今村鑑定の結論となる。

「憑霊」は「無意識状態」と解釈され、神霊・憑霊の存在も憑依の観念も認められず、「自己意識」や「人格意識」に活動の要因が求められている。「憑霊」を主張するのは先天的に「軽薄なる性格」にすぎず、王仁三郎には責任能力があると鑑定された。法廷での王仁三郎の〝憑霊〟戦略（ストラテジー）は精神病学によって認められなかったのである。

杉田直樹の精神鑑定

杉田直樹の鑑定では、「被告人の叡知界には精神病的異常なし」を前提とし、今村とは異なり、王仁三郎の「所謂憑依状態」を認めるが、精神病学では認められないとする。それは「意識喪失の状態」、日常の「第一人格」での意識状態とは関係ない「第二人格」の「潜在意識的活動」であり、「第一人格は第二人格の言動」に対して、なんら顕在的な意識的影響を及ぼす能力がないので、第二人格の言動に対して、第一人格は責任を負うことはできない、と「第一人格」の責任はないとされている。

裁判では、王仁三郎は不敬罪を免責されるだろうが、「精神病的異常」ではなく、「生来性体質性に精神変質性素質」をもっているにすぎない。王仁三郎の「近来は何時《いつ》ても神様が憑依して居ります」と主張する「憑霊状態」は、「人格変換」による「潜在意識活動」「意識喪失中の言動」とみなされて、「憑霊」による宗教的活動、その宗教的世界は無視・否認される、あるいは闇に葬られるのである。

長澤雄楯の精神鑑定

長澤雄楯は霊学に基づいて「憑霊現象」や「神懸」を認める立場にある。「憑霊現象」には、「正神」によるものと「邪神」や「邪霊」「低級の霊」によるものがあり、前者だけが真正の「神懸」とされる。いずれの場合にせよ、「憑霊の時の間は本人の意識と異なる」のであり、「憑霊現象たる動作」は「自意識たる本人の認識決意に基づくものにあらすして、其の身体に憑《よ》る他意識の発動」とされる。

王仁三郎に関しては、「被告人は憑霊現象の発作する場合に於て、一種の凝塊か臍下《せいか》丹田《たんでん》より咽喉《のど》へ昂上する如く感し、本意に反する言動を為さしむることありや」との問いに対して、「憑霊の時は自己の意志にあらすして、憑依の霊の意識なれは、自己の本意に反する言動をなすことあるは当然なる者にして、往々見る所なり」と長澤は答えている。

他方で、「犯罪事実の内容」を記した記事、またそれを掲載したのは、「憑霊的動作」と認められるのかと問われて、次のように答えている。王仁三郎は二〇年前には「尊王の大義と国体の尊厳」をわきまえていたが、邪霊が憑依して、精神が錯乱するのは「正神の守護」を失った後で、「正神の守護」を失うのは「自己の意志と行為」が「正神の神慮」に背いた後である。「若し瞬時の直覚」があったとしても、「軽率に」それを信用して発表すべきでなく、厳粛に「神懸」を行い、憑依した神霊や託宣を精密に調査して、その真偽を審査すべきである。

長澤は王仁三郎の不敬罪を前提にして発言しているようだが、王仁三郎が「正神の神慮」に背いて、その守護を失っていることを示唆し、要するに「軽率」だったと言う。さらに、「当時、身親しく其席に臨み、之を履行し、充分の審査をなしたるものにあらされば、憑霊的動作なりと確信するを得す」と、王仁三郎の憑依に対する判断を留保し、霊学者として慎重な鑑定を提出している。

王仁三郎の“憑霊”戦略

大審院での尋問において、王仁三郎がどのように構えて陳述していたのか、象徴するようなシーンを挙げてみよう。

問　神懸りのとき、申したことは其の後の記憶に存するか／答　神様の名前位は覚へ居るも、常態に復したらは、何を申したか判りませぬ。／問　被告は神懸りの状態と平素の状態と区別か付かぬと、今村鑑定人に云ふたことありや／答　近来は何時《いっ》ても神様が憑依して居りますから、左様のことを申しました。／問　今日も神様が憑依して居るか／答　小松林命《こまつばやしのみこと》が憑依して居ります。／問　近来と云ふのは何時頃からか／答　大正五年十一月、横須賀へ行つてからは、のべつ、憑依して居ります。

一見すると、王仁三郎はかなり不真面目で、法廷を愚弄するような態度に終始していると思われよう。とはいえ、真剣に憑依や神がかりの状態を主張していることは確かだろう。法廷戦術として、神がかりを意識喪失の状態だと主張し、無罪を勝ち取ろうとしたのである。だが、神がかりの状態から常態への復帰を語っている一方で、憑依が常態となっていると、矛盾したことも語ってしまっている。とすると、現在、話している自分はどのような意識状態なのか、覚醒状態か、それとも小松林命が憑依しているのかを問われてしまうだろう。

今村鑑定では、王仁三郎を精神病者とはみなさず、たんなる先天的に「軽薄」な性格に不敬罪の要因が求められている。他方、杉田鑑定では、「所謂憑依状態」が認められているが、それは「病的人格転換現象」であるとされ、「精神変質性素質者」「生来性の変質性素質者」であり、不敬罪となる活動は第一人格ではなく、第二人格によるものであり、それは「意識喪失の状態」における「潜在意識的活動」とされ、第二人格の言動に対して、第一人格は責任を負うことはできないとして、不敬罪は免責されるとしている。長澤鑑定では、憑依した霊や神の調査・審査を精確に行わずに、その託宣を発表したことを「軽率」と断言して、不敬罪を認めていたと推測できる。

憑霊のポリティクス

王仁三郎は、「書《かい》たものに付ては、責任を負ふ考へあるか」との問いに対して、「神様の云ふか侭《まま》に書きましたのですから、それに付《つい》て再考したことありませぬ」と答えて、責任を回避し、神様に責任を棚上げしている。神がかりの状態で話したことや書いたことを覚えていないのは確かだろうが、常態へ復帰した後、それを神の教えとして、自らの宗教的な信念・思想とし、宗教活動を実践していたはずである。王仁三郎は宗教的信念や活動に対する責任を負わず、はぐらかし回避してしまっていると言えなくもないのである。

王仁三郎の〝憑霊〟戦略（ストラテジー）は不敬罪を免責させることに少しは成功したかもしれない。だが、精神病質者として異常者のカテゴリーに入れられることになり、憑依それ自体の活動は理解されることも認められることもなく、その宗教的な意義はまったく無視されることになる。一九一七年に、沖縄の巫女ユタが「神社」建立の寄付を集めたのを「神のお仰せ」だとして、自分の宗教的信念や活動を否定せずに、積極的に主張して、懲役一年の判決を受けたのとは、大きな隔たりがある。

王仁三郎がたんに憑依状態にあると主張し続けることは無意味だった。憑依した神霊を通じて、神霊がどのようなメッセージを伝えたのか、その宗教的な内容こそが重要だった。宗教のメッセージをもって、司法の場で闘うことが求められていたはずである。王仁三郎は策に溺れたと言えようか。憑霊をめぐるポリティクスにおいて、王仁三郎はその憑依を誰からも認められることなく、たんなる「軽薄」な性格や「軽率」な態度に帰せられて、敗北したと言えるのではなかろうか。

この大審院での審理中、一九二六年一二月二五日、大正天皇の死去にともない、翌年二月に大赦令が公布され、王仁三郎たちは免訴となった。六年余に及ぶ裁判はあっけない終結を迎えたのである。

3 『霊界物語』の出現

開祖なおの墓地改修

王仁三郎らの裁判の過程において、いくつかの重要な事件また出来事が起こっている。なおの墓地問題、本宮山神殿の取り壊し、王仁三郎の『霊界物語』の執筆および蒙古進出、浅野和三郎らの離脱、エスペラントの採用、そして『人類愛善新聞』の創刊である。

先に記したように、なおが一九一八年（大正七）に死去すると、天王平と呼ばれる出口家所有の山林に、石積みの墳丘を築いて大きな墓を建てた。それが墓地取締規則違反だとして罰金に処せられ、改築を命じられたが、共同墓地として、綾部町に寄付して解決を見た。だが、翌々年には、明治天皇の桃山御陵に似ているとして、京都府警から改築を命じられている。そして、王仁三郎の逮捕後、改築したばかりの墓所に対して、玉垣が共同墓地外に出ていること、また墓の背後に建立された稚姫神社が不法だという理由で、再び改築を命じられた。二代教主のすみは役員と協議して、改築を決定した。二月に逮捕された王仁三郎は、六月に突然、責付出獄してきたのである。

王仁三郎はなおの墓地をやや縮小する程度に留めて改修した。なおの神霊を祀る稚姫神社の社殿は焼却され、神霊は教祖殿に仮遷座された。第一審の有罪判決後、王仁三郎は本宮山神殿《ほんぐうやましんでん》の取り壊しを命じられ、官憲の手によって破却された。一九二一年一〇月二〇日のことである。本宮山神殿の本殿は、七月に仮鎮座祭が執行されたばかりであった。神明造で、伊勢神宮を模したとされたのである。この責任をとって、教主すみ・教主輔王仁三郎が引退し、三代教主にその娘の直日《なおひ》が就いた。

大正一〇年立替え・立直し説を、天変地異、キリスト再臨・ミロク下生による現界の革命と解釈していた信徒、特に知識人信徒の多くは大本を立ち去っていった。浅野は一九二三年に心霊科学研究会（一九二九年に東京心霊科学協会）を設立し、『心霊研究』を発刊する。心霊の科学的探究・心霊実験に専心するとともに、欧米の心霊科学の紹介や解説に熱心に取り組んでいった。

『霊界物語』の始まり

一九二一年（大正一〇）から、王仁三郎は「霊界の消息」について語り始めている。なおの筆先に替わる、大本の教典『霊界物語』の口述筆記の始まりである。本宮山神殿の破壊の槌音が響き渡り、土ぼこりが漂うなかであった。それは二六年まで続けられ、七二巻に及んでいる。そして、一九三三年（昭和八）から、特別篇として「天祥地瑞」の口述が再開され、翌年八月に終えている。全八一巻、四〇〇字詰の原稿用紙で二万五〇〇〇枚に及ぶ膨大なものであり、新たな教団発展の原動力となっていく。

『霊界物語』とは、「高熊山に於ける霊学修行中に、見聞したる有りのまゝを、覚束なき記憶より呼び出して、僅かに其片鱗を吐露し」、「物語は寓意的の教訓でもなければ又虚構でもない、有りのままの見聞録である」（第六巻巳の巻「総説」）と、その主旨を明らかにしている。霊界における神々の攻防、また救世主の物語が延々と続けられている。「発端」には次のように記されている。

龍宮館《りゅうぐうやかた》には変性男子と、変性女子との二大神系が、歴然として区別されて居る。変性男子は神政出現の予言、警告を発し、千辛万苦、神示を伝達し、水を以て身魂《みたま》の洗礼を施し、救世主の再生、再臨を待つて居られた。ヨハネの初めてキリストに対面する迄には、殆《ほとん》ど七年の間、野に叫びつゝ在つたのである。（第一巻子の巻）

なんと『新約聖書』のヨハネとキリストが出てくる。龍宮館での変性男子＝なおと変性女子＝王仁三郎の役目を、洗礼者《バプティスト》ヨハネと救世主《メシア》キリストに喩えている。なおの「神世出現《ヨハネ》の神業」は「水を以て身魂の洗礼を施こし、救世主《キリスト》の再生、再臨」を待ち、「水洗礼」によって、「現世の汚濁せる体系一切に洗礼を施し、世界革命の神策を実現し玉ふた」のであり、「彼の欧州大戦乱の如きは、厳《いづ》の御魂《みたま》の神業の発動にして、三千世界の一大警告であつた」とする。なおは、ミロク神政出現の予言・警告・神示伝達の役であり、「変性男子の肉宮《にくみや》は神政開祖《ヨハネ》の神業に入り、爾来二十有七年間神筆を揮《ふる》ひ、以て霊体両界の大改造を促進し、今や霊界に入りても、其《その》神業を継続されつゝある」とする。

他方、王仁三郎については、「変性女子の肉宮は瑞《みづ》の御魂《みたま》の神業に参加奉仕し、火を以て世界万民に洗礼を施すの神務」、すなわち火の洗礼を施すキリストの役を果たすとしている。「明治三十一年の旧二月九日を以て、神業に参加し、大正七年二月九日を以て、前後満二十年間の霊的神業を殆《ほとん》ど完成した。（中略）変性女子は三十年間の神業に奉仕して、以て五六七《みろく》神政の成就を待ち、世界を善道に導き、以て神明の徳沢《とくたく》に浴せしむるの神業である。神業奉仕以来、本年を以て満二十三年、残る七ヶ年こそ最も重大なる任務遂行の難関である」とする。

そして、「三十年で身魂の立替立直しを致すぞよ」という「神諭」を引いて、変性男子＝なおの「三十年の神業成就は、大正十一年の正月元旦」、変性女子＝王仁三郎の「三十年の神業成就は、大正十七年二月九日である」とする。さらに「天地剖判《ほうはん》の初めより、五十六億七千万年の星霜を経て、いよ〳〵弥勒《みろく》出現の暁と成り、弥勒の神下生《げしょう》して三界《さんかい》の大革正を成就し（中略）天意の儘《まま》の善政を天地に拡充し給う時期に近づいて来たのである」と、「弥勒出現の暁」「三界の大革正」が近づいてきたことを告げている。

ミロク神政の成就へ向けて

ミロク神政の成就の役を果たすのが王仁三郎であり、「大正十七年二月九日」だとする。それは一八九八年の高熊山修業から数えて、三〇年目に当たる一九二八年（昭和三）だという予告である。『霊界物語』は高熊山修業で見聞した霊界の消息、その後の三〇年にわたる過去・現在・未来の神業を説く、未来記を構想しているのである。

このように、なお＝変性男子と王仁三郎＝変性女子の神務は「世界革命の神策」として位置づけられ、国際主義的に世界宗教を志向していたと言える。なお＝厳の身魂＝ヨハネの神業＝水の洗礼を先駆として、王仁三郎＝瑞の身魂＝火の洗礼によって、世界革命の神策＝ミロク神政を成就するという、大構想が『霊界物語』では語られている。

『霊界物語』に記述されたのは、霊界の消息である。神界・幽界・現界の相互に密接に連関して即応した、「幾百千万年」にも及ぶ変転を物語る。そこにはたんに遙か昔の神々の神話的世界ばかりではなく、生者と死者、その霊魂の生きていく世界のあり様が叙述されるのである。たしかに記紀神話の神々も多く出てくるが、記紀神話に対抗する神々が出現して、大いに活躍している。なによりも記紀神話を反転させたような構成になっているのである。艮の金神・国常立尊を主神にして、世の立替え・立直しをすることが眼目である。記紀神話に基づいた国体神話を遙かに凌駕し、一国主義的規模を超越した壮大な神話的世界を構想した〝大本神話〟であり、〝超国体神話〟もしくは〝超国体ディスクール〟として大成されたのである。

『霊界物語』には、記紀神話・国家神道的、仏教的な物語が織り込まれている。それに加えて、ヨハネとキリストを登場させる『新約聖書』も採り入れられている。さらには、「天の大神」が天足彦《あだるひこの》命《みこと》・胞場姫命《えばひめのみこと》の二神を創造し、霊主体従の神木に体主霊従の果実を稔らせ、食べるなと命じたにもかかわらず、二神が食べてしまい、「体主霊従の妖気発生し、神人界に邪悪分子の萌芽《ほうが》を見るに到った」という、人間創造と悪の発生を刻印する旧約聖書的な物語も混交されて、世界的規模の「霊界探険」物語が展開されている。自民族中心主義的ではあるが、たんなる天皇制神話に彩られた国粋主義ではなく、遠大な国際主義的な色彩も濃厚に帯びている。

4　人類愛善会の創設

宗教の国際協力

大本・王仁三郎が宗教活動や教団運営において、国際主義的になっていくのは、バハイ教との接触を大きな契機としている。バハイ教との交流は、二代教主すみが伝道のために来日していた、アメリカ女性信徒と出会ってから始まっている。一九二一年のことである。バハイ教では、エスペラント語を国際語としていたことを機縁として、大本でも採用していき、王仁三郎も熱心に学び、エスペラント語の学習辞典・作歌辞典『記憶便法エス和作歌辞典』（一九二四年）まで著作することになる。

また、一九二三年には、中国の道院（五大教）・世界紅卍字会（慈善事業団体）とも提携している。この道院では、道教・仏教・儒教・キリスト教・イスラームを五教同源としている。大本・王仁三郎も「諸教同根」（戦後に〝万教同根〟）を唱えて、世界の諸宗教との提携を推進し、一九二五年に「世界宗教連合会」の設立に参画し、同年には日本国内での宗教団体の連合会として「万国信教愛善会」を設立している。道院・世界紅卍字会との提携は、王仁三郎のアジア主義、満蒙（中国東北部・モンゴル）への関心とも結びつき、まもなく蒙古にまで遠征していくことになる。

さらには、同年六月に、「人類愛善会」を創設し、一〇月には『人類愛善新聞』を創刊するに至っている。『人類愛善新聞』の「創刊の辞」では、国際主義の旗幟を掲げて、「愛」が「第一義的霊性」

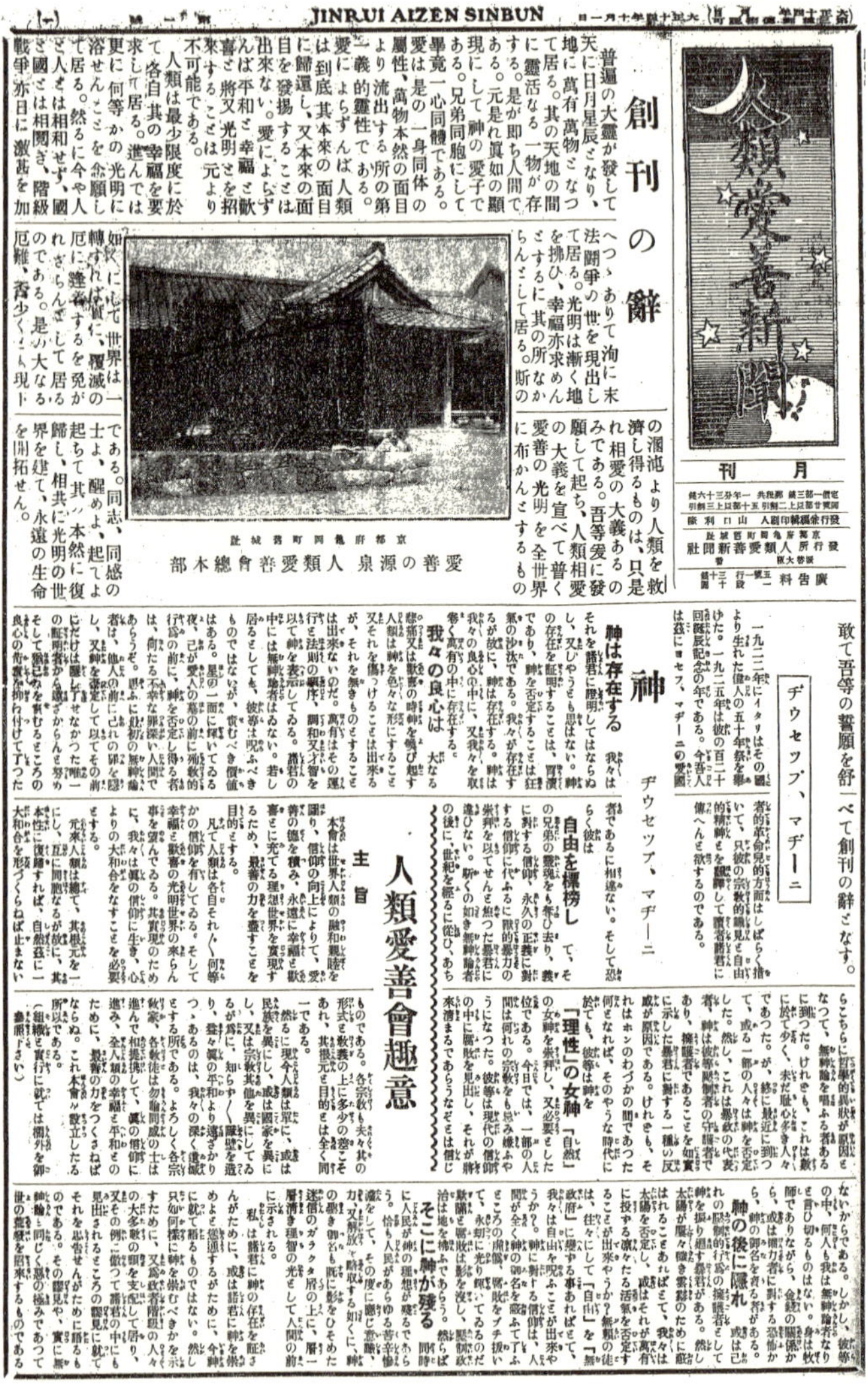

(一)　第一號　JINRUI AIZEN SINBUN　大正十四年十一月一日

人類愛善新聞

月刊

定價一部三錢　一年分三十六錢（郵税共）
前金廿部以上二割引　五十部以上三割引

發行兼編輯印刷人　山口利隆

發行所　京都府龜岡町荒塚　人類愛善新聞社　振替大阪　番

廣告料　五號一行　三十錢　一段　十圓

創刊の辭

普遍の大靈が發して天に日月星辰となり、地に萬有萬物となつて居る。其の天地の間に靈活なる一物が存する。是が即ち人間である。元是れ眞如の顯現にして神の愛子である。兄弟同胞にして畢竟一心同體である。愛は是の一身同体の屬性、萬物本然の面目より流出する所の第一義的靈性である。愛によらずんば人類は到底其本來の面目に歸還し、又本來の面目を發揚することは出來ない。愛によらずんば平和と幸福と歡喜と將又光明とを招來することは元より不可能である。

人類は最少限度に於て各自其の幸福を要求して居る。進んでは更に何等かの光明に浴せんことを念願して居る。然るに今や人と人とは相和せず、國と國とは相鬩ぎ、階級戰爭亦日に激甚を加へつゝありて洵に末法鬪爭の世を現出して居る。光明は漸く地を拂ひ、幸福亦求めんとするに其の所なからんとして居る。斯の如くにして世界は一轉すれば直に、覆滅の厄に逢着するを免がれざらんとして居るのである。是の大なる厄難、否少くとも現下の溷沌より人類を救濟し得るものは、只是れ相愛の大義あるのみである。吾等爰に發願して起ち、人類相愛の大義を宣べて普く愛善の光明を全世界に布かんとするものである。同志、同感の士よ、醒めよ、起てよ、起ちて其の本然に復歸し、相共に光明の世界を建て、永遠の生命を開拓せん。

敢て吾等の誓願を舒べて創刊の辭となす。

京都府龜岡町荒塚
愛善の源泉　人類愛善會總本部

ヂウセッブ、マヂーニ

一九二二年にイタリはその國より生れた偉人の五十年祭を擧げた。一九二五年は彼の百二十回誕辰記念の年である。今吾人は茲にヨセフ、マヂーニの愛國者的革命兒的方面はしばらく措いて、只彼の宗教的識見と自由的精神とを紹介して讀者諸君に傳へんと欲するのである。

神

ヂウセッブ、マヂーニ

神は存在する

我々はそれを諸君に證明してはならぬし、又しやうとも思はない。神の存在を証明することは、冒瀆であり、神を否定することは狂氣の沙汰である。我々が存在するが故に、神は存在する。神は我々の良心の中に、又我々を取り卷く萬有の中に存在する。

我々の良心は

大なる慈姉又は歡喜の時神を喚び起す。人類は神を色々な形にすることゝ又それを偽つけることは出來るが、それを無きものとすることは出來ないのだ。萬有はその運行と法則の順序、調和又才智を以て神を表示してゐる。諸君の中には無神論者はゐない。若し居るとしても、彼等は呪ふべきものではないが、憐むべき價値はある。星の一面に輝いてゐる夜、己が愛人の墓の前に殉教的行爲の前に、神を否定し得る者は、何たる不幸な罪深い人間であらうぞ。思ふに最初の無神論者は、他人の前に己れの罪を隱し、又神を否定して以てその前にだけは隱し了せなかつた唯一の証明者から遠ざからんと努めそして獨己れを責むるところの良心の苛責を抑ね付けて了つた者であるに相違ない。そして恐らく彼は

自由を標榜して

、その兄弟の靈魂をも奪ひ去り、義に對する信仰、永久の正義に對する信仰に代ふるに獣的暴力の崇拜を以てせんと焦つた暴君に違ひない。斯くの如き無神論者の後に、世紀を經るに從ひ、あちらこちらに哲學的異狀が原因となつて、無神論を唱ふる者あるに到つた。けれども、これは數に於て少く、未だ恥心多き人々であつた。が、終に最近に到つて、或る一部の人々は神を否定した。然し、これは暴政の代表者、神は彼等壓制者の守護者であり、擁護者であることを如實に示した暴君に對する一種の反感が原因である。けれども、それはホンのわづかの間であつた何となれば、そのやうな時代に於ても、彼等は神を

「理性」の女神「自然」

の女神を崇拜し、又必要とした位である。今日では、一部の人間は何れの宗教をも忌み嫌ふやうになつた。彼等は現代の信仰の中に腐敗を見出し、それが將來清まるであらうなぞとは信じないからである。しかし、彼等の中、何人も我は無神論者なりと言ひ切るものはない。身は牧師でありながら、金錢の關係から、或は權力者に對する恐怖から、神の御名を賣る者がある。

神の後に隱れ

或は己れの醜劣的行爲の擁護者として神を振り翳す暴君がある。然し太陽が屢々黯き雲霧のために蔽はれることあればとて、我々は太陽を否定し、或はそれが萬有に投ずる凛々たる活氣を否定することが出來やうか？無頼の徒は、往々にして「自由」を「無政府」に變ずる事あればとて、我々は自由を呪ふことが出來やうか？。神に對する信仰は、人間が全く神の御名を竄ふて了ふところの虚僞、腐敗をブチ拔いて、永劫に光り輝いてゐるのだ默圖と腐敗は影を沒し、壓制政治は地を拂ふであらう。然らば

そこに神が殘る

同時に人民が神の理想が醒るであらう。恰も人民があらゆる苦辛慘澹をして、その度に應じ意識、力、又解放を贏取する如くに、神の靈き御名も既に影をひそめた迷信のガラクタ屑の上に、層一層清き理智の光として人間の前に示される。

私は諸君に神の存在を証さんがために、或は諸君に神を崇めよと強調するがために、今神に就て語るものではない。然し只如何樣に神を崇むべきかを示すために、又爲政者階級の人々の大多數の頭を支配して居り、又その例に倣つて諸君の中にも見出されるところの謬見に就てそれを忠告せんがために語るものである。その謬見や、實に無神論と同じく惡の極みであつて世の荒廢を招來するものである

人類愛善會趣意

主旨

本會は世界人類の融和親睦を圖り、信仰の向上によりて、愛善の德を積み、永遠に幸福と歡喜とに充てる理想世界を實現するため、最善の力を盡すことを目的とする。

凡て人類は各自それ〳〵何等かの信仰を有してゐる。そして幸福と歡喜の光明世界の來らん事を望んでゐる。其實現のために、我々は眞の信仰に生き、心よりの大和合をなすことを必要とする。

元來人類は總て、其根元を一にし、互に同胞なるが故に、其本性に復歸すれば、自然茲に一大和合を形づくらねば止まないものである。各宗教も夫々其の形式と教義の上に多少の差こそあれ、其根元と目的とは全く同一である。

然るに現今人類は單に、或は民族を異にし、或は國家を異にし、又は宗教其他を異にしてゐるが爲に、知らず〳〵隔壁を造り、益々眞の平和より遠ざかりつゝあるのは、我々の深く遺憾とする所である。よろしく各宗教家、各教徒は勿論同感の士は進んで相提携して、眞の信仰に進み、全人類の幸福と平和とのために、最善の力をつくさねばならぬ。これ本會の設立したる所以である。

（組織と實行に就ては欄外を御參照下さい）

『人類愛善新聞』創刊号

として強調され、平和・幸福・歓喜・光明をもたらす源泉だと説かれている。だが、現状は国家間の対立、階級闘争が激烈になり、「末法闘争の世」であり、混沌からの人類救済は人類相愛のほかになく、愛善の光明を全世界に行き渡らせようと宣言する。

「人類愛善会趣意」では、諸宗教の根元と目的とはまったく同一であると、諸教同根を鮮明にし、「愛善の徳を積み」、全人類の幸福と平和、理想世界の実現のために力を尽くすことを目標として掲げる。そして、「人類共栄」のためには、宗教の違いがあっても、「相互の信仰を尊重し」、改善すべきところは改めていこう、というリベラルな態度を推奨し、国際主義・平和主義を徹底して貫こうとする、実践的なテーマを設定している。

排外主義と国際主義

この一九二五年、普通選挙法と治安維持法が抱き合わせで公布された。天皇制国家と資本主義体制の維持のために、左翼・極左であれ右翼・極右であれ、宗教・思想団体であれ、国体の変革や私有財産制の否認を目的とする結社や運動が処罰の対象となった。この一〇年後、目覚ましい発展を遂げていた大本は、治安維持法違反によって、幸か不幸か、再度の弾圧を受け、壊滅させられることになる。

治安維持法に対しては、都市部から農村部へと広まり、農民層も巻き込んだ普選運動を通じて、全国的に反対運動が盛り上がるほどの民本主義・デモクラシーの潮流が生まれていた。一九二二年、神戸市で日本農民組合（日農）の創立大会が開催され、普通選挙、小作立法の確立、小作人の生活安定などを主張し、農民運動が次第に高揚していった。二四年には、六九四支部、組合員数五万二〇〇〇名を擁するに至っていた。

他方、第一次世界大戦後、三・一独立闘争や五・四運動のような朝鮮・中国の反植民地闘争に対して、武力弾圧を行使していくなかで、排外主義的な風潮も強まっていき、関東大震災の際には朝鮮人の虐殺が起こった。国際主義・平和主義と植民地主義・排外主義が一九二〇年代中期の潮流であり、大本・人類愛善会は宗教世界のなかから、愛善の名の下に国際主義と平和主義を標榜していったのである。

5　新蒙古王国の夢想と冒険

王仁三郎・入蒙へ

王仁三郎は第二審・大阪控訴院で審理中、大阪控訴院判決前に、責付保釈の身でありながら、一九二四年二月、植芝盛平と名田音吉とともに、大阪に行き、関釜連絡船に乗って朝鮮に渡り、朝鮮鉄道で奉天（瀋陽）に着いた。奉天では、東三省（奉天省・吉林省・黒竜江省）総司令の盧占魁《ろせんかい》と会見し提携している。そして、蒙古へと旅立つのである。

盧占魁は、辛亥革命の際に清朝再興の軍を起こして敗れた後、満蒙を支配下に置いていた、奉天軍閥の張作霖と提携し、蒙古での勢力挽回を期していた。この危難に満ちた破天荒ともいえる、王仁三郎の蒙古への羇旅はどうして決行されたのか。王仁三郎は蒙古布教を理由にしているが、未知の地へとあえて渡って、奇怪・奇矯な行動に打って出たことは確かである。

王仁三郎は盧の軍隊と行動をともにするが、盧軍は奉天軍に包囲されて武装解除され、王仁三郎も捕縛された。盧は銃殺され、王仁三郎も銃殺の危険に晒されたが、危機一髪のところを免れて投獄された。そして、奉天総領事の交渉によって釈放され、領事館に移されて退去処分となり、七月に送還されるに至っている。五カ月ほどの蒙古行であった。費用は二〇余万円とされている。現在では、なんと優に八億円を超える金額となる。

入蒙の直前に、「日支親善の第一歩」（『神の国』一九二四年二月一〇日号）では、五月九日を「国辱記念日」として起こった「全支的大排日運動」について述べている。「日本人は憎むべき国民だ、侵略的国民だ」と教えられ煽動されて、学生団体が「排日宣伝の急先鋒」となっている現状に危機感を抱いて、「支那の耳目を聳動《しょうどう》するに足る、公平無私なる精神的表示を以て、最も強き感動を与へ、両国民間の感情を融和し、以て漸次に良好なる結果を招くことに努力」しなければならないと提言している。

馬上の王仁三郎（1924年５月11日）
（大本本部提供）

具体的な方策として、文化・社会資本の調達・交流、またインフラの整備を重視する。王仁三郎はさらに、「日支両国の思想家及び宗教家の握手提携」を提起している。「世界永遠の平和と人類の幸福のために」出現した世界紅卍字会と提携したのは、日本国家や「日支親善」、世界平和のため、「人類愛の第一歩」だったと位置づけている。

一九二四年、王仁三郎は保釈されて出獄し、一年ほど経って、蒙古体験を口述筆記させ、『王仁蒙古入記』（一九二五年）を刊行している（後に『入蒙記』と改題し、一九三五年刊『出口王仁三郎全集　第六巻』、また『霊界物語』「特別篇」に所収）。

新蒙古王国の構想

入蒙前、王仁三郎（変名、源日出雄《ひでお》）は「蒙古の大広野を開拓し、日本の大植民地を作ったら、国家のためになる」という話を聞いて、「広袤《こうぼう》千里に連《つらな》る蒙古の大原野に一大王国を建設し度《た》いと思つてゐるのだ」、「無抵抗主義を標榜して、万有愛の実行を天下に示さむとする自分としては、馬賊の大巨頭と提携するのは考へ物だと思ふ。（中略）なるべくそんな危険な方法を採らずに精神方面のみでやつて見やうと思ふ」という感慨を抱いている。そして、壮大な構想を夢想して語っている。

日出雄の心天に忽ち大光明が輝いた。（中略）一層のこと盧占魁と提携して、蒙古に新疆《しんきょう》に王国を建設し、日本魂の本領を世界に輝かすのも、男子として面白い事業だ。（中略）広大なる地域を有する蒙古に、一大王国を建設すると云ふ計画は、事の成否は別として、日本男子としては実に壮快極まる試みだ。（中略）万有愛の主義から是非決行して見よう。心境を一変し、宗教的に世界の統一を図り、地上に天国を建設する準備として、先《ま》づ新王国を作り、東亜の連盟を計るのが順序だらう。あゝ思へば実に壮快だ、腕が鳴り、血が踊るやうだ。

蒙古に〝新王国の建設〟、それは日本帝国のための「日本の大植民地」でもある。「無抵抗主義」「万有愛の主義」の原則に基づいて、宗教的な世界統一、地上天国の建設を目指し、まずは新蒙古王国・東亜連盟の実現である。王仁三郎によるなら、蒙古は言語学上、また『古事記』から見ると、「東亜の根元地であり、経綸地」でもあり、蒙古襲来による「末代の大国辱を回復し、建国の精神と国威をどうしても一度中外に発揚して、我歴史の汚点を拭はねばなるまい」ということになる。

一九二四年にアメリカ議会で排日移民法が可決されたように、「世界到る所、排日問題は勃起し、外交は殆《ほと》んど孤立して居る。今の中《うち》に我同胞の為に新植民地でも造つておかねば、我同胞は遂に亡ぶより外はない」と語る。武器の進歩した現在、蒙古襲来のような「少々の神風位で敵艦を覆す」ことはできない、「宗教的、平和的に蒙古を統一し、東亜連盟実現の基礎を立《たて》て見たいものだ」と構想する。そして、裁判中で国内では自由に活動できない身だが、「グヅ〳〵せず思ひ切つて驚天動地の大活動をやつて見たいものだ」と、鬱勃とした思いを一挙に発散させようとする、王仁三郎である。

満蒙と人口・食糧問題

王仁三郎が「新植民地でも造つておかねば」と思い立ったのは、東亜の経綸、世界統一、地上天国の建設というアジア主義・国際主義的な視野からだけではない。帝国日本の人口増加・食糧不足という、焦眉の問題が大いにあった。

古来より日本は「天産物自給」の国だと言ったことなど忘れて、食糧の米・麦が「年々七八万石の不足」となるが、国内の開拓・耕地整理はいつ達成されるか、「一朝有事の時」に海外から物資の供給を断たれたなら、その需要をどのようにすべきか「実に慄然たらざるを得ない」と憂慮する。

過剰人口を移民させるのがこれまでの「植民政策」だが、「異人種憎悪に富んでゐる」アメリカやメキシコ、南米、南洋諸島といった、遠隔地への移民政策では十分ではなく、「我皇国がその永遠存立を安全ならしめ、関係諸国と共に共存共栄の福利を楽しまむとすれば（中略）一大国策を樹立せなくてはなりませぬ」とする。

そして、「帝国の満蒙政策は此《この》目的精神から立てられたものであり」、満蒙は中国とシベリアに挟まれて中間に位置し、朝鮮とは鴨緑江を隔てて連なり、「あらゆる産業の資源備はざるなく、開発の前途は実に春風洋々の感があり、而《しか》も近世の歴史的関係は必然的に我皇国がその開発任務を負はねばならぬやうになつた」。それゆえに、「我対支政策全部の基調を満蒙におくこと」により、行き詰まった「日支関係の現状を相互的に善導し得る」と主張している。帝国日本の満蒙政策は「万有愛の主義」の原則とは矛盾していたはずだが、気に留める様子はない。

朝鮮統治の有力な補助となり、人口・食糧調節や重要物資の供給地として有効な「我皇国々防の第一線要地」として、「満蒙の経営」を提唱する。「どうしても我皇国存立の為、東亜安全の為、世界平和の為に、我国が率先して天与の大蒙古を開拓せなくてはならない位置にある」、「渺《びょうびょう》々として天に連《つらな》る満蒙の大砂漠、此処《ここ》には無限の富源が天地開闢の当初より委棄《いき》されてある。此の蒙古の大平原こそ天が我国に与へたる唯一の賜物でなければならぬ」、「今の時に於て満蒙開発の実行に着手せなくては、金甌《きんおう》無欠の我皇国も前途甚だ心細い事になる」と、満蒙開発・経営を確信し力説している。

入蒙の大芝居

この満蒙開発・経営は「旧慣に囚はれざる新宗教の宣伝」を手段とし、「神の国の粟を喰《は》み、神の国の大君に仕へ、神に選まれたる民として、今日の世界の現状を坐視する忍びない」と、神国の天皇に仕える選民として「新宗教」を宣布する使命を説く。そして、「私は日本人口の増加に伴ひ発生する、生活の不安定を憂慮し、朝鮮に於ける同胞の安危を憂ひ、次いで東亜の動乱の発生せむ事を恐るゝあまり、愈々《いよいよ》神勅を奉じて、徒手空拳二、三の同志と共に、長途の旅に上《のぼ》らむとする」と、決意のほどを披露している。

王仁三郎は神国の天皇に仕え、「神勅を奉じて」、満蒙開発・経営、〝新蒙古王国の建設〟をミッションとした。この「神勅」とは、神功皇后の〝三韓征伐〟も含むであろう「国祖」とする〝国常立尊《くにとこたちのみこと》の神勅〟である。「国祖の神の仁慈無限なる神勅に依り、日本神州の民と生れたる我々皇国の臣民は、此の尊き大神様の御神示を拝し、上は御一人に対し奉り、下は同胞の平和と幸福の為のみならず、東亜諸国並に世界の平和と幸福を来すべき神業に奉仕せなくてはならない」としている。

さらには、「皇国の臣民」として天皇に奉仕し、「万世一系の皇室の尊厳無比なる事を洽《あまね》く天下に示し」、「建国の精神と国威」を「中外に発揚」すること、「皇威の発揚」を使命とする。「建国の精神」（肇国の精神）とは、神武天皇が橿原《かしはら》を都とした際の詔《みことのり》「六合《くにのうち》を兼ねて都を開き、八紘《あめのした》を掩《おお》ひて宇《いえ》にせむこと、亦可《またよ》からずや」（『日本書紀』）という、「天業恢弘《かいこう》の御精神」である。また、「爾皇孫《いましすめみま》、就《い》でまして治《しら》せ。行矣《さきくませ》。宝祚《あまつひつぎ》の隆《さか》えまさむこと、当に天壌《あめつち》と窮り無けむ」（同前）という天照大神の「天壌無窮の神勅」が踏まえられている。

こうした大仰な天皇制神話イディオムを用いて、王仁三郎は、より積極的に国体ディスクールを活用しているとすら言えよう。そればかりではなく、国体ディスクールを脱構築、いわば換骨奪胎し、「天壌無窮の神勅」に乗りかかり、宇宙論的な規模まで膨張させて、大本神話的ディスクールを創出し実践していったのである。

得意満面の王仁三郎

王仁三郎は出発直前に、「日地月星《にっちげつほし》の団子を食ひ飽きて今や宇宙の天海を呑む」と歌を詠んでいる。この歌に続けて「ここに至つて、彼の心理状態の益々異状なるに驚かざるを得ない。神か、魔か、人か、誇大妄想狂か、二重人格者か、将又《はたまた》変態心理の極致に達せる狂人か、殆《ほとん》ど評するの言葉も出ない」と、あたかも哄笑しながら自画像を描いている。

「言語不通の支蒙人を相手に、開闢以来の大神業に従事する――彼の得意は果して如何であつただらう」と、得意満面の王仁三郎の姿があった。「私の霊界で見てる所では、安爾泰《アルタイ》地方から新疆《シンキャン》の西蔵《チベット》境の方面には、砂金と云ふより寧《むし》ろ、金の岩とも云ふべき程の物が沢山隠されてゐる。鉱物のみでなく、新疆は神の経綸に枢要な場所で、一般に天恵の豊富な土地なのだ」と語っているが、かつて〝山師〟となってマンガン鉱探しをやったように、いわば一攫千金を狙った、投機的冒険だったところもなくはないだろう。

「蒙古の元老は日出雄を成吉思汗《ジンギスカン》の再来と信じ、且《か》つ源義経汗《ジンギスカン》、蒙古平定後、世界を統一し、其《その》根拠を蒙古外に移せし為、蒙古は再び今日の如き衰微を来《きた》す結果となつたのだから、今回は蒙古平定独立の上は、蒙古の地を離れて下さるなと、折に触れて日出雄に哀願すること屢々《しばしば》であつた」と、王仁三郎自ら嬉々として記している。

また、白音太拉（パインタラ）で銃殺されそうになった際には、「私は愈々《いよいよ》キリストとなつて、昇天すべき時期が来たのだらう。君達も盧《ろ》の部下も皆天国に連れて行くから、君達は霊が離れないやうにするが良い」と悲嘆して、遺言めいたことを伝えている。このように、〝新蒙古王国〟の王、もしくは贖罪の救世主になることを夢想していたのかもしれない。

王仁三郎は日本への帰還後、「自分は空前絶後の大業を企て、不幸にして中途に帰国するの止むを得ざるに立到《たち》つたのも、神界の御経綸として是非なき事である」と、入蒙の挫折を「神界の御経綸」として説明する。他方では、「世界の源日出雄として、万界の暗《やみ》を照破すべき、神界経綸の実現に着手した」と、「神界経綸の実現」の始まりとして、「蒙古入の大芝居も、一寸《ちょっと》黒幕が下りたやうなものである」とも総括している。

6　蒙古入り、その後

八年後の満蒙

満洲事変後の一九三二年（昭和七）二月四日、王仁三郎は節分祭で「大本の経綸と満蒙」（『神の国』一九三二年三月号）と題して講演した。入蒙後、八年経った回顧と再総括である。「大正元年頃から、今の中に蒙古を日本のものにして置きたい。蒙古に行つて、蒙古を独立さして置いたならば、日本は仮令《たとい》外国から経済封鎖をやられやうが、或は外国から攻めて来られやうが、自給自足、何処迄も日本の本国を保つ事が出来る」と思い、乗馬の稽古を始めたという。これが王仁三郎の唱える「天産物自給」である。一九二一年、入蒙を節分祭から決行しようとしたが、逮捕されたため挫折した。

蒙古のクークロンの「偉い喇嘛《ラマ》」の「ナランオロス（日出づる国）から、生神が出て来て蒙古を救ふ」という予言があり、「蒙古人には歓迎され」たが、「結局は張作霖の裏切り及び赤軍との戦ひの疲れ、呉佩孚《ごはいふ》軍との戦ひによつて、携帯した所の食料も弾丸もなくなつて了《しま》ひ、已《や》むを得ず白音太拉《パインタラ》で、吾々は捕へられ、銃殺されむとする迄に至つた」と、意気揚々とした入蒙の惨憺たる経過を簡潔にまとめている。

人類愛善の大風呂敷

自明のことだろうが「世間の人々及び大本の信者の人は、大変に失敗をして来た様に感じて居《お》つた」のに対して、王仁三郎自身は「私一人が大成功だと云つて、自分一人で平気で居り」、「皆が負けをしみが強いと云つて笑つて居つた」。だが、「これが一ツの種蒔きとなつて、恰度《ちょうど》今、時がめぐつて来た」と、満洲事変が勃発し、先駆的であったことを語っている。「今、皇軍は連戦連勝で、東三省は殆ど平定された形であり」、「日本国民に満蒙といふ事を今の中に力強く意識させて置かねば、日本は滅びると思つたのであり」、「満蒙問題に先鞭をつけた事は、非常に効力があつた」と、奉天省・吉林省・黒竜江省の東三省、満洲への侵略・支配に寄与できたことを誇らしげに語っている。

そして、「東三省の民衆の心は、未《ま》だ未だ服従して居らぬ」ため、「どうしても宗教をもつて行かねばいけない」、それには「先《ま》づ東三省の人心を統一する事が肝要である。あらゆる宗教を人類愛善の大風呂敷で包んで了《しま》はねばならぬといふ考へで、人類愛善旗を翻して、満洲の天地に活躍をして居る」と、満洲で帝国日本の軍事力の庇護のもとで「人類愛善の大風呂敷」を広げていることを信徒に得意満面になって吹聴している。「吾魂《たま》は遠く満蒙に通ふなり日日の神業《かむわざ》仕えながらも」（『昭和青年』三二年一月号）と詠い、満蒙にこだわり続け、「吾々は世界の戦争が起る、或は日本は世界を相手に戦はねばならぬといふ、悲壮なる覚悟を要する時だ」と、世界の立替え・立直し、昭和維新を呼号していくのである。

敗戦後の評価

敗戦後、愛善苑として再出発した大本は、「世界の平和と幸福」を掲げて、平和運動を積極的に担って推進していった。大本の公式的な通史と言える『大本七十年史上巻』では、「まことに『万界の暗《やみ》を照破すべき、神界経綸の実現』のために（中略）やや沈滞しかけていた教団も、さらに勇気づけられ、教団内部の空気も一変した。（中略）王仁三郎の精力ぶりと、入蒙の挫折をものともしない、その不屈の精神（中略）こうして事件以来の世間の酷評を一転する機会がつくられてゆくのである」と記している。

ここでは「神界経綸の実現」のために、現界で入蒙を敢行し、教団の沈滞を一掃したと評価している。とはいえ、「入蒙の挫折」を認めて、あえて言葉で記していることは注目される。だが、この挫折の内実は一向に明らかにされない。王仁三郎の「不屈の精神」を押し出して『入蒙記』を引用し、入蒙を「天下無敵の経綸振り」と不可解な言葉で「入蒙の挫折」を帳消しにし、あるいは隠蔽して、教団の隆盛をもたらす契機となったと肯定的に評価している。

日本主義・アジア主義・国際主義

王仁三郎は少なくとも日本主義・アジア主義・国際主義といった、一九二〇年代に風靡していた思潮を混淆させながら兼ね備えていた。どれが突出するか、抑制されるかは情況に規定されていたであろう。入蒙では、皇国日本、満蒙・東アジア、世界という三領域が射程に入れられている。しかし、中国・満蒙を対象として、自民族中心主義的《エスノセントリズム》・国粋主義的《ショービニズム》に皇国日本が中心にすえられていたことは明らかである。

先に引いたように、「日本魂の本領を世界に輝かすのも、男子として面白い事業だ」「日本男子としては実に壮快極まる試みだ」といった、ナショナリスティックで男性中心主義的なヒロイズムの濃厚な、威勢のいい言葉がいともたやすく発せられている。そして、「我皇国がその永遠存立を安全ならしめ、関係諸国と共に共存共栄の福利を楽しまむ」という皇国日本中心主義的な言説は、「我皇国々防の第一線要地」としてのみ「満蒙の経営」を位置づけるのである。たしかに「どうしても我皇国存立の為、東亜安全の為、世界平和の為に」といった三相の世界を構想しているのだが、「皇国存立」を抜きにしては、王仁三郎の存立自体も無に帰するほかなかったのが、当時の王仁三郎であった。

この皇国とは、「末代の大恥辱」たる蒙古襲来があったとはいえ、「金甌《きんおう》無欠の我皇国」のことである。国体ディスクール体制に依拠して、「吾々は神の国に生れ、神の国の粟を喰《は》み、神の国の大君に仕へ、神に選まれたる民」は「万世一系の皇室の尊厳無比なる事を洽《あまね》く天下に示し」、「上は御一人に対し」奉仕し、「皇国存立の為」、「満蒙開発の実行」また「蒙古に一大王国を建設する」ことを説いた。神国思想・意識による、いわゆる選民意識を濃厚にしている。国体神話に仮託した、皇国日本一国中心主義である。とはいえ、それに全面的に基づいていたとは言えない。

「神示の世界経綸」（『神霊界』一九一八年一〇月一日号）では、何よりも「国祖」を国常立尊として、「皇祖天照大神」を下位に置いている。また、崇神天皇から始まった「世界統一の時運到来に到るまでの、一時的方便の御処置」である「世界の文物を制度を摂取」する「和光同塵《わこうどうじん》」の目的は、明治天皇の時代に「其の計画の本旨に達し給へる」ゆえに、「中古以来の日本歴史に顕れ居《お》れる事柄の多くは、神聖なる御国体の範示的行為に非ざるを知るべし」と、崇神天皇から明治天皇以前までの「和光同塵」時代を否定的に評価した。

そして、「昭和聖代」を「国光発揚の時代」として位置づけ、「神聖なる皇祖の御遺訓を闡顕《せんけん》し奉り、御国体の精華を発揚する事」、「皇祖天照大御神の御神勅として朝鮮、満洲の処分より、支那、印度、欧州並に米二大陸等に対する御経綸」、すなわち「世界統一」を遂行することが、大本・昭和維新となる。アジア的・国際的な規模で雄飛する昭和維新へと、王仁三郎は突き進んでいくのである。

こうした王仁三郎の現実の営みは、ほとんどすべて挫折していった。しかし、たゆまぬ実践が持続して遂行されている。身体論的な思想史の視角から、一応まとめてみると、ここには、一見すると緻密そうな計画性があるように思われる——王仁三郎自身はそう思っている——が、ただただ偶然性に任せ切った、あるいは支配されたままの、天性の楽観主義があるのだろう。だが、それだけではないことは確かだ。なにものをもってても覆されない〝信念〟が一貫して保持されているのだ。

王仁三郎は先に引いたように、「彼の心理状態の益々異状なるに驚かざるを得ない。神か、魔か、人か、誇大妄想狂か、二重人格者か、将又《はたまた》変態心理の極致に達せる狂人か、殆ど評するの言葉も出ない」と、三人称で自分を戯画化し、あるいは韜晦《とうかい》しつつも、世間体に煩わされることなく、身体まるごとをもって国祖国常立尊の神勅の実現をミッションとする信念を貫いていった。この強固な信念は、王仁三郎の現実世界を神との交流による言葉・言霊と他者への介入を通じて構築し、国祖国常立尊の神勅として神話的に表象され、〝狂気〟として世間の眼に映り、王仁三郎自身の哄笑となって噴出していったと言えよう。

第七章　人類愛善会運動と昭和維新

満蒙支那神代の日本の領土なりとり返すべき時到りつつ
（王仁三郎『昭和』一九三三年二月号）

神意を体するとき／戦争も愛である
（王仁三郎『人類愛善新聞』二一五号、一九三三年）

1　満蒙と世界経綸

一九二八年のミロク大祭

一九二八年（昭和三）三月三日（旧二月一二日）、聖師王仁三郎は「みろく大祭」で「万代の常夜《とこよ》の暗《やみ》もあけはなれ　みろく三会《さんえ》の暁きよし」と歌を詠んでいる。この日、王仁三郎は満五六歳七カ月（数え年五八歳）となった。

「みろく」とは弥勒菩薩、「三会《さんね》」とは弥勒菩薩が仏陀滅後の五六億七〇〇〇万年後に、兜率天《とそつてん》より下生《げしょう》して、華林園中の龍華樹《りゅうげじゅ》の下で、三回の法会を開いて説法し、初会には九六億、二会には九四億、三会には九二億の衆生を救済することであり、それを龍華三会《りゅうげさんね》と言う。このミロク大祭の日は、王仁三郎の満五六歳七カ月に当たり、弥勒菩薩の下生する五六億七〇〇〇万年を符合させて、この大祭を催したのである。この神事は三五年に起こる第二次大本弾圧事件で、治安維持法違反の容疑のひとつとなる。

『水鏡』（一九二八年）には、「今年、即ち昭和三年辰年は、此世初《このよはじ》まつてから、五十六億七千万年目に相当する年である」、「天のミロクは瑞霊《づいれい》であり、地のミロクは厳霊《げんれい》であり、人のミロクは伊都能売《いづのめ》の霊であり」、「いよ〳〵天地人三才の完成する間際であり、今や新時代が生れむとする生の苦悶時代である。（中略）いよ〳〵宇宙一切の完成の時期になつたのであるから、其《その》過渡時代に住する人間の目からは、地上一切のものが破壊され、滅亡するやうに見えるのである」と、ミロクの世が「神の経綸《けいりん》」によって出現しようとする時期に際会していると記している。それは過渡期の苦悶の時代である。

王仁三郎は前年の二七年に大正天皇の死去により大赦となり、ミロク菩薩たる王仁三郎が公然と先陣に立ち、ミロク神業を実行すべく、皇道維新・昭和維新の旗幟《きし》を鮮明にし、宗教運動のみならず、政治運動や農業運動なども大いに展開していくことになる。第二次大本弾圧事件へと至る、一九三〇年代前半の〝進撃する巨人〟王仁三郎の波乱に満ちた、大本・大正維新を凌駕する最盛期の軌跡を辿ってみよう。

満蒙への視線

王仁三郎は『人類愛善新聞』（一七二号、一九三二年）に「昭和七年に想ふ」と題して、「日本の国難を打破して世界の平和、人類の幸福を促進せんとせば、満蒙に於ける日本の権益を十分に確保せねばならぬ。満洲事変なぞは芝居に例へると三番叟《さんばそう》で、段々花道から本舞台へ入る」などと年頭の挨拶を寄せている。

満蒙権益の確保、それは日本の国難打破、世界の平和、人類の幸福の促進に繋がると連鎖させている。満洲事変は日清戦争、日露戦争、第一次世界大戦に続く「初段」にすぎず、次は「花道」となる軍備拡張をしているロシア、そして「本舞台」でアメリカとの戦争が想定されている。国際連盟は「世界各国の国《くに》魂《だま》を混茶《ごっちゃ》にさして却《かえ》つて紛糾させるばかり」と、各国の「国魂」を混乱させ無秩序にし、利己主義に陥らせて、「正義人道とか国際信義など、権力や暴力の前には通らない」と断じている。

世界の大変動のなかで「日本も一時は悲境に立つ」が、「天佑《てんゆう》神助によつて、九分九厘の所で、手のひらを覆《かえ》すやうに、最後の勝利者になれる」となおの筆先の言葉を挙げて楽観視している。

満蒙は美貌《みめ》よき乙女のやうな所とて、列国が流眄《ながしめ》

満洲巡教・紅卍字会員と記念撮影（1929年頃）（大本本部提供）

を遣つてゐる。一人娘に聟八人と言ふが、此のお満《まん》さんには十三人からの聟候補がゐる。蒙古は日本の十八倍、満洲の東四省は日本の四倍の面積を有し、天産自給の地だ。故に此所《ここ》にシツカリした国家が建設され、立派な統治が布かれたら、東洋の平和は愚か、世界の幸福が確保されるのだ。（中略）三人の従者を犬猿雉子《きじ》になぞらへ、自らは桃太郎になつた気で蒙古入をした。（中略）結果は失敗し、盧《ろ》上将は斃《たお》れ、私は白音拉《ぱいんたら》から這々《ほうほう》の態《てい》で遁《のが》れた。／併《しか》し日本の東亜経綸は世人が気付かぬ間に断行し、且つ種を播いてゐたのが、八年の今日に至つて、芽を出した事は会心に堪へない。私の心は現に満蒙の天地に飛んで行つてゐる。（中略）大本は武器は持たない、破壊の役目でなくて、その方は他にある、大本は修理固成《こせい》即ち世界の立直しをするのが、神から授かつた大使命だ。

王仁三郎は満蒙を「お満さん」と呼んで、落語のように緩急の差から笑いを取ろうとしている。この年の一月末に第一次上海事変が起こり、三月には関東軍の親日政権樹立の方針によって、宣統帝・溥儀《ふぎ》を執政とする、満洲国の建国が宣言された。王仁三郎は桃太郎さながらに入蒙したが、「結果は失敗」と自認している。しかし、八年にわたって、人知れずに「日本の東亜経綸」のために種蒔きをし、「破壊の役目」を担った関東軍によって満蒙領有を意図した満洲事変が勃発して、芽が吹いたと満足気である。「日本の東亜経綸」がいよいよ現実味をもって始動したことを意気揚々と語っている。

日本の“生命線”

広大な満蒙、「天産自給の地だ」として、「皇国の前途」を憂いて、王仁三郎は満蒙独立を画策していた。三一年七月に、王仁三郎は同じく満蒙独立を推進していた、大日本生産党の結党式を終えたばかりの総裁・内田良平や顧問・頭山満と会談し、内田の「幣原《しではら》外交のフナフナは常識を通り越した軟弱振《ぶり》」などという言葉を受けて、不干渉主義の幣原軟弱外交を「幣原とは死出の旅する代物だらう。だから刻下の満洲問題は最も剣呑なものだ」（『人類愛善新聞』一五五号、一九三一年）と批判していた。

この記事の見出しは「亀山の旧城址にて／国事を談ず三巨頭」で、満蒙独立や関東軍の動向など満蒙問題について語り合ったのだろう。帝国日本の〝生命線〟として、満洲・東四省（奉天省・吉林省・黒竜江省・熱河省）の権益を確保、そして拡大を企図していたのである。

天恩郷での三巨頭（1931年７月２日）
左から王仁三郎、頭山満、内田良平。（大本本部提供）

武力は関東軍に任せ、軍隊と連携して、満蒙の宣撫工作を道院・世界紅卍字会と共同して「武器は持たない」で、「修理固成即ち世界の立直し」をするのが、大本・昭和青年会だと構想している。宣統帝・溥儀を擁立した、独立国（一九三四年に帝政）の建設である。

2　満洲国と人類愛善会

満洲事変と世界経綸

『人類愛善新聞』（一七八号、一九三二年）に、王仁三郎は「山川草木みな蘇つて／「地上天国」の日近し／今度の維新は全世界的大業／神秘の扉は果して誰が開く」の見出しの記事で、次のように述べている。

> 今、日本は昭和維新の途上にある。（中略）蒙古人の言つてゐることに、世界中を鉄の黒蛇が取り巻く時が来る、其《その》時が来たらば、蒙古は草木まで物を言ふとある。（中略）此《この》黒蛇といふのは、黒鉄を以て世界を取巻いて来た鉄道のことで、全世界に鉄道が一周する様な時代に、地上に救世主が現はれて、人類の苦難を救ふとの予言である。（中略）黒蛇が極東まで取巻いて、世界を一周したのだから、もう予言の日が来てゐることは確《たしか》であると思ふ。（中略）仏教でいふ、みろく（三六）の世が来るといふのに相当する。

満洲国の樹立と昭和維新を重ね合わせ、救世主の出現という予言が鉄道の世界一周とともに、今まさしく現実のものになっていると説いている。それはミロクの世の到来でもある。イギリスのリバプール・アンド・マンチェスター鉄道が開業したのが一八三〇年、開業初日に鉄道死亡事故も起こっている。第一次世界大戦勃発の一九一四年には、鉄道の世界総延長が地球三〇周分、一二〇万キロに達している。

満洲国大博覧会の賑わい

満洲国の建国後、一九三二年七月から九月にかけて、「満洲国大博覧会」が東京の国技館・両国東橋畔で開催されている。それ以前にも、規模は小さいが、同年三月に大阪で「満蒙博覧会」、四月に京都で「満蒙大博覧会」がそれぞれ催され、大本では大本愛善館を設けて、満蒙での人類愛善会の活動情況などを展示している。

満蒙博覧会の大本愛善館（1932年）（大本本部提供）

満洲国大博覧会は国家的規模のものであり、大本でも、人類愛善新聞社・人類愛善会満洲連合会が協賛し出品した。大本愛善館では、「観衆潮《うしお》と寄せて／満洲博の蓋《ふた》あく／本会総裁の蒙古入りに／感極まつて喝采を送る／人気を煽る愛善館」（『人類愛善新聞』一九一号、一九三二年）といった活況を呈している。「東京に居ながら満洲視察が出来る」、帝都から植民地を眼差すという、帝国主義のプロパガンダ装置として、満洲博は盛大に賑々しく演出されている。世を挙げて満洲ブームだったのだ。

大連の街並みを眼にし、満鉄に乗り込み、車窓からは満洲大陸の広大な原野を眺めて、水着姿の男女が戯れている、星ヶ浦

旅順・星ヶ浦海水浴場（筆者撮影）

爾霊山（二〇三高地）塔
（乃木希典書）（筆者撮影）

巨玉山表忠塔（1909年竣工）
（筆者撮影）

の海水浴場に至る。次は日露戦争の戦跡を辿り、旅順の日本橋から表忠塔を望み、爾霊山塔の立つ二〇三高地から水師営へ、錦州の孔子廟などが続き、新京建国祭の盛況ぶり、ハルビン駅、チチハル市街、蒙古移動住宅パオ、在住邦人の農業、撫順炭鉱の露天掘り、鴨緑江大鉄橋など。満洲事変、また上海事変での爆弾三勇士の鉄条網破壊などの「皇軍将士奮戦」の大パノラマが繰り広げられている。帝国主義・植民地主義がスペクタクル化されて展示されている。

『人類愛善新聞』（一九四号、一九三二年）では、「満洲国とはどんな国であらうか――広さは日本の二倍半、人口三千万人、而《しか》してこゝには同胞十万人の血を流し、何十億といふ国帑《こくど》が注ぎ込まれてゐる、われ〳〵の父、われ〳〵の兄弟が自ら護国の鬼と化して守つて来た、赤い夕陽の落ちる曠茫《こうぼう》千里の大沃野、日本の生命線であるところ」と、満洲国を謳っている。

日露戦争を刻印した、「同胞十万人の血を流し」「赤い夕陽の落ちる曠茫《こうぼう》千里の大沃野」「日本の生命線」という、満洲事変以降、しっかりと定着した満洲イメージを彩るフレーズで語られている。

そして、「瑞月《づいげつ》聖師が／入蒙の壮挙／総裁の乗馬姿を／感慨深く仰ぐ人の群れ」の見出しで、愛善館の記事が載せられている。白樺林をしつらえ、その向こう側には満蒙の原野が広がり、王仁三郎が蒙古に入ろうとするシーンが見える。

「わが出口総裁が、日本並びに満蒙の今日あるを夙《つと》に予知して、満蒙に進出を企てられたのは、実に大正十三年十二月十二日のことであつた、今再びこゝにその当時の光景を見て、感慨無量なる者、果して我々のみであらうか」と、王仁三郎の満蒙進出の勇姿を展示している。

さらには、蒙古の活仏《かつぶつ》から贈られたパオを展示し、「支那満洲に数千万の信徒を有する」世界紅卍字会と人類愛善会との提携・活動状態も展示している。愛善館では、「即席楽焼所」を設けて、来場者に楽焼をさせている。それから、高粱《こうりゃん》畑があり、満洲の匪賊《ひぞく》の群像が展示され、そこを出ると、満洲の曠野が広がり、満洲農業の実況が示されている。

満洲武装移民を奨励する

『人類愛善新聞』(同前)には、「愛善館内における満洲人の耕作の状態を示すもの」とコメントされた写真が載せられている。「満洲人の耕作」光景とともに、王仁三郎の「農夫姿があつて、観衆の注目を引いてゐる」と報じられている。また、その傍には、王仁三郎作の「楽焼の等身大の観音像」が安置されていた。入蒙の馬上の王仁三郎、農夫姿の王仁三郎、宗教ばかりでなく、軍事と農業も推奨し実践する、大本・王仁三郎の魅力を溢れんばかりに展示していた、愛善館である。

一九二〇年代末から三〇年代の農業恐慌期、地方の青年団運動などでも、窮迫した情況のなかで、自力更生や経営の合理化・副業化、協同主義が唱えられ、農村人口の過剰を解消するために、満蒙移民が奨励されていた。日本国民高等学校長の加藤完治は「満蒙に於ける殖民者は右手に銃、左手に鍬をもつて起つ皇国の戦士でなくてはなりませぬ」(『日本農村教育』一九三四年)と、満洲武装移民を推進していた。この武装した、第一次満洲農業移民団が送りだされたのは、一九三二年である。そして、「満洲農業移民百万戸移住計画」が立案されるのは三六年、満蒙開拓青少年義勇軍が発足するのは三八年のことである。

『人類愛善新聞』（二〇〇号、一九三二年）には、「武装移民に参加して／愛善会員も渡満す／必ず立派に使命を果すと／勇躍して一行出発」の記事がある。青森・山形県などの大本信徒・人類愛善会員も、満蒙の「戦地に赴く覚悟とパイオニアとしての意気で新天地開発」に意気揚々と海を渡っていったのである。

満洲国と王仁三郎

王仁三郎は満洲事変、満洲国の建国に「神の経綸」が実現しつつあると看取し、満蒙問題に深く関わっていった。「満洲事変は一方から見れば、国難でありますが、他の一方から見れば、国難といふよりは、寧ろ国福《こくふく》でありまして、これから東亜の光りが世界に光被《こうひ》して、日本神国の光りが八紘《はっこう》に輝き渡る」（『人類愛善新聞』一七九号、一九三二年）と、王仁三郎は「国福」また「神の経綸」の端緒として、満洲事変を大いに評価し、讃辞を呈している。

国際連盟のリットン調査団が来日したのは、三二年二月である。このリットン調査団に対して、「世界一家の平等と／和平を望むは日本／連盟調査員は／色眼鏡を外せ／若し一歩を誤る時は／世界大戦の幕開かん／英米の態度硬化す」（同前）とすばやく対応している。リットン調査団が日本に報告書を通達したのが一〇月、日本が国際連盟を脱退するのが翌年三月である。

王仁三郎は政府の満洲政策・満洲事変を容認し、リットン報告書を欧米列強による日本への圧迫、「白色人種」の「東洋有色人種」への見下し・侮蔑による、人種差別だとして一蹴している。これに続けて、「今はばけものの、強い者がちの悪魔ばかりの世である。世界はばけものの世になりて居る」「世界中が一緒になりて日本の神国に攻め寄せる」「神と悪魔との戦ひがある」「お照《てら》しは一体、七王も八王もありては世界が治まらぬ、世界一つに治める経綸がしてある」と「神示」（『人類愛善新聞』二〇〇号、一九三二年）を挙げている。

この「神示」は、一八九二年と一八九四年のなおの筆先に出てくる言葉である。国際連盟・欧米列強と神国日本の対立・抗争の構図が描かれ、神国日本の王が世界をひとつに治めると「神示」を解釈するのである。これに続けて、「東西の両文明が和合するか否か、東洋の精神文明が主となり、泰西の物質文明が従となるか否かに依《よ》てのみ、世界の平和は確立する」と、「東洋の精神文明」を体現した、東洋の盟主たる神国日本が、ひとつの王・天皇によって統治するのが世界の経綸だとしている。

昭和青年会の機関誌『昭和青年』（一九三三年一・二月号）では「挙国更生」の題で、王仁三郎が質問に応えている。リットン報告書が国際連盟理事会で採決されたなら、戦争が誘発されるかの問いに対して、「そんなものどうでもよいがな。（中略）リットン報告書を採用したら面白くなるよ。（中略）世界中攻めかけて来ると御筆先に書いてある。攻めかけて来《こ》んといふと経綸が出来ん。何もかも一時だ。神様はチヨロ臭い事は嫌ひだからな」と答えている。質問者は「要するに腹をきめる丈《だけ》で厶《ござ》いますね。後は問題にならん訳ですね」と応じている。王仁三郎は戦争を予感している。それも「神の経綸」による世界最終戦争・ハルマゲドンである。

一厘の経綸

王仁三郎は世界最終戦争・ハルマゲドンである「九分九厘との戦ひ」（『神聖』一九三五年一月号）について、次のように述べている。

開祖の神諭に、今度の世の立替は九分九厘との戦ひである。只一厘（即《すなわ》ち百分の一）の誠の力で、根本的に悪神の経綸《しぐみ》を覆すのだと示現されてゐる。今日世界に人民を二十億とすれば、其百分の一に当る人員は二千万人である。神政成就の為《た》めに立ち上つた神聖会は、何としても一厘の経綸たる二千万人の誠の理解ある会員を集めなくてはならない道理である。

筆先には、「世界中攻めかけて来る」、そして「九分九厘まで駄目になり、一分のところで日本が勝つ」と幾度か予言されていた。世界、特にアメリカとロシアとの戦争は必至だ。そのためにも、「国防の第一線として、満洲国は必要がある。日本の国防の為には、アジアの盟主としては、どうしても、あすこがなければならぬ。（中略）満洲といふ国は神界から云つても、日本の国防上から云つても、必要な国である」というのが、王仁三郎の抱いている「神の経綸」なのである。

満洲国の承認問題

『人類愛善新聞』（二〇八号、一九三三年）に「御勅題に因みて……／昭和八年を語る／非常時国民の覚悟は何」の見出しの記事で、王仁三郎は語っている。この年の歌御会始の勅題は「朝《あした》の海」であった。

我帝国は一昨年の九月以来、軍事に外交に自力更生の曙光をあらはしたこと、恰《あたか》も朝《あした》の海の如く、荘厳であり、広大であり、無限の力があらはれてゐる。（中略）我国内の事情を見れば、日本魂の権化たる陸海軍人の犯し難き勇気と忠誠とあり、一方には外国思想に悪溺《あくでき》したる左傾分子あり

（中略）海外はと見れば、満洲国の承認問題、満洲国の匪賊《ひぞく》の続発、満洲国民の我国精神の不徹底と海外諸国の日本に対する認識不足あり（中略）此《この》時此際、皇祖《こうそ》皇宗《こうそう》の御遺訓を奉戴して起たねば、再び世界に立つて、国の威信を保つことが出来なくなるであらう。

王仁三郎は、満洲事変以来、軍事・外交に「自力更生」が発現され、「無限の力」が発揮されたとして、帝国陸海軍軍人を称揚している。そして、満洲国の承認問題などを懸念しつつ、「軟弱外交を更正さすべき秋《とき》に向つた」とし、「満洲国民の我国精神の不徹底」に憤懣の思いを吐き出して、満洲に皇道を徹底し、「皇祖皇宗の御遺訓を奉戴」することを「満洲国民」にも求めたのである。

そこには、「日本は自給自足の出来る国である。満洲国があるのだから問題はない。私は日本がむしろ経済封鎖をされた方が、その間に本当の姿に立直つてくるので、却《かえっ》てよい位に考へてゐる」（『人類愛善新聞』二二六号、一九三三年）といった、満洲国を日本の生命線として、植民地とする宗主国としての意識が濃厚にある。

愛の戦争と永遠の平和

一九三三年一月、関東軍は山海関《さんかいかん》を占領し、次いで二月には熱河《ねつか》侵攻作戦を開始し、熱河省を満洲国に併合することになる。この熱河侵攻作戦中に、ジュネーブで開催された国際連盟総会では、満洲での中国政府の主権を確認するとともに、日本の権益を尊重する一方で、満洲国を否認するリットン報告書に基づいた勧告案が賛成四二、反対一で採決され、日本は国際連盟を脱退するに至る。

王仁三郎はこのような時局に「神意を体するとき／戦争も愛である／永遠の平和を念願し／日本は最後の勝利者」（『人類愛善新聞』二二五号、一九三三年）とすばやく応答し、「神意による大戦ひ」の開始を告げている。そして、「今度のやうに日本が、全人類の幸福を念願とし、神の意志を闡明《せんめい》せんとするに対し、邪悪の刃《やいば》をもつて、その天意に反対しやうとするものを打ち膺《こら》さんとする場合は、絶対の愛である。愛によつて戦ふからこそ、皇軍の向ふところ敵なく、日々の新聞は熱河に於ける日本軍の勝利を伝へつゝあるものとおもふ」と力説する。

王仁三郎によるなら、「天意」「神の意志」に刃向かう者に対する〝膺懲《ようちょう》〟、皇軍の中国での軍事行動・侵略戦争とは「絶対の愛」なのである。満洲事変、上海事変、満洲国の建国、錦州爆撃、熱河侵攻など、そしてやがて日中全面戦争へと至る。これらは「神命」による「永遠の平和を念願し」た〝愛の戦争〟なのである。

3　挙国更生運動と昭和維新

挙国更生運動の開始

一九三一年（昭和六）、昭和恐慌下で、特に農村は農業恐慌の嵐に晒されていた。当時の情況については、マルクス主義経済学者・猪俣津南雄の『窮乏の農村』（一九三四年）に詳しい。翌年には、農林省主導の下で農山漁村更生運動が開始されている。「農村の救済」を訴えた五・一五事件が起こった年である。

昭和維新・挙国更生運動（米沢にて）（大本本部提供）

農林省主導で展開された、農山漁村更生運動は「自力更生」をスローガンとして、産業組合に梃入れしながら、経済更生計画を立てさせ、負債整理や生産統制、経営改善を行なうというものである。だが、予算措置をともなわず、農山漁村の自力に期待する、精神主義的な運動であった。土地問題や小作争議にも触れず、自力更生という名の下で、没落も〝自己責任〟の問題として農民に転嫁する、村落内の階級調和を狙った路線であった。大本・人類愛善会では「挙国更生運動」を展開していく。特に農業問題に対して、一貫して眼を向けて重視してきた。言うまでもなく、農民が信徒の大半を占めていたからにほかならない。

『人類愛善新聞』（一八九号、一九三二年）では、「瀕死の状態にある農村／真髄に触れざる……／農村匡救《きょうきゅう》の対策／社会機構の根本に醒め／建国の本義に立ち帰れ」の見出しで、政友党・民政党またその各内閣に「具体的なる対策」がないことを難じて、「国体の根本義に出発する」こと、すなわち「我が聖典古事記」に基づいた「建国の本義に立ち帰れ」と唱えている。

同紙面には、社会民衆党書記長・片山哲の「都市偏重から／農村は疲れる／誠意で救済にあたれ」、大日本生産党総裁・内田良平の「農民の借金整理は口実／本当は資本家の擁護」などの左派・右派の記事が載せられている。

『人類愛善新聞』（一九九号、一九三二年）には「農業国日本の福音／稲の二部作に成功／出口本会総裁の指示に従ひ／島根県下で実行して大増収」の見出しの記事が掲載されている。ついで、同紙（二〇〇号、一九三二年）には「呪はれた農村／水浸しの耕作地」の見出しの記事がある。他方では、「凶作の山形県で／完全な陸稲《おかぼ》作成る／本会総裁の指示によつて／水田以上の良米収穫」の見出しの記事が載せられている。これは、山形県西村山郡の相原藤三郎の苦心に満ちた稲作による。後に述べるように、「愛善陸稲」と命名され、大本・人類愛善会はその普及に大いに努め、実践的な農本主義を展開していくことになる。

農は国家の大本・皇室の大本

王仁三郎は「国家経済が乱脈では……／精神的発展も困難／寒心すべき農業国日本」（『人類愛善新聞』二〇五号、一九三二年）の見出しの記事で、「挙国更生の真意義」を説いている。

> 二度作《にどさく》をやる。一年に二度取る。三度取るといふことを考へねばならぬ。（中略）陸地に稲を作つて、水田と同じやうに作つたならば、山にも畑にも稲が出来るやうになつて来る。農は国家の大《だい》本《ほん》である。農業から更生せねばいけない。農は国家の大本であると共に、皇室の大本である。大《おお》嘗会《じょうえ》の時にでも、天皇御自ら田を植え、稲をお作りになられる。皇后陛下は蚕を飼うて、機《はた》を織ら

れる。これは農業の型を示されたのである。天照皇大神以来、農業をもつて国を建てられたのである。農は国家の大本といふことは、皇室の大本といふことである。農業は皇祖皇宗が教へられて、皇室に伝はつてゐるところのものである。

国家・皇室の大本は農である。たんなる農本主義ではなく、天皇・皇室崇敬を基盤とした皇道農本主義を、王仁三郎は唱えている。しかも二期作や陸稲栽培を奨励し実行しているように、実践的皇道農本主義と言うことができる。

天皇が稲作、田植え・稲刈りを始めたのは、昭和天皇の時、一九二七年に即位大嘗祭《だいじょうさい》を終えた翌年からである。養蚕は一八七一年(明治四)に昭憲《しょうけん》皇太后(明治天皇妃)が始めている。その後、中断し、一八七九年に英照《えいしょう》皇太后(孝明《こうめい》天皇妃)が再開して、死の前年の一八九六年(明治二九)まで行い、一九〇八年(明治四一)に嘉仁皇太子妃節子《さだこ》(貞明《ていめい》皇后)が再開した。そして、昭和期に入り、一九二八年に昭和天皇妃良子《ながこ》(香淳皇后)が受け継いでいる。

稲作と養蚕・機織り、それは記紀神話における高天原の天照大神、また瑞穂の国の皇宗によって連綿と継承されたとされる、奥ゆかしい〝伝統〟として創出されたものである。それを基盤にしてこそ「挙国更生」、そして昭和維新なのである。

昭和維新の使命

王仁三郎は「大立替」として昭和維新・皇道維新を唱道していく。『人類愛善新聞』(一八七号、一九三二年)の見出し「国体の精華を発揚する/祭政一致の本義へ／昭和維新の御神勅を第一に」の記事で、昭和維新論を展開している。

「我日本国は古来神国と称し」、「世界無比の神国で」、「土地豊沃《ほうよく》、一切欠くることなき天産自給の宝国」だとする。神国日本の人民については、「人民は天賦の霊能、日本魂《やまとだましい》有るを以て、勇気、智量、慈愛、親睦の良質を惟神《かんながら》に包蔵し、平素清潔を好み、神祇《じんぎ》を崇敬し、皇室を敬ひ尊び、大義を重んずる事は、此神域に生を享けたる神国神民の自然より出《い》づるものであります」と述べている。

原初の、あるいは神話的な神国日本・人民の理想型が描かれている。だが、現代は「上下混乱の極」に達している。それを救うのは「神の御子と生れ出《いで》たる日本人の天職」であるゆえに、「皇祖大神の御神勅と、一天万乗の大君の御事は夢寐《むび》にも忘却することは出来ぬ」のである。

「皇祖大神の御神勅」と天皇、またそれを奉戴してきた「祖先の遺風」を顕彰し、混乱の極にある現代を救うのが「神の御子」である「日本人の天職」だとしている。利己主義・個人主義・自由主義を蔓延させている「外来の思想」に迷わされて「逆臣逆賊」となり、「日本神国の人民」ではなくなった者が跋扈しているのが現代である。ここに、大本が「世界無比の神国」から出現して、昭和維新を唱える根拠がある。

国祖国常立尊が「世界の中心地たる高天原なる、下ッ岩根の龍宮館に出現遊ばして、世界を攪乱しつゝある悪の陰謀を、日本の人民に警告された」が、誰も聞く耳を持たず、「惟神《かんながら》の美風良俗は次第に破れんとし、一の教法無くては治り難くなつた」。そのため、崇神天皇の世に「和光同塵の御神策」つまり外国の文物の移入をしてきたが、その二千余年来、「天歩、艱難の凌辱を隠忍し」てきた。

そして、王政復古・明治維新となり、明治天皇は「和光同塵の御神策」を廃し、「戊申《ぼしん》の詔書」を出した。この詔書で、「朕は方今の世局に処し、我忠良なる臣民の協翼《きょうさん》に倚藉《いしゃ》して維新の皇猷《こうゆう》を恢弘《かいこう》し、祖宗の威徳を対揚《たいよう》せんことを」国民に願った。しかし、「深遠なる御聖慮」を理解せず、軽視して「聖旨を奉体せざるは、誠に恐懼《きょうく》に耐へない次第」と、王仁三郎は独自の大本神話による神国日本史を開陳して慨嘆し、明治天皇の詔《みことのり》した「維新の皇猷《こうゆう》を恢弘《かいこう》」すること、つまり天皇の計画を実践して大いに発展させていくことを使命とし、ここに昭和維新の断行を唱えるのである。

昭和維新、これ開闢《かいびゃく》以来、未曾有の大盛事《だいせいじ》で、世界の平和は斯《ここ》に其基礎を厳立し、皇国の使命は言向和《ことむけ》す皇化の顕彰であります。済世、済民の皇道は天理人道を明かにし、祭政一致の教政は、国体の精華を発揚し、国威は四海を風靡して、天下の無道を糾明し、世界の無明を光被《こうひ》す（中略）万世一系の天皇は、日本神道の真髄を宣揚して、世界の平和を確保し給ひ、以つて天下統治の御天職を完成し給ふのであります。

王仁三郎は記紀神話あるいは国体神話を範型としていることは確かだが、そこからかなり逸れてしまっていることも確かである。始原である天地開闢の頃に復帰できるなら、それに越したことはない。だが、「惟神の美風良俗は次第に破れんとし、一の教法無くては治り難くなつた」という「神国神民」「日本神国の人民」の神国日本史、そこには「二千有余年、天歩、艱難の凌辱」がある。国体ディスクールの「報本反始《ほうほんはんし》」（本に報い始に反《かえ》る）だけではもはやすまないのだ。

国祖国常立尊は日本の人民に絶えず警告を発してきた。しかし、国祖は退隠させられて、「日本人の大部分は悪の計画に甘々と乗せられ」、「悪の世」「獣の世」「金銀為本」の世が到来したのだ。崇神天皇が「和光同塵の御神策」を方便として施行したが、それこそが「二千有余年、天歩、艱難の凌辱」の歴史を招来させてきたのである。これは神国日本の金甌《きんおう》無欠《むけつ》の国体・皇国史観を否定する歴史観となろう。

王仁三郎は天皇制・国体神話を逸脱した大本神話、いわば〝超国体神話〟を唱え語り続けている。とはいえ、とりあえずは「皇祖皇宗の御遺訓通り」という方針があるだけである。だが、「維新の皇猷」を推し量ることなく、「皇祖皇宗の御遺訓」「建国の本義」を実践できずに欠落させた、空疎な現体制に対する非難・批判の攻撃を絶えず噴出させて、危機意識を募らせて力説していくことになる。

「二千有余年、天歩、艱難の凌辱」の神国史をもたらした、西洋列強の「悪の計画」を粉砕し、済世済民の皇道、祭政一致の親政を目指して、天皇による「維新の皇猷」を〝翼賛〟すること、それこそが皇道主義を貫く昭和維新の大業となるのである。

第八章　昭和神聖会と第二次大本弾圧事件前夜

時到らば吾は神軍引き具して御国のために雄飛せんとす

（王仁三郎『昭和』一九三三年三月）

1　皇道大本の名のもとで

一九三三年（昭和八）二月三日（旧一月一日）、大本から皇道大本へと教団名を復帰させた。大本の節分祭においてである。「皇道大本信条」全一三条のうち、一〇条までを挙げておこう。

皇道大本信条

第一条　我等は天之御中主大神《あめのみなかぬしのおおかみ》が、一霊四魂、三元八力の大元霊にして、無限絶対無始無終に宇宙万有を創造し給ふ、全一大祖神に坐ますことを信奉す。

第二条　我等は　天照皇大神《あまてらすすめのおおかみ》が、全一大祖神の極徳を顕現せられ、遍く六合に照臨し給ふ、至尊至貴の大神に坐《まし》ますことを信奉す。

第三条　我等は　皇孫命《すめみまのみこと》が、天照皇大神の御神勅に拠り、豊葦原の中津国に天壌無窮の宝祚《ほうそ》を樹立し給ひ、世界統一の基礎を確立し給へることを信奉す。

第四条　我等は　皇上陛下が、万世一系の皇統を継承せられ、惟神《かんながら》に主、師、親の三徳を具へて、世界を知ろし召さるゝ、至尊至貴の現人神に坐ますことを信奉す。

第五条　我等は　丹波国綾部本宮が、金甌《きんおう》無欠の皇道を世界に宣揚する、神定《しんてい》の大本霊場たることを信奉す。

第六条　我等は　国祖大国常立尊《おおくにとこたちのみこと》が、天照皇大神の神旨《しんし》を奉戴して、世の立替、立直しを遂行し、宇内《うだい》の秩序安寧を確立し給ふ、現界神界の大守神《だいしゅしん》に坐ますことを信奉す。

第七条　我等は　豊雲野尊《とよくもぬのみこと》が、国祖の大神業を継承し、至仁至愛の全徳を発揮し給ふ、更生主《す》神《しん》に坐ますことを信奉す。

第八条　我等は　国祖大国常立尊が、稚姫君命の精霊に御神格を充たし、皇道大本開祖を御霊代《みひしろ》として、至純至粋の神諭を降し、天地惟神の大道を啓示し給へることを信奉す。

第九条　我等は　豊雲野尊が、神素盞嗚尊の精霊に御神格を充たし、真如聖師を御霊代として、国祖の神示されたる神人愛と世界平和を実現さるゝものたることを信奉す。

第一〇条　我等は　皇道大本神諭の垂示に依り、敬神、尊皇報国の実行を期するは、皇国臣民たるものの天職たることを信奉す。

皇道大本信条はまず一九一七年（大正六）に出され、一八年、一九年に改正され、三三年に前記のものになっている。第一条から第四条では「祖神」天之御中主神から天照大神・皇孫命・天皇＝現人神に至る系譜が挙げられる。第五条から第一〇条では、天照大神の神旨を受けた「国祖」国常立尊から主神の豊雲野尊＝素盞嗚尊＝聖師王仁三郎、稚姫君命＝開祖なおの系譜が挙げられている。「祖神」と「国祖」の二系列の神統譜を連接させつつも使い分けながら、第一条から第四条までが国体神話、第五条から第一〇条までが超国体〝大本神話〟に基づいて整備・構成されている。

皇道大本の旗幟

一七年版では、第一条で「万物を創造」した天之御中主神、第三条で「太祖」国常立尊が挙げられ、天照大神も皇孫命も「皇上陛下」もまったく現われていない。

三三年版では、「祖神」天之御中主神、その「極徳」を顕現させる天照大神が現われ、その神勅によって「中津国に天壌無窮の宝祚を樹立し」、「世界統一の基礎を確立するのが「皇孫命」、その「万世一系の皇統を継承」したのが「皇上陛下」であり、「世界を知ろし召さる」現人神ということになる。国体神話に基づいた天皇主義・皇道主義が貫かれていよう。

さらに見ていくと、一七年版では、第四条で「我等は大本開祖の世界の大教主にして、亦た宇内《うだい》の救世主たる事を信じず」とし、また第五、六、八、一三、一四条でも開祖なおについて記している。なおの存命中であったために、開祖中心になっている。

「国祖大国常立尊を敬祭し」、開祖を「世界の大教主」「宇内の救世主」として、神諭を遵守し、「報本反始の大道」、世の立替え・立直しを遂行し、「地球の中心たる綾部の本宮」で「金甌無欠の神政」を実現させるという、国体神話から逸れた大本神話に依拠する、大正維新・立替え・立直しを使命とした信条である。

三三年版では、第七条で豊雲野尊＝王仁三郎が「国祖の大神業を継承」、第八条で稚姫君命＝なおが国祖国常立尊の「御霊代」となって、神諭を降したこと、第九条で豊雲野尊＝王仁三郎が神素盞嗚尊の「御霊代」となって、国祖国常立尊の神示を実現することを記している。

それは、国祖大国常立尊が「天照皇大神の神旨を奉戴して」、神界で世の立替え・立直しを遂行することである。すなわち、豊雲野尊＝王仁三郎が現界で世の立替え・立直しをするということになる。国体神話に依拠した皇道主義の色彩を大いに濃厚にしながらも、聖師王仁三郎が中心になって、皇道大本の旗幟を断固として鮮明に掲げ、昭和維新を断行していこうとする決意がうかがわれよう。安丸良夫は「皇道主義的ラディカリズム」（『出口なお』一九七七年）と名づけている。

昭和青年会・昭和坤生会の運動

一九三〇年代前半、文字通り怒濤の快進撃を展開し続けた、大本・人類愛善会の活動を見てみよう。一九三二年から「挙国更生運動」が始まり、同年に開催された「満洲国大博覧会」に人類愛善会は協賛し、愛善館を設けて参加した。また、前年に会長を王仁三郎として全国的な統一組織へと改組された昭和青年会では、王仁三郎の指導のもと先頭に立って、挙国更生運動などで先鋭的に活発な運動を続行していく。女性の団体、昭和坤生《こんせい》会も同年に結成されている。昭和青年会では制服を統一し、カーキ色の開襟上着、ベルト付き、ネクタイ、白のワイシャツ、丸型帽子、ズボン、ゲートル、革靴である。昭和坤生会もモンペ姿から、昭和青年会と同様の制服を身につけて、団体訓練を行っている。団体行動のための訓練は、在郷軍人の会員が担当し、挙手の礼をするなど、かなり軍隊色になっている。

三二年に昭和青年会や人類愛善会では、満洲事変の一周年記念として、「愛善報国運動」を展開して、「出動人員百万を超へ」と報じ、「非常時に投じた一石」としている。同年に、王仁三郎の「防空なくして国防なし」の呼びかけで、昭和青年会航空部が新設され、全国各地で「防空展覧会」「航空展覧会」を催し、各地の連隊や在郷軍人会、後には陸海軍当局も後援し、防空運動も実践している。

三三年八月、亀岡の天恩郷で開催された「防空展覧会」では、聖師王仁三郎の生誕祭もあったため、全国から参拝者・参観者が訪れ、「押すな押すなの防空展」になっている。昭和青年会では制服・制帽のスタイルで会旗を捧げて参列し、「軍事訓練をとり入れ、統制ある行動に入つた」（『昭和』一九三三年一〇月号）。また、「新たに購入せる防毒面を着せしめ、二台のトラックに分乗」し、「到る処大モテの防毒自動車隊」（『人類愛善新聞』二三〇号、一九三三年）のコメントを付けた写真とともに報じられている。大本・昭和青年会は軍事色・非常時色を濃厚にしていったのである。

大日本武道宣揚会の設立

大本では、三二年八月に大日本武道宣揚会を設立している。総裁に王仁三郎、会長には蒙古遠征をともにした、武術家で、後に合気道の創始者となる植芝盛平《うえしばもりへい》（守《もり》高《たか》）である。「大日本武道宣揚会趣意書」では、武を「戈《ほこ》を止めしむる意」とし、「破壊殺傷の術」で

王仁三郎（左から２人目）と植芝盛平（右端）
（大本本部提供）

はなく、「破邪顕正の道」こそ「真の武道」であるとする。そして、「神国日本の武道は惟神の道こそ、真の武道大道より発して、皇道を世界に実行する為に、大和魂の誠を体に描き出したものである。（中略）吾が大日本武道は神の経綸、皇道の実現のために惟神の人体に表はされたるものであつて、蔵すれば武無きが如く、発すればよく万に当る、兵法の極意を尽すものである」と説いている。

　ここで重要なことは、「蔵すれば武無きが如く」、また「発すればよく万に当る、兵法の極意を尽すものである」と、武道を二つの様相から捉えていたところにあろう。「大和魂の誠を体に描き出し」、「皇道の実現」のためであれ、武は発揮することを必然としていよう。「神国を守り、世界を安らけく、人類に平和を齎《もたら》す」という目的のために、あらゆる武、武力が認められることになることも確かである。人類・世界の平和のための武力・戦争が世の常である。他方では、〝蔵する武〟も想定されている。ここに、武のひとつの可能性を見出すことができるかもしれない。

　第一回総会での王仁三郎の講演「文武の国日本」を見てみよう。東京で皇武館道場を開いていた、会長の植芝を「神様から神技を授かつてゐる」として紹介し、大日本武道宣揚会の発足を神界の経綸を実現する先駆だとしている。王仁三郎は「皇神《すめかみ》のさづけ給ひし日本魂《やまとだま》磨かん為の武道宣揚会」（『昭和』一九三三年七月号）と詠っている。

王仁三郎は「剣といふものは、どうしてもなければならぬ」「使ふ時には使はねばならぬ」と言い、「皇祖の御遺訓として最も貴重なる大御宝」である三種の神器に基づいて説く。鏡は「神様の円満清朗なる教」「惟神の道」、玉は「陛世《へいか》の玉体の御事」であり、剣はムハンマド（マホメット）が一方に剣を持ち、他方にクルアーン（コーラン）を持ったように、また崇神天皇の代に「尚武の精神」から四道将軍を派遣したように、「どうしても一方に教があつたならば、一方に剣がなければならぬ」と位置づけている。

大本では、教と武が「車の両輪」であり、「私は決して乱を好むものでも、なんでもない。乱に備へるものである。或は同胞を救ふ為、地上に平和の楽土を招来する為の武道宣揚会」であり、「不逞の事を考へて居る」わけでも「暴れ度《た》い」わけでもないと語っており、血盟団事件や五・一五事件などのテロリズム・クーデターを念頭においていたのだろう。

王仁三郎の武力論

王仁三郎は「国造り矛の神秘」として、伊邪那岐《いざなぎ》・伊邪那美《いざなみ》の国造りについて語っている。伊邪那岐の矛から垂れた滴が固まって、オノゴロ島が造られたことを否定する。「伊邪那岐尊以前」、「大地は国常立尊の時代」にできていたが、伊邪那岐によって「漂へる国」「海の波の様になつて治まつてゐない国が矛の一しづくで治まつた」と解釈している。そこから、「国が矛のしづくから出来たといふのは、武を奨励された、武の始めである」と、国体神話から逸れて唱えるのである。

現在、オノゴロ島は「愈々《いよいよ》また乱れて漂うて来た」ため、「今度又矛の一しづくによつて、この自転倒《おのごろ》島《じま》は云ふも更なり、地球上一切の八州国《やしまぐに》を造り固める所の国常立尊の御神業」が行なわれる、それが「二度目の天の岩戸開き」であると、王仁三郎は力説する。そして、ここに結集した者はこの神業に奉仕する者が「八百万神《やおよろずのかみ》」「第二代目の国の先祖」「国の護り神」「改革神」となり、「八坂瓊曲玉《やさかにのまがたま》」である「陛下を上に戴き」、「片一方には剣をもち、『鏡』即ち教をも携へて、この漂へる所の国を修理固成すべき時期が到来した」と檄を飛ばして、神兵・神軍となって奮闘することを期したのである。

国体闡明運動へ

人類愛善会・昭和青年会・昭和坤生会では一丸となって、国体闡明運動を展開する。『人類愛善新聞』(二二〇号、一九三三年)では「光輝ある天長節」を祝して、国体闡明特集号を編集し、王仁三郎の「五六七《みろく》の神世へ／神祇聖代の徳沢に／民を鼓腹《こふく》せしめよ／誇るべきは金甌無欠《きんおうむけつ》の国体」の見出しの記事を載せて、現状を批判していく。

現代の風潮は災厄の兆しを生み出し、国民思想は腐敗し、「元寇の禍害」の百倍以上であり、外来思想は皇道を無視している。民本主義、共産主義、自然主義、無政府主義が唱えられ、国家は「大非常時に直面」している、とする現状認識を示している。平等・自由・情欲はもってのほかであり、外来思想に毒された断罪すべき利己主義・個人主義にほかならない。今こそ、誇るべき「金甌無欠の国体」こそ闡明にしなければならないとして、次のように国体を明かにすることを提起する。

今や国家の一大危機に瀕し、畏くも国の大祖《おおみおや》国常立尊、豊雲野尊《とよくもぬのみこと》の二神、下津《したつ》岩根の高天原に変性男子、変性女子の二霊を降し、神如《しんにょ》の慈教を宣伝して、此漂蕩《ただよ》へる民心を修理し、国家を固成し、以て世界をして神祇聖代の徳沢に鼓腹《こふく》せしめ、各国土をして五六七《みろく》の神世に転化せしめ、蒼生《そうせい》をして高天原《たかあまはら》に安住せしめむが為に、国家国民の指針を示し給ひて、顕幽両界に跨り、皇国を護祐《ごゆう》し給ふ。

宗教大博覧会の大本館（1930年）（大本本部提供）

これは記紀神話に依拠した国体イデオロギー（コミンテルンの三二年テーゼのいう天皇制イデオロギー）とは、かなり異なっている。大本神話イデオロギーと言うべきものである。変性男子＝出口なお、変性女子＝王仁三郎によってミロクの神世へと「転化」させる、「国家国民の指針」を明らかにすることが、〝大本国体〟の闡明となるのである。

他方では、言うまでもなく、「天津日嗣《あまつひつぎ》天皇の天壌無窮の皇位を保全し給ふ皇国」を明らかにすることが、国体闡明となる。こうした上層と下層の二重の両義的な国体観、皇国・天皇制国体と神国・大本国体が、大本・王仁三郎にはあり、時期に応じて、王仁三郎自身ばかりでなく、信徒層の間でも信念や解釈の仕方において多様だったのである。

王仁三郎は人類愛善会・昭和青年会・昭和坤生会を動員して、これまで述べてきたように、挙国更生運動や宗教博覧会、満洲国博覧会、対国際連盟国民大会、防空展覧会、防空・国防運動、武道宣揚、国体闡明運動など、多彩な運動またプロジェクトを組織化して領導してきた。

それはかなり政治的色彩の濃厚なものである。とはいえ、王仁三郎にとっては「宗教即政治」「時代を征服し得ざるものは、真の宗教に非ず」(『昭和青年』一九三〇年五月号)、宗教と政治の区別は無用であり、時流に即応して、宗教・政治の混成した運動体が生成し展開していく。王仁三郎は改めて怒濤の進撃する巨人、あるいは天地を徘徊する大化物として、皇道大本というアンビヴァレントな運動体を率いて、「時代を征服」するために立ち向かっていくのである。

2 昭和神聖会と皇道維新

宗教復興と日本主義イデオロギーの潮流

マルクス主義思想家・戸坂潤は『日本イデオロギー論』(一九三五年)に、一九三〇年代に入って、昭和恐慌の下、満洲事変を契機として、「日本主義・東洋主義乃至アジア主義・其他々々と呼ばれる、取り止めのない一つの感情のやうなものが、現在の日本の生活を支配してゐるやうに見える。そしてこの感情によつて裏づけられてゐる社会行動は、至る処吾々の眼に余つてゐる」と記している。

日本主義、ニッポン・イデオロギーの感情的・心情的な表象や言説が、世間でもメディアでも充満していた。そして、「宗教的世界観が、宗教的思想が、最近の日本を支配し始め」、「宗教復興」時代が勃興し、「宗教は今や政治的〔絶対主義に協力〕し始め（中略）宗教意識は、やがて日本主義の埒内に収容されるのだ」（〔　〕内は伏字の初出掲載雑誌による復原）と、宗教復興に日本主義の風潮を指摘した。

また秋沢修二・永田広志の『現代宗教批判講話』（一九三五年）によると、第一に「既成諸宗教の著しき国粋主義化、日本主義化の現象」、第二に「『類似宗教』の洪水的氾濫の現象」、第三に「友松円諦をその先陣としたところの『仏教復興』の現象」、この三つが相互に関連した現象が宗教復興である。戸坂は『思想と風俗』（一九三六年）で当時の情況について、「現代は、従来国家的又社会的に認定された『既成宗教』や、比較的無教育な大衆の上に寄生する所謂邪宗の他に、インテリゲンチャを目あてとする多少とも哲理的な新興宗教の企業時代だ」と指摘している。また、「日本民族宗教が、教育・政治・外交・経済又哲学・文学に於てさへ復興・台頭しつつあるといふことが、日本の『宗教復興』全般の本質なのだ」と幅広く捉えて、やはり日本主義、国粋主義イデオロギー、日本精神主義を浮き彫りにしている。

宗教復興を喧伝する宗教ジャーナリズムとともに、皇道大本、ひとのみち、生長の家、友松円諦などによる真理運動、天津教が取り上げられている。日本主義・日本精神主義の風潮のなかで、軍民こぞって激しい勢いで展開された、天皇機関説排撃運動や国体明徴運動が全国を席捲していた。「もし仮に宗教を、社会がもつ社会自身の自己諷刺だと云つていいとすれば、類似宗教・インチキ宗教・邪教こそ、今日出でざるを得ずして躍り出た、社会の最も自然な而も痛烈な諷刺なのである」と戸坂は評し、大本をその代表として挙げている。

戦前から活躍していた左翼の評論家・大宅壮一は、当時、大本のような類似宗教を槍玉に挙げていた。類似宗教が一九二六年の九八団体から、一九三〇年には四一六団体に激増した宗教復興は「満州事変後の日本を席捲した文化反動の一形態」(「宗教インフレ時代」一九三四年)だとし、「一部インテリ層から一般大衆および準インテリの間に波及して、類似宗教のはんらんを招致した」(「新興宗教の自壊作用」一九三六年)と、「インチキ宗教」の大衆迎合的な反動性を盛んに批判していた。

宗教復興の盛り上がりのなかで、大本は大いに発展した「邪宗」「新興宗教」であると言える。天皇制神話・国体イデオロギーと類似した神話、あるいは天皇制神話を換骨奪胎した異端的な神話を教義に組み込み、皇道主義の名のもとに妄想的と言えるほどの皇道経済を提唱するといった、ナショナリスティックな運動を鼓吹し、当然のことながら、国家改造の具体的なプログラムはほとんどなかった。とはいえ、国粋主義・アジア主義・農本主義の色彩を鮮明にした日本主義・日本精神主義的な宗教的政治運動を文字通り鳴り物入りで派手に展開している。

戸坂によるなら、「日本主義は日本型の一種のファシズム」であり、「自由主義的ブルジョア社会常識」では非常識きわまりないが、「今日日本のあまり教養のない大衆の或る層を動かしているという現実」からすると、それもまた常識となる。それは帝国主義のもとでの「日本主義的ファシズム」と規定される。

〝テロルの秋〟と五・一五事件

一九二八年（昭和三）、和歌山市で弁護士など三名が国粋会員によって惨殺された。また、元労働農民党委員長の大山郁夫の襲撃事件も起こった。これはこの年に行なわれた初の普通選挙と関わっていた。同年、共産党員の一斉検挙された三・一五事件も起こっている。治安維持法改定で死刑が加わり、全県の警察に思想弾圧を行なう特別高等警察課（特高）が設置されたのも、この二八年である。翌二九年には、治安維持法改定に反対し奮闘した、山本宣治が国粋主義団体・七生義団員によって刺殺された。

一九三〇年に起こった浜口雄幸首相の狙撃事件をはじめとし、三一年の陸軍若手将校の桜会がクーデターを計画した三月・十月事件、三二年の井上準之助・団琢磨が暗殺された血盟団事件、そして海軍青年将校と農本主義団体の愛郷塾生による五・一五事件が起こっている。まさしくウルトラナショナリズムへと旋回していく、右翼や国粋主義・国家主義者（団体）による直接行動が頻発した。まさしく〝テロルの秋《とき》〟を迎えていたのだ。

軍縮による統帥権干犯問題を起こし、あるいは資本家と結託した政治家、農村を収奪し疲弊させる元兇の財閥・資本家に対するテロルは、非難されるどころか、マスメディアによる煽動もあろうが、国民的な同情・支持を集めた。とりわけ五・一五事件の被告に対しては、新聞・雑誌のメディアに煽られ、全国的に熱狂的な減刑嘆願運動が巻き起こされたのである。

「農村の疲弊、漁村、商工業者、労働者（中略）の窮乏を見（中略）東北地方の飢饉を聞いて国軍存立の為にも一時も早く現状打開の必要を感じ」（『東京朝日新聞』一九三三年七月二六日付夕刊）決起したとする、青年将校たちの止むに止まれない心情が書き立てられた。五・一五事件被告の減刑運動では、「嘆願書百万突破」(『東京朝日新聞』一九三三年一一月九日付)といった怒濤の勢いであった。

『昭和青年』(一九三二年一二月号)には、「一年を回憶して」(鶯海正治)と題して、五・一五事件に関する論説が載せられている。一九三二年(ここでは「皇紀二千五百九十二年」)の「回憶」として、犬養毅の暗殺は「現役の軍人が多数組織的にやったので、今迄例のない画期的の暗殺工作」だとし、行き詰まった「資本主義と国民全体との距離《ひらき》」から起こった「国民運動」と位置づけている。

そして、「今世界を風靡する嵐はファッショ」だが、その「国民主義だけは全的に肯定出来」、五・一五事件はこの「国民主義的傾向に一脈通ずる処」があるため、国民全体に寄与した点で「皇紀二千五百九十二年的意義」があり、「満洲国承認の国民的準備を用意した」と大いに評価するのである。大本の昭和青年会・人類愛善会も、全国的に熱烈に展開された五・一五事件被告の減刑嘆願運動に加わっている。

王仁三郎は『続管随筆』(一九三四年)のなかで、「余は何処までも無抵抗主義で終始して来たのだ。無抵抗は却《かえっ》て強大なる抵抗力」とし、他方では「武力は国防上必要だ。併《しか》し武力ばかりが力ではない。動員されたる国民の精神力、それが其の力なのだ」、「神聖会の運動に武器は禁物だ」と説いている。次節で述べる大本・昭和神聖会の運動ではあくまでも宗教心と精神力のみなのである。大本・昭和神聖会の武力行使は認めなかったが、満洲事変を支持したように、侵略主義・植民地主義的であれ、国防という名のもとでの国家的な武力は積極的に容認していた。

3　昭和神聖会の運動

昭和神聖会の創立

一九三四年七月二二日、昭和神聖会が創立された。二条基弘公爵を総裁とし、王仁三郎を統管、黒龍会・大日本生産党を創立した内田良平、出口宇知麿《うちまる》（伊佐男）を副統管とする。『人類愛善新聞』（二六五号、一九三四年）の見出しは「出口王仁三郎氏起《た》つて／維新完成の第一歩へ／皇道政治皇道経済の確立を期す／朝野の志士が一堂に会して／盛大なる昭和神聖会発会式」である。

王仁三郎の決起によって、「日本主義的諸団体」の統合・組織化を目指し、昭和神聖会は創立された。紙面には、会場となった東京・九段の軍人会館大講堂での万歳をする大きな写真、王仁三郎と内田良平の写真などが掲載されている。「より国家主義的色彩に於て、活動を続け来つた」と記しているように、国家主義的な色彩を濃厚にした日本主義団体を、皇道精神・日本精神に基づく皇道政治・皇道経済の確立を目的として結成したのである。

参加者は約三〇〇〇人とある。万雷の拍手、「昭和維新断行の意気は堂を圧して涙ぐましい情景だ」。開会の辞、昭和神聖会の主義・綱領の朗読、宣言の発表、王仁三郎の「皇道発揚、国体擁護の為に活動せなくてはならぬ決意に迫られるのであります」という挨拶の後、祝辞、祝電の披露と続いて、陸軍中将・等々力《とどろき》森蔵の発声で万歳三唱をして閉会し、大食堂で祝宴を催した後、王仁三郎を先頭にして、明治神宮に参拝している。

副統管・内田良平

祝辞は、内務大臣・後藤文夫、貴族院議員・津村重舎、衆議院議長・秋田清、陸軍中将・貴志弥次郎、同・佐藤清勝、同・安藤紀三郎、同・渡邊良三、頭山満、内田良平、五百木良三、松岡洋右など。祝電は、逓信大臣・床次竹二郎、皇道会、明倫会、世界紅卍字会などである。『人類愛善新聞』（同前）には、祝辞が載せられている。いくつか見出しだけを挙げると、秋田清「祭政一致の実現近し／寔《まこと》に慶賀すべき壮挙」、頭山満「献身努力を冀望《きぼう》す／重大使命を持つ発会式」、内田良平「一大偉人の救済を／天下は切に待望す」、松岡洋右「和衷協力これ努めて／青年日本の建設に当れ」など。

昭和神聖会発会式（1934年７月22日）（大本本部提供）

昭和神聖会副統管・内田良平の言う「一大偉人」とは王仁三郎のことだろうが、王仁三郎の昭和神聖会に大きな期待を寄せていたことは確かだろう。内田の祝辞の一部を挙げておこう。「もしそれ一大偉人の出現により、世界列国を救済するに非ずんば、第二世界大戦の勃発するは何らの疑義を要せざる所なりとす」と、「一大偉人の出現」を期待している。現代の為政者が「個人本位、自由思想に立脚せる物質文明を採用し」たため、「家族制度を破壊し、共同生活の社会組織を壊滅し、美風良俗忽ち消滅して、非常国難の大禍根を作成せる現状」に至っており、「昭和維新を断行」することが急務だ。それは「第二世界大戦の惨禍を防止し、全人類を救済する上に於て最大急務」である。そして、「今や急速に日本国家の維新を成就し、皇道文明を世界に宣布し、以て全人類を救済せざるべからざる時期に際会せり」として、それを担うのが王仁三郎・昭和神聖会だと持ち上げている。

平塚らいてうの祝辞

祝辞としては他に、赤松克磨「国策を掲げ／人材を招け」や青年日本同盟会長・津久井龍雄「時機は正に／結束を要す」、芦田均「会衆に迫る／威力を感じた」、陸軍少将・斎藤瀏《りゅう》「修理固成の大策を／大成されたし」、そして平塚雷鳥《らいてう》「重大な時局に直面して／この神人にかける期待」などである。王仁三郎・昭和神聖会創立の意図を最も的確に述べていると思われる、らいてうの文を挙げてみよう。

今、日本は歴史的に見て、実に重大な一つの転機に立ち、国を挙げて、興国の悩みになやんでゐます。／この時、丹波の一隅で三十年も前から皇道を研究し、且《か》つ唱導し続けて、今日に至つた大本の出口王仁三郎氏が、昭和神聖会なるものを創立し、今日あるところの日本主義的乃至《ないし》は愛国主義的諸団体の大合同を提唱し、神国日本の使命遂行の為、いよ〳〵中央に乗り出されたといふことはいかにもさもあるべきことで、この神人を得て、ともすれば狭隘な民族利己主義乃至は国家利己主義に陥るおそれある、所謂右傾的諸運動ははじめて正しき指導原理のもとに統制されることでありませう。（中略）わたくしはこんなかつてな想像と期待をもつて、昭和神聖会の誕生をお祝ひしたいと思ひます。

らいてうは一九三〇年に高群逸枝の主宰する『婦人戦線』に参加して執筆活動を続けていたが、三一年に廃刊された後、神秘主義的・心霊主義的な宗教に関心を抱くとともに、次第に日本主義的な思潮に傾斜し、皇道主義と国際主義を合わせもっていた大本にひかれていったのだろう。らいてうは王仁三郎を「神人」と呼び、その「神国日本の使命遂行」そして「宣揚された神示の諸大経綸をもっと現実的な、具体性をもつものにまで展開させること」を大いに期待したのである。

らいてうも含めて、先に挙げた人たちは王仁三郎の人脈から、昭和神聖会の発会式に臨んだのであろう。らいてうの言うように、昭和神聖会は日本主義的・愛国主義的諸団体の「大合同を提唱」した。当時、乱立していた「狭隘な民族利己主義乃至は国家利己主義」に陥っていた「右傾的諸運動」を皇道主義・日本主義という旗幟のもとに、大同団結させる機運をもたらしたであろう。

西田税の連帯の挨拶

同紙には、昭和神聖会創立の一年後、二・二六事件に連座する、西田税《みつぎ》の談話が「正しき理解と統制の下に／一致団結せねばならぬ／国家の為に起つべき秋来る」の見出しで載せられている。西田は、日米戦を主とする世界戦争の予言を唱えた大正維新の頃から、大本に関心を抱いていた。

二・二六事件での取り調べでは、「私の国家革新意識に対する動機は、大本教の日米戦争関係を聞いて大陸発展の必要を感じ、之が為には、国内を改造する必要があると感ずる様になつた」（堀真清『西田税と日本ファシズム運動』）と話している。

大本・大正維新の頃には、「猶存社《ゆうぞんしゃ》北輝次郎（中略）は出口王仁三郎と屢々《しばしば》文通し、北の著国家改造原理は出口の意を受け、北か執筆したるものにして、猶存社は或機会に於ける大本教の実行機関なりとの説あり」と伝えられているように、王仁三郎と北一輝はかなり親密な関係にあった。

西田は五・一五事件の「裏切り者」とされ、血盟団員に襲われて瀕死の重傷を負った。愛国運動の団体の「一致連繋の困難」を指摘し、「愛国運動である以上、どこまでも天皇中心の制度に復するのを以て目的と」し、「国家の為めに起つべきである」、「も早論議してゐる時機ではなくて、期《ママ》は熟しつゝあるのである」と語っている。西田は昭和維新の同志として、王仁三郎に連帯の挨拶を送っていたとはいえ、あくまでも直接行動、武力クーデターによる国家改造の断行を志向していた。

4　大本・昭和維新の宗教・政治路線

昭和神聖会・昭和維新の基軸

昭和神聖会設立の王仁三郎の「声明」（『人類愛善新聞』二六五号、一九三四年）では、「神聖なる天地の大道、皇道の精神を亡失して、外来文物制度に侵毒せられ」、いまだ覚醒する者は少ないと憂いながら、次のように宣言している。

憂国の至情は此処《ここ》に敢然身命を挺して、聖慮を安んじ奉らむとする決意を為さしむ。依《よ》つて肇《ちょう》国《こく》皇道の大精神を体して、政治に経済に教育に一切を究明し、皇祖の大神勅を奉戴し、皇業を翼賛し奉り、神州日本の美《うま》し国を将来せむと、誠心奉公を誓ひ、茲《ここ》に昭和神聖会を創り、以て其目的達成に邁進せむとす。

「皇祖の大神勅」すなわち「天壌無窮の神勅」は、天照大神が瓊瓊杵尊《ににぎのみこと》に授けたとされるものであり、教育勅語にも「天壌無窮の皇運を扶翼すへし」と反復され、国体ディスクール体制の核心をなしている。「神聖なる神国日本の大道、皇道に則り、万世一系の聖天子の天業を翼賛し奉り、肇国の精神を遵奉し、皇国の大使命と皇国民天賦の使命達成を期す」が「主義」である。「綱領」には、「皇道の本義に基き、祭政一致の確立を期す」「天祖の神勅並に聖詔を奉戴し、神国日本の大使命遂行を期す」「万邦無比の国体を闡明し、皇道経済、皇道外交の確立を期す」「皇道を国教と信奉し、国民教育、指導精神の確立を期す」「国防の充実と農村の隆昌を図り、国本の基礎確立を期す」「神聖皇道を宣布発揚し、人類愛善の実践を期す」と謳われている。国体神話・皇国史観に基づき、神国日本を中心にして、国教とする皇道、皇道政治（祭政一致）・皇道経済（御稜威為本経済）・皇道外交を確立し、世界に向けて、皇道宣布・人類愛善を実践していく、と昭和神聖会の路線が提起されている。

昭和神聖会の皇道主義

『神聖』（一九三四年一一月号）で、王仁三郎は「肇国皇道の大精神」と題して、「主義」と「綱領」を解説している。これは、昭和神聖会の支部発会式での王仁三郎の講演であり、冗談や駄洒落めいたことも入れながら、分かりやすく説いている。

「主義」では、まず「神聖」について、憲法に「天皇は神聖にして冒すべからず」とあるように「日本国も又神聖にして冒すべからざる国土」で、「神聖なる神国日本である」とする。それは、天之御中主神・天照大神が「日本の国を豊葦原の瑞穂の中津国と神定め」、皇孫瓊瓊杵尊《ににぎのみこと》をこの国土に君臨させたことによる。それゆえに、日本を「天立《てんりつ》君主国」と称す。「神国日本の大道」である皇道とは、「すめらぎの道」「天皇陛下の道」、「宗教に非ず、治教」である。

「天壌《あめつち》と与《とも》に窮りなかるべし」という、皇祖の神勅によって「我国の大君は万世一系」であり、外国にはない「尊い活きた神様」現人神が君臨・統治し、外国のように禅譲や放伐のない政体である。

「肇国《ちょうこく》の精神」とは「国を肇《はじ》め給ふ処の精神」、神武天皇の「六合《くにのうち》を兼ねて都を開き、八紘《あめのした》を掩《おお》ひて宇《いえ》にせむこと、亦可《またよ》からずや」（『日本書紀』神武天皇即位前紀）という「神言《かみごと》」である。

神武天皇の言った「蜻蛉《あきつ》となめせる国」とは、「日本のみならず、五大州全体のこと」であり、「皇祖の御意志を継いで、此五大州を安国《やすくに》と平らけく治め給ふ御意志」がこの言葉には込めてあり、この世界統治という「聖慮を奉体」することが「日本の神国臣民」また昭和神聖会の使命である。

皇道経済・外交

皇道経済は「総て此世界――普天の下、率土《そっと》の浜《ひん》に到るまで皇土ならざるなし――で、天皇陛下の御国土である」ことが前提となる。明治維新期での版籍奉還により土地と人民が天皇に帰した。それゆえ、外国とは異なって、人民に「土地の所有権」はないのだが、「外国流に」土地の所有権が生じて、「金銀為本の経済」となり、今日の非常時を招いた。

そこで、「一天万乗の大君の御稜威が輝いてゐる為」、「土地為本の経済」にして、「天皇陛下の御心の儘に必要に応じて御稜威《みいづ》紙幣」を発行するなら、「総ての苦しんでゐる人達を救ふことが出来る」、それが「御稜威為本」だと提起している。大本・大正維新の際には、「私有財産制度の廃止」を唱えていたが、大本・昭和維新では共産主義、治安維持法違反と関連づけられるために用いていない。

一〇〇〇億円の「御稜威紙幣」発行によって「すつくりと立直るまで」、五、六年でもすべて免税にし、煙草税も酒税も廃止し、汽車賃も無料にしたなら、「本当の元の天国浄土に立返ることが出来得る」としている。王仁三郎はこの御稜威紙幣の〝顔〟を誰にするだろうか。よもや王仁三郎でも、昭和天皇でもないだろう。第一は神武天皇、第二は素盞嗚尊か、武内宿禰《たけうちのすくね》、聖徳太子、和気清麻呂、藤原鎌足、菅原道真、南朝忠臣の楠正成・新田義貞なども考えられようが、明治期に使用された、帝国主義・植民地主義的な色彩を濃厚にした、〝三韓征代〟の神功皇后札になるのだろうか。

皇道外交については、一九二二年のワシントン海軍軍縮条約で、主力艦保有比率を米・英・日＝五・五・三とされたことに対し、「日本は世界の親国であり、神様の御子孫がお降りになつて居る処の皇《すめら》国《みくに》であるから（中略）二等国の扱ひをされて、我慢をして居るやうな、そんな腰抜け国ではない」とし、「国辱的な扱ひを払ひ退《の》けて、何処迄も自主的外交を以て行かなければならない」と主張する。

王仁三郎によると、皇国日本が自主的外交をすべき根拠は、「言葉から見ても、日本人が第一」だからである。日本人は七五音を正確に発するが、英語などの外国語はたいてい二四音だ。高等動物ほど言葉数が多いとしながら、王仁三郎は次のように奇妙な選良民族観を述べている。

牛や馬は『モー』『メー』『ヒン〳〵』だけで、猫は『ニヤン〳〵』、雀は『チユー〳〵』、烏は『カー〳〵』といふやうに、下等動物程、言葉数が少くなつて来る。西洋人は之から見たならば、日本人の七十五声に対して二十四声だから、三分の一の力しかない。丁度《ちょうど》日本人と獣の中間位にしか見られないのである。

一九三四年に昭和神聖会では「華府《ワシントン》海軍々備条約廃止通告の即時断行を望む」を決議し、全国的運動を呼びかけている。また、『人類愛善新聞』（二六六号、一九三四年）でも「屈辱条約破棄」を叫び、ワシントンとロンドン海軍軍縮条約破棄を訴えている。三四年に日本はワシントン海軍軍縮条約破棄の通告を行い、翌年にはロンドン海軍軍縮会議が開催されたが、日本は軍備平等の原則などの主張を譲らず、三六年に軍縮会議の脱退を通告した。そして、ワシントン・ロンドン海軍軍縮条約は効力を失い、ワシントン体制は崩壊するに至り、無制限の建艦競争に突入していったのである。

皇国日本の国民教育とモガ

「皇道を国教と信奉し、国民教育、指導精神の確立を期す」については、風俗から説き起こしている。王仁三郎は言う、東京に行くと、女性が一〇〇人通っているなかで「日本の風をして通る者はない」、たまに見かける「日本の風」は「下層労働者の妻君位」、ほとんどの女性は「男か女か判らぬやうな風をして居る」、これが「皇国日本の都」かと思うと、実に憤慨に堪えない。断髪・洋装のモダンガール、モガが横行していたのである。

当時、テロリズムの時代であったと同時に、エロ・グロ・ナンセンスによって象徴されるモダニズムの時代でもあった。都市では、断髪と洋装のモガが颯爽とペーブメントを闊歩していた。しかし、王仁三郎はごく少数しか「非常時日本」に危機感を抱く者がなく、「ダンスホールや、カフエー、又男か女か性の解らないやうな、女学生が沢山に殖えた位なものである」と、情けない「非常時日本」（「肇国皇道の大精神」『神聖』一九三四年一一月号）の現状を憂えている。

昭和神聖会員には「神聖運動は世界を浄化し、一切の謬れる行為を改めしめ、又社会の模範となり得る人に而已《のみ》許さるゝ運動である」とし、「カフエーに出入すべからず、スポーツに加はるべからず、西洋物の活動写真を見るべからず」（『統管随筆』第二篇、一九三四年）と命じていたように、王仁三郎は西洋文化を享楽主義として拒絶している。

また、西洋文明に毒された政治家や学者、宗教家を「今日、銀座辺を跳ね廻つて居るフラッパと同様、一種の思想的モダンボーイ位にしか考へて居なかつた」と揶揄して、「日本人は世界第一の優秀民族」（『神聖』一九三五年一一月号）だとエスノセントリズムを誇示し、モガ・モボの西洋かぶれ、ことに美濃部達吉の天皇機関説を弾劾している。

このような風潮を王仁三郎は亡国の兆しとして忌み嫌い、復古主義的な皇道・日本主義を高唱していった。他方で、エスペラントの採用・エスペラント劇の上演や昭和青年会・航空部の設置、博覧会の開催、映画制作など、たんなる反近代主義者ではなく、モダニストとして面目躍如としているところもある。特に情宣や広報といった面では、多様なメディアを駆使して、王仁三郎自身が楽しんでいたのである。

風俗が変わると、精神も変わってくる。大和民族たる武士は二本差し、民衆でも一本差しにし、「道義心の固く、廉恥心も強かつた」が、「外国に嗾《そその》かされて、丸腰になつてから」、「自分だけよければ宜《よろし》いといふような、外国魂」になってしまったと嘆く。他方、「皇国軍人と警察官」は剣を持っているため、あまり堕落していない、「帯剣は必要である」と、外国魂に抗する大和魂の象徴・精神的支柱として、刀剣の所持を奨励している。そして、キリスト教や仏教の崇拝しているのは「死神死仏」であり、「天津日嗣天皇が世界を安国と治め給ふ治教」である、皇道を国教として信奉することを説くのである。

大本の大正維新と昭和維新

不敬罪や治安維持法違反に問われることになる昭和神聖会の運動、そこには王仁三郎の皇道思想が体現されている。一九三〇年代前半に展開された、この皇道思想を見てみよう。

大本・大正維新の思想を表明した、王仁三郎の著述として「大正維新に就て」と「皇道我観」を挙げることができる。「大正維新に就て」は「皇道維新に就て」と改題・修正され、「皇道我観」は同題で加筆修正されて、一九三四年刊『出口王仁三郎全集　第一巻』に所収されている。また、「皇道維新に就て」は「世界の経綸」と合わせて、『皇道維新と経綸』（一九三四年）の書名で刊行されている。

王仁三郎の大正維新と昭和維新の思想は大差ないとも言えるが、少しは違いがある。『皇道維新と経綸』の前半の「皇道維新に就て」を要約している、最終章「世界大家族制度の根本義」を挙げてみよう。

日本天皇は先天的に世界の大元首に坐《ま》しまして、世界の国土及び財産の所有権を有したまひ、国土財産の行使権及び人類の統治権を絶対に享有し給ふが故に、大日本国に天壌無窮の皇統を垂れたまひ、神聖なる皇祖御遺詔《いしょう》の宏謨《こうぼ》に循《したが》ひ、皇国に於て統治の洪範《こうはん》を経綸し、治国安民の政体を世界に宣揚し、以て範を天下に垂れ、世界を総攬《そうらん》統治し給ふ御事の由来は、皇典古事記に垂示し給へる天理の大憲章である。

天皇は世界の大元首であり、世界の国土・財産を所有して、日本・皇国において世界を統治し、そこに「世界大家族」が生み出されるということである。これは「六合《くにのうち》を兼ねて都を開き、八紘《あめのした》を掩《おお》ひて宇《いえ》にせむ」という「肇国の精神」によるとする。以前の「大正維新に就て」では、続いて「絶対的に土地や財産の私有を許さざる事」とあったが、「皇道経済を実行する事」へと変更されている。

大本・昭和維新では、大本・大正維新での弾圧経験を踏まえ、「日本臣民の挙国一致的犠牲の精神に因つて、一切の私有財産を上御一人に奉還する事である」「土地や財産の私有を許さざる事」「私有財産の制度を根本的に撤去して」といった、私有財産制度の廃止を匂わす文言を避けようとしたのである。

大本・大正維新と昭和維新の相異は、後者での字句の変更や削除から見ると、少しははっきりとしてくる。「国常立大神」は「神威」に、「国常立大神の神諭」は「神訓」に変更されている。また、「大本開祖の神訓に因つて」、「開祖の二十五ケ年間の御筆先に因つて証明することが出来るのである」が削除されている。大本・昭和維新では、「開祖」や「国常立大神」、「開祖の神諭」という言葉が消され、「神威」や「神訓」といったごく抽象的な言葉に置き換えられた。大本でもっとも重要な開祖なおと国常立尊の名が削除され隠蔽され、皇祖天照大神が前面に出されているのである。

そして、「皇祖御遺詔の宏謨」に従って、天皇の神意・威力を日本から世界へとあまねく波及させて、「世界大家族」となることが、大本・昭和維新、皇道維新ということになる。皇国・神国として中心となる日本の「天壌無窮の皇統」を継ぎ、皇祖皇宗の遺訓に従う天皇が、模範となる統治の大法に則り、「治国安民の政体」をもって皇国を治め、それを世界に宣布して、世界を総攬・統治する。それは覇道ではなく、皇道であるとするのが大本・王仁三郎の一応の立場である。

ユダヤ・フリーメーソンと陰謀史観

王仁三郎は「神国日本」と題した一連の短歌のなかで、「マツソンは世界の隅ずみおちもなく世を乱さむとたくらみて居り」「世の中の万事万端マツソンの計略のわなにおち入りてをり」（『昭和』一九三三年一二月号）と、マッソン・ユダヤ陰謀の歌を詠んでいる。王仁三郎の言う、体主霊従の「カラの国」外国、特にアメリカとロシアの企む、ユダヤの世界征服陰謀も、当時としては深刻な闇の歴史として、一部の知識人に危機意識を募らせていた。「猶太《ユダヤ》人の陰謀」は二〇〇〇年以前からで、「世界の経済界の八分以上は猶太が掌握してゐる」、「上流社会にも深く入つて、日本を危機に陥れつゝある」として、ヒットラーの『我が戦ひ』（『我が闘争』）から引用している。

王仁三郎は「猶太人《ユダヤ》がこの覇権を握らむとする前に、まづ日本を破壊せむとする野望である。即ち今日猶太人は、すべての国家を日本反対の地位に就かしめむと試みてゐる」（『統管随筆』第二篇、一九三四年）などといった箇所を『我が闘ひ』から挙げている。ユダヤ・フリーメーソン陰謀説は、あらゆる危機的情況をたやすく説明できるのである。

「イシヤは吾人の敵にして、日本国の仇敵だ」、「総てのものを泥田の中に突落として、日本を亡ぼさんとしてゐるのは、イシヤとその信奉者である」としている。イシヤとは石屋、石工職人のギルド、フリーメーソンのことであり、ユダヤ人世界支配の陰謀と結びつけられる。ストライキの勃発、それも「イシヤの仕業なのだ。皇道精神を知らざる物質万能者の盲動だ。軽視するな」と警告する。「資本の陰謀は日本国民を窒息せしめつゝある。今や労働の反逆が日本民族を破滅せしめつゝある。マルクスが後に居ることを注意せよ」（『統管随筆』第一篇、一九三四年）と、資本・物質万能者の陰謀とマルクス（主義）、共産主義・労働運動も同列で並べられて、ユダヤ人世界支配の陰謀として敵対視される。

ユダヤの経綸と皇道の経綸との対立・対決、それは世界でも日本でも激化しつつあり、「今や人類に対する神の審きの日、愈々近づき、地の極よりハルマゲドンの戦が叫ばれつゝある」（葦原万象「万人の喜ぶ『皇道経済』とは何か」『神聖』一九三五年五月号）といった切迫感が、一九三五年頃には大本・昭和神聖会の間では共有されていた。

5　昭和神聖運動の展開

昭和神聖運動の大躍進

昭和神聖会は、王仁三郎の文字通り東奔西走した獅子奮迅の活躍によって、組織を拡張していった。三四年七月の発会式後、全国主要都市に地方本部・支部を続々と設立し、三カ月経て、賛同者が一〇〇万人を突破したと報じている。『人類愛善新聞』（二七五号、一九三四年）には「僅か一箇月間に空陸七〇〇〇里／大青年統管出口氏の獅子吼《ししく》」の見出しで、「六四歳の『青年統管』」が空路・陸路七〇〇〇里を往復して、遊説したことを伝えている。

同紙（二七七号）には、「燎原の火の如く＝神聖運動拡大／強大なる地方本部既に十九都市に結成さる」の見出しの記事が出ている。王仁三郎の指令によって、「昭和十年十一年の危局を目前に控へて、一層鞏固《きょうこ》なる国民的決意を促進すべく」、四二名に及ぶ「神聖会の大遊説班」が組織され、全国市町村で「神聖大講演と座談」が計画され、怒濤の進撃をしていることが報じられている。

ここには、一九三五、三六年が「危局」だとする言葉を出している。大本・昭和維新では大本・大正維新のように、立替えの時をめぐる議論はない。だが、これは対米・世界戦争開始、世界の立替えを意味していることは明らかだ。

『人類愛善新聞』では、各地方本部の発会式での盛況ぶりを伝えている。同紙二七九号では「発会後僅かに五ヶ月・賛同者既に三百万突破」の見出しの記事を載せている。地方本部は二〇カ所、支部は百数十カ所である。賛同・支持者とは昭和神聖会員ばかりでなく、本部・支部の発会式の参加者も指しているようである。賛同者は一〇月に一〇〇万人突破、一二月に三〇〇万人突破である。何と二カ月で三倍も激増しているのである。

一九三五年の幕開け

『人類愛善新聞』(二八〇号、一九三五年)には、前年一二月二三日に皇太子誕生日を祝して、王仁三郎の引率の下、昭和神聖会が約二〇〇〇旒《りゅう》の会旗を掲げて、東京駅前広場に集合し、宮城前へと「奉祝行進」をした記事を、宮城前で万歳する写真とともに載せている。続いて、王仁三郎の「神威赫々《かくかく》として宇内《うだい》に満つ年/世界的大変動亦《また》免れず」の見出しの記事が出ている。「昭和十年は宇内に神威みちみつ年である。天祖国祖の御意志即ち皇道に反したものは、悉く地下に葬らるべき運命を持つて居るのである。(中略)僅か半ケ年に満たぬ現在に於て、賛同者三百数十万を突破し、更に非常な勢ひを以て進展しつゝある」と、昭和神聖会の戦線拡大を報じている。この時期、王仁三郎は昭和神聖会の支部発会式に、日をおかずに全国各地に出向いていた南船北馬の日々だったのである。

第二次大本弾圧事件が起こるのは、この年の一二月末、残されているのは一年に満たない。王仁三郎は「昭和十年」を「神威みちみつ年」「世界的大変動」の年としたが、「皇道に反したもの」であったかどうかは別にして、「悉く地下に葬らるべき運命」とは王仁三郎・皇道大本・昭和神聖会だった。

皇道宣揚展覧会・メディア戦略

前年に東京で開催された「皇道宣揚展覧会」が大阪で、引き続いて神戸でも行なわれた。この皇道宣揚展覧会に合わせて、神聖会・東京本部で「皇道宣揚映画」

が制作された。六十数種の皇道宣伝映画と十数種の神聖運動映画であり、「皇道宣揚映画班」が組織され、全国で上映されている。王仁三郎は大正維新の際にも、情宣のために映画を制作するなど、メディア戦略を駆使している。

一九二〇年（大正九）に、小山内薫の撮影・監督で『丹波の綾部』が作成されている。それは「大本教本山及び綾部町の実況を紹介す」というもので、東京・明治座で上映された。三五年六月には、昭和神聖会に映画部が設置され、東京・多摩川に玉川研究所を開設している。

この玉川研究所では、「映画報国の一念に燃え、皇道映画」を作製していることを「報国映画陣から／新機軸を生む十七ミリ半／来月上旬封切の予定」（『人類愛善新聞』三〇〇号、一九三五年）の見出しで報じている。第一回製作の題名は『皇軍と少女』、トーキーである。「皇道文化の確立」を目指し、出演俳優はすべて昭和神聖会員であり、東海・近畿・上越の各地でロケーションを行ない、セットも組んで撮影している。ストーリーは「野の偉人上山先生」とその教え子の満洲出征兵士たち、それに「可憐な乙女」を中心に織りなされる「銃後の佳話」である。現在の映画界に抗して、「此映画を海外に輸出する事によつて、日本の正しい姿、日本の正しい精神を世界に知らしめる事が出来る」と、「国策映画の先駆」として意気盛んである。

皇道宣揚展覧会の展示内容は、以下の通りである。「平和の守護神、日露戦争大勝の真因、陸海一致（七了口上陸）、伊勢の神風、漂へる地球、皇国の大使命、日に負ふて進む天軍、六合一都、明治聖帝御宸翰、天に一日地に一君、神国に刃向ふ主権は亡ぶ、天位を窺覦《きし》するものは亡ぶ、経済戦、思想戦、仁徳天皇詔勅（農村）、嗚呼友鶴、大義名分、征韓論、非常時日本の女性、宇内随一の神国、ポール・リシャールの詩、皇道・王道・覇道、日章旗の尊厳、皇道の真髄、天下一家の春」。

大本・皇道・昭和維新の理念の説明を中心として、ロシアに勝利した日露戦争史の復習・想起、第一次上海事変を勝利に導いた陸海軍の七了口上陸作戦、経済戦・思想戦による、世界に冠たる皇国日本の対世界戦争勝利へと向けた展示と言えるだろうか。皇道宣揚展覧会は一九三四年一一月から開催されて以降、各地で続行され、翌年の七月には開催箇所は五〇余、入場者は八〇万人に及び、「全国

王仁三郎と，楠正成に扮した早川雪洲（1933年５月４日）（大本本部提供）

「聖師伝」撮影で演じる王仁三郎（1935年11月７日）（大本本部提供）

各地で絶賛の的（中略）純真、愛国の血を沸かす」（『人類愛善新聞』同前）と報じられている。

日本の七つの栄誉と七つの使命

この皇道宣揚展覧会で興味深いのは「ポール・リシャールの詩」である。リシャールは一九一五年（大正四）に来日したフランスの詩人・弁護士にして、神学者でもある。『告日本国』（一九一七年）が大川周明の訳で出されている。一九一八年に大本・綾部で催された講座での講話の題名として「ポール・リシャールの日本推賞論」が挙げられている。リシャールの詩とは『告日本国』に収められている「日本の児等に」であろう。そこでは日本の「七つの栄誉と七つの大業」が謳われている。

曙の児等《こら》よ、海原の児等よ／華と焰との国、力と美との国の児等よ／聴け（中略）独り自由を失はざりし亜細亜《アジア》の唯一の民よ／貴国こそ亜細亜に自由を与ふべきものなれ／曽《かつ》て他国に隷属せざりし世界の唯一の民よ／一切の世界の隷属の民のために起つは貴国の任なり／曽て滅びざりし唯一の民よ／一切の人類幸福の敵を亡ぼすは貴国の使命なり／新しき科学と旧き知慧と、欧羅巴《ヨーロッパ》の思想と／亜細亜の思想とを自己の裏《うち》に統一せる唯一の民よ／此等《これら》二つの世界、来《きた》るべき世の此等両部を統合するは貴国の任なり／流血の跡なき宗教を有てる唯一の民よ／一切の神々を統一して更に神聖なる真理を発揮するは貴国なる可《べ》し／建国以来、一系の天皇、永遠に亘《わた》る一人の天皇を奉戴せる唯一の民よ／貴国は地上の万国に向かって、人は皆一天の子にして、／天を永遠の君主とする一個の帝国を建設すべきことを教へんが為に生れたり／万国に優りて統一ある民よ／貴国は来るべき一切の統

一に貢献せん為に生れ／また貴国は戦士なれば、人類の平和を促さんが為に生れたり／曙の児等よ、
海原の児等よ／斯《か》く如きは、華と焔との国なる貴国の七つの栄誉と七つの大業となり

（黄文雄『日本人はなぜ世界から尊敬され続けるのか』より引用）

この詩は日本人の自尊心やヒロイズムをくすぐりながら、日本のいわば世界史的使命が格調高く謳われている。「七つの使命と七つの大業」は、大本・皇道維新、また王仁三郎自身の理念をすぐれて理想的・叙情的に謳ったものとも言えよう。とりわけ、六つ目は天皇の世界支配を謳い上げており、王仁三郎の志向する理念を的確に余すところなく謳った詞章として、感に堪えなかっただろう。皇道維新・讃歌として高らかに朗唱され、リリシズムに満ち溢れた心情を醸成していったことだろう。

また、王仁三郎の頭上には、五・一五事件の海軍将校、三木卓の作詞した「汨羅《べきら》の淵に波騒ぎ／巫《ふ》山《ざん》の雲は乱れ飛ぶ／混濁の世に我れ立てば／義憤に燃えて血潮湧く　昭和維新の春の空／正義に結ぶ丈夫《ますらお》が／胸裡百万兵足りて／散るや万朶《ばんだ》の桜花」という「昭和維新の歌（青年日本の歌）」（一九三〇年）が鳴り響いていただろうか。

王仁三郎は昭和維新の同志としての資質を「烈士的風格と純情」としている。他のところでは、「清廉にして剛毅の達士、即ち侠客的国士を歓迎し且《か》つ厚遇し、以て神聖運動に尽さしめ、以て国家の綱紀を振粛し、社会の元気を涵養すべきである。之が神聖運動に於ける重要点である」（『統管随筆』第二篇、一九三四年）と、後顧の憂いなく、意気揚々と、大義に殉ずる、幕末の草莽《そうもう》の志士がイメージ

されていよう。これはまた、王仁三郎自身の理想とする自画像でもあったろう。「統管、身を挺して陣頭にあり」といった勢いで、地上天国樹立の使命に身をゆだね、自ら前衛となって猛進している。

6　大本・皇道維新のユートピア

昭和維新の構想・巧知派と純正派

『人類愛善新聞』（二八三号、一九三五年）の二面は、かなり多くの部分がどうしたわけか、削除されている。不敬罪や治安維持法に抵触しそうな箇所を自己検閲によって規制したのだろうが、検閲によって削除を命じられたとも推測できる。表題「荘厳なる哉《かな》昭和維新の相貌」を黒枠で囲んでいる。紙面の中央には、網掛けに白抜きした「この一文を特に貴衆両院に寄す」を掲げる。ここから、政府への挑戦的な提言、政治・政策批判を意図した記事であることが推測できる。

大見出しは「皇道政治の骨子は」、次の行は削除され、「これを以て明治維新は完成す」、次行は「次《つい》で招来すべき世界の大革新」で、黒枠で囲んでいる。次は「註曰《ちゅういわく》」で、波線の枠で囲み、数行が削除されている。昭和維新・皇道政治の指針を打ち出し、それが明治維新を完成させ、「世界の大革新」へと連動していくという構成であろう。

中見出しは「御一新当初より続く／明暗の二大潮流／暗流に棹して蠢動する政治家」、「自由民権の名の下に／跳梁する財閥資本家／斯《か》くて皇国政治の真諦滅す」、「皇道経済とは何ぞ／ユートピヤの実現可能／その生産と消費の関係／我国のみが持つ創始の特権」の三項目である。明治期以降の二大政治潮流と政治家、財閥資本家に対する批判、皇道経済の構想という展開になる。削除は二項で一一カ所に及び、結語で一カ所である。

世界的な非常時、日本の閉塞状態、それは為政者が金科玉条のごとくに模倣・追随してきた欧米の政治学・経済学の破綻にあり、「真の日本精神、即ち皇道に則り」、政治・経済を改革する必要性を説く。打倒すべきは「極度に進歩発達した現代資本主義」だが、「敢て共産主義の駁撃《ばくげき》に会う迄もなく、自己の抱蔵《ほうぞう》する矛盾弊悪を暴露して、崩壊の経程に喘ぎ」つつあると分析して、皇国の進み行く道を提唱していく。

皇国の政治・経済に行き詰まりを招いたのは「巧知なる進取開明派」、他方に「純正なる王政復古派」がいる。この明暗の二大潮流は征韓論を契機に、伊藤博文を中心とする「巧知派」が主流となり、財閥と結託し、「国家の進運と併行して、自己の栄達と勢力の拡大を図つた」。金力が武力に取って代わり、政党と金力、学問と金力という「巧知派」の栄華の世を招いたが、党内抗争・反目により破綻した。

明治天皇は常に「純正派」を尊重したが、「表向きの政道」では「巧知派」の策を採用した。だが、「皇国本来の国体に即した行り《ママ》方ではなかつた」と批判する。そして、この明暗の二潮流は「少壮軍人等の間に純正派の流れを汲む微妙なる機運が生じ（中略）抗争するに至つた」ことに曙光を見出している。

資本主義の打倒・大家族主義の復活

次は「自由民権の名の下に／跳梁する財閥資本家」、削除の箇所が多いところである。私有する土地を天皇に奉還し、「御稜威為本《みいづいほん》」にすることを骨子としている、王仁三郎の唱える皇道経済論だが、私有財産廃止に近いことまで言及していたと推測できる。「皇土の一切は、天皇の御所有に属する所で、土地及びその他財物の所謂私有権は、天皇の御慈悲に依つて国民に授けられた」が、これを「自由民権なる標識の下に滅却し」、「資本主義の発達」となり、「我国伝統の美風たる大家族主義は破壊せられて（中略）忌まはしい思想への発展とはなつた」と糾弾している。以下、かなり削除されているが、人民の経済権・私有権を天皇に返還し、資本主義を打倒して、大家族主義を復活させることが説かれていよう。

現代の政治家は「巧知派」にくみし、国体に反する経済組織に依拠して、資本主義・金権政治に浸っている、「源を浄めずして、河清を俟《ま》つの愚劣」と断じる。財閥の専横が政治的にも経済的にも独占時代を現出させ、「フアッショ政治の萌芽」を胚胎させていることは当然の帰結だとする。「自由主義に基く現在の産業権、経済権の個人的独占が、皇国今日の一切の禍根をなしてゐる」として、「皇国独自の経済観念とその運用経綸に目覚むることを余儀なくせらるべく、天の時は至つてゐる」と、この章を結んでいる。

次に「皇道経済とは何ぞ／ユートピヤの実現可能」の章である。皇道経済とは「経済権奉還」による、天皇を家長とする「大家族主義経済」である。それゆえに、生産関係では資本主義の「飢餓の鞭」、社会主義の「働かざる者喰ふべからずの鉄則の鞭」によって生産に駆り立てるのではなく、「誰をも喜び勇んで、生産に参加させるやうな生産関係でなければならない」と「大家族主義経済」の理念を提示する。

創造本能と喜びの労働

消費に関しては、金がなければ、「虫に喰はす米が余つて居ても、食うことが出来ない」という無慈悲極まるものでなく、家族成員誰でもが「働く能力を全然欠いて居やうとも、別け距てなく、必要に依つて、何時でも自由に消費出来て、その生に安んずる事の出来る様な方法でなければならぬ」と提起する。

このような生産・消費関係はどのようにして確立することができるのか。「農を本とした天産自給の経済」であり、「細矛千足《くわしほこのちだる》の国の本領に還る事に依り始めて可能となる」とする。農本主義と天産自給制である。農は皇国の「経世の大本」であるばかりでなく、「世界人類の根基」でもある。今日の資本主義経済の閉塞は、「農村を搾取して、その購買力を奪ひ、農村を疲弊せしめた結果」、商業第一主義・工業第一主義となり、皇道に反したからにほかならない。自由主義経済も、社会主義経済も同断だと否定する。

抑々《そもそも》人は本来働く事は本能であり、従つてその充足は喜びである。人には物を創り出す処の創造本能と云ふものが、先天的に具有されてゐるのであつて、この創造本能が人間を生産労働に駆る処の推進力である。（中略）誠に喜びと共に、生命を打込んで労働をしてゐる。生産労働が斯《か》くの如き姿に正された時、労働は苦痛に非ず、嫌厭《けんえん》に非ず、其《そ》れは歓喜であり、芸術でさへある。誰か此《この》楽しくも喜ばしき労働を嫌つて、怠ける者があらう。寧《むし》ろ人々は労働しない事の方が、如何に苦痛であるかを経験するであらう。

いわば、アナーキズム的、もしくは空想社会主義的な労働観を提示している。また、農業・労働と芸術を接合させているところは、宮澤賢治をも思い起こさせよう。自由主義の経済学者の言う「利己心」も、ロシア社会主義体制の「鉄の鞭」も、生産の推進力ではない。自律的・他律的の違いはあれ、どちらも強制労働にすぎないのである。

生産能率の増加だけを目的として、「馬車馬式研究」をしているのが、今日の経済学者であり、アダム・スミスもマルクス・エンゲルスも同様だという。自由主義経済や社会主義経済の大機械主義・大量生産・分業主義は「生産能率を挙げるために、生産があるのでは無い」、「生産能率増加に正比例して、人類の不幸欠乏は増加しゝある」として否定されるのである。

ユートピアの労働へ向けて

王仁三郎はさらに、「生産労働を喜びとなす、苦痛から解放する生産関係、即ち皇道に適《かな》つた生産関係」のあり方を提起していく。長いが、どのようなユートピアを描いていたのか、興味深いので引いてみよう。

氏神即ち産土神《うぶすながみ》を中心として、それを囲む程度の農村部落を一経済単位として、自給自足の経済組織を打立てる事に依り可能となるのである。（中略）誰もが農夫であり、木工であり、旋盤工であり、鉄工であり、軍人であり、科学者であり、芸術家でさへもあると云ふ様に、総ての技術者であり得るやうに致すのである。しかして、その生産への参加に於て、労働種目の選択は各人の自由である様にする。さすれば人々は各々の個性天分に依つて、その向き〳〵にその特色ある能力を発揮して、喜びと共に生産に従事する事が出来るようになるのである。（中略）生産自由参加も、一人にして総ての技術者たり得る事も、これと相俟《あいま》つて可能となるのである。（中略）斯《か》くの如き生産関係に入つて、始めて其《そ》の生産労働なるものは、苦痛より解放されて喜びとなり、人々は何時も創造の歓喜と共に、芸術的精進を以て、その生産労働に打込む事が出来る様になるのである。斯《か》くなつた時、人間の労働は始めて神聖なりと云ひ得るのであり、生活即芸術だとも云ひ得る。

氏神――上位に天照大神・皇祖皇宗――を中心とした農村と自給自足を掲げた、皇道農本主義である。当時の国家神道体制のもとではごくありふれたものだが、権藤成卿《ごんどうせいきょう》の農本自治主義、社稷《しゃしょく》体統論の影響を受けているかもしれない。

権藤は『農村自救論』（一九三二年）で、「社とは土地の義にして、稷とは五穀の義である。人が其の土地に住み、その土地の生産に存活する自然の天化を尊び、皇室と人民と共に之を奉祝した（中略）一般人民の自然的自治の上に政治が施行され、天化自然の社稷を其土台として、その国が建設されたものである。そこで国家の政体組織等は幾回変化しても社稷は決して動かぬものである」と論じている。社稷は土地・五穀、また土地の神・五穀の神を意味し、氏神・神社を信仰基盤とする、農本主義は国家神道体制の下で多く唱えられている。

また、大農経営・資本主義的農業を否定して、自給自足を基礎とする非営利的な小農経営を唱えた、横井時敬《よこいときよし》の『小農に関する研究』（一九二七年）にも影響を受けたであろうが、大本・人類愛善会は素朴な農本主義に留まっている。しかし、大本の農本主義はたんに理念的な皇道農本主義を提唱したのではなく、稲作法を実践的に開発して、「愛善陸稲」の普及を全国的にまた植民地にまで展開するなど、すぐれて実践的な皇道農本主義だとみなすことができる。

各人が個性や天分に応じて、多種多様な「技術者」いわばアルチザンとなり、労働の種目を自由に選択し、「生産自由参加」を実践し、生活必需品の大部分を生産して、自給自足の農村共同体をたゆみなく運営し続けていく運動体が、未来へと向けて構想されている。労働が苦痛から解放されて喜びとなり、「創造の歓喜と共に、芸術的精進を以て」生産労働に専心する、労働は神聖となり、そこに「生活即芸術」が生み出される。いわば農村コミューンの誕生である。マルクスのようでもあるが、宮澤賢治の「労働は常に苦痛ではない　労働は常に創造である　創造は常に享楽である　人間を犠牲にして生産に仕ふるとき苦痛となる」（「農民芸術の興隆」一九二六年）という、かなり芸術中心だが農民芸術論と、一脈通じていよう。

各人が個性・天分に基づき、各々の必要に応じた、「生産への参加に於て、労働種目の選択は各人の自由である」とする、「生産自由参加」の「経済秩序」を構想したことは、たとえ実現できない未完のユートピアであったことは必然だとしても、未来に向けたメッセージとして、大いに評価することができよう。

そして、最後に「結語」では、「西欧の賢哲がユートピアとして夢想したことは、これだけを決行する事によつて、我国に於ては現前の事実として具現し得る」と、皇道経済、「生産自由参加」のコンセプトに基づいた「経済秩序」の実現可能性をアピールしている。

このユートピア実現の要件としては、「生産自由参加」の「秩序及び運行は其の成員が皇道を体得し『行ふこと自ら則《のり》を越えず』の大和魂を取り戻し、自然にして成り運ぶ境地に到達する事」であり、「而《しか》して一君万民、君民一如の精神が国民の心奥に徹するならば、この皇道家族経済の具現は決して不可能ではない」と、大和魂や皇道精神を体得することに帰着させている。〝心直し〟のような、個人の心の問題に収斂させて、倫理的な規範・通俗道徳の実行に期待するだけであり、そこに限界があったと言える。

とはいえ、大本・皇道維新はたゆみない持続的な運動として実践され、理念的・思想的な面ばかりでなく、身体的な実感や高揚、体感の位相において、すぐれて経験的に〝体得〟しつつ遂行され、ユートピアへの夢想が原動力となって、皇道といった理念もしくはイデオロギーから逸れてしまう、あるいはそれを遙かに超越してしまうこともあったのである。後に見ることになるが、実践が言説や理念を逸脱または超越し、あらたな理念を生み出し、ユートピアへの夢想を膨らませていくこともあろう。

7　農村救済運動と愛善陸稲奨励運動

人類愛善会の重要な事業のひとつとして、愛善陸稲奨励運動があり、大本・王仁三郎が力を入れ、農村救済運動において要となる位置を占めて推進されていった。大本の信徒はかなり農民が占めている。一九二一年の第一次大本弾圧事件後に作成された「皇道大本教信者職業別人員表」によると、総数五八〇六人のうち、農業が一九五五人（三三・七％）、農業と商業・職工・工業・雑業・その他の労働者・無職を合わせると、全体の八二・三％と八割以上も占め、大本は労働者および一般民衆の教団だったと言えよう。

第一次大本弾圧事件後、京都府警の内偵者の報告によると、大本信徒たちは「今日の検挙を受くことは既定の事実にして、お筆先に神示せられあり」と弾圧を予期して甘受し、また「古来新宗教の起るや、其初めに於ては必す迷信邪教視せられ、世間より迫害を受くるを常とす」と決意を固めている。一部の幹部の離反や分派があったものの、信徒の間にあまり動揺はなく、信仰は継続されていったと推測できる。

恐慌下の農村

一九三〇年からの農業（農村）恐慌以降、小作貧農層のみならず、自作・自小作中堅層、さらに耕作地主層にまでも、農家経済の逼迫は及んでいった。それは、冷害・凶作ばかりでなく、家計用の借金や高額な肥料費による負債、そして養蚕業の破綻や米価の激落によってもたらされた。まさしく猪保津南雄のいう〝窮乏の農村〟が眼前に露呈していた。

政府の農山漁村更生運動は〝自力更生〟を建て前とした、精神主義的な運動にすぎず、生産統制を行ない、中農以上の農家を保護・育成するだけで、窮乏の農村は増大の一途を辿っていた。農村の青年男女は都市へ労働者として流入していき、農村の人口を減少させ、職種や年齢層、固定資産・金融資産・事業資産に応じた、階層分化・格差を促進させていった。

愛善陸稲の発見と奨励運動

大本では、一九三〇年代初頭、先に述べたように、挙国更生運動・農村救済運動を開始していた。それはたんなる観念的・精神主義的な農本主義に基づいた農民運動ではなく、すぐれて実践的な農作運動であった。「農は国家の大本である。農業から更生せねばいけない。農は国家の大本であると共に皇室の大本である」というのが、王仁三郎の農本主義的ディスクールである。

先に述べたように、山形の相原藤三郎が「愛善陸稲」を育成し、昭和神聖会・人類愛善会では愛善陸稲奨励運動を展開した。寒暑に強く、二毛作も三毛作もでき、少ない肥料ですむ「愛善陸稲」の育成・普及に努めて、農村の飯米自給を目指し、山形県米沢市に「愛善陸稲栽培実行組合」が設けられ、全国各地に愛善陸稲の種籾を販売して、耕作指導も熱心に行なっていった。

三四年四月から、「農村皇道化運動」(『人類愛善新聞』二五五号、一九三四年)が展開されている。政府の農村更生・救農土木事業などの行き詰まり、農村対策の失敗に対して、「農は国の公務にして、営利的に取扱ふべきものではない」、「農をして今日の如くせしめたのは、近代個人主義思想による」

と弾劾し、「農村精神作興」のために、全国の昭和青年会員を総動員し、「農村の皇道化を計る実際的方策の考究」「体験による農作、農耕、生産、加工等々の良法経験談の蒐集提出」などを要請して、実践的に農村皇道化を推進しようとしている。

昭和神聖会の指令として、「愛善陸稲栽培奨励の件」「農村更生一方法として昭和神聖会の名により愛善陸稲栽培の奨励」が発せられ、昭和神聖会の重要な目標として設定された。一年間で、愛善陸稲の普及、農山漁村の飯米自給、農村救済のために、講演会・座談会の開催は六三三回、映画会は二七八回に及び、これらの入場者総数は一一万三九五五人、愛善陸稲の実地耕作指導は二七〇回、組合設置は二八件である。

餓死線上の農村

この三四年は全国的に大旱魃に見舞われた。東北地方では、前年の豊作から一転して、旱魃そして冷害によって大凶作となり、前年と比べて三〇％の減収だった。娘の身売りや欠食児童が続出していた。翌年も続き、二・二六事件で青年将校・農村出身兵士が決起する要因にもなったのである。『人類愛善新聞』ではかなりの紙面を割いて、農村の窮状を報道し、昭和神聖会・人類愛善会は救援活動に奔走している。

『人類愛善新聞』（二七一号、一九三四年）では、「農村窮状の打開は／皇道経済運用の外なし／岩手県下に『土地返上』の声／文字通り餓死線上を彷徨」の見出しの記事で、皇道経済への変革を提唱している。岩手県下に「土地返上運動」が起こり、それは「天の秋《とき》は既に皇道経済実施に到つてゐる一つの実証とも見られる」と、皇道経済の兆しを報じている。

続けて、税金は一銭も納めない、差し押さえ物件の処分を拒絶する、小作地が他の町村から買い主ができた場合は田畑の小作はしない、と申し合わせをした村が続出していると伝えている。そして、満洲事変以来、地方農民の子弟が多くの犠牲者となり、「思想方面にも急激な変化を来《きた》し、政府当局者が若《も》しこの儘《まま》にして、何等救済の手をさしのべないのであるならば、遂には××××の恐れが無いとは断言出来ぬ状態まで立ち到つてゐる」と、危機的事態を記している。

日露戦争でも、満洲事変でも、若い稼ぎ頭だった東北農民兵士は多く戦場に斃れた。もはや左翼勢力はなく、右翼の小規模な愛国主義・国家主義・皇道主義的団体が群生して威勢よく虚勢を張っているくらいだった。疲弊・困窮した農民に何ができたのだろうか。しかし、「××××の恐れ」あるいは「重大事が勃発」、それは先の「一九三五、六年に備へて」という言葉と結びつけてみるなら、百姓一揆、大本・昭和神聖会を主導とする皇道維新実現へ向けたクーデターの決行となろう。

奮闘する愛善陸稲

農村の疲弊・窮乏下、全国六〇〇万戸の農家は、全人口の六割を占めている。〝農は国の基〟、「国富の大半は農村に在る」のだが、政府の対策はなんら効果を上げていない、と『人類愛善新聞』(二七六号、一九三四年)では痛烈に批判する。統管王仁三郎はこれまで皇道経済の実施以外に方途がないことを宣言してきたが、当面の農村窮状を解決するためには、愛善陸稲の栽培だと推奨している。

東北地方の冷害、四国・九州の旱魃に、愛善陸稲は見事に耐えて、立派な成績を収めたゆえに、愛善陸稲を全国に普及させるとともに、全国六五万町歩の桑畑を愛善陸稲に「改植」することを提起している。欧米諸国の日本への経済的圧迫、人造絹糸の天然絹糸への侵蝕によって、もはや養蚕業が好況時代を迎えることはなく、「愛善陸稲の普及は窮乏せる農村に食糧の自給策を授け、桑園改植の福音を与ふるものである」と説いている。

この時期、大本・昭和神聖会では王仁三郎を先頭にして、神聖会の地方本部・支部の拡大に精力的に取り組み、またワシントン海軍軍縮条約撤廃運動を推し進める一方で、人類愛善会では朝鮮・京城に愛善会朝鮮本部を設立し、満洲で支部の拡大や「愛善文化挺身隊」を組織して「愛善村」「愛善屯《とん》」増加計画を続行するなど、きわめて多忙であった。そのようななかで、愛善陸稲奨励運動も大いに推進されていた。

愛善陸稲・一九三五年へ

一九三五年（昭和一〇）を迎えて、愛善陸稲の一層の躍進を遂げようと備えている。王仁三郎は『神聖』（同年一月号）に、新年に向けて次のような指針を語っている。

農村漁村の徹底的救済は、何と云《い》つても、皇道経済の実施によるの外は絶対にないのだ。余は数十年に亘《わた》つて、一年三度の米の収穫を図り、成功を収めてゐる。次に荒蕪地に愛善陸稲の栽培を奨励し、大いにその功績を挙げてゐるのだ。そして今日の農家に対し、堆肥の実施をすゝむるのだ。漁村も亦《また》農村と同様に、海に向つて肥料を施す必要がある。

三五年七月は、昭和神聖会結成一周年である。これに合わせて、「愛善陸稲の驚異的発展」（『人類

愛善陸稲の全国品評会での王仁三郎（1935年10月31日）
（大本本部提供）

愛善新聞』三〇〇号、一九三五年）を報告している。「農村の復活素／耕作範囲愈《いよい》よ拡大／注目される本年度の全国試作」の記事で、「昭和九年度から、各地に強固な実行組合を設置して、愛善陸稲栽培の普及徹底化に乗出した」成果を載せている。籾種頒布量が一〇〇石、試作参加人員が一〇〇〇人、試作範囲が本州各地の他、北海道、四国、九州、朝鮮、満洲、南洋諸島となる。

一〇月の収穫期を迎えて、「愛善陸稲躍進譜」（『人類愛善新聞』三〇八号、一九三五年）が報じられている。「荒蕪地に歓呼／全国各地で視察を奨励／島根県下にて未開地に呼びかく」「おれが村にも米がとれた／石川県七塚村で成功」などといった見出しの記事を載せている。愛善陸稲は「見事に抵抗性と多収穫性の特性を発揮してゐる」と、愛善陸稲栽培奨励運動の成果を伝えている。映画班が出張して、「皇道普及と陸稲映画会」を各地で開催して、翌年へ向けて精力的に宣伝している。

愛善陸稲栽培の総括と展望

第二次弾圧の直前、愛善陸稲栽培を総括する記事が『人類愛善新聞』（三一五号、一九三五年）に掲載されている。「本年も旱《ひでり》、冷害を突破／農本確立を目指し／全国に愛善陸稲普及／依然各地試作は大成功」の見出しである。「本会の提唱による、愛善陸稲の栽培は、疲憊《ひはい》窮状に喘ぐ農村の現状を打破すべく、各地に於て耕作が行はれた（中略）愛善陸稲栽培による過ぎし一年を回顧すれば、それは実に農村の凱歌であり、感激であり、躍動であつた。そして農家に於ける飯米自給の根本問題解決であつた」と自讃している。

農村の現状では、自作農が減少して小作農が増え、飯米の自給自足できない農家は六、七割以上に達し、「農家各自が、自家の飯米だけを自給出来ぬと云ふ事実」、特に山間部で多いのは深刻な問題だと指弾する。そして、山間部に多く残された未開墾地は、水利と資金を要する水田に適切でなく、畑地として愛善陸稲の栽培が有効だと立証されていると推奨し、「役所仕事では到底角々まで指導」をできないゆえに、「民間の篤農家、熱誠家が立つて、宣伝奉仕に当る事も有効な方法」だと提起する。

『愛善陸稲耕作法』の思想

昭和神聖会では、一九三四年にパンフレット『愛善陸稲耕作法――桑園改植　荒蕪地開墾地　利用の福音』（井岡綸一郎編）を出して、愛善陸稲の普及に精力的に努めている。ここでは、冒頭で「農を讃へて」と題して、「昔より瑞穂の国と称ふるも／稲の実りのあればなりけり／天照らす皇大神の始めまし、／田作る業ぞ国の礎」と、硬直した論理ではなく、素朴な天皇制神話に基づいて、「農本国是」として農業を国の基礎とする、農本主義を唱えている。伊勢神宮と産土神社への信仰が力説され、天皇制ファシズムの一翼となる農本主義ともなった。だが、むしろ農村の窮乏・疲弊や都市部への人口流動に直面し、敬神と愛郷心を基盤にして、農業・郷土を建て直そうとする篤農主義、また農村復興運動とも言える。

一九三〇年代初頭、五・一五事件にみられるように、食糧と兵士の供給源としての農村社会は、国家的問題の中心のひとつとなっていった。そこに現われてきた農本主義には、政治的・イデオロギー的なレヴェルのものから、民間の実践的なレヴェルのものまでの間にかなりの懸隔があったばかりでなく、その比重の置き方には多様な階調（グラデーション）もあった。大本の場合、両者を合わせもっているが、どちらかといえば、後者の実践的な民間農本主義的な色彩が濃厚だったと言えよう。

当時、農村青年たちのなかには地域に根ざして、近代的な機械化された農業を推し進めようとしていた、民間の農本主義者もいた。精神主義的な農本主義的イデオロギーの影響も受けていたが、産土信仰や愛郷心を熱烈に抱きながら、地域の篤農家を模範として、小作問題にも関わりつつ、生産性を高める農業の近代化を目指すものであった。

『愛善陸稲耕作法』の初めに掲げられた、王仁三郎の「愛善陸稲に寄せて」と題した歌は、次のようなものである。

我国は神の御国よ水気《ミツケ》なき陸《クガ》にも瑞穂の稲実るなり／昔よりためしもあらぬ陸稲の山野に実る神の御代《みよ》哉《かな》／荒果し土地を拓きて陸稲を植ゑるは神のみ業なるらむ／玉の緒の命のをやを植ゑつけるおほみたからのいそしき姿よ／足引の山形県より開けたる愛善陸稲は世の命なり

水気のない陸にも稲穂は稔る、神国だ、昔からためしもなく、陸稲が山野に稔るようになった、まさしく神の御代だ、山形県から広がっていった愛善陸稲は世の命なのだ、と詠われている。『愛善陸稲耕作法』の「序説」では、「農は国家の大本《たいほん》である事は、天照大御神様の農事を始め給ひ、又皇孫尊の豊葦原中津国に降らせ給ひ、農本国是の政策を執らせ給うてより、千古不動、今日に至る迄、国土経営の大本として伝へてゐるものであります」と、記紀神話から「農本国是」を説いている。

農を以て国家の大本《たいほん》とする原則には、微動だにもあらしめてはならぬ。否、国運愈々旺《さか》んにして、狭少なる本土に人口益々増加すればする程、完き農本国是を確立しなければならぬ。（中略）我皇国には七千万同胞が生々発展に要する生活資料は、何一つとして兼備はらざる物はない。特に国民必須の食料に於て然《しか》りであります。仮令《たとい》我が国の人口が一億万に増加しても、国民の主食米は自給自足しなければならぬ。これを外地に求むる如きは、決して策の得たるものではない。

生活物資は完備しているとするが、〝外地〟朝鮮や台湾、満洲から米を輸入していた。それでも「国民の主食米は自給自足しなければならぬ」と強弁する。瑞穂の国での自産自給が統管王仁三郎の一貫した持論である。「農本国是」、それは皇祖・天照大神が「神定め給うた所」だ。したがって、主食の米生産を軽んじて、農業の商業化・投機化といった「射倖《しゃこう》的風潮」に乗ずべきでない。また、副業の養蚕に力を注いで、正業の主食米生産を軽視するのは重大な錯誤で、深刻な農村問題となっている。「農家の正業軽視」が農村の疲弊・窮乏を招いた最大の原因だ、と断じている。

愛善陸稲は「統管出口王仁三郎氏の説話に暗示を得て、山形県の相原藤三郎、斎藤清の二氏が大正九年頃から研究し、多年の貧困と戦ひつゝ、工夫を重ねたものである。吾等は桑園の改植と荒蕪地開墾地利用の新しき道を開拓する、愛善陸稲耕作法を全国に普及することに依つて、一千万石の産米増殖計画を樹て、着々目的に向つて其実現を急ぎつゝある」と、王仁三郎の影響下に、愛善陸稲が生み出されたことを語っている。生糸価格の暴落、また安価な人絹の普及といった現況を踏まえて、養蚕から稲作への転換を推し進めようとしていたのである。

昭和神聖会では、「愛善陸稲栽培実行組合」を結成し、愛善陸稲を普及させていった。「昭和九年、北は北海道、満州より、南は琉球、台湾、南洋、サイパン島に亘《わた》り、約一千名に依つて試作が実施せられ、而《しか》も東北の冷害、四国九州の旱害稀有の凶作の中にあつて、本耕作法は偉大なる真価を発揮した」と、いわゆる内地・外地で愛善陸稲が豊かな稔りをもたらしたことを誇っている。

山形県西村山郡は、大本の信徒がかなりいた地域である（一九二一年の統計では、東北六県で、山形県は宮城県の一三九人についで多く、一五六人で、農民は八七人、一〇年過ぎにはもっと増えていただろう）。相原と斎藤は水田もない小作農として稲作を志し、別個に陸稲栽培を試みていたが、大本信徒のよしみで互いに協力し合い、陸稲栽培に成功している。それは大本・人類愛善会に報告され、やがて昭和神聖会・教団が愛善陸稲奨励運動として総力を挙げて取り組むことになる。

この二人は農本主義者といった、たいそうなイデオローグではなく、実験精神に富む地域の質朴な篤農家だったろうが、大本信徒でなければ、陸稲栽培はせいぜい山形県内の近隣の貧農の間に留まっていたであろう。それが大本の全国ネットワークを通じて、「愛善陸稲栽培実行組合」が結成され、愛善陸稲奨励運動となり、国内のみならず、〝外地〟の植民地に至るまで普及していった。これは、政府・農林省主導の「自力更生」を唱えるだけで、きわめて精神主義的だった農山漁村経済更生運動と比べても、小作農や貧農にとっては、多くの収穫を見込める実質的な〝福音〟ともなった。大本の奨励・展開した多くの運動のなかでも、短い期間ではあれ、大衆的に支持され、少なくとも成功した、民間の実践的な農本主義的農民運動として評価することができよう。

『愛善陸稲耕作法』に載せられている「愛善陸稲栽培実行組合規約」では、「本組合は皇道の本義に基づき祭政一致、農本国是の精神を遵奉して、経世済民の実を挙ぐる目的を以て、愛善陸稲耕作法の普及、良い種の斡旋をなすを以て目的となす」、その「付則」の第一条は「本組合は産土《うぶすな》神社中心の信念に立脚し、大家族精神を発揮して、組合員相互の扶助を行ふ事」、第二条は「本組合員は毎年収穫時に際し、各自一升以上の初穂を持ち寄り、産土神社に献穀をなすと共に、これが献穀祭りを執行する事、右献穀は社殿造営費目に換へ、村役場に依嘱して積立をなすこと」としている。

王仁三郎・昭和神聖会は率先して「農本国是」をスローガンとして掲げている。それは、農・米作を実践的に媒介にして、家・農民と国家・皇室、産土神社と伊勢神宮を繋いで、「大家族精神」の培養を目指していく皇道農本主義、それもたんなる理念的皇道農本主義ではなく、実践的皇道農本主義であるということができよう。

『大本七十年史　下巻』（一九六七年）で、愛善陸稲は第二章「満州事変と大本」で半頁弱ほどの記述である。また、第三章「昭和神聖会」で「農村救済運動」の項で扱われているが、それは三頁のうち半ページほどであり、実に少ない。大本はもはや農民が基盤ではなくなっているというところであろうか。現在、有機農法によって、水稲栽培を行なっている。

一九六〇年代前半、陸稲は山間部でわずかながらも作られていたが、水田が増設され、大規模経営の米作農家が目指されていた頃であり、戦前・大本での愛善陸稲奨励運動に対する評価は低くなっていったのだろう。しかし、戦前でも、味も品質も悪いとされた陸稲であれ、米作り・米食への期待は大きかった。愛善陸稲の意義は農業史ばかりでなく、農本主義との関連で政治的・社会的な思想史においても少ないはずである。

8 進撃する王仁三郎・昭和神聖会

美濃部・天皇機関説撃滅運動

王仁三郎は「反国体学説を撃滅せむ」(『昭和』一九三五年六月号)と題して、「憲法学者の不都合なるかもわが国の天皇陛下を機関とぞ云ふ」「機関説殲滅せむと三百の遊説員を四方に派遣す」「わが国は神の国なり天皇は神のみすゐにいますを知らずや」などの一連の歌を詠んでいる。皇道宣揚運動の流れのなかで、大本・昭和神聖会は新たに美濃部達吉《みのべたつきち》・天皇機関説問題に取り組んでいく。

それ以前、一九三二年(昭和七)に〝赤化教授〟として、東京帝国大学の美濃部達吉や末弘厳太郎《すえひろいずたろう》、京都帝国大学の滝川幸辰《たきかわゆきとき》らが攻撃され、滝川などが処分された滝川事件が起こっていた。大学の自治・学問の自由が侵害・否認されるとともに、大学自らが放棄して、思想弾圧に屈服していった。

三五年二月、貴族院本会議でにわかに浮上した天皇機関説問題は、憲法解釈・法律問題というよりも、謀反・叛逆だと、国体観念の問題としてきわめて政治的な事件となっていった。貴族院は天皇機関説排撃を繰り返し、三月の本会議では「政府は須《すべから》く国体の本義を明徴」にせよとする、建議案を全会一致で可決した。

国体の内容はどうであれ、この「国体明徴」の文句だけがひとり歩きをして、政治的・社会的にも、また文化的・宗教的にも、天皇制神話・皇国史観に満ち溢れた、国体ディスクールが万能で不可欠なものとして、談論を支配していき、自主的により一層積極的に使用せざるをえないものとなっていく。国体ディスクール体制は正統と異端を両極化し、敵対する他者を異端として断罪する表象と実践の切り札、いわば踏み絵として重宝なものとなったのである。

黒龍会の提唱によって、頭山満《とうやまみつる》や西田税《みつぎ》、蓑田胸喜《みのだきようき》、江藤源九郎らが「機関説撲滅同盟」を結成し、帝国在郷軍人会では機関説排撃声明を出して各地方組織を総動員し、機関説排撃運動は高まっていった。この美濃部糾弾・機関説排撃運動に加わった、右翼や日本主義・国家主義団体は一五一団体にまで達し、マスメディアを通じて全国を席捲していった。王仁三郎・昭和神聖会にとって、皇道維新の遂行・実現には絶好の機会となったのだ。

王仁三郎は、「皇国日本は／天立君主立憲国／大義を忘逸して名分立たず／西欧学説何するものぞ」

（『人類愛善新聞』二八七号、一九三五年）という、威勢のいい見出しの記事を載せている。そこでは、天皇機関説を弾劾し、「我皇国は万世一系の　天皇が現人神として永遠に統治し給ふ世界無比の神聖皇道国」とする、皇道・皇国至上主義から天皇機関説を議論の余地もなく、全面否定するのである。

昭和神聖会『人類愛善新聞』（三〇〇号、一九三五年）では、「昭和神聖会結成一周年『特輯』号」
結成一周年を出している。王仁三郎は「昭和神聖会結成一周年に際して／天に一日地に一君／御稜威弥栄《いやさか》ゆ皇国日本／神政復古すべき昭和維新来る」の見出しの記事を載せている。

反国体学説或は民主主義の思想が、正に主客顚倒、体主霊従の道である。天皇は霊にして、国民は体である。火と水、中心と円周の関係である。故に物質主義、体主霊従の思想は必ず民主主義に陥るものである。（中略）明治維新は王政復古と謂はれた。だが、昭和の御維新は進んで、神政復古であらねばならぬ。

昭和維新を目指した、一年間にわたる神聖運動の活動・目標は、同号の見出しで構成すると、「国威の伸張を期し／皇道維新完成へ邁往／全国に尽忠報国の白熱的運動貫徹／神政樹立への壮図進む」となる。三五年七月現在、地方本部二五、支部四一三、会員・賛同者は八〇〇万人を突破したと報告している。

国体明徴運動へ

国体明徴運動は大いに盛り上がっている。この三五年七月、国体擁護連合会が倒閣運動のために新たに組織した「国体明徴達成連盟」に、昭和神聖会も合流して、明治神宮で「機関説絶滅、国体明徴達成」の祈願をした。王仁三郎は頭山満とともに、代表の昇殿者になっている。頭山の玉串奉呈の後、三〇〇名を超える神聖会員たちは「赤き真心の限りを捧ぐる」と記事にはある。

この翌日、国体明徴達成連盟は有志大会を開催して、倒閣を決議した。この間に、昭和神聖会結成一周年の「記念大講演会」を開催している。講師のひとりは美濃部を不敬罪で告発した、衆議院議員・陸軍少将の江藤源九郎である。

王仁三郎は「非常日本は／鉄石の魂を要求す／策略を事とする政治機構駄目／金銀を本とする経済組織駄目／神霊に醒めざる唯物科学駄目」（『人類愛善新聞』三〇二号、一九三五年）の見出しの記事で、危機的時局を徹底して批判し、「満洲事変以来『非常時、非常時』の声が津々浦々に揚げられ『昭和十年十一年の危機』が声高く全国に叫ばれた。夫《そ》れ等の声を真に敬虔な心を以て聴いた人は、必ずや其の声の中に神の深き御心を感得することが出来た筈である」と、皇道維新への決起を促すのである。

「非常時昭和十年十一年の本当の姿」とは何かについて、王仁三郎はこと細かく語っていない。これまで「四十年前から、来るべき世界及祖国日本の今日」について語ってきたことから明白だ、あるいは推し量れということだろう。「非常時昭和十年十一年」は弾圧を予想したわけではないのは当然だが、大正十年と重ね合わされて、大事件が起こることが予期もしくは期待されていたのだろう。まもなくのことだが、「昭和十年」に大本の二度目の大弾圧、「十一年」には二・二六事件が起こるのである。

政府・国体明徴声明

『人類愛善新聞』（三〇二号、一九三五年）では、政府の国体明徴声明を掲載している。「我が国体は天孫降臨の陛下に賜へる御神勅に依り、昭示せらるる所にして、万世一系の 天皇国を統治し給ひ、宝祚《ほうそ》の隆《さかえ》は天地と与《とも》に窮《きわまり》なし」といった文言で始まり、憲法学説としての天皇機関説は「国体の本義」を誤解・錯誤したものとして、強権的に葬り去られていった。

同じ紙面には、「トロツキーの予言」と題された記事が似顔絵とともに載せられている。「三年内に世界大戦／日本はソ連邦に敗れる」の見出しである。トロツキーはスターリン党書記長との抗争に敗れて、ノルウェーに亡命し、久しい沈黙を破り、イタリアとエチオピアの紛争に関して所信を発表し、「第二次大戦を予言して」いるとする記事である。

伊エ紛争が「新世界戦争の前奏曲」となり、「世界は新な階級、新な同盟陣に分裂し、三年ならずして、新世界大戦の勃発を見る」、日ソ間も戦争は避けがたく、戦端が切り開かれると、初めは「日本軍が精鋭な武器と統制ある国軍」で勝利するが、「日本国内には重大な事態が持上り、戦争は結局日本軍の敗北に終るであらう」と予告している。三五年から二年後に日中全面戦争、四年後に第二次世界大戦、一〇年後に日ソ間の戦争が起こる。

王仁三郎は、国内外で世界経綸が動き出していることを鋭く察知したであろう。この後も、国体明徴運動は続いていった。国体明徴運動では美濃部に対する厳格な法的処分を求めていたが、検察当局が不起訴処分としたため、運動はさらに激化していった。

三五年一〇月、政府は軍部や国体明徴運動団体の要請に応えて、「統治権の主体は天皇にましまさずして国家なりとし、天皇は国家の機関なりとなすが如き、所謂天皇機関説は神聖なる我国体に悖《もと》り、其本義を愆《あやま》るの甚しきものにして、厳に之を芟除《さんじょ》せざるべからず」と、第二次国体明徴声明を出すに至っている。

国体の本義とは、万邦無比とする天孫降臨の万世一系の天皇が、神勅によって国を統治するということになろうが、神話的・宗教的な観念をまとって、他の容喙をまったく拒む、絶対的イデオロギーとなっていった。それは後に、文部省によって『国体の本義』（一九三七年）、『臣民の道』（一九四一年）としてまとめられ、公定化された国体ディスクール体制が確立されることになる。

『国体の本義』には「大日本帝国は、万世一系の天皇皇祖の神勅を奉じて永遠にこれを統治し給ふ。これ、我が万古不易の国体である。而してこの大義に基づき、一大家族国家として億兆一心聖旨を奉体《ママ》して、克《よ》く忠孝の美徳を発揮する。これ、我が国体の精華とするところである。この国体は、我が国永遠不変の大本であり、国史を貫いて炳《へい》として輝いてゐる。而してそれは、国家の発展と共に弥々鞏《かた》く、天壌と共に窮るところがない。我等は先づ我が肇国の事実の中に、この大本が如何に生き輝いてゐるかを知らねばならぬ」と初めにまとめられている。大本・王仁三郎の国体ディスクールとあまり代わり映えしないものであることに、少なからず驚かされよう。

政府の国体明徴声明を「こゝに一段の落着を告げた」と歓迎し支持した、大本・昭和神聖会は、この国体明徴により確立された国体ディスクール体制に準拠していることをまったく疑いもしなかっただろう。しかし、二カ月ほど後、大本・昭和神聖会自身が国体の本義を「愆《あやま》るの甚しきもの」として「芟除《さんじょ》」される憂き目に遭うことになる。

国体ディスクール体制は野の雑草をきれいさっぱりと刈り取ることによって、皇土のなかの手植えの人草だけを育成し、天壌無窮の神勅を宣揚して、八紘を一宇とする〝聖戦〟へと突き進んでいくことになる。大本・昭和神聖会は「愛国の至誠」を聞き届けられず、幸か不幸か「芟除」されてしまい、神聖なる皇謨《こうぼ》に与《くみ》することができなかったのであるが。

第九章　第二次大本弾圧事件

あわてるな騒ぐな天下の王仁さんと犬を待たせて煙草くゆらす（『獄中回想歌』）
五大州に腰を据ゑたる心地して我はオリオン星座に楽しむ（同前）
世を救ふめしやのみたまと知らずして苦しめし果ての国のさま見よ（『神声集』）

1　王仁三郎、検挙

一九三五年一二月八日号外　一九三五年（昭和一〇）一二月八日未明、二度目の大本弾圧が開始された。皇道大本総裁・昭和神聖会統管の聖師王仁三郎、その妻で二代教主のすみをはじめとし、六一名が治安維持法違反、不敬罪で検挙されて起訴され、内務省は大本関係八団体を結社禁止とし解散させた。綾部と亀岡の教団の神殿や施設はすべて破却され、土地も綾部町と亀岡町に安値で売

破壊されたみろく殿（1936年5月21日）
（大本本部提供）

却させられた。地上から大本を抹殺しようとする勢いだったのである。

一二月八日付の『大阪朝日新聞』号外の大見出しには、「大本教に再度の大手入れ」、中見出しは「教主、幹部ら一斉検挙」「大検挙の原因は／悪質な不敬事実暴露／妄想的な存在を説き／信者に妄信を強制」と大きな活字が並べられている。大本・昭和神聖会はまったくの皇道主義である。

「奇矯極まる宣伝／細胞的な組織」の見出しの記事では、昭和神聖会は「ファッショ的」と称され、「出口統管の下に副統管内田良平氏を推し、その会員は現在約二百万を越してをり、土地国有、農民負債の償却、紙幣一千億円の発行、貿易の物々交換等、奇矯な政策を提唱（中略）昭和青年会、同坤生婦人会も大本信者を中心に細胞的に組織を見、男女とも制服を着て、軍事的訓練を施してゐた」と、その奇矯さや規模の大きさを強調するとともに、「細胞的に組織」といった表現で非合法の日本共産党を連想させながら、「暴力的な行動」、軍事クーデターの計画を暗にほのめかしている。

怪物・王仁三郎

大本弾圧事件（以下、第一次大本事件を第一次事件、第二次大本事件を第二次事件と略す）の続報を少し追ってみよう。翌九日付の『大阪朝日新聞』の「天声人語」では、第一次事件が振り返られている。「恩典によつて公訴権の消滅」は「信仰眼から眺めると尊い法難」、「御筆先の啓示と合致」となり、「王仁君の『大化物』性を箝付けたことになつた」、昭和神聖会を結成して「しきりに政界その他へ、わたりをつけ、時代の変転に処して（中略）あまりに野人的なアムビシヨンが、両度の検挙となつたのであらう」と、信徒の頑迷な信心と王仁三郎の「大化物」性や野望を浮き彫りにして、揶揄する論調である。

「神の試練はどう解く／謎の人間〝王仁三郎〟の正体は／果して怪物か傑物か」の見出しの記事も見てみよう。「偉大なるスフヰンクス——大本教の『王仁三郎』は依然として現代における猟奇的興味をつないでゐる存在である。怪物だといふ人、傑物だといふ人、さまぐ〵で、その謎は解けるか、解けないか、その謎の人出口王仁三郎のプロフヰルを覗いて見よう」と、好奇の眼差しを誘う文で始まる。

王仁三郎は幼少の頃から「神童」と呼ばれ、「弱きに同情する侠気もあり、不思議に人を引きつける力を有し」、郷里に近い高熊山で「霊的修業」を行ない、「僅か一週間の修業で三千世界の一切を洞察したといふから、どこまでも『三千世界にわかに開く梅の花』式の眉唾ものだが、不思議に信者を集めて行くところ、謎は謎である」と記し、「神の試練」とする第一次弾圧へと続く。蒙古入りは「わが国の生命線たる満蒙問題」を「宗教の力」で解決しようとするものだが、「全くドンキホーテ式武者修業」だった。

王仁三郎の「日常生活はすこぶる多忙多端」、「書斎に筆を執つて書画に親しむかと思へば、青年会員の訓練を閲して持ち前のヒロイズムを発揮する、演壇に獅子吼《ししく》するかと思へば、村の盆踊に音頭《おんど》取る、またのびやかに浄瑠璃の一《ひと》くさりをうなる（中略）楽焼を作り、田を耕し、植木の手入れをするといつた塩梅で、信徒に生神様、聖者と侍らしむる半面に、かうした好々爺的人間の半面をも多分に有してゐる」と、生神・聖者と好々爺というアンビヴァレントな王仁三郎像を描いている。まさしく「謎の人間」、スフィンクス、怪物と傑物の両極を兼ね備えた「大化物」として表象されている。

同紙の大見出し「大鉄槌下の大本教」、中見出し「不敬事実暴露で／断乎解散を命ぜん」「〝憑霊〟の言逃れ／今度は断じて許さぬ／邪教絶滅へ当局の苦心」の記事がある。

不敬罪と憑霊

第一次事件で王仁三郎は「憑霊作用によつて行動したもので、その行為は違法性があつても、常人でない被告に法律的責任はないと無罪を主張して、精神鑑定を申請」し、大赦によって免訴となった。今回、検察当局は検挙に当たって、「総統王仁三郎一人を中心目標とする時は、王仁三郎が憑霊作用をうけた精神異常者と鑑定せられた場合」、「邪教絶滅の実効を薄くするおそれあり」、王仁三郎だけに的を絞らず、王仁三郎と最高幹部の組織する「神庭会議」に重点を置いていると報じている。

この神庭会議については、「〝神庭会議〟の秘密／内情剔抉へ鋭いメス」の見出しの記事で、「教義の精神はもとより、すべての不穏行為はこの会議の結晶であつた」と「不敬罪など皇室に関するもの」と示唆されるだけで詳しく報じられていない。だが、二八年三月三日に催されたミロク大祭のこととされ、治安維持法違反と結び付けられることになる。国体変革を企てる〝共同謀議〟をして、その結社を設立した起点に、「神庭会議」とされるミロク大祭は位置づけられたのである。

一二月一〇日付『大阪朝日新聞』の見出し「大本教不敬事件／けふから本格的取調べ」「不敬の

数々／出口王仁三郎の所業」の記事は、次のようなものである。

出口王仁三郎は信徒をして自分のことを「聖師の〇〇」或は「〇〇〇〇」と呼ばせ、「〇〇出口王仁三郎聖師」など畏れ多き言葉を用ひ、先般来朝した満洲国張将軍と面会の際も「〇〇出口王仁三郎聖師に〇〇」といふ言葉を使つてゐた。行列の如きも前駆自転車、統監自動車、携帯品自動車、後駆自転車といふ編成振りで、統監自動車の傍には旗手を随行させ、駅に到着の際は瑞垣曲と称する「海ゆかば」の曲に模した曲目を吹奏させ、信徒堵列《とれつ》の中を通過し、大祭日には必ず白馬に打跨つて臨んだといふ。また本部綾部を「〇〇〇の〇〇」と唱へ（中略）自分の居所を「〇〇」或は「〇〇〇〇」と称するなど、全く言語に絶した不敬の数々が暴露したものである。

伏せ字は天皇や宮城に関わる言葉であるとたやすく推測できる。王仁三郎の行列が行幸と似通った配列となっていることを示している。また、当時、天皇は観兵式などで「白雪」という名の白馬に乗っていたことから、不敬だとみなされた。天皇の愛馬「白雪」は一九三二年頃から四二年まで、一〇年間にわたって乗り続けられ、二二歳の老齢に達して、千葉県三里塚の御料牧場に引退し、その後を継いだのが「初めて国産の芦毛」の「初雪」（『朝日新聞』一九四二年一二月一六日付）である。

「大化物」の王仁三郎は、神聖にして不可侵の天皇を模倣したとして、不敬極まりないと糾弾された。露骨な天皇スタイルの模倣・窃取から、二重天皇制を捏造したと国賊視されたのである。天皇ス

爆破された月宮殿（1936年5月28日）
（大本本部提供）

タイルを模倣した著名人として、「芦原将軍」と呼ばれた芦原金次郎が活躍した。一八八五年（明治一八）から一九三七年（昭和一二）まで、東京府癲狂院・巣鴨病院・松沢病院と名を変えた精神病院に住んでいた。「帝《ミカド》妄想」「将軍妄想」と精神科医に名づけられている。

「芦原将軍」は一九三〇年代前半、昭和初期には財政緊縮政策やロンドン海軍軍縮条約調印に反対し、政府批判をしていた。トリックスター、パロディストと見る向きもある。ナショナリストでも、反権力主義者でもある「芦原将軍」、その訃報に接して、斎藤茂吉は「おそるべきものさへもなく　蘆原金次郎はひじりとぞおもふ」と詠んでいる。聖《ひじり》・聖人として、天皇パロディストは神聖「芦原帝国」を樹立して天皇制国家を哄笑し、民衆の拍手喝采を受けていた。だが、王仁三郎は国賊・非国民として断罪されるのである。

金とエロの王仁三郎

一二月一一日付の新聞になると、「亀岡月宮殿から／二万円と日誌」の見出しの記事で、文書や軸物、刀剣、書籍類などの押収物、ビール箱一〇〇箱、また王仁三郎の居住する月宮殿の一室から、現金二万円と日誌を押収したと伝えている。そして、「怪しげな画や／桃色レター現る／信者も驚く王仁の自室」の見出しの記事が続いている。

「亀岡天恩郷並に綾部総本部の内部は、宗教的厳粛さは微塵もなく、淫蕩と頽廃の空気が渦巻き、検事や警察官は茫然目を蔽《おお》ふたほどであつた」と始まる。「本年六十四の老体である、王仁三郎は精力絶倫で、近侍の美女達を片つ端から手をつける始末で、猛烈な花柳病におかされ（中略）この病気のため頗る難儀をしてをり、三枝警察医が付ききりで手当を加へてゐる」とまことしやかに伝えている。また「天恩郷高天閣の彼の自室からは、怪しげな画や桃色遊戯のレター、花柳病治療器具などが夥《おびただ》しく発見されて、大本教の奉仕者でさへ眉をひそめた」と報じている。金とエロである。第一次事件と同様、聖者どころか、極めつけの好色な俗物として、スキャンダラスに粉飾されているのだ。マスメディア常套の、スキャンダル捏造による地位の剝奪・人格の貶め、スティグマの刻印である。

『大阪朝日新聞』では三回にわたって、「嵐の大本教」の題で、大本特集を組んでいる。「妖教の巧みな搾取／触媒者王仁三郎のタクトで／天恩郷に描く白日夢」（一二月一一日付）では、「叛将光秀の城址を中心に（中略）豪華宮殿の中にあつて、永遠の青年王仁三郎」は一日に一〇〇首近い短歌を詠み、玄人はだしの南画や油絵を描き、「宣伝文」を作り、「なお疲れを知らぬ、脂《あぶら》ぎつた六十四歳の体力は、高天閣の奥ふかく、妖しい白昼夢へ捌《は》け口を見出してゐるといふから、文字どおり超怪人の生活である」と、〝謀叛人〟イメージを漂わせながら、豪勢・豪快・性豪振り、派手好みを浮き彫りにした「超怪人」王仁三郎の妖しい姿態を描く。

そして、この「超怪人の魅縛」に囚われた信徒たちは「天恩郷こそはこの世の楽土」と信じ切って、「家を畳み、故郷の山河を後にして、亀岡へ亀岡へと慕ひ寄つてくる」、「妖教の巧みな搾取機構が蜘蛛の糸のやうに彼らの理性をからみ惑はし（中略）財物を溶かし、消化してゐる間こそ、奉仕者にとつて天恩郷はまさしく現《うつ》し世のユートピアとも見えるのである」と、「超怪人」に魅せられ、金も肉体も吸い取られた、信徒たちの陶然としたユートピアが出現した様子を描いている。

さらに「超怪人」王仁三郎の「現代における猟奇的興味」を暴く、ゴシップ記事が続いている。王仁三郎の食べた柿の残りかすが「不老長生の西王果《せいおうか》」となり、王仁三郎の煙草「敷島」の吸い殻を競って取り合い、煙管《きせる》に詰めて吸って「法悦に酔ひ痴《し》れ」、王仁三郎の入った風呂の「垢じみた湯は（中略）重症の病人が起死回生の霊薬として、頭からぶッかけて貰つて随喜の涙をこぼす」、「若い男女であれば、天恩郷は妖美なる恋の花園で」「王仁三郎は蜂よりも巧な触媒となつてくれる」など、「超怪人の魅縛」の実態も煽情的に書き立てている。そして、「身のほど知らぬ栄華の裡《うち》に、自らが意識せずして育て上げてきた「悪」の白蟻はつひに月宮殿の石の柱さへ蝕み覆すやうな報いをうけたのであつた」と締め括り、「超怪人」王仁三郎の猟奇性を強調している。

絶大なカリスマ、「超怪人」王仁三郎は、大山師・詐欺師で「現代における猟奇的興味をつないでゐる存在」にすぎず、エロ・グロ・ナンセンス、猟奇の時代の〝猟奇王〟として祀り上げられ、裸にされてスケープゴートにされている。阿部定事件が起こるのは、翌年五月、二・二六事件の後である。「美女の猟奇殺人」（『大阪朝日新聞』五月一九日付）の見出しで報じられた。猟奇がトレンディだった時代でもあり、すでに新潮社からは『現代猟奇尖端図鑑』（一九三一年）も刊行されていた。

不敬罪、そして治安維持法違反へ

一二日付には、「大本教の教義／治維法にも触る／検察当局の証拠断定」の見出しの記事が現われている。不敬罪事件に関しては、多くの証拠品から明白になった一方で、治安維持法違反の証拠は「同教の根本精神ともいふべき『建直し』のお題目の中に恐るべき企らみが秘められてゐたこと」が具体的に明らかになってきたと報じている。

八日から一一日までの新聞報道では、不敬罪に焦点が絞られていた。「但し暴力的な行動を計画した形跡は今のところ不明である」と、報道関係者に治安維持法違反については匂わしておくだけだった。だが、一二日になると、治安維持法に抵触する証拠物件が出てきて、治安維持法の適用が確実視されるに至っている。それも、大本の根本精神である立替え・立直しの教義自体に治安維持法違反の証拠が見出せると、宗教・思想そのものが問われることになった。

内務省警保局の指示によって、京都府警と京都地裁検事局の三者が連携して、不敬罪ばかりでなく、国体変革の容疑で、治安維持法違反を適用する意思を固めて、周到な準備をしていたのである。

大宅壮一の王仁三郎・弾圧観

大宅壮一は左翼だった頃、弾圧前の一九三一年（昭和六）に、「二十世紀日本の怪物王仁三郎」を訪ねて、「出口王仁三郎訪問記」（一九三二年）を著わしている。綾部も亀岡も「だいたい全体を包んでいる空気が、極めて、平和で、のびのびしている」と記している。

大宅は少年の頃、王仁三郎が「偉大なる予言者」として、大宅の村（大阪府三島郡富田村）に近い町（現・高槻市か）に来た際、「天地壊滅」の予言を聴くために「恐怖と好奇心にふるえながら」出かけている。第一次大本事件前の頃で、大本は「半非合法的な潜行活動によって、すさまじい勢いで発展しつつある最中」で、王仁三郎の講演はきわめて盛況で、聴衆は道にまで溢れ、「みな驚くべく熱心だった」。大宅少年は「いわば革命的というべき空気」に魅せられ、「近い将来になにか大事件、この世の中が引っくり返るような大事変が起こりそうな気がしてくるのであった。そして多感な少年の胸は、漠然とした大恐怖でおののきながらも、どこかでそれを待ち望んでいるようにも感じられた」と、いわば革命前夜の雰囲気に浸っていた。

十数年後、大宅は亀岡・天恩郷の明光殿で王仁三郎に出会っている。「どこか全体に若々しい元気がある。顔も、声も大きい。一口にいえば善良な牡牛の感じだ」というのが、大宅の印象である。『霊界物語』については「百二十四巻の長篇が、七十二巻までできている！（中略）馬琴の『八犬伝』も、近くは介山の『大菩薩峠』も、まったく些々《ささ》たる一短篇にすぎない」と驚き、「量のうえでは、たしかに日本一のジャーナリストだ」と感嘆している。

他方、「百姓出の武者小路実篤といった感じで、わたしが少年時代の印象から期待していたような、闘争的な、非合法的な、潜行的なところがちっとも見当たらない。その点で、わたしはすっかり失望した」と、熱気に溢れた革命的な雰囲気がまったくなく、失望感を露にしている。しかし、弾圧前、三四、五年頃に大本・王仁三郎に出会っていたなら、印象は違っていただろう。

第二次事件直後に、ナップ（全日本無産者芸術連盟）中央委員の頃、大宅は「大本教弾圧是非」（一九三六年）と題して、弾圧前後の情況について書き留めている。満洲各地を訪ねた際、新京（長春）で仏教各派ばかりでなく、天理教やひとのみちの教会を眼にしている。「満州では、なんといっても大本教がいちばん早いだけに、一頭地をぬいて」いて、「わたしの会った一満人は自分が大本信者であることを誇らかに告白した」ところから、「日本のショービニズムをおとぎ話的にまで忠実に代表しているのは大本教で、その点では現在の日本をリードしているものと一致しているのだから、弾圧する必要は毫《ごう》もないわけだ」と、大本の国粋主義・愛国主義が満洲にまで広まっていることを戯画的に描いて、いわば逆説的に称讃している。

検挙に関しては、「もう予言はあまりやらないようだが、『皇道経済』とかを振り回して、ファッショ××めいたものを宣伝していて、それが当局の神経をひどくとがらせているらしい」と、大本の超国家主義・ウルトラナショナリズムに弾圧の要因を見出している。そして、「非常に計画的で、政策的で、この機会にこの邪教を徹底的に弾圧しようとする当局の意志がはっきり現れている」、「検挙それ自体よりも検挙の効果をねらいすぎて、スタンド・プレーをみるような不快な感じを与えないでもない」「厳重に処罰し、大本教の解体を命ずる方針らしい」と、内務省・法務省検察局・警察の連携した、大げさな大衆受けを狙った大本弾圧劇をかなり的確に評している。

戸坂潤の大本弾圧観

戸坂潤は『思想と風俗』（一九三六年）で、一九三〇年代の宗教復興の風潮のなかで、日本主義・国粋主義を標榜して、大いに発展した「類似宗教・インチキ宗教・邪教」の代表が、皇道大本だと評している。

大本の弾圧については、「われわれ日本の社会に対する痛烈極まる諷刺を含んでゐるではないか。これを単に僭上《せんじょう》な誇大妄想や山カンと思つて非難するなら、世間はみづからを知らぬものと云はねばならぬ」とし、不敬罪となったのも「国体の不敬な模倣であつたからであり、つまり似寄つてゐたからで」、「合理的で理性的で現実的な社会的根拠を有つてゐる一つの諷刺的存在だ」と、戸坂は鋭く分析している。社会、また民衆の突出した「諷刺的存在」、反転した自画像として、不気味さを濃厚に帯びているがゆえに、大本・王仁三郎は国家権力の沽券に関わり忌み嫌われたのである。

大本教が特に弾圧の代表者として選ばれたのは、正に夫《それ》が単なる邪教ではなくて、もう少し凄みのある邪教、即ち所謂妖教、怪教であつたからだ。妖怪や化物は一種の凄みを有《も》つてゐる。なぜかといふと、夫は何等かの現実に似てゐるからだ。吾々の現に知つてゐるものに、似かよつた処があればある程、その凄みに現実味がある。それが化物のもつリアリティーといふものだ。（中略）その不当な皇道主義を標榜した点がいけないのである。わが国家の神聖を保持するためには、かかる妖気を払ひ清めなくてはならぬ、それが又わが国に於ける宗教そのものを護るためのお祓ひにもなる。かくて大本教は処断された。

戸坂の大本弾圧観である。皇道を冠して、天皇機関説排撃運動・国体明徴運動を大動員して担った大本は、「吾々の現に知つてゐるものに、似かよつた処があればある程、その凄みに現実味がある」と指摘するように、天皇制国家の「現実」の分身（ドッペルゲンガー）として不気味さをもって迫り、大衆を動かす「現実」の常識を醸成する最右翼の一端を「凄み」をもって担い、ファシズム運動の潮流に棹さしていった。

たんなる国体・天皇制の模倣・カリカチュアではなく、まさしく「化物のもつリアリティー」をもって迫ってくる、「凄みのある邪教」「怪教」、それが大本・王仁三郎だったのだ。それゆえにこそ、内務省警保局などの宗教を取り締まる当局にとって、天皇制国家の統制に服しない「あまり教養のない大衆」を増大させる〝邪教〟大本として、危険きわまりない〝不逞〟の結社だったのであり、治安維持法の適用による、皇道大本＝邪教の殲滅は必至だったのである。

2　大本・王仁三郎の顕教・密教・秘教

ミロク神政とは

弾圧後の予審で、王仁三郎は一身を賭して、晴れやかな舞台で華々しくミロク神政の樹立を志した、昭和神聖会創立に関して、次のように供述している。

日本の情勢は政治上に於ても、経済上に於ても、行詰つて居つて、政党の腐敗、経済界の逼迫、外交の不振、少壮軍人の脱線、内閣の不信用、軍縮会議脱退等の事があつて、（中略）日本国内に内乱が起り、又は日本と外国の間に戦争が起つた機会に、大本の目的である、ミロク神政を成就せしめ様と考へ（中略）其《そ》の神業成就の為、大本は大衆に土台を持つ事にせねばならぬので、昭和神聖会を創立するのである。

（西川武『皇道大本教事件に関する研究』一九三九年）

王仁三郎は非常な危機意識をもって、昭和神聖会を創立した。それは愛国者・憂国の士の団体、それも議会・政党政治を全面的に否定し、祭政一致の国家改造を志向した日本主義・国粋主義団体、もしくは「急進的右翼団体」である。目指したのは、万世一系の天皇親政の国家か、それともミロク菩薩たる王仁三郎を統治者とするミロク神政の国家だったのかが大きな係争点になる。

昭和神聖会の「主義」に見える「万世一系の聖天子の天業を翼賛し」などの言葉は、京都地裁の予審判事・西川武によって「皇室中心主義の皇道を宣揚することを目的とする、一種の右翼団体の如く解せらるるも」、「大本に於て説いて居る立替立直、みろく神政成就」のこととされる。そして、「独裁政治に限る日本は、神の霊代である、即ち君主、即ち王仁三郎専制の神の国であると謂ふ意味を暗示し」、王仁三郎を統治者とする至仁至愛の国家を建設する時機を招来せんとするもの」であり、「不逞極まる主張」だと解釈されている。

顕教・密教・秘教

昭和神聖会の「主義」は字面を見れば、反議会主義・反政党政治による天皇親政の翼賛であり、さらには輔弼《ほひつ》ということになるかもしれない。公然とは天皇親政の翼賛が主張され、隠密にはその輔弼、さらに秘匿して、王仁三郎を統治者とする「ミロク神政成就」が唱えられていたと想定することができる。

天皇親政の翼賛が大本の〝顕教〟とするならば、天皇親政の輔弼がその〝密教〟、王仁三郎をミロク菩薩・統治者とした「ミロク神政成就」がその〝秘教〟と言うことができる。〝顕教〟は愛国主義・国家主義、〝密教〟はより過激な国粋主義・超国家主義であり、いずれも天皇制ファシズムと呼ぶことができよう。〝秘教〟は国粋主義・超国家主義でありながらも、天皇制ファシズムそのものではない。天皇制国家を超えて、王仁三郎をミロクとする、ミロク神政の国家樹立を志向している。

大本・王仁三郎の宗教的政治運動は諸相に及び、捉えにくいことは確かである。大本・昭和神聖会の幹部や信徒の間で、その信仰と実践には強弱または濃淡があった。だが、顕教・密教・秘教のコンセプトを念頭に置くなら、それに対して、大本信徒・神聖会員はどのようにイメージしていたのか、どのように捉えていたのか、大弾圧を蒙るに至った政治的・宗教思想的な要因も分かりやすくなろう。大本・大正維新、第一次事件では、主流は天皇翼賛の顕教であり、浅野和三郎（派）は王仁三郎の天皇輔弼を構想した密教であり、王仁三郎は顕教と密教の間を揺れていたと言える。

王仁三郎は三四年の八月二一日、六四歳「生誕祭」で、「わが万世一系の皇室の恩沢に浴して、争ひもなく嘆きもない、本当の五六七《みろく》の世を造りたい。（中略）皇道経済といふ事を私がいふたのは、大君が兵馬の大権を御握り遊ばすやうに、経済の大権をも掌握されて、つまり国民全部が土地の所有権を奉還申上げ、従来の金銀為本によつて生じた経済的行詰りを土地為本の政策によつて打開したならばよいと思ひます」と説いていた。

ここには、先に挙げた皇道大本の顕教・密教・秘教が混淆されて表わされていよう。神話的な復古主義・国体イデオロギーを濃厚に帯びた、政治宗教的な国粋主義・国家主義、超国家主義を鼓吹する皇道主義運動による国家改造の断行、そしてミロク神政の樹立が目指された。「わが万世一系の皇室」が至高のものとされるのだが、それとミロク神政は両立せず、どちらかが打倒されざるをえないのである。

民衆思想史家の安丸良夫の言葉を用いるなら、終末論に基づいた千年王国主義的な宗教運動の色彩を濃厚に帯びた、皇道主義的ラディカリズム、反天皇制ファシズム、もしくは宗教的な超国家主義と呼ぶことができようか。政体（専制、立憲）、議会・政党政治、私有財産、天皇制・国体イデオロギーに、どのように対応し、どのように構想したのか、そこから大本・昭和神聖会の超国家主義やファシズムの特徴的な様相を捉えることができると考える。王仁三郎の言動に対して、大本信徒・神聖会員はどのようにイメージしていたのか、どのように捉えていたのかについて、次に見てみよう。

『おかげばなし』から

第一次事件前後と比べて、第二次事件の頃は多種多様な運動を組織して、膨大な人員を動員していた。そこに注ぎ込まれた金銭も並はずれたものだったろうし、それを担った大本信徒、昭和神聖会員・人類愛善会員の発揮したエネルギーも非常なものだった。皇道主義・日本主義の大きな潮流に棹差していく、その大本信徒の力と勢いはどこからやって来て、どこへ行ったのか、あるいはどこへ行こうとしたのか、弾圧されて未完に終わった歴史、大本信徒の来し方行く末を少し探ってみよう。

大本は公認の宗教団体ではなく、当時、〝類似宗教〟と呼ばれていた。それが皇道維新・昭和維新の旗幟を掲げて、宗教的政治運動を大規模に展開し、全国を席捲していったのである。わずか一年半くらいではあるが、それ以前とは信徒層の意識・信念は異なっているとみなすことができる。とはいえ、さほど変わることなく、各々の地域で実直な信仰生活を送っていたとも考えられるのである。

大本信徒の中心は中小農民層であった。いうまでもなく、農作業や農業経営があり、そこに信仰が絡み合って、農民としての生活が成り立っている。それは他の職工や商業の労働者も同じであり、生活のなかに信仰は生きている。生活者にとって、大本の教えと実践、もしくは皇道大本聖師・昭和神聖会統管・王仁三郎イメージが信仰とどのように関わっていたのか、そこから大本の歴史的な特性を探ることができると考える。『おかげばなし』（一九二八年）には、病気直しの御利益譚が多く載せられ、第一次事件後、一九二〇年代後半以降の信徒たちの動向や関心をうかがい知ることができる。

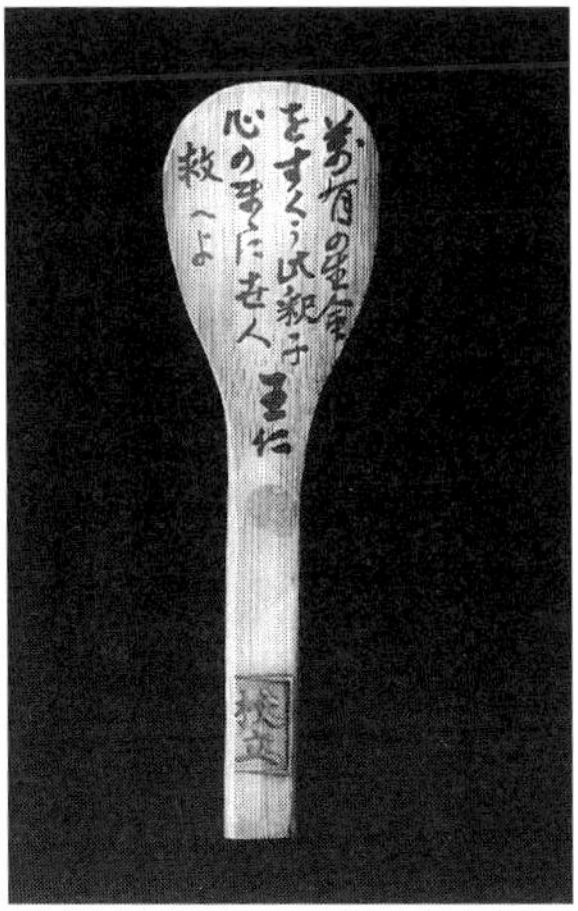

王仁三郎の御手代（1923年）
（大本本部提供）

王仁三郎の癒しのカリスマ

［事例一］宮城県遠田《とおだ》郡富永支部の佐藤は「御手代《みてしろ》」によって病気直しをしたことを記している。御手代とは「天来の救世主と確信する出口王仁三郎聖師」が「杓子《しゃくし》に拇印を捺し、霊を鎮められて信仰厚き信者」に授けたものである。佐藤は「御取次して、霊《れい》験《げん》を頂かれた方、一千人以上にて、何れも驚くべき御霊験で、取次する私でさへも、有難《ありがた》涙の禁ずる能《あた》はざること度々《たびたび》あります」と御手代の霊験について記している。具体的には、胃腸病や神経衰弱と診断された農家の嫁（一八歳）が悪口を吐き、狂暴になり、「真正の発狂」となって、狐のような面相で、伯父兄弟に鉄砲で殺された「夫婦狐の怨霊である」と名乗り、「花

嫁一族を祟り殺してやる」と凄まじい形相で喚いた。佐藤は御手代による取次を数回して、この女性に憑いた狐の怨霊を鎮めて本復させた。

［事例二］横浜市の深水は、左半身不随で、歩行困難の中風患者を御手代で撫でると、立って歩くようになり、さらに三〇分くらい「宣伝服をきせてねかし」ておくと、全身の血行がよくなり、左半身に温かみを生じ、血色を出したという。また、五年間も右半身が不随だった人を御手代で一回撫でただけで直している。「自分がゑらいので出来るのではない。凡《すべ》て聖師様に御願ひ申すことが、スット一筋に達して初めて頂くことで、一から十迄《まで》聖師様の御働きで、偶《たまたま》其道具に使つて頂く丈《だけ》で、其《それ》が実に有難いことである」と記す。「御手代は勿論《もちろん》、御守でも御短冊でも御盃でも、苟《いやし》くも聖師様の御手に触れたもので御願ひすれば、病気は勿論悪癖者でも何でも治ります」ということである。

大本の信徒は生活のなかで布教しながら懸命に〝人助け〟をしている。それも謙虚に自分を王仁三郎の「道具」として〝人助け〟に奔走したのである。先の宮城県の男性は「発狂」を狐の怨霊の憑依と解釈し、王仁三郎の拇印の捺された御手代で、怨霊を鎮めて直している。また、脳梅毒から「発狂」した者を「祖霊様の三寒の地獄界にて、難業苦業中の霊」が救いを求めて憑依したと解釈し、「瑞霊大神」（坤の金神）に祈願し、御手代で取次して、正気に戻《かえ》らせている。横浜市の男は病気をこのように解釈せずに、病者自身の信仰の力と御手代に宿った「聖師様の御働き」で治癒したと信じている。

『おかげばなし』という本の特性もあり、多くの手記には王仁三郎の関わる御手代、御守、御短冊、御盃、宣伝服が病気直しのために用いられた、霊験譚が載せられている。他には、鎮魂帰神法、おひねり、平安石、御土（綾部神苑や亀岡天恩郷の土）、王仁三郎染筆の扇子、王仁三郎の拇印のある『霊界物語』なども挙げられ、王仁三郎の霊力・カリスマの宿る聖なる物、いわば〝物神〟として崇拝され、霊験を発揮させている。

聖師という聖なる権威のもとで、王仁三郎の神性もしくは霊力・カリスマが、これらの〝物神〟を媒介として働き、自分自身が王仁三郎の道具として使われて治癒させることができるとしている。癒しのカリスマとしての王仁三郎の宗教的な権威は、「救世主」とみなされるほど、絶大だったことをうかがわせよう。聖師・王仁三郎を救世主・メシアとするカリスマ崇拝、そしてカリスマ的支配が成り立っている。そこに大本教団の大きな魅力があったのである。現人神たる天皇の現身《うつしみ》を凌駕しようとしないまでも、それと拮抗するカリスマ的身体を絶えず露出させ、時には顕示させていた王仁三郎は、言説ばかりではなく、現身《うつしみ》そのものが不敬と不逞の極みに達しようとしていたのである。

病気直しと風俗紊乱

一九三四年の夏頃には、大本に対する不敬罪・治安維持法違反による「邪教殲滅」へ向けた方針が内務省警保局と京都府特高課で立てられ準備されている。三五年一月下旬から、内務省警保局の指令で、各府県特高課では昭和神聖会・昭和青年会の調査が始まり、三月上旬から本格的に京都府特高課で内偵や情報収集も行なわれた。それらを集約した「各庁府県通報（昭和十年自四月至九月）」から、不敬罪や治安維持法違反の立証をもくろんだ内偵の報告だったとはいえ、大本信徒のかなりの実情を示していると言える動向をうかがうことができる。

［事例一］福島県田村郡三春町の中学校教諭の妻は、産後の肥立《ひだち》が悪く「強度の神経衰弱」になり、

療養したが、「精神に異状を呈し」、医師の治療を受けていた。この教諭は隣家の昭和神聖会員が「大本の祭詞」を唱えているのを聞いて、また妻が「信心せねば、病気は治らん」と口走り、「病人の気休に」と、この会員に妻の枕頭で祭詞を唱えてもらい、また神聖会支部長に「患者の枕頭に於て平癒祈願」してもらった。謝礼として金三円を「神殿に供へ帰宅したる事実あり」と報告されている。

一九二〇年代後半と変わるところなく、病気直しが続けられ、それが布教の要になっていた。この情報は医療妨害の証拠として収集され、多額の金銭を寄付したか、もしくは強要されたかに関心がもたれたのであろう。とはいえ、医療妨害は信徒個々人の布教を名目とした行為に対して適用できるにすぎず、教団自体に適用できる団体としての犯罪を捜し出す必要があった。それが不敬罪、それ以上に治安維持法違反だったのである。

〔事例二〕福島県田村郡御舘村の農民で、熱心な大本信徒・神聖会員は、亡くなった母の葬儀を仏式ではなく、大本の法式で執行し、その際に焼香をしなかったため村民が憤慨した。神棚を白紙で覆う「神隠《かみかくし》」もせず、葬儀の終了後、霊前に供えた供物を神社に供えて、「報告祭と称し、祭詞を唱へ」たことにも、「慣習を破壊し、且《か》つ吾々の氏神たる『うぶすな』神社に対し、敢て不敬をなしたるは赦し難き行為なり」と憤慨し、「大本教を排斥せんとする模様なり」と報告されている。

地域社会との軋轢を引き起こした、風俗紊乱ということになる。仏事と神事の〝伝統〟を否定して、血縁・地縁の村落のなかで白眼視されたことだろう。このような些細だと言えなくもない情報を特高はどのようにして収集したのだろうか。大本信徒の地域から浮き上がった、威勢のいい過激と言える活動が耳目をそばだてて、駐在所の巡査が特高に注進に及んだのだろう。

［事例三］福島県伊達郡栗野村の昭和神聖会員で牛乳配達の男（三四歳）は、「昭和神聖会拡張のため、⑴大本教祖は世界唯一神にして、大本教を信仰するに於ては、他の神仏を信仰するの必要なし⑵自分は一般神社の礼拝をなす必要はないと思ふから、神棚に安置して置いた、神仏は之《これ》を返上し、之に大本教祖を祭つた。今後は葬儀も大本教による」と意気込んで話している。伊勢神宮や神社（神道）は宗教ではないとされたが、国民の崇敬すべき対象であり、国体イデオロギーに反していよう。過激に神仏を否定し、近隣や地域の秩序や風紀を紊乱させる行動とみなされ、大本・昭和神聖会の反国家団体的な性格を証明し、不敬罪に繋がる、不逞・不遜の言質として特に留意されたであろう。

フリーメーソンの世界支配・皇道経済の実現近し

［事例四］岡山県苫田《とまた》郡加茂町の神聖会員は、美濃部学説を生んだ「フリーメーソン」は全世界に根を下ろし、日本の外交官や軍人、海軍大将の現首相岡田啓介、元老西園寺公望も結社員で、「実に非国民的行動がある」と語った。根も葉もないデマ・流言蜚語《ひご》のようであるが、大本では大正期から伝えられ、王仁三郎も語っているように、支配を企むフリーメーソン・ユダヤの陰謀説がまことしやかに流布し、大本・昭和神聖会への妨害に抗する反政府・反体制意識を醸成していったことだろう。

［事例五］神聖会千葉支部に対する本部指令として、支部員の各種保険契約者に、世の立替えが起こり、保険は不必要になるため、解約して現金にせよとの流言を流布した者がいるために、内偵をした。本部指令かは確認できなかったが、この支部の中心人物の予備特曹長は、千葉郵便局での保険金

や預金を不要とし、本人と妻、子女三名の簡易保険の解約を申し込み、説得された結果、子女三名の分を残して解約した。また、石鹸行商の同支部員も同郵便局で「斯様《かよう》なものの不必要な時代が来るべし」と保険解約を申し込み、説得された結果、振込金の半額を借り、解約を中止した。このような問題に関しては、支部の幹部の間で決定したと思われるため、「時節柄、注意中」と記している。

保険解約の騒動は各地で起こっている。島根県の神聖会では会員獲得の手段として、皇道経済が実現すると宣伝し、「経済的知識に乏しき、下層民に蓄財無用の如き誤りたる観念を生ぜせしむるやの疑あり、厳重注意」をした。下八衛《しもやえ》郡野波《のなみ》村の郵便局長で、神聖会島根半島支部事務主任は、皇道経済の宣伝が徹底し過ぎ、簡易保険や預金は「皇道経済樹立の暁は其の必要なし」と解約・全払いの請求が続出し、職責上いささか責任を感じ、阻止に努めていると洩らしている。

また、島根半島支部長の医師の妻は、婦人会長の地位を利用して、婦人会の貯金六四円を全部引き出し、神聖会の「会員服を作成した」と記録されている。そして、この村内には大本信徒が多くいたようであり、「皇道経済の実現近きに在りと盲信の結果、勤倹貯蓄の良風、漸く廃れんするが如き向、尠《すくな》からざるを以て、村内識者間に於ては相当憂慮しつゝあり」と報告されている。

世の立替え・皇道経済の実現が迫っているとするデマによって内偵され、「勤倹貯蓄の良風」を害し、風紀・社会秩序を乱しているとされた。金融恐慌が思い返されたのであろうが、銀行・郵便局の預貯金が凍結される噂が流され、今にも取り付け騒ぎが起こりかねないと恐れられたのかもしれない。この皇道経済は「土地為本」「御稜威為本」を中軸として、私有財産の否定をも匂わせて、国体変革を企んでいたともこじつけられかねなかったのだ。

天皇の翼賛・輔弼と王仁三郎

［事例六］神聖会富山支部幹部は、神聖会の運動が「邪教であるとか、出口統管が大陰謀を有し、昭和の道鏡であるとか、種々の『デマ』が飛んで居る」が、これは認識不足にすぎず、「大本は宗教ではなく、真の『スメラミ国』の皇道を説く処の天皇宗で『神ナカラノ道』を宣布するもの」と弁明している。「出口直子なる老母」に「神意」を伝えさせた国常立尊は「全世界を統治さるる神様で、此の神様が我日本の神勅にある中津国《なかつくに》に御降りになり、皇統連綿として今日に至りましたもので、天皇陛下は実に現人神様で（中略）天皇陛下が世界を統一さるゝことになつて居る（中略）この絶対不可侵の現人神にあらせらるゝ天皇陛下を翼賛し奉る神意を受けられたのが出口統管」だと語っている。

大本は「邪教」、王仁三郎は「昭和の道鏡」だといったデマが、かなり広範に広まっていたようである。大本は「天皇宗」であり、国常立尊が日本に降臨して今日に至り、皇統連綿として、世界を統一する天皇を翼賛する神意を受けたのが王仁三郎だ、というのがこの幹部の信念であり、誰を介してかは分からないが、特高によって記録された。天皇制・国体神話とは異なった大本神話を吹聴しているのであるが、本人からすれば、国体神話が自明視され、天皇崇拝を確信している「天皇宗」にほかならず、天皇の世界統一を補助・翼賛する役目を担うのが王仁三郎だとする、顕教である。

他方では、王仁三郎が天皇位を簒奪する「昭和の道鏡」だと、秘教的にみなされていたことに対して、まっとうな「天皇宗」であり、天皇を翼賛する神意を受けたと抗弁しているところから、たんに天皇の仕事を助ける翼賛というよりも、むしろ神意によって王仁三郎個人が天皇を補佐する輔弼《ほひつ》と解釈したほうが適切であるかもしれない。

しかし、いずれにせよ、皇祖天照大神や皇孫瓊瓊杵尊《ににぎのみこと》ははぶかれてしまい、国常立尊を国祖とする大本は不敬の誹りを免れないであろう。それでも、大本信徒は天皇制神話・国体イデオロギーと矛盾し異なっているとは思いもしなかったのである。

［事例七］神聖会名古屋本部の庶務課長が所轄署員に「言動を洩した」ところによると、統管王仁三郎は「四月以来、神界より神策を御授《さずか》りになつて居られる、目下之を如何に現実世界に顕現するかとの御研究中である（中略）其の結果は不日、吾が神聖会の運動として現はれることと思つて居る」と、神界の神策・経綸を授けられ、現界で神聖会運動によって、そのうち顕現・実行されるとする。

また、王仁三郎は「反忠義的存在の一掃に努力」しているが、「出口は帝位を狙ふ者だと云つて居るものもあるが、誤解も甚しい」、世の立替え・立直しは「天皇陛下直接手づから、御実行になることは不可能であり、又そうだとすると、直接御宸襟《しんきん》を御悩みなるからと云ふ御告《おつげ》かあつた為、出口統管が陛下の御名代として、之れに当られた訳である」としている。王仁三郎は「帝位を狙ふ者」ではなく、天皇の「御名代」となるとする。

これはたんなる翼賛ではなく、輔弼である。大本信徒は天皇の絶対的な崇敬者、天皇主義者であり、帝位・皇位の簒奪はほとんどありえなかった。これは大本の〝顕教〟的教義ではなく、〝密教〟的教義であり、かなり浸透していたと推測できる。

クーデター・国家改造の大命

〔事例八〕神聖会富山支部員が「要注意言動を洩らせり」とされ、不敬罪、また国体変革の企図として治安維持法違反に問われかねない報告もある。

出口統管は現在国内改造案として、細部的なものを発表せず、単に祭政一致、皇道経済の点を掲げて居ります。尚《なお》統管の身辺の者に対し、極秘に洩されたる処に依《よ》れば、政権を執る為、策動をしない様、警告され（中略）統管に大命降下のあることを確信せられて居るので、其の奏上に就《つい》ては、凡《すべ》て〔一字不明〕（宮か、筆者注）様始め、側近の方々に手配準備中であると聞いて居ます。／日本は惟神《かんながら》の道に依つて改革すべきもので、決して流血革命の起らない国であります。然《しか》し勅命に依つて、統管が改革に着手せらるゝ時は、一部の財閥支配階級に動揺を来《きた》すことであらうと想像して居る。其の時こそ、我々は神の子として、統管の指揮に従つて活動し、反対的行動に出する者は神の逆鱗に触れ、犠牲は免れ難いと信じます。

これは大本の一信徒の妄想なのだろうか。王仁三郎に対する「大命降下」の奏上が宮家や天皇側近によって手配・準備中であるとする。「大命降下」とは天皇から内閣総理大臣に任命され、組閣して、政権担当の首相になることである。王仁三郎による改革において、天皇および国家の敵である財閥・支配階級による反対的行動が起こった際には、逆鱗に触れ、王仁三郎の指揮のもと、昭和神聖会員が「神の子」として活動し、犠牲は免れがたく、「流血革命」の起こる恐れがあると洩らしている。

ている。また、軍部の「改造派の人々」、皇道派が王仁三郎の指導下にあり、「多くの青年将校が出入り」しているが、「大本教を不可解に思つて居る」内務省と警察が「反対的態度に出《い》ずれば、軍隊の力により抑圧するばかり」だと「要注意言動を洩らせり」と報告されてもいる。これは、王仁三郎が天皇の輔弼となるとする、大本教義の〝密教〟である。また、「皇道派（陸軍部内）のものは皆神聖会の応援者である」、改革派青年将校と連携して、軍事的行動に出て、「流血革命」を起こすと語っているように、王仁三郎が軍部と提携して、「惟神の道」に則って、国家改造をするという構想もある。

天皇の勅命やその側近の奏上を騙る不敬ばかりでなく、治安維持法に違反する、青年将校と昭和神聖会の「神の子」との連携した、軍事クーデターによる国家改造が企てられている。前（事例七）に挙げた名古屋本部の庶務課長が所轄署員に「言動を洩《も》らした」として、「現在の秩序下に於ては、合法手段に依る立直《たてなおし》は不可能であると信ずる。（中略）戦争に於ける最後の突撃の如く、所謂世の中で云ふ『テロ』は、決定権を持つものであると信じて居る。然しその『テロ』は最後にして、最初のものでなくてはならぬ……。『最初にして最後のテロ』とは決定的成功のテロを云ふのである。そしてテロ断行の時機は只世の中の人間として知る人は出口統管あるのみである」と報告されている。

合法的手段による立直しは不可能だとして、実際に所轄署員に洩らしたのかどうかは分からないとはいえ、「合法手段」をきっぱり否定して、一回限りであれ、テロルがあからさまに公言され、「テロ断行の時期」は王仁三郎が決定すると報告されている。五・一五事件などの風潮に過敏かつ熱狂的に反応して、直接行動・テロルへの幻想を抱いた者もいた。こうした熱気を帯びた雰囲気が大本・昭和神聖会の活動によって醸し出され、軍事クーデターにまで及ぶ、リアリティをもったテロリズム幻想を駆り立てていったのであろう。まさしく〝テロルの秋〟だったのだ。

［事例九］山梨県中巨摩《こま》郡貢川村の神聖会甲府支部員が所轄視察員に言ったこととして、「昭和神聖会は近い将来に於て政府から大弾圧を受ける様なきがする……前回と異《こと》なり、其の背後には有力なる団体が必死の抗争を為すにより、其時こそ現在の政治機構は終末を告くる」と報告されている。弾圧の予想がかなりの確信をもって予期されている。「有力なる団体」すなわち昭和神聖会・昭和青年会が必死の抗争をして、政治機構を転覆させるとまで語っている。先の事例と同様、昭和神聖会は「合法手段」を放棄し、テロル・クーデターによる政権打倒・国家改造を目的とした結社だとする、治安維持法違反の言質を誘導しようとしたのだろうか。

天皇スタイルの模倣・二重天皇制の創出

［事例一〇］神聖会員で皇道義同盟佐賀県代表の陸軍少佐が、「会の連中の逆上揚《のぼせあが》つた言動には感心せない」と批判した。神聖会佐賀支部の発会式の際、王仁三郎の乗った自動車の前を「先駆」と書いた自動車を走らせた。この陸軍少佐は「天皇陛下の行幸に擬するが如き」は「何事ぞ」と怒っている。神聖会員が「出口が入浴した風呂汁を戴いて飲んだと云ふ盲信会員」にあきれかえっている。この軍人は行幸を模した車列は天皇への侮辱にほかならず、皇位の簒奪とみなされる恐れがあると憤慨し、皇位を冒しかねない大本信徒に脅威を抱いたことだろう。

［事例一一］神聖会兵庫支部の幹部が漏らしたところによると、神聖会の訓練について、「専ら軍隊式に模倣し、訓練科目の選定は現行歩兵操典、陣中要務令、軍隊内務書、陸軍礼式等に依り」、神聖

白馬に乗る王仁三郎（1933年8月5日，聖師御誕生祭。天恩郷の東光苑広場にて）（大本本部提供）

会員の在郷将校・下士官が指導している。また、王仁三郎の旅行などの際には、「鹵簿《ろぼ》を模倣して、自己の自動車の前後に、自転車隊数十名を付して護衛せしめ、陸軍礼式に等しき部隊敬礼を行はしむると共に、編隊ラッパ手をして、ラッパを吹奏せしめ、大祭其他、恒例行事ある際は、天恩郷訓練場に於て、参集会員を整列せしめ、分列式を行はしめ、閲兵に際しては白馬を使用し」ている。神聖会の軍隊式訓練、先と同様の不敬罪とみなされかねない、行幸に模した車列・鹵簿、観兵式のような白馬に跨った王仁三郎の閲兵について記している。天皇スタイルの模倣、二重天皇制の創出である。

キリストの再臨・ミロクの化現

［事例一二］愛知県瀬戸市の神聖会支部長が近親者に、満洲事変の勃発した昭和六年は、皇紀二五九一年で「二五九一《ニゴリハジメ》」、西暦一九三一年で「一九三一《イクサノハジメ》」、「昭和十二年、即皇紀二千五百九十七年、西暦一千九百三十七年迄が非常時で、戦争が惹起するであらう」と洩した。王仁三郎も、「去年は千九百三十一年で、ナンセンス的に云へば戦《いくさ》（一九三《イクサ》）の始ま（一《ハジマリ》）りと云へるし、又一国と戦をする」と話した通り、「満洲事件

が妙な所から突発し」、「今年の千九百三十二年は戦の二二」、「千九百三十三年は之は又戦盛ん（三）と云ふ意味にもなり、或は三ケ国を敵にせんならんと云ふ様な意味にもなる」と、「不吉な予言」をしている（「全会員に望む」『昭和青年』一九三二年五月号）。

さらに、この瀬戸市の支部長は次のようなことも近親者に洩らしている。「⑴伊勢皇太神宮は現在地に移転する迄《まで》は、大本教の所在たる京都綾部にあつた⑵昭和神聖会統管出口王仁三郎は「キリスト」の再来であること、聖書中には「余《よ》再び来る時は東方日本の国なり」と明言されて居ることによつても明《あきらか》である。⑶王仁三郎は不可思議な神通力を有する生神様で、未来の社会の出来事を明言せられる。（中略）⑷陸海軍々人が多数会員となつて居る理由は、軍人は所謂《いわゆる》軍人精神で忠君愛国の念以外何等欲望がない為に、昭和神聖会及大本教の唱ふる皇道精神に合致する為である。若《も》し統管にして陸海軍を統率する事が出来たならば、素晴しい事が出来るであらう。又出口も軍隊を左右する事が出来たなら、面白い仕事が出来ると云つて居られる」。

伊勢神宮はかつて綾部にあったとする、不敬罪に相当する発言である。王仁三郎はキリストの再来、予言する生き神、そして王仁三郎が陸海軍を統率できるなら「素晴しい事」「面白い仕事」ができるだろう、と王仁三郎自身も語っていると吹聴している。王仁三郎と天皇との関係がどのように捉えられていたのかは分からないが、王仁三郎が生き神、また救世主・メシアとして、多数会員となっている陸海軍軍人の軍事力をもって、クーデターによる国家改造・世界統合をするということを直ちに想像させる、治安維持法違反の言辞として受け止められたであろう。王仁三郎が統帥権を掌握するとみなしているなら、輔弼から天皇位の簒奪、密教から秘教へ転換しようとしていると言える。

［事例一三］先の神聖会甲府支部員（事例九）は「所轄視察係」に、「釈迦も日本皇道大本が世に出し時は、自分の教は滅《ママ》（滅か、筆者注）すると『法蔵尽教《ほうぞうじんきょう》』に御説《おとき》になつた」、「出口統管は弥勒菩薩の化身《けしん》で、キリストの再臨である」と話したという。真言宗高野山の丸山という高僧は綾部を訪れて、王仁三郎と出会い、「綾部は地形より見ても、蓮華《れんげ》台上に似て居り（中略）其の地形を非常に賞讃し、且《かつ》出口聖師を一見せられ、弥勒菩薩なりと賞歎せられ、今は大なる信仰をして居らる丶由《よし》である」との報告もある。王仁三郎をキリストの再来、ミロク菩薩の化身、生き神とするカリスマ崇拝である。大本では、地上天国・千年王国を希求する、メシア信仰が生まれていたのである。

キリストの聖痕とクーデター

［事例一四］皇道大本宮城第一連合会長・昭和神聖会宮城支部長の退役陸軍一等主計は、非常時の日本・世界に出現する救世主は「世界の東の日出づる国」の「前世に於て死刑に処せられた者」、その者の「両手には十字架の痕がある」と信じて、一九三三年に綾部を訪れている。王仁三郎は「自ら十字架の痕のある両手を示され」、「初めて次の世界の救世主が吾が出口統管であることを覚《さと》つた。併《しか》し其のとき自分は統管に対し不敬に渉《わた》るを虞《おそ》れ、何等《なんら》質問等を為さずに帰つた」と「当庁視察員」に語った。王仁三郎から「十字架の痕」、聖痕《スティグマ》を見せられて、王仁三郎こそ世界の救世主であることを確信したのである。

この退役軍人は「出口統管は次の世界の救世主たることを確信」し、「先《ま》づ日本国内の改造から着手せねばならぬ。而《しか》して之が革新を期するには、軍部の力を藉《か》りる外途《みち》がない。従《したがっ》て是非共軍部との連携が必要である。吾が神聖会や昭和青年会は、軍部の『クーデター』に依《よ》り、革新断行の場合、第一線に起つて治安維持に任ずるの役割を持つて居る」と、いわば機密事項と言える軍部と連携した軍事クーデター計画を洩らしている。

さらに、三五年八月に関東別院で二〇名が集合して開催された昭和神聖会の協議会で、王仁三郎が「自分は之《こ》れから、非常時日本の危機を救ふ為めに、政治的に活躍する時期が到来した。若《も》し自分が政権を掌握するときは、吾々が叫びつゝある、皇道経済の実行を為し、全国民の租税三年間免除、鉄道賃五ケ年間無賃、を実施し、農村及中産階級以下の国民を救済することに努力する」と話したことも洩らしている。

王仁三郎の話を聞いて、この退役軍人は「現在、日本は国際関係、思想、教育、農村問題等、内外共に不安深刻の情勢に在り。此侭《このまま》に向後六ケ月を経過せば、国家は滅亡するの外はなかるべし……昭和神聖会を組織したのであつて、之れは六ケ月以内に表面的に大活動を為すへき前衛隊であらう」と得意げに特高の視察員に話したのである。

この昭和神聖会の協議会に関する情報は、かなり重要な機密事項だったろう。当時、弾圧に対する危惧の念はかなり広範に抱かれていた。警戒はしていたであろうが、奇妙なことに緊張感がまったくない。こうした内偵者もしくは部外者に対して、教団の重要な会議の内容や活動などを自慢げに、いともたやすく話している信徒が多かったようだ。昭和神聖会の宗教的・政治的な活動をほとんどの信徒が全面的に合法的なものだと考えていたのだろう。

この退役軍人は、王仁三郎が「非常時日本の危機を救ふ為めに、政治的に活躍する時期が到来した」と情勢を判断し、王仁三郎自身が「政権を掌握」し、皇道経済を実施し、「農村及中産階級以下の国民を救済すること」までを射程に入れた、昭和神聖会を結社した、いわば極秘の枢要な意図・目的を内偵者に漏洩している。

王仁三郎の言葉を踏まえて、あるいは忖度《そんたく》して、国内外の危機的な情勢において「六ケ月を経過せば、国家は滅亡するの外はなかるべし」と危機感を募らせている。そして、昭和神聖会の結成目的が「六ケ月以内に表面的に大活動を為すへき前衛隊」であり、軍部と連携して、軍部のクーデターによる革新断行の際には「治安維持に任ずるの役割を持つて居る」とまで話している。これは、大本・昭和神聖会が不敬罪のみならず、政府転覆・国体変革を目的とした結社であり、治安維持法違反とされる証拠となろう。先の秘教的な教義を明らかに信奉する邪教であることをはっきりと示す証言とみなされたであろう。

聖師王仁三郎とメシア幻想

この退役軍人の話は、天皇に対して王仁三郎が顕教・密教・秘教の三つのレヴェルで関わりをもつと一応言えるだろう。内務省警保局保安課では、「王仁三郎を皇孫なりと説く」、大本内部で「神政」の年号を使用といった情報も集められている。皇位を簒奪するといったことは考えも及ばず、天皇制は前提とされていただろう。だが他方では、天皇崇拝を凌駕する、王仁三郎が世界の救世主だとする信念・期待が強固にあり、いうなればメシア幻想が肥大し、膨張の極みに達しようとしていた。王仁三郎を救世主とし、軍部クーデターによる革新断行こそが、世界・

日本の救済の方途であり、その企図が実行されようとしていると、誇らしげな口吻で語られたのであろう。

キリストの再臨、ミロクの化現である、王仁三郎を世界の救世主・統治者とする、世界の革新断行＝世の立替え・立直し、それが大本の秘教的教義だったと言えよう。少なくとも昭和神聖会の運動に熱意をもって専念した地方幹部や青年たちは、特権的に大本の秘教に触れえたことに喜悦し、メシア幻想を膨らませて、国家権力の最も忌避する、天皇制国家を転覆させる国体変革とみなされる、千年王国主義的な天皇制国家を超える超国家主義運動に専心し邁進しようとしている。それは不敬罪のみならず、さらに治安維持法違反として、国家権力の格好の餌食となったのである。

三五年、皇道大本・昭和神聖会の超国家主義的運動は、宗教的にも政治的にもかなりの盛り上がりを見せていた。王仁三郎を、キリスト再来、ミロク菩薩の化身とし、世界の救世主とした。それも、生き神としてカリスマを発揮し、現人神たる天皇と比肩、もしくは天皇を凌駕する、カリスマ的指導者として崇拝されたのだ。

天皇の行幸と見紛うような護衛を付けたサイドカーを走らせ、白馬に跨がって観兵式を模倣した分列式を挙行し、きわめつけは「尋仁《ひろひと》」という名また印鑑を用いていたことである。天皇制を借景として転用し、擬似天皇化、二重天皇制化、もしくは天皇のパロディ化を通じて、聖なるカリスマ的権威・権力を顕示していたのだ。

それは、天皇翼賛の顕教か、輔弼の秘教か、皇位（帝位）の簒奪を志向する密教か。大本信徒において異なっていようが、運動が盛り上がり、熱気が溢れてくるにつれて、また権力の監視が強化され弾圧が予期されるようになるにつれて、翼賛や輔弼よりも、皇位の簒奪を匂わすような、天皇制国家とは異なった世界のメシアとしての地位を期待し確信していくようになったのである。

3　国体変革の結社とミロク大祭

邪教殲滅・治安維持法の発動

王仁三郎は一九三四年の八月二一日、六四歳の「生誕祭」で、「わが万世一系の皇室の恩沢に浴して、争ひもなく嘆きもない、本当の五六七《みろく》の世を造りたい。その産声をあげたのが神聖会であります。（中略）皇道経済といふ事を私がいふたのは、大君が兵馬の大権を御握り遊ばすやうに、経済の大権をも掌握されて、つまり国民全部が土地の所有権を奉還申上げ、従来の金銀為本によつて生じた経済的行詰りを、土地為本の政策によつて打開したならばよいと思ひます」と説いていた。

ここではミロクの世の実現の内実が天皇制に依拠し、先にあげた大本の顕教・密教・秘教のうち、翼賛を唱える顕教であるが、皇道経済の実現という政策を掲げており、密教が混淆されてもいよう。国体イデオロギーを濃厚に帯びた、宗教的・政治的な国家主義・日本主義、さらに超国家主義を鼓吹する皇道主義運動による、国家改造が目指されたのである。

大本・昭和神聖会に関する情報は、弾圧の意図に基づいて収集された。不敬罪の情報も、国体変革に関わる治安維持法違反の情報もわりあいたやすく集めることができただろう。弾圧を予期し警戒していたとはいえ、会員・信徒は熱気にまかせて、誘導されて、真偽のほどはどうであれ、自らの願望や夢想のままに、話したにすぎなかったのかもしれない。

不敬や反国体といったことは思いもよらず、国体イデオロギーを否定し、国家改造・国体変革を敢行するようなことを得意げに語っている。それに大本神話がかなり末端にまで、あるいは末端でこそ流布している。ミロクの世、大本・王仁三郎の世がまもなく訪れようとしていると本気で予期している。そして、軍部と提携した、武力行使やクーデター計画まで漏洩している。こうした情報などに基づいて、内務省警保局は軍部・右翼と提携した軍事クーデターを真剣に問題視していなかったとはいえ、たやすく不敬罪や治安維持法違反の容疑を捏造することができたことは言うまでもない。

治安維持法は普通選挙法と抱き合わせで一九二五年に成立し、二八年に改正法案が審議未了のまま緊急勅令によって成立し、さらに四一年には全面改正されている。二八年の第一条は「国体を変革することを目的として結社を組織したる者又は結社の役員其の他指導者たる任務に従事したる者は死刑又は無期若《もしく》は五年以上の懲役若は禁錮に処し」であり、最高刑が死刑である。

二・二六事件の前日と当日に行われた、司法省や検察、拓務省、朝鮮・台湾総督府、樺太庁、関東局も参加した全国特高課長会議での警保局長の訓示では、「前古未曾有の一大邪教を徹底的に殲滅」、「大本教の様な国体と相容れない教義を持つて居る、邪教並に之か外廓組織は、徹底的に撲滅粉砕し」、「この邪教の元兇」「出口王仁三郎の如きは（中略）国家の存する限り、永久に此の神聖なる国土より、其の存在を抹殺しなければならぬ」と憎悪を露にして述べている。

さらに続けて、「何故如斯《かくのごとき》悪逆不逞の意図を内心に蔵して居るものか、斯《か》くも多勢の人々から心服せられて居るかと言ふことてあります。（中略）個人々々に欠陥か満たされない一つの空虚かあつて、この空虚に突き入つて、この邪教か蔓《つる》つたものである（中略）この社会其のものに思想上或は日常生活上満たされないところ、欠陥空虚かあつて、此処《ここ》に斯く大かゝりな不逞の意図か計画せられる」と、人心の満たされない空虚さに付け込むのが邪教であり、「吾々治安の重責を荷つて居るもの、殊に特高警察」は責任重大だと任務を語っている。

このように「悪逆不逞の意図」をもつ「邪教殲滅の決心」を固めて、大本・王仁三郎に治安維持法違反を適用し、宗教団体そのものを徹底して抹殺しようとした。ここに、これまでの宗教弾圧、また第一次事件とはまったく異なった様相がある。

一九三六年三月、王仁三郎などは治安維持法違反・不敬罪で起訴された。また、新聞紙法違反・出版法違反も加えられた者もいる。治安警察法第八条第二項に基づいて、大本、昭和神聖会をはじめとする外郭七団体に対して、結社禁止・解散が命じられた。これが初めての宗教団体に対する結社禁止である。また、大本の施設・建造物に対しては、先の全国特高課長会議で決められた通り、内務省が通牒を各府県に発して、綾部総本部・亀岡本部などの建造物はすべて破却された。

ミロク大祭と予審

邪教・大本の提唱する、立替え・立直し、ミロクの世（ミロク神政）の成就とは国体変革の「兇逆不逞の思想」でしかなく、その教団は「皇統を否認し、日本の統治者として君臨すること」を目的としている「治安維持法違反結社」だとして、検挙・弾圧された。国体変革の不逞極まる結社がいつどのように結成されたのかが、治安維持法違反を立証するために内偵されながら探られたのである。

一九二八年（昭和三）三月に催されたミロク大祭に、その起点が求められた。それは十年九カ月ほども前のことである。弾圧では宗教運動よりも政治運動を重視したはずであり、かなり無理な証拠なのだが、どのように証拠や証言が組み立てられて構築されていったのか。三八年四月に出された、王仁三郎の「予審終結決定書」から見てみよう。

京都地裁の予審判事・西川武は、一九三九年にまとめた『皇道大本教事件に関する研究』で「大本は我国体を変革することを目的とすると共に、私有財産制度をも否認することを目的とする結社である」とし、不敬罪ばかりでなく、治安維持法の適用を断固として推し進めた。それでも、私有財産制度の否認を立証しようと意気込んだが果たせず、「国体を変革することを目的として結社を組織した」ことに絞り込んで、予審を行った。

王仁三郎の「予審終結決定書」では、大本の教義、いわば大本神話を概括して述べた後、ミロクの神・素盞嗚尊《すさのおのみこと》が「出口王仁三郎を機関として顕現し、現代の粉乱世界を立替立直して」、ミロクの世を樹立し、王仁三郎はミロクの神・素盞嗚尊の「霊代《れいだい》として現御皇統を廃止し、日本の統治者となる」とまとめて、それがいつ唱えられたのかについて記していく。

自己の五十六歳七ヶ月には、ミロク菩薩として出現し、ミロク神政を成就せしむへき旨、予言し居りたるを以て、昭和三年三月三日は恰《あたか》も之に相当する日なりとし、ミロク大祭を執行し、被告人かミロク菩薩として諸面諸菩薩を率ゐ、ミロク神政成就の為出現したるものとし、其の儀式を行ひ（中略）我国体の変革を目的とする結社を組織し、該目的達成の為、本格的活動を開始せむことを決意し（中略）被告人は右昇殿者十八名と共謀の上、万世一系の　天皇を奉戴する大日本帝国の立憲君主制を廃止して、日本に出口王仁三郎を独裁君主とする、至仁至愛の国家を建設することを目的とする、大本と称する結社を組織し（中略）天皇陛下に対し奉り、不敬の行為を為したるものにして、右不敬の行為は犯意継続に係るものとす。

判決文全体が連綿と続く一文であり、略した部分に治安維持法違反と不敬罪に相当するとされる証拠が羅列されている。他の一七名もおおよそ同じような内容である。

地裁判決、有罪・無期懲役

第一審判決は、一九四〇年二月に出された。検挙以来、四年三カ月の歳月が経っていた。判決書には、「ミロク大祭に寓意《ぐうい》し（中略）大本なる結社を組織し、積極的にミロク神政成就に邁進せんとする趣旨の内意を示し（中略）茲《ここ》に王仁三郎を首班として、万世一系の　天皇を奉戴する大日本帝国の立憲君主制を廃止して、出口王仁三郎を独裁君主とする、至仁至愛の国家建設を目的とせる、大本と称する結社を組織するに至り」とある。

既定通りに、ミロク大祭でのいわば〝共同謀議〟による反国体「不逞結社」の組織、そして昭和神聖会などの団体運動を治安維持法違反としている。判決では、王仁三郎が無期懲役、出口宇智麿《うちまる》（伊佐男）が懲役一五年、出口すみが懲役一〇年などである。王仁三郎は六年八カ月にわたる監獄生活を送ることになる。弁護団は即時控訴の申し立てをした。国体変革を目的とする邪教・妖教の大本・王仁三郎は、地上から徹底して断罪・抹殺されなければならないとする、国家権力の信念が貫かれていたと言うべきであろう。

反国家的・反国体的団体としての宗教弾圧

仏教やキリスト教、教派神道一三派の公認教団は文部省の管轄下にあり、皇道大本のような非公認の宗教団体（結社）は類似宗教（団体）と呼ばれ、一九一九年に登場して以来、一般の結社警察権をもつ内務省警保局の管轄下にあった。三五年の大本弾圧の政治的意義は、国家にとって容認できない、教義・思想をもって運動を展開す

上部を破壊された四方平蔵の墓石（筆者撮影）

刻銘を削られた墓石（筆者撮影）

る宗教団体を邪教として解体・殲滅するために、まず手始めに類似宗教団体の大本が対象となり、治安維持法が導入されて、国体変革を企図する反国家的・反国体的団体とされ、結社を禁止していったのであり、それが一九三〇年代後半の宗教団体統制の政策となっていったことである。

政治学者の渡辺治（「ファシズム期の宗教統制」一九七九年）が指摘するように、これまで社会主義・共産主義運動にのみ向けられていた治安維持法発動と結社禁止が、大本弾圧を契機とし、類似宗教団体規制、邪教殲滅へと方向を変えたのである。それは政策上の質的転換となり、「天皇制国家の宗教政策転換の画期」となる「すぐれて歴史的なもの」である。類似宗教というコンセプトはたんなる非公認の宗教団体ではなく、公認・非公認を問わず、世に害毒を流す不敬・反国体の邪教というイメージを濃厚に帯びるようになる。

三六年、公認教団・扶桑教傘下の直轄教会・ひとのみち教団が不敬罪容疑で弾圧され、類似宗教の概念が転換していった。内務省・司法省は不敬・反国体の邪教殲滅の名の下に、公認教団をも含めた宗教団体を統制していく。類似宗教団体とは明確に邪教を意味するコンセプトとなり、公認・非公認に基づく取り締まり上の区別が法的にもなくなった。三八年には、天理教分派のほんみちが弾圧され、天理教に揺さぶりをかけて統制していくことになる。日中全面戦争への突入後、戦争協力・動員へ向けて、統制・弾圧の対象を類似宗教・神道系教団から、天皇制国家内の異質な集団・教団へと移していった。

仏教・キリスト教系教団に対しても、国民精神総動員運動への協力を強制し、国体イデオロギーと適合しているか否かで、再編・統制を強化し加速化していった。そして、国体変革を目的としたとして、キリスト教系の燈台社を治安維持法だけ適用して弾圧し、日本主義化・国体イデオロギー化を促進させ、三九年の宗教団体法成立、四一年の治安維持法の改正への道を切り開いていくことになる。

4　獄中の王仁三郎像とメシア幻像

一九四〇年・元大本信徒の要注意言動

一九四〇年二月に、警保局保安課長より「元大本教信者の視察取締に関する件」が出されている。大本信徒は「警察当局の転信説得」により〝一応離散転信したとみなせるが、「時日の経過及社会情勢の変転等」にともない、「旧邪信に再帰する者」が多くなり、「一身一家に於て、私に大本神の祭祀を復活し、其の教説を信奉するに留らず、旧信同志相誘ひて共祭し、或は教義の一端を教説流布し、又甚しきは不敬の言説をすら弄する等のものを見るに至れり」と報告されている。

裁判の見通しとしては、「一名の無罪者もあるまじと思料す」と、求刑通りになることを予想している。そして、ここには一九三五年に弾圧されてから、四年後の三九年に至る、特高で集めた「大本教元信者等の要注意言動一覧表」が載せられている。ここから地裁判決前の信徒、〝邪信再帰者〟のかなり興味深い動向の一端を知ることができよう。

転向と隠れ大本

［事例一］茨城県の元信徒は、三九年に「大本の訴訟費其の他は、全部全国の元信者から募集して居る模様で」、「大本教信者には、中以上の生活者が多いので、

相当応募者がある様に聞いて居ます」、また「全国の大本信者中の大半は、裁判の結果が判然とする迄は、大本教は邪教にあらずと信じて居るではないかと思ひます」と話して、「言動注意中」である。京都市の元信徒（被告人）は、三九年に島根県の元信者六名を招集して、自分の未決中の体験を語り、被告の救援金や出口日出麿《ひでまる》に病気見舞いを送ることを依頼し、「出席者の動静、注意中」である。

［事例二］和歌山県の元信徒は、元信徒の葬儀を「大本式」で執行し、また「日常にも密かに『忍ひ祝詞』と称する祝詞を奏し、大本皇大神《すめおおかみ》を奉斎せる模様」で、「引き続き内偵中」である。兵庫県の元信徒も同様に、大本の神を祭祀していたことが分かり、説得して「転信を誓約」させている。北海道の元信徒、数名は「大本讃美歌」を唱えて礼拝し、京阪地方の元信徒と連絡して、公判情報を交換し、また京阪地方に旅行して元信徒と付き合い、「教団再建を企図せるにあらずやと容疑せらるゝも、未だ具体的証拠を得るに至らず」、「引き続き内偵中」である。

［事例三］京都市の元信徒は、最近、大本信徒は元信徒だけで「霊友会」を組織して、大本を再建する運動の勧誘に来たと、元信徒に話している。「霊友会の実態内偵中」である。島根県でも「出口王仁三郎の無罪、大本教の再建を連想するに至れるもの、漸く瀰蔓《びまん》の傾向を示し」と報告されている。こうした転向後に復帰した〝隠れ大本〟による、裁判費用などの援助、祭祀の復活、大本再建の動きは活発だったようだ。

王仁三郎の無罪釈放・御落胤説

［事例四］鹿児島県の女性信徒は、「大本教は決して悪いものではない（中略）不敬罪とか治安維持法違反とかの犯罪があるとすれば、夫《そ》れは教《おしえ》そのものが悪い

のではなく、首脳部に何か裏があつたものと思ふ」、「当局が大本は最も良い宗教であることを悟つて、出口先生を赦され、再び大本教が世に出て、人心を指導統一される日が来るものと深く信じて居る」と話し、非転向を貫いている。

〔事例五〕神奈川県平塚市の男性は、三八年に訪ねてきた元信徒など数名に、大本事件の公判情況として、王仁三郎は「有栖川《ありすがわ》宮の御落胤」であり、腹違いの妹が「某宮殿下の妃」になっていて、「有栖川家は日本皇室の直系で、当然、有栖川宮家が皇統を継承すべきものである」ことが取調べで判明した。そのため、政府では処置に窮し、王仁三郎を「特別優遇をなし、二代教祖は監房で義太夫《ぎだゆう》を習つて居る」ところから、被告の勝利となる、と「無根の事実」を伝えたという。

この男性は三八年頃から、秘かに祭壇を設けて、「大本皇大神」を祀り、「邪信」を元信徒に広めようと、流言を流布したとして検挙され、横浜地検で起訴されている。王仁三郎を「有栖川宮の御落胤」とする、大本信徒たちの噂や信念はかなり多くあり、警保局保安課では「国体変革目的に対する認識（治維法違反罪の構成要件）」のひとつとしていたが、「王仁三郎が御皇室の御落胤なり云々、又は経緯の仕組等の供述は、記述を避くるを可とすべし」とし、表面化を避けていた。

〔事例六〕松江市の大本信徒が三九年に、「王仁三郎は『此の教会に害を加へる者があれば、天地に変事が起り、日本国にも大事が起る』と云はれたが、其の事が現実に現れてきた。支那事変、旱害《かんがい》が夫《そ》れで」、大本を弾圧しなければ起こらなかった、と誰かに話したことが、おそらく密告され、内偵中となっている。北支事変から支那事変へと拡大し、泥沼化していく日中戦争は、ここでは大本・王仁三郎の予言ではなく、日照りと同様に、天罰として捉えられている。苛烈きわまる官憲の弾圧が破局の到来の予兆となっていく。

ここではすべて転向した「元信者」となっているが、実態は転向を一応表明しても形ばかりであり、復帰して、秘密裡に「大本式」祭祀を再開し、大本信徒であり続けていたようである。隠れ大本である。とはいえ、官憲は誓約書を書かせるなどして、執拗に転向を迫っていた。それは社会主義者・共産主義者の転向者と同様であり、国賊・逆賊として、絶えず監視の眼に晒されていたのである。

首を落とされた石像（亀岡・天恩郷）（筆者撮影）

首を折られた石像（亀岡・天恩郷）（筆者撮影）

破壊された王仁三郎の歌碑（松江市）（筆者撮影）

大本の神殿などの建造物がすべて破却され、結社が禁じられている情況のなかで、裁判支援金・見舞金を集め、大本の再建に懸命に取り組んでいる。実態は不明であるが、「霊友会」なる集団が組織されていたようだ。監視の眼をかいくぐりながら、活動していた者も少なからずいた。大本再建のためには何よりも、カリスマの源泉である、聖師王仁三郎の出獄が切望されている。王仁三郎「有栖川宮の御落胤」説も、王仁三郎のカリスマ的権威を高め、王仁三郎こそが天皇を翼賛もしくは輔弼する、皇道主義の正統派だと確信していたのだ。

隠れ大本たちは王仁三郎を「独裁君主」とする、ミロク神政の成就を望んでいたかどうかは分からないが、天皇親政の翼賛・輔弼を使命として、国家改造・革新断行を目指そうとしていたと言えよう。顕教・密教・秘教の三位相から言うと、判決や官憲では大本の秘教性を浮き彫りにしていたが、ここでの大本信徒は顕教・密教のレヴェルを保持していたと言える。

転向・棄教の強制と監視

一九三六年に作成された、内務省警保局保安課の訊問手引書「大本事件の真相」では、大多数の大本信徒は「不逞の教義」を知って信仰したわけではなく、「皇道の名に眩惑され、若《も》しくは治病其《そ》の他の迷信」から入信したにすぎず、「若し大本教幹部の不逞の企図を知り、大本教義の本体を真に諒解するに至らば、天下の大本信者は尽く脱退改宗するに至るべきや必せり。寧ろ進んで自宅の祭壇を破棄し、斯《かか》る不逞の邪教に迷妄せる自己の愚を悔ゆるに至るべきものと信ず」としている。

そして、「要は大本の邪教たる所以を深く諒解会得せしむるにあり」と、国体を変革し、王仁三郎を「大日本帝国の統治者」としようと企図したのが「邪教大本」であることを「周知納得」させれば、転向・棄教すると考えていた。そのために、「不祥の邪教をして、其の片影痕跡だも残さざらしめんことを期せざるべからず」と、結社禁止、布教施設の徹底した撤去・破却を完遂して、逆賊の大本信徒を根絶やしにするために、転向作戦を執拗に貫徹していったのである。

その一方で、大本信徒の動向について「適正なる視察取締」が行なわれている。「永年に亘《わた》りて、歪曲培養せられたる狂信者の迷妄は深刻にして、今尚密かに大本教の再起を待望しつゝあるもの」が少なくなく、「狂信者中の過激分子」は「時局の不安定の虚に乗じて、不穏の画策を為し、又は急進的右翼分子等と結合して、不穏の策動を試みんとする」と懸念されていた。

先に挙げたように、一九三九年には、このような言動は枚挙にいとまなく、「要注意言動報告」が五十数件に達し、しかも「其の傾向は漸次累増悪質傾向」を示すに至っている。三六年に「大本教信者等の視察取締に関する件」が出されていたが、四〇年にも「元大本教信者の視察取締に関する件」が出され、こうした懸念が一層露に表明されている。

三六年三月に結社禁止を命じられた大本の信徒たちは、警察当局の「転信説得」によって「離散転信」したように見受けられたが、その後「旧邪信に再帰する者」が次第に多くなっている情況に直面した。そして、密かに大本の祭祀を復活させ、大本再建の動きさえ現われ、不敬の教義を流布させるような事態にまでなっている。とりわけ第一審判決が下されようとしているなかで、判決の言い渡しに関連して、「不穏の言動に出づる等、動揺なきを保し難し」とし、元信徒の「動静を周密査察」し、判決後の動揺に備えるとともに、「迷蒙信者の再説得」をして、取り締まりの強化を説いている。

内務省警保局の指示に基づいて、大本信徒の末端に至るまで、かなり高圧的に棄教もしくは転向を迫っていた。その説得の内容は、大本が天皇・皇室をないがしろにして、不敬を働くばかりか、王仁三郎を統治者として、国体変革を企図する「不逞の邪教」だといったところである。

しかし、第一審判決が出される一九四〇年頃までは、いったん棄教するが、隠れ大本になって、たやすく大本に復帰していった。先に挙げた信徒たちは、警保局が推測していたように、王仁三郎などが無罪釈放されると信じ込んでいた。大本は邪教として断罪され、結集すべき結社を禁止されたとはいえ、いまだ意気軒昂だったのである。

しかし、第一審判決後、信徒たちの動向に変化があったと考えられる。不敬罪や治安維持法違反で、王仁三郎が無期懲役、出口宇智麿が懲役一五年、出口すみが一〇年など、苛烈な判決が下され、大本は邪教、信徒は国賊・逆賊、邪教の徒とする、汚辱が浴びせかけられたのだ。

大本信徒たちは沈黙を余儀なくさせられた。邪教・大本の迷妄な「狂信者」としてばかりでなく、近隣・地域社会から非国民、逆賊・国賊として孤絶していったのである。これまで保持していた、王仁三郎をミロクの世を建設する、救世主・現人神・ミロク菩薩とする信心から、実際にメシアとして地上に現われて活躍するとする幻想へと本格的に転換していくのは、このような孤立無援の個々人へと解体された情況を起点として始まろう。

5　王仁三郎とメシア幻想

控訴審判決

大本信徒たちは苛烈な弾圧のもとで、孤立無援のまま転向を強いられていた。大逆を犯した不逞極まる逆賊の烙印・スティグマを捺され、世間では警戒と監視の眼差しに晒されていた。地域社会のなかで孤立した信徒は、警官の立ち会いのもとで、神社で大本を棄教する、転向の宣誓式をさせられたり、強いられて地域の神社の氏子になったりしている。邪教・大本イメージは深々と根を下ろしていったのである。

一九四二年（昭和一七）七月、控訴審判決では、王仁三郎をはじめとして全被告、治安維持法違反は無罪、王仁三郎は不敬罪で懲役五年であった。内務省では予想外の判決であったばかりでなく、司法当局の威信失墜といった世論も湧き上がっていった。王仁三郎など有罪とされた九名は、即刻大審院へ上告の手続きをした。他方、検察側も、治安維持法違反無罪の被告全員に対して上告した。

不敬罪については、なおの筆先や王仁三郎などの言説に不敬のものがあり、信徒が指導者としての聖師王仁三郎を過信するあまりに不敬思想を抱き、王仁三郎の教導が悪かったために、信徒間に浸透していったとしている。大本信徒は不敬思想を放棄することが求められ、王仁三郎は不敬罪で処罰されることになる。

次に、治安維持法違反に問われた王仁三郎などが、二八年に「ミロク大祭を執行し、国体変革を目的とする不逞結社を組織したりとの点」に関しては、「万世一系の天皇を奉戴する大日本帝国の君主制を廃止して、王仁三郎を独裁君主とする至仁至愛の国家建設を目的とする大本と称する結社を組織したるとの事実」は認められないとして無罪である。

判決書では、王仁三郎の「ミロク神政成就」と天皇の「大東亜聖戦遂行」を結びつけて、王仁三郎を揶揄しながら、きわめて興味深いことを述べている。

王仁三郎は皇統の世界統御の天職と大本の世界統一の経綸とは、根本的に使命の異るが如く強調すれども（中略）本来世界統御の天職中には、世界統一の経綸を含むべきは明なり。現今、大東亜共栄圏確立に際し、天皇の之に照臨しまします天職と皇軍将兵の諸方定の作戦とが、根本的に使命の異るものとは、誰が夢想せんや（中略）立替立直の担当神たる国常立尊、素盞嗚尊の霊代は王仁三郎の外あらざるに、王仁三郎、今や七十余才なり。方今、支那事変に次ぎ、大東亜聖戦遂行せられ、天皇の大東亜に君臨せらるるは、其緒に就きたりと思惟せらるゝも、大本信者中、囹圄《れいぎょ》の身なる、王仁三郎が国常立尊、素盞嗚尊の霊代として活動し居る為なり、と信ずる者ありや。（中略）現実には世界統一の経綸は、世界統御の天職を有せらるゝ、天皇に因り遂行せられ居り、大本の所謂立替立直、ミロク神政成就は事実に於て終焉を告げたるものなり。（中略）大本信者は王仁三郎の活動に基かずと雖《いえど》も、大東亜聖戦に際会し、永年の願望を成就する事を得たり。（中略）神国日本に生を享け、神皇《かみ》の鴻恩《こうおん》に浴する大本人たる者、忽然茲《こつぜんここ》に覚醒し、一億一心、心身共に皇上《カミ》に尽すべきなり。

四一年末より始まった「大東亜聖戦」の「大東亜共栄圏確立」という使命において、天皇の天職と「皇軍将兵の諸方定の作戦」は異なるところがなく、「皇統の世界統御の天職」のなかに「大本の世界統一の経綸」は包摂されるのだと諭している。王仁三郎はもはや七二歳、天皇は「大東亜聖戦」を遂行し、大東亜に君臨する緒についているが、牢獄（囹圄）に身を置いている王仁三郎を国常立尊・素盞嗚尊の霊代として信じる信徒がいるだろうか、今や「世界統一の経綸」は天皇によって遂行されているのであり、大本の立替え・立直し・ミロク神政成就は消え失せているのが実情だ、と揶揄されている。

そして、王仁三郎・大本信徒は「大東亜聖戦に際会し、永年の願望を成就する事を得た」のであり、天皇の〝聖戦〟に「一億一心」に邁進することが皇道・尊皇報国だと説得されている。大本・王仁三郎は教団として、天皇の詔勅による「大東亜聖戦」に、幸か不幸か、参戦できなかった。それは、やはり幸いだったと言わざるをえないだろう。

天皇の「世界統御の天職」

一九四〇年、日独伊三国同盟締結の際、天皇の詔書に記された「大義を八紘《はっこう》に宣揚し、坤輿《こんよ》を一宇《いちう》たらしむる」（＝八紘一宇）が「肇国《ちょうこく》の大理想」である。それは「世界の新秩序を建設の基本理念」であるとともに「世界史的使命」でもある。大本・王仁三郎の皇道維新と瓜二つと言っていいほどである。他方、日中戦争は膠着状態から泥沼化し、敗退を繰り返していた。

その最中、真珠湾攻撃を敢行して、国民の間には閉塞感から開放感へと一挙に変転し、歓喜がみなぎった。米英に対して、宣戦布告をし、「東亜永遠の平和を確立し、以て帝国の光栄を保全せむことを期す」とする「宣戦の大詔」が発せられて、「支那事変」も含めて、「大東亜戦争」と称した。国家元首、陸海軍の大元帥たる、天皇の詔勅によって遂行された〝聖戦〟である。

翌年二月、シンガポール陥落の三日後、「大東亜戦戦捷《せんしょう》第一次祝賀式」が挙行された。『朝日新聞』では「聖上・民草に御会釈／畏《かしこ》し二重橋に臨御」（二月一九日付夕刊）の見出しで、天皇が愛馬「白雪」に乗って、二重橋上に現われ、「臣下」の歓呼の声に応えている写真を載せている。白馬に跨った天皇は「米英の金力と権力による利己的世界制覇の旧秩序」を殲滅し、聖戦完遂、「肇国の大理想」を成就させようとしている。これも王仁三郎が成就させようとした、皇道維新の理想である。

獄中の王仁三郎は天皇への歓呼の声を聞いただろうか、七年ほど前に白馬に跨って行進した、自らを振り返ってみただろうか。裁判長の言うように、「一億一心、心身共に皇上《カミ》に尽すべき」という信念のもと、「皇統の世界統御の天職」を成就すべく、臣民は身も心も捨身・自己犠牲を厭わずに捧げている。物資不足、生活の窮乏化はあいも変わらなかったが、しばらくは戦勝気分に酔いしれ、聖戦完遂に向かって、熱狂しつつ猛進していくのである。王仁三郎は悔恨の念を抱いただろうか。

保釈後の王仁三郎

一九四二年八月、王仁三郎、すみ、宇智麿は保釈されて出獄した。王仁三郎は逮捕されて、六年八カ月にわたっている。大阪拘置所を出て、亀岡・中矢田農園の三代教主・出口直日宅に、ひとまず身を寄せた。八月二二日、満七一歳の誕生日を迎え、ささやかな祝宴が催された。王仁三郎は二代教主すみとともに、綾部に出向き、天王平の共同墓地に移されていた開祖なおの墓参りをし、また産土神の熊野神社を参詣している。

王仁三郎の中矢田農園の日々は、きわめてのどかであった。これまでと同じように高血圧であり、また神経痛が激しくなっている。だが、王仁三郎は「伊都能売《いづのめ》会」と名づけた歌会を毎月催し、選者にもなっている。王仁三郎は「わが居間にて音頭《おんど》をとれば孫たちの集ひ来たりつ舞ひ狂ふなり」（『獄中回想歌』）と詠んでいる。保釈出所後、中矢田農園の家で、好々爺然として孫たちと一緒に楽しんでいる姿が詠み込まれている。

王仁三郎は一九四三年（昭和一八）を迎えると、「世を救ふめしやのみたまと知らずして苦しめし果ての国のさま見よ」「七十三の春さり来ればうつし世のすくひの道にいよいよすすまむ」（『神声集』）などの歌を詠んでいる。苦境にありながらも、王仁三郎自身、メシアとして自認して、敗色の濃くなっていた戦局をひたすら凝視している。それとともに、ミロク神政の樹立・世の立直しの神業を実現させようと、老いてなおも意気軒昂で、まだ衰えを見せてはいない。

四三年には、訪ねてくる信徒たちに、「大本が弾圧をうけたので、戦争に協力しないですんでいるのだ。これが将来に大きな証明になるのや」、「いよいよ戦争が激しくなってきた。神諭に『未《ひつじ》と申《さる》とが腹を減らして、惨たらしい酉《とり》やいが初まるぞと』（大正七年十二月二十二日）とあるが、今年は未の年で、日照りが続き飢饉になる。羊は下にいて草ばかり食う動物であるから、下級の国民がくるしむ。来年は申年で、猿は木に住むから、中流の人が苦しみ、国民の心が動揺してくる。再来年は酉年で、いよいよ上流の人が困り、むごたらしい奪い合いがはじまる。また戦争には病気がつきもので、疾病が流行する。大峠は三年の後だ」などと教え諭していた。

大峠を予告する、意志堅固な王仁三郎の言葉を聞いて、大本再建の意気込みが高揚していったことは確かだが、まだ上告中で係争は続き、王仁三郎や信徒への監視の眼は執拗にあった。聖戦下の苦境のなかで、大本信徒は公然と会合を開くことができずに、個々人が分断されて、孤立無援のままであったのである。

“聖戦”下の苦境・破局の予言とメシアの出現

一九四三年（昭和一八）、ガダルカナル島の玉砕、アッツ島の日本守備隊全滅といった、敗戦色が濃厚になるなかで、王仁三郎は救世主《メシア》として再び語り始められている。憲兵司令部に各地区の憲兵隊から報告された、流言蜚語《ひご》をまとめた報告書「昭和十八年十二月中に於ける流言蜚語」には、王仁三郎について語られたものがいくつかある。それは熊本市と山形県で報告され、いずれも四三年である。そこには、大本・皇道維新運動の核心部に籠められた願望が吐露されている。

［事例一］熊本市の無職（元料亭仲居）の女性（四八歳）は、「大本教盲信者」、弾圧後も「密かに之《これ》を信奉し」、「出口王仁三郎の予言適中せりと狂喜し、同教布教に努めんと、自己の憶測を加へ」、熊本市の中心街にある料亭・静養軒や自宅で、来客や仲居、芸妓など三十数名に流布したとされる。「独逸《ドイツ》、伊太利《イタリア》も敗戦し、日本も九分九厘迄《まで》は焼野原となる」、「出口王仁三郎は救世主にして、現人神なり」、「近く地の戸開きがあり、聖師様は現人神として世界を救はれる」、「九州、日本全土、今に敵機が雨のやうに来る」と話したことが「要注意造言」とされ、憲兵に検挙されるが、「特殊反響

なし」とされている。流言出所の料亭・静養軒は手取本町にあり、一九〇五年にロシア将校捕虜を送る予餞会が催されたことがあり、官庁も贔屓にした老舗である。検挙された元仲居は、この静養軒で働いていて、流言を話した仲居や芸妓はかつての顔見知りや同僚だったのだろう。

熊本市には九州別院が設けられており、大本の盛んな地域であった。「王仁三郎の予言適中せり」と言いながら、イタリア（四三年九月）、ドイツ（四五年五月）が降伏し、九州・日本全土が空襲を受け、「九分九厘」まで焼野原となるとの大本の教義を踏まえ、破局の予言を教え伝えて、さらに聖師王仁三郎が「救世主にして、現人神」として「地の戸開き」をして、世界を救うとするメシア信仰が期待を籠めて語られている。「大本教盲信者」と称された隠れ大本で、料亭と自宅が流言の場になっている。この料亭の仲居や芸妓のなかには大本信徒がいたかもしれない。かつての同僚や友人、知人などとともに、破局的な戦況に身を処しながら、メシアが出現し、世界の転換・救済が到来する期待を分かち合っていたのだろう。

［事例二］山形県では、五件ほど「原因動機注意を要する流言」が報告されている。山形は愛善陸稲の発祥地であるとともに、飽海《あくみ》郡南遊佐《ゆさ》村には東北別院があり、ここも大本信徒の多い地域である。

飽海郡本楯村の日雇いの「元大本信者」男性（四一歳）は、「米英ソ連が日本に来て、日本の一部に上陸し、婦女を凌辱する」、「日本海方面は舞鶴軍港付近で戦争することになるので準備する」、「本年九月より十二月迄の中、必ずもう一遍空襲を受ける。昨年四月十八日の日本本土空襲の際、蔣介石は日本語に堪能なる妾《めかけ》をして、『ソ』連に向け、日本帝都空襲を誇大に放送せしめ、『ソ』連では更に之を録音にし、満洲に放送せしめたる為、在満皇軍は妾の放送を日本で放送するものと信し、非常に心配して了《しま》つた」と流言し、警察に検挙された。

このようなソ連の参戦、空襲、米英ソの上陸・占領による、女性の凌辱の流言蜚語は全国にみられた。四二年四月の東京などの初空襲の情報がこのような経路で伝播していったことが、機密を漏らすかのように語られ、謀略への加担として検挙されている。「洩らすな機密」「のぞくな軍機、聞くな流言、語るな秘密」が防諜ポスターのスローガンである。

また、大本の治安維持法違反事件の弁護人の事務員として勤務中に、公判記録などを読んで、「大根役者が田舎に廻り、南瓜《かぼちゃ》畠に嫁菜《よめな》摘む」「天の橋立、天を襷《たすき》に掛けて、丹後、舞鶴、浪鼓《なみつづみ》」という都々逸《どどいつ》を作った。「大根役者」とは米英ソ、「田舎に廻り」とは「日本に来ること」、「南瓜畠」とは「日本の一部に上陸すること」、「嫁菜摘む」とは「婦女を凌辱すること」、「襷に掛けて」とは「武装すること」、「丹後、舞鶴」とは「舞鶴軍港或は日本海なり」と、警察での取調べで解釈してみせている。警察で検挙後、関係者は「信ずるに至りたるも」、「厳諭」したため、蔓延の兆しはないとする。

メシア王仁三郎の世界統一

［事例三］　飽海郡遊佐町の時計修繕業・男性（四二歳）は、「今尚大本教を信じ、其の予言は漸次実現しつゝあり」とし、先の日雇いの「元大本信者」から聞いた「大根役者云々」の都々逸に加えて、「米英が日本に上陸して、屍体のころ〳〵転つてゐる場所で、日本婦人を強姦する」、「此《この》戦は日本は武力戦を負けること、九分九厘迄で、一厘の処が救世主の出口聖師が出て、人類愛善の力で勝《かつ》て、世界を統一するのだ」という流言を二名ほどに語ったとされて、警

察に検挙されている。

大本信徒は地元の警察から棄教・転向を迫られて受け入れたが、少なからぬ信徒が隠れ大本として復帰していた。もはや運動体としては再建されなかったとはいえ、少数グループで秘かに集会がもたれていた。先の熊本市の女性が「九分九厘迄は焼野原となる」と言ったのと同じように、日本は世界最終戦争・ハルマゲドンに九分九厘まで負けるが、「一厘の処」で、救世主・王仁三郎が現われて、米英に勝ち、世界統一をするという予言を信徒同士で語っていたのだろう。これは一厘の経綸と呼ばれている。王仁三郎をメシアとする信念が、この時期に肥大化し膨らんでいっている。ミロク菩薩下生に加えて、キリスト再臨の信仰が改めて湧き出したようだ。

東京の大空襲・ミロクの世へ

［事例四］東村山郡寺町の農業・男性（五三歳）も、三六年の結社禁止の時に「離信を誓約」したが、王仁三郎が保釈出所すると、信仰に復帰した。自宅にあった大本の新聞を見つけ、それに載せられていた予言を時局に結び付けて解釈し、大本の「正統性を強調」するとともに、王仁三郎への献金を募ろうとして、元信徒に「来年の五月節句頃に、東京は敵空軍から大爆撃を受けて、大火災が起り、大変なことになる」という流言を語っている。

大本の新聞に記載された予言にある「〇〇とは皇居のことで、上の番頭とは総理大臣のことであり、東京が爆撃を受けると、皇居も避難しなければならぬ様になり、総理大臣は皇居を尾張か、大和か、常陸か、信州かと、御移りする所を迷ひ、目を白黒するが、結局綾部に御移し申すことになるんだと思ふ」、「戦争が此の様に大きくなつて来ると（中略）総理大臣が幾ら気を揉んでも何ともならない」、

「首相が泰《タイ》国や其他大東亜共栄圏を訪問したことも、結局兵糧が尽きて『手の鳴る方』即ち大本の神を頼るより外なくなるのだ。又とり年、苦労致すと云ふこともあるから、酉《とり》の年昭和二十年には此の戦は神の力に依つて終るであらう」とあり、「それで此《こ》の際、出口聖師の為にお互に出来る限り、献金することだ」と、この農民は三カ所で六名に話して、警察に検挙されている。

〔事例五〕東村山郡栃山村の農業兼売薬行商・男性（五六歳）も元信徒で、禁止後に「離信を確約した」が、王仁三郎が出所すると再び「盲信」し、「現在の時局は大本教予言に合致し居るものと妄断」して、大本の「再建を夢想」、「元信者に再建必須なりと説き、何等根拠なき同教予言」を自宅などで、元信徒三名に語って、やはり検挙されている。

「時局は相当切迫して」、来年（四四年）五月頃になれば、ソ連が参戦するかもしれない、ソ連と米国から日本は大空襲を受け、「大都市、殊に東京は真先に狙はれ」、関東大震災以上の大損害を受けるだろう、「食糧も窮迫し」、節米ばかりでなく「山の物でも何でも、食へるものは貯へて置かなくてはならない。農会辺りの指導を見て居ると、小麦をなぜ奨励しないのだ」と不満を漏らしている。そして、「来春からは益々行詰つて来るに相違なく、結局、聖師様が外に出られて、現霊《ママ》に依つて、大国難を救はれ、酉の年である昭和二十年には戦争は終了し、世界を統一して、五六七《ミロク》の世界を建設するのだ」と語っている。

この報告書では、「五六七の世界」について「五六七大神（大本神）弥勒菩薩の顕現者たる、王仁三郎が我が日本国の統治者として『登極』するに至りたる時を指すものなり」と注記している。この

「登極」という言葉は、王仁三郎を独裁君主とする、至仁至愛の国家建設を目的とする結社を組織したとして、治安維持法違反の証拠とされたのであり、控訴審での治安維持法違反の無罪を覆そうと、執拗に内偵し続けていたのだろう。

この農業・売薬行商の男はさらに、「愈々《いよいよ》戦争も行詰つて来て、御神諭にある様に、予言は実現して来た。戦争は申《さる》の年である昭和十九年から、酉の年である昭和二十年、一番激しく行はれ、昭和二十年末には此の戦争も終ることになる」と、大本神諭の予言が実現し、聖師王仁三郎が「厳霊」(「厳霊」はなお、王仁三郎は「瑞霊」、筆者注)によって「大国難」を救い、ミロクの世界を建設すると確信するに至っている。一九四五年に米・英・ソによる敗戦後、王仁三郎が世界を統一して、ミロク神政を成就させるという信念が弾圧に屈せずに、強固に保持されていたのである。

[事例六] 西村山郡寒河江《さがえ》町の農業・男性も、大本に復帰して「盲信」し、三名に流言を語っている。大東亜戦争も行き詰まり、来年四・五月には米軍の大空襲を受け、東京は大震災の一〇〇〇倍もの損害を受け、「一面焼野ヶ原となり、武蔵野とも」なって、「日本では指揮をとる者が居なくなり、遂に聖師様が世に出て来て、日本を救ふ為、政の一切をとり、忽《たちま》ち現霊《ママ》の威力で、日本を囲んで居る世界の敵国軍艦撃沈し、襲来する敵の飛行機を撃墜し、九分九厘迄敗れた処を助け、勝利を得る」。それは「来年の秋頃から始まつて、世界統一の神業に着手することになる」といった流言である。

「焼野ヶ原」「武蔵野」となるというフレーズは、大本信徒にとって、筆先で馴染みのものである。立替え・立直しの始まりとなる。それが米英との大東亜戦争であり、大空襲によって九分九厘まで敗れるが、聖師王仁三郎の「厳霊の威力」で逆転勝利する、まさしく王仁三郎は最終の指導者、メシアとして世に出現して、日本を救い、「世界統一の神業」に着手するというシナリオである。それは、内務省警保局や検察が描いたストーリーでもあった。大本信徒は治安維持法違反の容疑となった、国体変革の目的を密かにではあるが、積極的に語り始めたのだろうか。これも官憲の捏造だろうか。

［事例七］山形市の鋳掛職《いかけ》・男性（四五歳）も大本に復帰して「盲信」し、「現在の時局は大本教予言に合致」しているとして、予言を時局に結び付け、隣組常会の際に、隣組の九名と元大本信徒二名に、次のような流言を流布したとして検挙されている。

この戦争は欧州ではドイツが勝利し、大東亜戦争では日本が勝利し、残ったドイツと日本が戦うことになるという、珍しいものである。秋頃に敵空軍の大爆撃を受け、東京は真っ先に狙われ、山形市は全滅に近くなり、「食糧も非常に欠乏して、米なんか喰ふことも出来なくなり」、草の根まで食うようになるほど、食糧が欠乏すると知らせている。

また、来年（四四年）の三月から五月の節句までの間に、東京は米空軍の大爆撃を受け、関東大震災以上の被害を受け、北海道も空襲を受け、食糧もなくなってくる。内閣は倒れ、「誰も総理大臣になるものが無くなり、聖師様が総理指揮者となり、此《こ》の国難を救ひ、建て直して、此の世はとてもよい世の中になる」。さらに大空襲で東京は全滅し、「此の戦争は益々激戦になつて来て、世界人口の三分の一位しか残らない」が、「日本の神様（出口の意）の助《たすけ》により、米英蘇《ソ》を撃滅し、五六七《ミロク》の世を建設するのだ。この空襲が来ると、食糧もなくなるが、聖師様の御代になると、土米と云ふものが出来て、この米三粒食ふと、腹が一杯になるから、食糧なんか心配しなくてよい」という流言である。

破滅的局面に際会し、聖師王仁三郎が登場して、一挙に局面が転換する。王仁三郎が「総理指揮者」となり、米英ソを撃退して、ミロクの世を樹立し、「聖師様の御代」になる。ここでは、天皇親政・天皇制は吹き飛ばされている。王仁三郎が日本また世界を統一・支配して、ミロク神政を敷くのである。窮乏のなかで希求されるのは、米・食糧にほかならない。三粒食うと、腹一杯になるという「土米」なるものができるようになる。ミロクの世からの贈与であり、シンプルな願望である。

メシア再臨による、物資の溢れた地上天国の到来という、千年王国運動を髣髴とさせる、ユートピアが語られている。これも、治安維持法違反を裏づける証拠として収集された。王仁三郎のカリスマが膨らんでいった果てに、王仁三郎のメシア幻像、「聖師様の御代《みよ》」が幻視されたのだろうか。

破局的流言と希望的流言

一九四三年の七月から九月頃に集められた、朝鮮や台湾も含めた流言を挙げてみる。本土大空襲、テニヤン・サイパンの「玉砕」などの破滅的な戦況をはじめとして、物資欠乏・配給制、学生の反戦ビラ、徴兵逃れ、スパイ団、朝鮮人兵士への差別、朝鮮独立運動、朝鮮人スパイ・謀略、朝鮮人労働者の濁酒密造、朝鮮で暴動・独立運動、二・二六事件死刑者の生存・活躍、東條政府の統制経済による共産主義化、東條英機などの暗殺未遂、東條内閣の総辞職、東條英機の切腹・自殺、爆弾でヒットラー暗殺、氷川《ひかわ》神社の優曇華《うどんげ》の花が咲いたので大勝利、「頽廃的諷刺歌」の流布、幽霊となった「英霊」の出現、神様の出征・負傷による帰還などである。

四五年の報告になると、壊滅的な戦況とともに、流言も無惨さを一層強めていく。大阪は全滅、明治神宮・靖国神社の焼失、天皇の京都行幸・動座、森永キャラメルにペスト菌、東海地方の大地震・津波の死者五〇〇人位（実際には九九八人）・朝鮮人暴動、富士山爆発、「神風特別攻撃隊に参加したものは皆親無し子や水平社ばかり」、ロケット砲の試射により山林火災、島原・土佐への敵上陸、食糧配給なく人肉食、幻獣「件《くだん》」が小豆飯・おはぎを食うと空襲から逃れると予言。

さらに続いて、スターリンを通じて米英に休戦申し込み、宮城（皇居）の徹底爆撃、熱海での停戦論者の会合に兵隊がビールを運ぶ、敵上陸の際に警察官への襲撃、高射砲は当たらない、敵機が百円札・十円札を散布、無条件降伏の準備中、本土上陸により男は皆殺されるからうまいものを食べておけ、天皇は妾を囲っている、東京を焼いて「天皇陛下も糞もない」、天皇は朝鮮に避難した、沖縄は近く玉砕、米軍の沖縄占領、沖縄上陸の敵は無条件降伏、近く戦勝の提灯行列、ソ連の介在により和平到来、東條はスパイによって家族や妾も殺害など。

憲兵司令部の「四月中に於ける造言飛語」では、「発生造言中、戦局並に空襲関係は益々増加し、特に敵の沖縄上陸、空襲被害の累増等に依り戦局悲観動向は更に濃化を示しあり」としている。その一方で、「戦捷《せんしょう》の朗報」の流言もあった。「希望的造言の発生」は、「末期造言の特異とする」ところで、「戦果待望の国民心理を察せられ、戦局の起伏に一喜一憂する民心の動揺に対しては、更に強力なる指導を要する者あり」と、逆転した民衆心理を分析して、民心の指導を要請している。

また、「戦局悲観に基く民意の消沈」や「戦争生活の窮屈化」によって、「皇室の戦争責任」や「皇室の生活様式を羨望憶測」の流言のような「自棄的厭戦不敬造言」も増加の傾向にあると、天皇・皇室に対する「民心動揺大なるものある」ことを指摘している。

戦況に対する希望的流言は、敗退の惨状を呈した末期にこそ発生する。いわば藁にもすがる思いで、一縷の光芒を見ようと、必死の想像力を働かせる、あるいは現状を跳躍して妄想に身を委ねていく。それは「一喜一憂する民心の動揺」による、はかない幻想であるかもしれない。だが、そこにこそ、来たるべき世界を幻視するユートピアが構想されている可能性を感じ取り、見つけ出すことができるかもしれない。はかない夢想として片づけるのはたやすいが、未成の歴史とでもいうべき兆しがそこには芽吹いているかもしれない。先にあげた隠れ大本の希望的流言、もしくは妄想のなかにうごめく幻像も、王仁三郎像の帯びた、すぐれてリアルな歴史の一齣とみなすことができるのである。

メシア幻像とミロクの世

キリスト教徒の流言は「此の戦争は大小諸国が揃《そろ》つて戦争し、世界の人口が三分の一残り、其後には悪疫が流行し、又其三分の一残る、残るものは〝キリスト〟教信者だけだ」と、戦争・悪疫によってキリスト教徒だけが生き残るというものであり、終末論的な破局の到来によるキリストの再臨・千年王国の樹立、破局後の世界についてはあまり語られていない。

キリスト教系のエホバの証人日本支部の燈台社は、殺人を認めず、軍隊内で銃器返納事件を起こし、命令に服従しないとして、また宮城遙拝を偶像礼拝であると拒否し、不敬罪として、軍法会議で処罰された。燈台社には、キリストの再臨によるハルマゲドンを経て、神の国が到来するとした千年王国思想があり、三九年には、天皇の神性を認めず、国体を変革して、地上に神の国を建設することを目的にしているとして、燈台社の明石順三らが治安維持法違反で検挙されて、有罪判決を受け、結社禁止処分を受けている。

破局的状況から救済へのドラスティックな展開をする、終末論的・メシア救済論的な色彩を帯びた流言もしくは予言は、大本信徒とキリスト教徒に見られる。人間・世界の苦難と変革を射程に入れた、人類救済論的な教説・ディスクールこそが、こうした流言や予言を生み出して流布させ、その成就を希求して、反国体・反国家的な願望を肥大させ、現体制の変革、そしてユートピア的世界を夢見させていったと言えよう。

一九三五年の事件以降、大本信徒は末端に至るまで、内務省警保局の指示に基づいて、かなり高圧的に転向・棄教を迫られた。世間では、天皇・皇室に対する不敬ばかりか、王仁三郎を統治者として、治安維持法違反を犯して国体変革を企図する不逞の輩とみなされた。しかし、第一審判決が出される一九四〇年頃までは、いったん転向しても、たやすく大本に復帰し、隠れ大本になっていった。

三九年に報告された「要注意言動」は、裁判の動向に関わるものであり、警保局が推測していたように、信徒たちは王仁三郎などが無罪・釈放されると信じ込んでいた。大本は邪教として断罪され、結社を禁止されたとはいえ、大本信徒はいまだ威勢よく、意気軒昂だったのである。

王仁三郎たち被告は不敬罪も治安維持法違反も無罪だと確信し、皇道主義に基づいて、天皇・皇室を翼賛することは、自明のことだった。ただ王仁三郎が「有栖川宮の御落胤」であり、有栖川宮は「皇室の直系で、当然有栖川宮家が皇統を継承すべき」とする、大本信徒内の伝聞があった。それは奇矯なものだが、天皇制の維持存続という点では翼賛・顕教である。他方では、この後胤説に基づいて、現天皇を廃し、王仁三郎が正統な天皇として即位するとしたところは、顕教・密教を超えて、秘教的な宗教的政治性を色濃く帯びている。

しかし、四〇年の第一審判決後、信徒たちの動向に、変化があったと考えられる。不敬罪や治安維持法違反で、王仁三郎が無期懲役、出口宇智麿が懲役一五年、出口すみが懲役一〇年など、苛烈な判決が下され、大本は邪教、信徒は国賊・逆賊とする、スティグマが刻印された。大本信徒たちは沈黙を余儀なくさせられたのだ。邪教・大本の危険極まる「狂信者」としてばかりでなく、近隣・地域社会から非国民として孤絶していった。

そして、四二年の控訴審では、治安維持法違反無罪の判決を勝ち取っても、王仁三郎には不敬罪が残り、邪教・国賊のスティグマは変わることなく、根強く存続していた。また、王仁三郎は保釈出所しても、公然と表に出ることはできず、蟄居し籠ったままである。

四三年の「憲兵隊司令部資料」からうかがえるように、隠れ大本の間でわずかかもしれないが、これまで胚胎していた、王仁三郎をミロクの世を建設する、救世主・現人神・ミロク菩薩とする信心・確信を踏まえつつ、メシア降臨の待望幻想、王仁三郎のメシア幻像化へとドラスティックに変容していくのは、このような個々人へと解体・分断された孤立無援の情況を起点として始まろう。

ここでは、もはや天皇制国家から超越してしまったかのように、天皇は度外視され、検察のように「独裁君主」といった言葉は用いられていないが、ただひたすら王仁三郎をメシアとして、日本・世界を支配するという、秘教への確信が強固になっているのである。

跳梁するメシア幻像と「人類愛善の力」

この王仁三郎・メシア幻想は、大本信徒の捨て鉢な希望を断たれた心情から生まれたのではないだろう。なおの筆先や王仁三郎の予言と日本全土の焦土化や戦局悪化、天皇・帝国日本敗戦の予感とがきわめて密接に結びついている。「現在の時局は大本教予言に合致」していると、大本再建を「夢想」し、東京などの大空襲はカタストロフィにほかならず、まさしく予言の成就として受け止められたのだ。

代表となるのは、たとえば山形県の時計修繕業の男性（事例三）が「此戦《この》は日本は武力戦を負けること、九分九厘迄《まで》で、一厘の処が救世主の出口聖師が出て、人類愛善の力で勝《かっ》て、世界を統一するのだ」とする流言である。破局的な危機のさなかに、武力戦では九分九厘まで負け、帝国日本が滅亡し、「一厘の処」で「人類愛善の力」で勝ち、世界を統一すると予感したのである。武力戦と「人類愛善の力」を対照させ、後者にこそ希望を見出している。

そこには、四二年に治安維持法違反が無罪となり、保釈され出獄した、メシアたる聖師王仁三郎が介在していよう。隠れ大本の心の内に潜んでいた熾《おき》が燃え盛っていったであろう。それも、活字ジャーナリズムによってではなく、自宅や隠れ大本信徒宅、隣組常会、料亭などといった場で、孤立した信徒たちのか細いネットワークを通じた、口頭ジャーナリズムによってである。

王仁三郎は監視下のもとで蟄居し、すでに七〇歳を超えていたとはいえ、カリスマを顕現させる、イエスの再臨・ミロクの化現、メシアとして幻視されている。生身の姿を現わす以上に、その姿を隠して籠ることによって、破滅的な危機的状況と相乗して、不可視のカリスマが切望されて肥大し、メシア幻想が生成され膨張していくことになる。それはカタストロフィを幻視しながら、武力と「人類愛善の力」の相剋するなかで生まれた予感だったのである。

ここに、王仁三郎・大本信徒の展開した、カリスマ運動の最終局面があろう。メシアとしての王仁三郎の幻像は、破滅する帝国日本を超え、天皇の名のもとで戦われている〝聖戦〟の目指す〝大東亜共栄圏〟を超えて、世界へと、あたかも妖怪のように跳梁していくのである。

王仁三郎が救世主・現人神・ミロク菩薩として出現し、米英ソの大空襲によって、焼け野原になった日本の大国難を救い、あるいは九分九厘まで負けているところを勝利に導き、ミロクの世を樹立するという、メシア幻想の流言蜚語が流布されることによって初めて、「丹波の山奥」を越えて、脅威に満ちた不気味な〝大妖怪〟や〝大化物〟になることができたと言うことができよう。

国賊・邪教の徒として、スティグマを刻印された隠れ大本も、控訴審判決で「大本の所謂《いわゆる》国常立尊、素盞嗚尊《すさのおのみこと》に因《よ》る立替立直を必要とせざること明《あきらか》なり」と言い渡され、ミロク神政の成就はけなされ嘲笑されて、挫折した。しかし、官憲に邪教の徒として監視され、世間から逆賊・非国民として除け者にされようとも、〝大妖怪〟のもとで〝妖怪〟の群れに身を投ずることによって、メシア幻想のなかで、王仁三郎の予言の成就を待望し、苦境に呻吟し、耐え忍びつつ、天皇の殺し／殺されることを命じる〝聖戦〟を生き延びることができたのである。

終章　新生する大本

われわれは、神の国、搾取なき世を導き、人と人との交わりに虚偽なき世を築かんとしたためにのみ、いま砲撃をうけている。社《やしろ》はこわされ、家を焼かれ、信徒は殺戮されている。良心ある人々よ、神の子よ、われわれを助けよ。武器をおくれ、食糧をおくれ、そしてわれわれを踏みつぶす権力を弾劾せよ。労働者よ、ストを打て。農民よ、耕作をすてよ。筆もつ者は筆をもて、われらを援けよ。良心ある人々よ、日本の民よ、アジアの民よ、世界の知性よ、宗旨違えども、神の栄えをたたえるすべての人々よ、われらを援けよ。神よ、神よ、われらを援けよ。助けてくれ、助けてくれ……

（高橋和巳『邪宗門』一九六六年）

1　敗戦と愛善苑

愛善苑としての新生

大本は邪教として結社を禁止され、文字通り完膚なきまでに教団施設が壊滅されて、息の根を止められた。獄中の自殺者、また保釈後の病死者も続出した。敗戦間際にも、鳥取県では大本信徒が流言や再建運動を口実に検挙されている。しかし、大本信徒は国賊・邪教の徒として、非国民と名指しされながら、しぶとく生き延びていた。

敗戦の直後、王仁三郎は大審院において、二審での治安維持法違反は無罪、不敬罪は有罪とする判決が確定したが、まもなく大赦令が公布され、不敬罪は免訴となり、解消された。亀岡・綾部の大本の教団敷地は、両市から返還された。一九四五年一二月八日、一〇年前、第二次事件の起こった日に、信徒が一五〇〇人を超えて参集し、大本事件解決報告祭が催されている。出口伊佐男《いさお》（宇知麿《うちまる》）が聖師王仁三郎・二代教主すみに代わって挨拶し、大本の今後の方針を表明している。

近く亀岡を根拠として、愛善苑といふ世界平和を目標とする人類愛善運動を起されることになつたのであります。愛善苑は、大正十四年六月に創立せられました人類愛善運動の趣旨をそのまゝ実地におこなつて行かうといふのであります。（中略）すべての宗教は元は一つであり、万教は同根である。これが真理であります。この真理に目覚めてお互いの垣を取外し、互いに手を握り合つて平和日本の実現のために、平和世界の建設のために邁進しよう。（『愛善苑』一九四六年四月）

〝人類愛善〟〝万教同根〟に基づく「平和世界の建設」と「平和日本の実現」がスローガンである。皇国中心主義と国際主義を同居させていた、王仁三郎の人類愛善会運動を継承しようとしている。だが、皇国・皇道はすっかり影をひそめている。帝国日本の敗北が大本弾圧・抹殺を帳消しにしたかのごとくである。大本弾圧は「平和日本の実現」の礎とみなされることになろう。帝国日本の崩壊後、帝国日本の犠牲者・殉教者、また帝国日本の贖罪者としての大本・王仁三郎イメージのもとで、「平和日本の実現」を語ることのできた、唯一と言っていいくらいの教団が、大本なのである。

人類愛善・万教同根

王仁三郎は四五年の年末に鳥取県の吉岡温泉に滞在していた。その際、新聞記者のインタビューを受けている。「予言的中〝火の雨が降るぞよ〟――新しき神道を説く出口王仁三郎翁」（『大阪朝日新聞』一九四五年一二月三〇日付）の見出しで載っている。

自分はたゞ全宇宙の統一和平を願うばかりだ。日本の今日あることは、すでに幾回も予言したが、そのため弾圧をうけた。（中略）いま日本は軍備はすつかりなくなつたが、これは世界平和の先駆者として、尊い使命が含まれてゐる。本当の世界平和は、全世界の軍備が撤廃したときにはじめて実現され、いまその時代が近づきつゝある。

王仁三郎は予言に対して、自負心を持ち続けていたようである。「日本敗戦の苦しみはこれからで、年毎に困難が加はり、寅年の昭和二十五年までは駄目だ」とも語っている。一九五〇年はまだ占領下にあったが、朝鮮戦争が起こって、日本経済は息を吹き返し、翌年にサンフランシスコ講和条約が結ばれ、五二年四月二八日、沖縄を切り捨てて独立することになる。日本国憲法九条で「戦争の放棄、戦力の不保持、交戦権の否認」が明記されるに至った。王仁三郎の言う「世界平和の先駆者」となったはずだったが、今日では軍事力を備え、海外派兵し、沖縄には米軍基地が集中し、まったく様変わりしている。

四六年二月、大本教は「愛善苑」という名で再出発する。苑主・王仁三郎、理事長・伊佐男である。かつての皇道大本・昭和神聖会の旗幟を捨て去り、人類愛善会の理念を継承し、「平和日本の実現」「平和世界の建設」を旗幟として掲げて、再生というよりも、むしろ新生したと言ったほうがふさわしい。二月に発表された「愛善苑設立趣意書」は、次の通りである。

世局激変し日本は今や峻烈なる戦後の苦悩に呻吟しつつある。（中略）いづれの宗教も時代と民族に応じ発生発展したるものであつて、形式は異なれ万教は同根であり真理は一である。（中略）茲《ここ》に「愛善苑」を創り（中略）人類愛善の大義にもとづき民心を明かにし民生を厚うし、以て道義と愛善に充てる平和日本を建設し、延《ひ》いては世界の恒久平和に貢献せんとするものである。

一二月八日、弾圧されて一一年目に、愛善苑の第一回全国代表者会議が開催され、改めて「愛善苑主意書」が発表されている。戦争により大惨禍を引き起こしたことを人類は深く反省し、「世界恒久平和の実現」に向かって進み始めているなかで、「人類愛善の大義を発揚し、万教同根の真理にもとづき、ひろく相たずさえて万民和楽の地上天国を実現しよう」と呼びかけている。「人類愛善の大義」と「万教同根の真理」に基づいて、「世界恒久平和の実現」、ひいては「万民和楽の地上天国」の実現しまうのである。

を愛善苑の理念とした。皇道大本・昭和神聖会の運動・理念であった、皇道主義をまったく払拭して

天皇の人間宣言

一九四六年元旦の新聞には、「国運振興の詔書渙発《かんぱつ》」の見出しで、いわゆる天皇の人間宣言が掲載された。「朕と爾《なんじ》等《ら》国民との間の紐帯は、終始相互の信頼と敬愛とに依りて結ばれ、単なる神話と伝説とに依りて生ぜるものに非ず。天皇を以て現御神《あきつみかみ》とし、且《かつ》日本国民を以て他の民族に優越せる民族にして、延《ひい》て世界を支配すべき運命有すとの架空なる観念に基くものに非ず」といったものである。

聖戦に完膚なきまで敗れたとはいえ、皇国神民・臣民だった国民は天皇自ら現御神《あきつみかみ》・現人神という神性を否定したことには驚かされたことだろう。皇国史観、国体思想、国家神道イデオロギーは「単なる神話と伝説」へと下落した。皇祖の神勅を奉じて皇道主義を唱え実践していた、大本・王仁三郎にとっては、まさしく驚天動地だったろう。「天皇の大東亜に君臨せらるゝは、其緒《その》に就き」「現実には世界統一の経綸は、世界統御の天職を有せらる、天皇に因《よ》り遂行せられ居り」「皇道は天津日嗣《あまつひつぎ》天皇が世界を統御し給ふ祭政一致の義」という、控訴審判決は何だったのかと、大本・王仁三郎はいぶかり愕然としただろう。

聖戦と称されたアジア・太平洋戦争の究極の責任者である、国家元首・大元帥の天皇が敗戦の責任を受け止めてまっとうするどころか黙殺し、人間だと宣言したわけではないのだが、ことさらに現御神を「架空なる観念」だと否定したことは、臣民もしくは天皇の赤子を愚弄し背信したと、王仁三郎

ばかりでなく、国民も思いを強くしたであろう。そして、人間天皇は国事行為ばかりでなく、象徴としての行為なるものも政治的に行ない続けて、今日に至っている。

敗戦後、大本・王仁三郎は翼賛または輔弼すべき対象である天皇・天皇制を喪失した。国家や世間との緊張した関係を瞬く間に衰えさせていっただろう。巨大な権力を体現した国家と天皇、その末端の中小権力を身にまとった官憲や世間の人々が、変貌し変質していくことになる。もはや王仁三郎へのメシア幻想は生き延びていく余地がなくなっていった。

占領下、天皇制国家への幻想が消え失せないまでも、皇位を簒奪し、国家を超えて、世界へと羽撃こうとした、メシア幻想の占めるべき位置もどこにもなくなった。おそらくこのような逆転したところから、大いなる幻想、虚妄にすぎなかった皇道大本の宗教的政治運動、また天皇制ファシズムと名づけられた運動の歴史性を知ることができよう。

2 王仁三郎の最晩年と死

楽焼と巡教の旅

戦争中、王仁三郎は亀岡に蟄居し、要注意人物として監視され続けていた。もはや七〇代であり、老境に達していたと言える。しかし、いわば隠居を余儀なくされていたとはいえ、たんに老残の身をかこっていたのではなかった。表立った宗教活動はできなかったが、蟄居しつつ、心身ともにすぐれて自在な〝運動〟に専心していたのである。いわば超俗の自由の境涯に、王仁三郎の心身は浮遊していたと言えるほどであった。

一九四四年の暮れ、王仁三郎は、京都清水の窯元、佐々木松楽が亀岡の下矢田に転居していることを知り、松楽宅を訪ねている。これを契機として、王仁三郎は楽焼を再開している。王仁三郎の楽焼はすでに戦前の一九二六年（大正一五）から始められている。王仁三郎の楽焼前期は『霊界物語』の口述がほぼ終わった頃から、三五年の第二次事件が起こるまでである。楽焼後期は四六年までで、耀《よう》盌《わん》と名づけられた、きらびやかに輝く多彩な楽焼は大いに評価されることになる。愛善苑の発足後、王仁三郎の体力・気力の衰えにより、この年の八月に病の床に伏した。

四六年、王仁三郎はすみとともに、爽やかな風薫る五月に、島根県で、高血圧のために休養していた。暑さが厳しくなりつつあった七月には、和歌山県へと巡教のため旅立っている。島根では出雲大社に詣でている。和歌山の旅の終わりには、高血圧の症状が出たが、無事、最後となる巡教の旅を終えている。だが、この年の八月、王仁三郎は脳出血症状で倒れて、床に就くことになる。

和歌山へ最後の巡教，王仁三郎とすみ
（1946年７月）（大本本部提供）

この巡教の旅の前、四月に王仁三郎とすみは舞鶴に出向いて、冠島《おしま》・沓島《めしま》の聖地を遙拝している。舞鶴湾内を舟で渡り、西大浦の葦谷に上がり、王仁三郎とすみは駕籠《かご》に乗り、信徒とともに葦谷山に登った。遙か六里ほど遠くの海上に浮かんでいる、冠島と沓島を遙拝した。王仁三郎は冠島・沓島の遙拝所として、葦谷山を国見山と、葦谷山に至る山道を国見峠と名づけている。なおの神々の拠点になる、冠島・沓島の聖地遙拝は、この国見山で行なわれるようになっている。

王仁三郎は若き日の出会いから紆余曲折しながらも、終生なおを我が教祖として仰いでいたということであろう。五十数年昔、遙々と峠道を辿り、山坂を越え、なおの筆先を初めて見て、なおに出会った時を想い起こしていたかもしれない。これが王仁三郎の基点ともなったのである。

四七年、王仁三郎は喜寿を迎えている。八月二七日（旧七月一二日）、「瑞生《ずいしょう》祭」と呼んで、生誕祭が催された。四〇〇〇人に達する参集者であった。王仁三郎は瑞祥館で療養中であり、すみが代わって挨拶した。信徒たちは瑞祥館の庭前で、縁側に置かれた安楽椅子にもたれた、王仁三郎に面会した。これが一般信徒が王仁三郎の姿を見た最後になる。

大本によると、愛善苑が発足してまもなく、四六年に信徒数は七八九九人、北海道一二五人、東北六一七人、関東五八五人、中部一一七六人、近畿二〇三九人、中国一八三二人、四国四六五人、九州一〇六〇人という内訳である。機関誌『愛善苑』の発行部数は一万四六七九部である。翌年一二月には、信徒数は一万九〇〇〇人となる。この多くは弾圧後にも信仰を続けていた、かつての邪教の〝隠れ大本〟であろう。

弾圧前の信徒数には遙かに及ばない。敗戦後の混乱からやや立ち直っていくなかで、〝神々のラッシュアワー〟と呼ばれる新宗教ブームが起こるが、大本・愛善苑はこうしたブームにあまり乗らなかったようである。

王仁三郎の死と葬儀

一九四八年一月一八日、王仁三郎は再度の脳出血を起こして昏睡状態となり、翌朝、淡雪の降り積もった天恩郷で死去した。享年七八（満七六）。王仁三郎はかつての信徒が復帰し、神苑が再建され整備されつつある、大本の姿を眼にしていたであろう。文字通り波瀾万丈の生涯を送った不世出の傑物、それもおびただしい毀誉褒貶に満ち溢れ、清濁合わせ飲む豪傑、なおの言葉で言うなら、「大化物」ということになろう。

招魂祭の後、祭主の出口伊佐男委員長は「聖師さまのご生涯は終始、ご霊肉ともにご忍苦の連続でありました。まことに私達のため、ちくらの置戸《おきど》を背負われた贖主《あがないぬし》としてのご一生であったのであります。（中略）現界における神業の基礎を全くせられ、ここに、神業の躍進、成就のためご復活されたのであります」と挨拶した。罪穢れを祓う「千座置戸《ちくらおきと》」を負わされて、追放された素盞嗚尊《すさのおのみこと》に仮託して、ミロクの世を成就するために神界に復活したと讃えている。ここには、贖罪のために十字架上で死に、復活し昇天したキリストが重ね合わせられていよう。

一〇日の通夜の後、綾部で葬儀を行うべく、霊柩車を仕立て、亀岡・天恩郷を出立した。一五里の道のりである。随行した信徒は千数百人である。三〇日午前一時に行列は出発し、ちょうど半世紀前、王仁三郎がなおの筆先を三女ひさから見せられた地である八木で休憩した。園部から綾部へ向かう。

質山峠（筆者撮影）

王仁三郎（左）となお（右）の墓（筆者撮影）

まずは観音峠を越えなければならない。峠越えをして、須知、豊田、桧山を進み、三ノ宮あたりから雪道となり、榎峠と質山峠を泥濘に足や車輪を取られ、立ち往生しながら強行し、夕方五時に綾部に辿り着いた。

王仁三郎の墓は、天王平のなおの墓の隣に設けられた。王仁三郎の遺体を収めた柩には、三〇〇〇人に及ぶ葬列が続いて、天王平に向かい、王仁三郎は埋葬された。王仁三郎の遺体は峠を越えて、出生地の亀岡から、なおの眠る綾部へと戻っていった。峠道の往還がなおと同じように、王仁三郎の生涯だったと言える。

救世主神となる王仁三郎

王仁三郎の後を継いで、すみが愛善苑の二代苑主に、娘の直日が苑主補となった。四九年に名称が「大本愛善苑」と改められ、五一年には宗教法人法が施行され、翌年に宗教法人として体制を整備し、「大本」の名に復帰している。「大本教法」（全一二章）の初めの三章は、次の通りである。

第一章（祭神）　大本は、天地万有を生育化育したもう霊力体の大元霊にまします独一真神をはじめ奉り、大地を修理固成したまえる祖神厳霊国常立尊《いづのみたまくにとこたちのみこと》、瑞霊豊雲野尊《みづのみたまとよくもぬのみこと》その他もろもろの天使を大本皇大神《おおもとすめおおかみ》と仰ぎて斎《いつ》きまつる。

第二章（発祥）　大本は、明治二十五年旧正月、京都府綾部本宮の地において、国常立尊の神霊、艮の金神の御名により、開祖出口なおに神かかりまし、三千世界の立替え立直し、みろく神世の実現を啓示したもうたのに始まる。

第三章（教祖）　大本は、開祖出口なお、聖師出口王仁三郎を二大教祖と仰ぐ。開祖は厳霊の神格に充たされて神諭を伝達し救世の基を開き、顕幽両界を守りたまい、聖師は瑞霊の神格に充たされた愛善信真の大道を啓示し、万民の罪を贖わせたまい、救世主神として顕幽両界を救いたもうことを信奉する。

再建されたみろく殿（筆者撮影）

記紀神話の神々から脱却し、なおの厳霊・国常立尊と王仁三郎の瑞霊・豊雲野尊を主神たる「祖神」として、他の神々も一括して大本皇大神と称して祭祀する。なお・王仁三郎を二大教祖としながら、なおを「救世の基を開き」、王仁三郎を万民の贖罪をする「救世主神」としている。なおが救世の基礎を作り、王仁三郎が現界と神界の救世を実現すると解釈できよう。この世の現界に再臨するとは想定されていないだろうが、弾圧・受刑を贖罪のためとして、キリストと重ね合わせて、メシア・救世主として王仁三郎像が改めて創出されている。王仁三郎への救世主幻像も根強く生き続けたということだろうか。

ともあれ、いまだに救済されない現界と神界（霊界）・顕幽両界の「救世主神」として位置づけ、神々の闘いがいまだに継続していること、筆先の言葉によるなら、今でも「大峠」を越えていない、救世、世の立替え・立直しは先送りされ、いわば永久革命の世が継続している。たしかに大本の名になってからも、新しい運動が湧き上がり、絶えざる更新を繰り返してきたのである。

3　未成の歴史へ

カリスマとメタノイアの旅

「久しく丹波の山奥に雌伏していた一世の怪物出口王仁三郎氏」と、一九三四年に昭和神聖会が創立された際、平塚らいてうの言葉が報じられていた。当時は汽車や船で目まぐるしく東奔西走していた。「丹波の山奥に雌伏していた」といった言葉で、辺境から中央へと進出していくイメージで語られてきた。また、名前の王仁から、獰猛な――いくぶん、諷刺・滑稽さも加えつつ――ワニ（鰐）の姿で表象されている。山奥であれ、水辺であれ、王仁三郎はマスメディアによって境界性を帯びた「一世の怪物」的な存在として描かれていた。辺境から境界を突破して、中央へと進撃する〝辺境革命〟を巻き起こす怪物のイメージ、それが王仁三郎である。

そして、翌年に弾圧された時には、「偉大なるスフィンクス」「果して怪物か傑物か」と『大阪朝日新聞』では描かれている。王仁三郎のタバコの吸差しを吸って「法悦に酔ひ痴れ」、王仁三郎の入った風呂水は「霊薬」となって「随喜の涙をこぼす」など、王仁三郎は「蜂よりも巧《たくみ》な触媒」となって惹き付け結び付ける生き神、カリスマとして信徒の随喜の信仰のなかで崇拝されていた。

また、ミロク菩薩の化身として世界のメシアとなることが待望されていた。それは熱意をもった熾烈なものだったと推測できよう。日常の生活を投げ打って、信仰に陶酔し、布教に専心した者たちも数多く現われている。世界の終末におけるミロク化現あるいはキリスト再臨という、メシア出現による熱烈な千年王国運動の様相を呈していたことは確かだろう。そこでは、王仁三郎が教団のなかに、霊威＝カリスマに基づいた権威を樹立し、信徒たちを支配している。すなわち、カリスマ的権威をもって、権力を行使するカリスマ的支配を貫徹していったのである。

ある人が王仁三郎によるカリスマの実証を体験したり見聞したりして、それを承認して信徒・使徒となり、王仁三郎にカリスマが宿っていることを信徒自ら伝えたり文章にしたり、布教したり儀礼をしたりして広めていくことになる。カリスマ運動がそれである。そこには、回心して、これまでとは異なった人間、王仁三郎の分身となる信徒が生まれる。「カリスマは、そもそもそれがその特有の影響力を発揮する限り、逆に、内部から、被支配者の意識の中枢的『心情変化』"Metanoia"から、その革命的力を示現する」それは「確かに歴史のすぐれて『創造的』・革命的な力なのである」（『支配の社会学Ⅱ』世良晃志郎訳）と、M・ウェーバーの言う、信仰による心的な変革（メタノイア）が起こっている。

大本・王仁三郎の信徒たちは、王仁三郎のカリスマを全面的に受け入れることによって、次第に、多くの場合は一挙に、これまでの自己を否定し、心的な革命・メタノイアを引き起こし、絶対的な帰依へと転回して、カリスマ運動を熱狂的に展開していった。しかし、まさしくその絶頂期に弾圧を受けた。王仁三郎はスティグマを刻み込まれ、大本は邪教の烙印を捺されたのである。

王仁三郎のカリスマとスティグマの間で、信徒たちの信念は揺らいでいったことだろう。むしろだからこそ、自らもスティグマを引き受けて、さらなる自己解体・変容による回心を遂げ、自らの生命までも使命のために捧げる、殉教の精神が強固に培われ、苦難を物ともせず、遠く極限まで赴いて敢行し、一瞬でも歓喜の時を迎えようとする、心情の変革も起こったのであろう。負と負を掛け合わせるなら、倍増する正へと転換するのだ。

ミロクの世を幻視する

「メタノイアの旅」ということのできるプロセスが、王仁三郎の信徒たちの間で繰り広げられていった。その旅は王仁三郎をミロク菩薩の化現・イエスの再臨、すなわちメシアとしてミロクの世の実現へと向かっていった。しかし、「大峠」へ差しかかったところで潰えてしまったのである。

ミロクの世はたんなる妄想だったのか、たしかに妄想だろうが、いくつもの理想が入り混じった妄想、ユートピア幻想と言えるものだったのではなかろうか。先に大本を顕教・密教・秘教のレヴェルに分けて、ミロクの世の構想について述べておいた。王仁三郎のそれはこの三様相に関わるものだと言えようが、天皇を翼賛する顕教と天皇の輔弼となる密教に傾いていた。昭和神聖会運動の主要な担い手も同じであろう。天皇の側近となって天皇制を世界的に持続・発展させようとする超国家主義である。

他方で、天皇制国家を超えて、王仁三郎が天皇に取って代わり、世界支配を志向する統治者となる、ナショナリスティックでありつつ、インターナショナルな色彩も帯びた反天皇制の超国家主義を唱える、秘教が現われてくる。人類愛善会の運動を踏まえると、民族・国家を超えたユニヴァーサルな世界を志向する、コスモポリタニズムがそこには兆していよう。それを担ったのは一般信徒、なかでも大本の底辺を支えていた、最もよく信心を深め、最もよく妄想を逞しくし、幻想を解き放って、幻視することのできた信徒だったと推測できる。

この秘教の内実は政治的な色合いを除けば、きわめて素朴なものである。世界が一挙に更新されて、土と水の恩によって、ささやかな生活物資に恵まれた世が出現し、心身を律して、心身ともに満たされる世界に暮らすことである。ごく簡素な世界である。すぐにでも手の届きそうな、働きつつ憩う、質朴な世界、なおの筆先に記された「水晶の世」にきわめて近い。だが、それは高橋和巳の『邪宗門』に描かれたように、なかなか実現しそうにもない、未成の歴史として、今でもいつまでもあり続けている。

参考文献

大本関連

愛善苑宣教部編『開祖伝』瑞光社、一九四九年。

池田昭編『大本史料集成　Ⅰ思想篇』三一書房、一九八二年。

池田昭編『大本史料集成　Ⅱ運動篇』三一書房、一九八二年。

池田昭編『大本史料集成　Ⅲ事件篇』三一書房、一九八五年。
＊出口なお・王仁三郎の文書、大本の宗教運動および第一次・第二次大本弾圧事件の資料を三分冊にして網羅した基本的な文献集。
大本教学院編『聖師伝』天声社、一九五三年。

大本教学院編『稿案　大本教祖伝　開祖の巻』大本教学院、一九五七年。

大本教学研鑽所編『おふでさき（原本筆写）㈠明治二十年代：大本神諭研鑽資料⑴』大本教学研鑽所、一九七七年。

大本教学研鑽所編『おふでさき（原本筆写）昭和三十五年帰還本㈠明治三十五年代：大本神諭研鑽資料』大本教学研鑽所、一九七七年。

大本教学研鑽所編『大本教学』特集・五六七神、一〇号、大本教学研鑽所、一九七一年。

大本教学研鑽所編『大本教学』特集・続五六七神、一一号、大本教学研鑽所、一九七二年。

大本教学研鑽所編『大本教学』特集・五六七の世、一二号、大本教学研鑽所、一九七二年。

大本教学研鑽所編『別冊大本教学　裏の神諭「神霊界」誌覆刻』大本教学研鑽所、一九七六年。

大本教学研鑽所編『別冊大本教学　表の神諭「神霊界」誌覆刻』大本教学研鑽所、一九七七年。

大本教学研鑽所編『大本教学　大本教祖伝資料㈠』一九号、大本教学研鑽所、一九八〇年。

大本天恩郷宣伝部編『おかげばなし』第二天声社、一九二八年。

大本七十年史編纂会編『二代様のお話しと直筆　つきぬおもいで』大本七十年史編纂会、一九六一年。

大本七十年史編纂会編『経歴の神諭㈠：大本七十年史資料（神諭）』大本七十年史編纂会、一九六一年。

大本七十年史編纂会編『経歴の神諭㈡：大本七十年史資料（神諭）』大本七十年史編纂会、一九六二年。

大本七十年史編纂会編『大本七十年史　上巻』大本、一九六四年。

大本七十年史編纂会編『大本七十年史　下巻』大本、一九六七年。
＊大本七〇年の歴史を日本国内ばかりでなく、世界の歴史的コンテクストのなかに位置づけて描き、一九六〇年から七年の歳月をかけて刊行された、全二巻の根本的な文献。
『人類愛善新聞』一～五巻、不二出版、二〇一二～三年（一九二五～三六年）。

『神霊界』一～九巻、八幡書店、一九八六年（一九一七～二一年）。

『直霊軍』綾錦社（直霊社）、一九〇九～一〇年。

出口王仁三郎『出口王仁三郎全集』全八巻、天声社、一九九八～九九年（一九三四～三五年）。

出口王仁三郎『出口王仁三郎著作集』全五巻、読売新聞社、一九七二～七三年。

出口王仁三郎『伊都能売神諭——出口王仁三郎神示集』八幡書店、二〇〇二年。

出口ナオ『大本神諭　天の巻』村上重良校注、平凡社、一九七九年（皇道大本・大日本修斎会出版局編『大本神諭　天之巻』一九一九年）。

出口ナオ『大本神諭　火の巻』村上重良校注、平凡社、一九七九年（皇道大本・大日本修斎会出版局編『大本神諭　火之巻』一九二〇年）。
＊二度の国家権力の弾圧を受けた教団の教祖、出口なおの発禁に処されたラディカルな筆先を収めた基本文献。

伊藤栄蔵『大本　出口なお・出口王仁三郎の生涯』講談社、一九八四年。

井岡綸一郎編『愛善陸稲耕作法――桑園改植　荒蕪地開墾地　利用の福音』昭和神聖会総本部、一九三四年。

木庭次守「五六七の世の構想」『大本教学』一二号、一九七二年。

塩見雅正「大本史跡めぐり一　秘められた由緒――亀岡篇」『大本教学』一二号、一九七二年。

鈴木新太郎編『愛善陸稲栽培法』愛善陸稲栽培実行組合、一九三四年。

出口栄二『出口栄二選集　一』講談社、一九七九年。

出口栄二監修『写真図説　民衆の宗教・大本』学燈社、一九七〇年。

出口京太郎『巨人出口王仁三郎』講談社文庫、一九七五年。

出口すみ子『おさながたり』天声社、一九五五年。

出口和明『大地の母――実録出口王仁三郎伝』全一二巻、みいづ舎、一九九三～九四年（一九六九～七一年）。
＊出口なお・王仁三郎の数多くの隠れた逸話も掘り起こして、歴史的な事実を踏まえて描かれた壮大な伝記。

その他

秋沢修二・永田広志『現代宗教批判講話』白揚社、一九三五年。

朝倉喬司『流行り唄の誕生――漂泊芸能民の記憶と近代』青弓社、一九八九年。

池田士郎『中山みきと被差別民衆――天理教教祖の歩んだ道』明石書店、一九九六年。

井上順孝『教派神道の形成』弘文堂、一九九一年。

猪俣津南雄『踏査報告　窮乏の農村』岩波文庫、一九八二年（一九三四年）。

今井清一・高橋正衛編『現代史資料4　国家主義運動1』みすず書房、一九六三年。

今村新吉「出口王仁三郎精神鑑定記録1（昭和二年）」加藤敬事編『続・現代史資料7　特高と思想検事』みす

ず書房、一九八二年。

岩崎正弥『農本思想の社会史——生活と国体の交錯』京都大学学術出版会、一九九七年。

ウェーバー、マックス『支配の社会学Ⅱ』世良晃志郎訳、創文社、一九六二年。

ウォルマー、クリスチャン『鉄道の歴史——鉄道誕生から磁気浮上式鉄道まで』北川玲訳、創元社、二〇一六年。

大石嘉一郎「昭和恐慌と地方財政——農村財政を中心として」東京大学社会科学研究所「ファシズムと民主主義」研究会編『ファシズム期の国家と社会1　昭和恐慌』東京大学出版会、一九七八年。

大谷栄一『近代日本の日蓮主義運動』法藏館、二〇〇一年。

大谷栄一「超国家主義と日蓮主義」竹沢尚一郎編『宗教とファシズム』水声社、二〇一〇年。

大宅壮一『大宅壮一全集』第四巻、蒼洋社、一九八一年。

岡田靖雄『私説松沢病院史　1879〜1980』岩崎学術出版社、一九八一年。

岡田靖雄「将軍・芦原金次郎伝」『図書』四八〇号、一九八九年。

尾形健一「尾形健一大佐日記」中尾裕次編『昭和天皇発言記録集成　下巻』芙蓉書房出版、二〇〇三年。

桂島宣弘『思想史の十九世紀——「他者」としての徳川日本』ぺりかん社、一九九九年。

桂島宣弘『幕末民衆思想の研究——幕末国学と民衆宗教』増補改訂版、文理閣、二〇〇五年。

加藤完治『日本農村教育』東洋図書、一九三四年。

加藤敬事編『続・現代史資料7　特高と思想検事』みすず書房、一九八二年。

鹿野政直『資本主義形成期の秩序意識』筑摩書房、一九六九年。

鹿野政直『大正デモクラシーの底流——〝土俗〟的精神への回帰』日本放送出版協会、一九七三年。

鎌田東二『神界のフィールドワーク——霊学と民俗学の生成』青弓社、一九八七年。

川村邦光「カリスマの磁場をめぐって——カリスマ論の一考察」宗教社会学研究会編『宗教の意味世界』雄山閣、

一九八〇年。

川村邦光「スティグマとカリスマの弁証法――教祖誕生をめぐる一試論」『宗教研究』二五八号、一九八二年。

川村邦光「近代日本と霊魂の行方――生活思想と仏教」安丸良夫編『大系仏教と日本人11　近代化と伝統』春秋社、一九八六年。

川村邦光「教祖のドラマトゥルギー――カリスマの制度化と継承」宗教社会学研究会編『教祖とその周辺』雄山閣、一九八七年。

川村邦光『幻視する近代空間――迷信・病気・座敷牢、あるいは歴史の記憶』青弓社、一九九〇年。

川村邦光『巫女の民俗学――〈女の力〉の近代』青弓社、一九九一年。

川村邦光『憑依の視座――巫女の民俗学Ⅱ』青弓社、一九九七年。

川村邦光「近代日本における憑依の系譜とポリティクス」川村編『憑依の近代とポリティクス』青弓社、二〇〇七年。

川村邦光「救世主幻想のゆくえ――皇道大本とファシズム運動」竹沢尚一郎編『宗教とファシズム』水声社、二〇一〇年。

川村邦光「賢治の弟子　松田甚次郎論――農と農民劇の実践」『文化／批評』冬季臨時増刊号（弔いの形をめぐる歴史民俗学的研究）、国際日本学研究会、二〇一六年。

工藤昭彦『資本主義と農業――世界恐慌・ファシズム体制・農業問題』批評社、二〇〇九年。

栗原彬「一九三〇年代の社会意識と大本――社会不安と両義性の宗教」『思想』六二四号、一九七六年。

栗原彬『歴史とアイデンティティ――近代日本の心理＝歴史研究』新曜社、一九八二年。

小池健治・西川重則・村上重良編『宗教弾圧を語る』岩波新書、一九七八年。

黄文雄『日本人はなぜ世界から尊敬され続けるのか』徳間書店、二〇一一年。

金光教本部教庁編『概説金光教』金光教本部教庁、一九七二年。

金光教本部教庁編『金光教教典』金光教本部教庁、一九八三年。

金光教本部教庁編『金光教教典用語辞典』金光教本部教庁、二〇〇一年。

金光教本部教庁編『金光教教典』増補版、金光教本部教庁、二〇〇四年。

佐々木宏幹『シャーマニズムの人類学』弘文堂、一九八四年。

島薗進「神がかりから救けまで——天理教の発生序説」『駒澤大学仏教学部論集』八号、一九七七年。

島薗進『現代宗教の可能性——オウム真理教と暴力』岩波書店、一九九七年。

島薗進「国家神道とメシアニズム——「天皇の神格化」からみた大本教」網野善彦他編『岩波講座　天皇と王権を考える4　宗教と権威』岩波書店、二〇〇二年。

島薗進『国家神道と日本人』岩波新書、二〇一〇年。

ストーカー、ナンシー『出口王仁三郎——帝国の時代のカリスマ』岩坂彰訳、原書房、二〇〇九年。

末木文美士「近代の来世観と幽冥観の展開」島薗進他編『シリーズ日本人と宗教——近世から近代へ3　生と死』岩波書店、二〇一五年。

杉田直樹「出口王仁三郎精神鑑定記録2」(昭和二年)加藤敬事編『続・現代史資料7　特高と思想検事』みすず書房、一九八二年。

関一敏「教祖の帰還——中山みきの生涯にみる通過儀礼的構成とその意味」池田士郎・島薗進・関一敏『中山みき・その生涯と思想——救いと解放の歩み』明石書店、一九九八年。

瀬戸美喜雄『金光教祖の生涯』金光教教学研究所、一九八〇年。

添田知道『流行歌明治大正史』刀水書房、一九八二年(一九三三年)。

孫江「戦場の遺体——「上海事変」における紅卍字会の遺体埋葬活動と大本教」武内房司編『戦争・災害と近代東アジアの民衆宗教』有志舎、二〇一四年。

高橋和巳『邪宗門』上・下巻、河出書房新社、一九六六年。

高橋和巳・鶴見俊輔「対談・教祖的人間について」『伝統と現代』第二巻第九号、一九六九年。

高橋正衛編『現代史資料5　国家主義運動2』みすず書房、一九六四年。

高橋正衛編『現代史資料23　国家主義運動3』みすず書房、一九七四年。

竹沢尚一郎編『宗教とファシズム』水声社、二〇一〇年。

竹部弘「教祖の力学——金光教の教祖探究から」幡鎌一弘編『語られた教祖——近世・近現代の信仰史』法藏館、二〇一二年。

對馬路人「新宗教における天皇観と世直し観——神政龍神会の場合」孝本貢編『論集日本仏教史9』雄山閣、一九八八年。

津城寛文『鎮魂行法論——近代神道世界の霊魂論』春秋社、一九九〇年。

津城寛文「国家総動員体制下の宗教弾圧——第二次大本事件」洗建・田中滋編『国家と宗教——宗教から見る近現代日本　上巻』法藏館、二〇〇八年。

綱沢満昭『日本の農本主義』紀伊國屋書店、一九九四年（一九七一年）。

天理教教会本部編『天理教原典集』天理教教会本部、一九五二年。

戸坂潤『日本イデオロギー論』白揚社、一九三五年／岩波文庫、一九七七年。

戸坂潤『思想と風俗』平凡社、二〇〇一年（一九三六年）。
＊映画や文芸、衣裳、学生、受験、大学、スポーツ、宗教、哲学などを風俗の視点から鋭く考察したマルクス主義哲学者の評論集。戸坂は治安維持法違反で逮捕され、敗戦の六日前に獄死した。
内藤正敏「宮澤賢治と佐々木喜善——異界・エスペラント・宗教」『文学』七巻一号、一九九六年。

永岡崇「安丸良夫と「民衆」の原像——『出口なお』について」『日本学報』二五号、二〇〇六年。

永岡崇「新宗教文化の脱教団的展開――教祖研究の〈作法〉をめぐって」幡鎌一弘編『語られた教祖――近世・近現代の信仰史』法藏館、二〇一二年。

永岡崇『新宗教と総力戦――教祖以後を生きる』名古屋大学出版会、二〇一五年。

中村古峡『学理的厳正批判　大本教の解剖』日本精神医学会、一九二〇年。

中村政則「経済更生運動と農村統合――長野県小県郡浦里村の場合」東京大学社会科学研究所「ファシズムと民主主義」研究会編『ファシズム期の国家と社会1　昭和恐慌』東京大学出版会、一九七八年。

西川武『皇道大本教事件に関する研究』東洋文化社、一九七七年（一九三九年）。

西山茂『近現代日本の法華運動』春秋社、二〇一六年。

橋川文三「昭和超国家主義の諸相」『超国家主義　現代日本思想大系31』筑摩書房、一九六四年。

橋川文三『ナショナリズム――その神話と論理』紀伊國屋新書、一九六八年。

幡鎌一弘編『語られた教祖――近世・近現代の信仰史』法藏館、二〇一二年。

早川紀代秀・川村邦光『私にとってオウムとは何だったのか』ポプラ社、二〇〇五年。

兵頭晶子『精神病の日本近代――憑く心身から病む心身へ』青弓社、二〇〇八年。

ひろたまさき『文明開化と民衆意識』青木書店、一九八〇年。

ひろたまさき『差別の視線』吉川弘文館、一九九八年。

ひろたまさき『女の老いと男の老い』吉川弘文館、二〇〇六年。

ひろたまさき『差別からみる日本の歴史』解放出版社、二〇〇八年。

広瀬浩二郎『人間解放の福祉論――出口王仁三郎と近代日本』解放出版社、二〇〇一年。

広瀬浩二郎「人類愛善運動の史的意義――大本教のエスペラント・芸術・武道・農業への取り組み」『国立民族学博物館研究報告』二七巻一号、二〇〇二年。

藤田省三『天皇制国家の支配原理』未來社、一九六六年。

藤田省三『全体主義の時代経験　藤田省三著作集6』みすず書房、一九九七年。

藤原辰史『稲の大東亜共栄圏――帝国日本の〈緑の革命〉』吉川弘文館、二〇一二年。

堀真清『西田税と日本ファシズム運動』岩波書店、二〇〇七年。

松本健一『出口王仁三郎――屹立する最後の革命的カリスマ』増補版、書籍工房早山、二〇一二年。

丸山真男「超国家主義の論理と心理」（一九四六年）『現代政治の思想と行動』増補版、未來社、一九六四年。

見田宗介『近代日本の心情の歴史――流行歌の社会心理史』講談社学術文庫、一九七八年（一九六七年）。

南博・佐藤健二編「憲兵司令部資料」『近代庶民生活誌4』三一書房、一九八五年。

宮澤賢治「農民芸術の興隆」（一九二六年）『宮沢賢治全集10』ちくま文庫、一九九五年。

宮田登『生き神信仰――人を神に祀る習俗』塙新書、一九七〇年。

宮田登『ミロク信仰の研究』新訂版、未來社、一九七五年。
　＊民間に広まっていたミロク信仰から世直し運動まで、大本も含めて考察した歴史民俗学の卓越した業績。
宮田登『土の思想』創文社、一九七七年。

宮田義矢「世界紅卍字会の慈善観」武内房司編『戦争・災害と近代東アジアの民衆宗教』有志舎、二〇一四年。

村上重良『近代民衆宗教史の研究』増訂版、法藏館、一九六三年（一九五八年）。

村上重良『評伝　出口王仁三郎』三省堂、一九七八年。

文部省編『国体の本義』文部省、一九三七年。

文部省教学局編『臣民の道』文部省教学局、一九四一年。

安丸良夫『日本の近代化と民衆思想』青木書店、一九七四年／平凡社ライブラリー、一九九九年。

安丸良夫『出口なお』朝日新聞社、一九七七年／岩波現代文庫、二〇一三年。

＊大本の開祖・出口なおの生活の深部を探索し、民衆宗教思想の生成プロセスを丹念に掘り起こして、宗教者から民衆思想家へと転換させた記念碑的な評伝。
安丸良夫『日本ナショナリズムの前夜――国家・民衆・宗教』朝日新聞社、一九七七年。

安丸良夫『神々の明治維新――神仏分離と廃仏毀釈』岩波新書、一九七九年。

安丸良夫「大本教の千年王国主義的救済思想」『一揆・監獄・コスモロジー――周縁性の歴史学』朝日新聞社、一九九九年。

安丸良夫「宗教文化の可能性――文庫版「あとがき」に代えて」『出口なお』岩波現代文庫、二〇一三年。

安丸良夫『安丸良夫集』一～六巻、岩波書店、二〇一三年。

山崎佐「精神病者処遇考（四）」『精神学雑誌』三四巻四号、一九三一年。

吉田久一『日本貧困史』川島書店、一九八四年。

吉本隆明「日本のナショナリズム」吉本隆明編『現代日本思想大系4　ナショナリズム』筑摩書房、一九六四年（『吉本隆明著作集13』勁草書房、一九六九年）。

吉本隆明「日本ファシストの原像」『吉本隆明著作集13』勁草書房、一九六九年（一九六〇年）。

吉本隆明「新興宗教について」『高橋和巳作品集4　邪宗門』河出書房新社、一九七〇年。

吉本隆明編『現代日本思想大系4　ナショナリズム』筑摩書房、一九六四年。

陸軍省新聞班「国防の本義と其強化の提唱」高橋正衛編『現代史資料5　国家主義運動2』みすず書房、一九六四年。

レイン、R.D.「メタノイア――キングスレイ・ホール（ロンドン）でのいくつかの経験」山口節郎訳『現代思想』三巻七号、一九七五年。

渡辺治「ファシズム期の宗教統制――治安維持法の宗教団体への発動をめぐって」東京大学社会科学研究所編『ファシズム期の国家と社会4　戦時日本の法体制』東京大学出版会、一九七九年。

あとがき

今年の桜の開花はやや遅かった。京都駅から電車に乗って綾部を訪ねた。大本・梅松苑を散策した後、山深いなか、車を走らせて、質山峠に向かった。産屋のある大原、グンゼを廻り、福知山に着き、一宮神社に参詣すると、咲き始めた桜の樹があった。この境内には、出口なおの死の前年、一九一七年（大正六）建立の「神饌所新築寄附者芳名」碑があり、「出口なを」と銘刻されている。八年前、亀岡・福知山・綾部を巡った際に見つけ、また再会した。海眼寺の芝原三裕住職のもとに宿泊した。皇大神社（元伊勢内宮）、天岩戸神社、そして普甲峠に至った。峠からは宮津の市街が眼下に広がり、すばらしい眺めである。かつて出口なおも足を止めて、ひと時であれ、この眺望を眼にしたと思い馳せると、なおの労苦がひとしお身に迫ってきたような感じがした。

私が大本・亀岡の天恩郷を初めて訪ねたのは、一九七九年七月二三日から二八日であった。その際には、大本教学研鑽所の出口三平さん、長谷川洋さんには大変お世話になった。まる一週間の滞在であった。その間、私は出口さんと長谷川さんに頼りきりで、資料収集に努めた。コピーをしたり、資料の現物をいただいたりもした。仕事の都合で仙台から奈良へ移動したが、それらは長らく失われずに、今回きわめて役立った。感謝してあまりあるほどである。また、出口和明宅にうかがう機会を作っていただいた。その際には、和明さんから王仁三郎について教えていただいたはずだが、何を聞いたのかはとうに忘れてしまっている。亀岡から仙台に帰って、巫者・シャーマニズム研究を少しは発展させようと、カリスマ論、教祖論の試論を書き始めた。

私の出口なお・大本研究の始まりは、高橋和巳、吉本隆明、そして安丸良夫の影響による。M・ウェーバーの社会学的なカリスマ論に少し熱中したが、飽き足らず、私なりの実証的な手法でやってみようと思った。天理教の中山みき、大本の出口なお、天照皇大神宮教の北村サヨ、三人の女性教祖をカリスマとして目星をつけた。中山みきは『みかぐらうた』『おふでさき』、出口なおは『大本神諭』、北村サヨは『生書』を残している。依拠すべき資料は、これだけでも十分だろうと思った。みきは江戸後期から明治初期、なおは明治中期から大正期、サヨはアジア・太平洋戦争期から敗戦後、三教祖の女性としての生涯から、近代日本のもうひとつの異なった様相を浮き彫りにできると思った。

カリスマ論や教祖論、巫女論に関する文章を書き綴ってきたが、それに飽き足らず紆余曲折を経てきた。そして、一〇年以上も前に、本書を執筆する機会に恵まれながらも、遅々として進まず、いたずらに歳月は百代の過客のように過ぎ去っていった。やはり安丸良夫先生の『出口なお』が塞《さい》の神もしくは道祖神のように立ちはだかっていたのだろうか。道祖神は旅の安全を護る神なのだが、他方では結界して境界から魔物の侵入を防ぐ神でもある。境の周辺をうろついている間にも、道祖神は招いていた。ともあれ、その招きに応えて、行方はどうであれ境を越えてみようとした。春日山の上に天の川が横たう盛夏、ようやくできあがった。とはいえ、安丸先生は遠くまで旅立ってしまっていた。本書を進呈すべきは安丸先生であるが、遅きに失して悔やまれてならない。境の神に捧げる幣帛の代わりに、本書を安丸先生に捧げたい。

大本は出口なおと王仁三郎の反国体とされる教義を説き、運動をして弾圧された。当時の大本は皇道主義を標榜し、日本主義・国家主義団体とみなされていた。安丸は大本・出口なおに「終末的救済思想」を見出し、そこに民衆思想・運動の潜在的な可能性を追究していった。その一方で、近代天皇制をめぐって批判的な検討を続けていた。「天皇制は、政治とは一定の距離をとった儀礼的な様式のもとで、誰もが否定してはならない権威と中心とを演出して、それを拒否するものは『良民』ではない、少なくとも疑わしい存在と判定されるのだという選別＝差別の原理をつくりだしている」（『近代天皇像の形成』岩波書店、一九九二年）、これが安丸の現代天皇制論の核心である。

政治とは無縁だと装いつつ、象徴としての行為を頻繁に繰り返し、国内ばかりではなく、海外にも出掛けて、きわめて政治的に振る舞っているのが昨今の象徴天皇ということになろうか。それが昨年の退位の意思を表明した放送によって一挙に加速されたように思われる。それはレコード吹き込みの玉音放送を踏襲した、ヴィデオ収録の〝玉体放送〟であった。国民に寄り添い、国民のために祈るという天皇に癒されているらしい感覚・心情が、マスメディアでは大いに喧伝され、日本人として心地よい情緒を抱いている人たちがいるらしい。天皇の象徴としての行為を通じて、決してきつくではなく、ゆるく群れていたい、たむろしていたい、まとまっていたい、それも絶えず除け者を生み出して、心地よい感覚を手放さずに味わいながら、いわば〝癒しの共同体〟のなかに統合されたがっている人たちが溢れているような気がしてならない。こうした日本人的感覚（J感覚）が蔓延し、あいまいながらも集合的におぼろげな形をなした、亡霊のようなJ感覚が体制化され支配しているようだ。

かつて戸坂潤は『日本イデオロギー論』で日本主義的風潮を批判した。昨今でも、閉鎖的かつ攻撃的で、卑屈と自惚れをごた混ぜにした、美しい日本が吹聴されてきた。この頃では、日本はおいしい、楽しい、心地よい、癒される、と満足気に語られている。つい最近〝日本の田舎はいいなあ〟という言葉を目にした。なんとなくのノスタルジックなJ感覚を基調としたJ感覚体制、それはゆるい日本主義、Jイズムとでも言ったほうがふさわしい。そのようなJイズムの雰囲気が次第に濃厚に漂っている気配がする。なんとなくのJ感覚、ゆるく心地よいJイズムを、そこかしこで確認することができるのではなかろうか。それは癒しの象徴天皇制とでも言えるものと通底しているのだろう。安丸良夫は一九四五年八月一五日、玉音放送を聴いた日のことを次のように思い返している。

私は、敗戦の日に「玉音放送」を聴いたときの記憶がない。しかし、あの日、私は家のなかでたしかに「玉音放送」を聴いたはずで、そのあと外にでて垣根のところで独りで泣いていた。国民学校五年生の私は、いっぱしの軍国少年で、戦争に敗れたことがたいへん口惜しかったのだ。ところがそこへ母がきて、〝もう敗けてしまったのだから、お前が泣いてもどうなるものでもない、家に入って早くお昼ご飯を食べろ〟という意味のことをいったのである。（中略）私からすれば、敗戦という驚天動地の大事件をあっさり受けいれて感情的な反応を見せない母の態度に、〝どうして?!〟という驚きがあったのである。　〔安丸、前掲書〕

現天皇の〝玉体放送〟を見て、私たちは何を思い考えただろうか。老齢により天皇の「象徴の務め」ができなくなり、退位したいとのことであった。高齢化社会のなかで、終身雇用とは無縁になっている若者たち、わずかな年金をやり繰りして暮さざるをえない老人たちはどう感じただろうか。そんなことより早く昼飯食べろと言った母親、また天皇はどんな昼飯を食べているのだろうかと考えた子供はいなかっただろうか。超特権的な地位にある人の老いの繰り言として聴いた人もいないわけではないだろう。この〝玉体放送〟は政府・国会をはじめとして、マスメディアや国民を動かしたという点で、まさしく天皇による政治行為そのものであったのであり、皇室典範特例法として制定された。そもそも天皇の身体・身振り、それ自体が政治性を帯びている。

天皇の〝玉体放送〟では、「天皇として大切な、国民を思い、国民のために祈るという務めを、人々への深い信頼と敬愛をもってなし得たことは、幸せなことでした」などといったことを語った。〝寄り添い祈る〟「天皇の象徴的行為」をありがたがり、「深い信頼と敬愛」を寄せられたことに感激して、象徴天皇制が神聖性・神道的色彩を脱却し、立憲主義・民主主義を支えて、安定し維持できていることに讃辞を寄せている人もいる。

このような象徴天皇をモデルにした〝お国柄〟にすっぽりと包まれて安住している限りは心地よい。

戦前・戦中のような昭和天皇の詔書などのむずかしい漢語を用いた苛酷かつ峻烈な国体ディスクール体制とはかなり趣を異にした、ソフトで丁寧な耳障りのいい言葉をことさらに用いている。J感覚に頼った、Jイズム体制が追認されている。安丸の「秩序と権威にしたがう『良民』か否かをためす踏絵として、いまも十分に機能している」（安丸、前掲書）という言葉によるなら、象徴天皇制の癒し共同体を裏返せば、イジメ共同体なのである。

さて、二〇一七年七月から、共謀罪法とも称される改正組織的犯罪処罰法が施行された。それとともに昨年に天皇が退位を告げて以降、象徴天皇制のJイズムに依拠した翼賛体制がじわりと浸透している。この二つはどこかで繫がっていよう。癒し共同体の裏面、イジメ共同体が露骨に現われてきている。共謀罪法は治安維持法と重ね合わされて論じられていた。そうでもあろうが、刑法はもとより、破防法などがあり、なくても間に合うだろう。それよりも、共謀罪法が通信謀受（盗聴）法とともに運用され、個々の「一般人」に対する内偵・捜査がすでに陰険かつ狡猾に実施されているが、これからは露骨に盛んに行なわれることは眼に見えている。監視カメラがくまなく設置され、監視・管理支配体制はもはや十全に構築されている今日である。きわめて暑い日々が続き、時として台風が猛威を振るい、土砂降りや土砂崩れが起こり、悲惨な災害に見舞われているように、安穏な日々はいつでも脅かされている。戦前の大本の宗教思想・運動の行方は、現在の平穏な日々を再考してみる機会になろう。

掲載した貴重な写真は大本教学研鑽所研鑽室の中里洋さん、斎藤泰さんのお世話になり、感謝したい。また、以下に挙げる我が同朋・同行の士にいろいろとお世話になった。感謝を籠めた連帯の挨拶を送っておこう。石山祥子、猪岡叶英、梶龍輔、鎌倉祥太郎、ガラシーノ・ファクンド、佐藤博昭、芝原三裕、陣内恵梨、竹原明理、湯天軼、永岡崇、畑中小百合、兵頭晶子、黛友明、山口良太。

編集者の田引勝二さんには長らく、きわめて辛抱強く待っていただいた。ようやく「あとがき」を書くまでに漕ぎ着けることができたのも、ひとえに田引さんのお蔭であり、感謝したい。外では真夜中になっても、蟬一匹が地上に出てきたことに感に堪えないのか、ジイジイと鳴き続けている。私の雌伏もしくは無為の籠居は数えるのも面倒だが、一〇年以上であった。

蟬の鳴き声を聞きつけて、鷹揚とした姿態で眠りこけていた猫がむっくりと起き上がってきた。猫もまたうなり声を挙げて、闇夜に眼を光らせている。怠惰な私に籠居の眠りからの決起を促しているらしい、猫の小太郎、小次郎、三太郎、そして食う寝るを生業にして寝そべっている菊五郎にもありがとうと言っておこう。

二〇一七年八月　盛夏の奈良にて

川村邦光

出口なお・王仁三郎略年譜

和暦	西暦	齢 なお	齢 王仁三郎	関係事項	一般事項
天保 七	一八三六	1		旧12・16（新37年1・22）なお、福知山上紺屋町に桐村五郎三郎・そよの長女として生まれる。	この年、諸国で大飢饉。
八	一八三七	2		5・2（旧3・28）なおの祖父五郎三郎死去。	3・25大塩平八郎の乱。
弘化 三	一八四六	11		10・15（旧9・15）なおの父、五郎三郎死去。なお、奉公に出る（後に饅頭屋・呉服店などの奉公）。	
嘉永 元	一八四八	13		この年、なお、孝行娘として福知山藩主から表彰。	
五	一八五二	17		9月なお、奉公をやめて自宅に帰る。	
六	一八五三	18		この年、なお、綾部の出口ゆり（なおの叔母）の養女となるが、半年で実家に帰る。	6・3ペリー浦賀来航。7月プチャーチン長崎来航。
安政 元	一八五四	19		旧8・29出口ゆり死去。	3・3日米和親条約締結。英露と和

					親条約締結。
	二	一八五五	20	2・3なお、綾部の出口家へ戻る。3・20（旧2・3）大工の四方豊助（出口政五郎を襲名）と結婚。	10・2安政の大地震。
	三	一八五六	21	8・20（旧7・20）なお、長女よね出産。	9・18浦上三番崩れ（キリシタン弾圧）。
	五	一八五八	23		6・19～9・3日米蘭露英仏と修好通商条約に調印。9・7安政の大獄。
	六	一八五九	24		5・28神奈川・長崎・箱館の開港布告。
万延	元	一八六〇	25		8・21福知山藩領全六三ヵ村の大一揆（市川騒動）。
文久	二	一八六二	27	7・4（旧6・8）なお、二女こと出産。	6・2池田屋事件。8・21生麦事件。
元治	元	一八六四	29	12・30なお、長男竹造を出産。	6・5新撰組、池田屋を襲撃。7・19禁門の変。
慶應	三	一八六七	32		7・13浦上四番崩れ（キリシタン弾圧）。10・14大政奉還。12・9王政復古の大号令。
明治	元	一八六八	33	7・23なお、三女ひさ出産。	1・3戊辰戦争。3・14五箇条の御誓文。3・28神仏分離令。9・8明

					治と改元。
二	一八六九	34			6・17版籍奉還。6月東京招魂社（靖国神社）創建。
三	一八七〇	35			1・3大教宣布の詔。
四	一八七一	36	1	8・27（旧7・12）上田喜三郎（出口王仁三郎、以下王仁三郎）、京都府南桑田郡曽我部村穴太に吉松・よねの長男として生まれる。	7・14廃藩置県。8・28穢多・非人の称廃止。
五	一八七二	37	2	6・30なお、次男清吉を出産。先祖伝来の家屋敷を売って、借家に移り、煮売り屋を開店する。	8・3学制発布。旧12・3太陽暦の採用。
六	一八七三	38	3	夏、饅頭の製造・販売を始める。	1・10徴兵令布告。1・15梓巫女など禁止。2・24切支丹禁止の高札撤去。7・28地租改正条例布告。この年、全国各地で徴兵令・地租改正など新政反対一揆の続発。7・23〜29綾部で徴兵令反対一揆（七区騒動）。
七	一八七四	39	4		2・6台湾出兵。
八	一八七五	40	5		6・28新聞紙条例公布。
九	一八七六	41	6	この年、政五郎・なお、本宮村に家を新築。	10・23黒住教独立。

一〇	一八七七	42	7	3・11なお、三男伝吉を出産。	2・15西南戦争。
一三	一八八〇	45	10	4・12なお、四女りょうを出産。	3・17国会期成同盟結成。
一六	一八八三	48	13	2・3なお、五女すみ（二代教主）を出産。	4・16新聞紙条例改正。10・10金光教教祖・赤沢文治（金光大神）死去。11・28鹿鳴館落成。
一七	一八八四	49	14	この年、出口家破産。	10・31秩父事件。松方デフレ政策による不況・凶作。
一九	一八八六	51	16	この年、なお、紙屑・ぼろ買いを始める。	10・24ノルマントン号事件。コレラ流行。
二〇	一八八七	52	17	1・22なお、宮津・普甲峠で遭難。3・1なおの夫・政五郎死去（享年60）、臨済宗妙心寺派・西福院に埋葬。	2・18天理教教祖・中山みき死去。12・26保安条例公布。鹿鳴館などの欧化主義非難。
二二	一八八九	54	19	8・24三女ひさ、車夫の福島寅之助と結婚。	2・11大日本帝国憲法発布、皇室典範制定。7・1東海道線全通。この年、内地雑居問題起こる。
二三	一八九〇	55	20	8・31なおの三女福島ひさ、神がかりになる。9・5ひさ、金光教教師の祈禱で回復。なお、金光教の剣先を祀る。	10・30教育勅語発布。
二四	一八九一	56	21	なおの次男清吉、大槻家で紙漉き業。	1・9内村鑑三、教育勅語不敬事件。5・11大津事件。10・28濃尾大地震。

二五	一八九二	57	22	1・27（旧12・28）なおの長女大槻よね、神がかりになる。1・30（旧1・5）なお、初めての神がかりになり、一三日間断食（大本開教）、万年青・葉蘭を植える。12・1なおの次男清吉、近衛兵として入隊。	11・1『万朝報』創刊。
二六	一八九三	58	23	4・21（旧3・6）なお、放火の嫌疑で警察に留置。4・22座敷牢に四〇日間入れられ、艮の金神に釘で文字を書かせられ、筆先の執筆が始まり、推量節を聴き、替え歌を作り歌う。	4・3日本基督教婦人矯風会結成。
二七	一八九四	59	24	6・11（旧5・8）なおに「唐行き」の神示、亀岡の金光教会・京都市河原町の天理教会を訪ねる。11・11（旧10・14）最初の広前を開く。	8・1日清戦争開始。
二八	一八九五	60	25	5月なおの次男清吉、台湾で戦病死。6月中旬なお、金光教布教師の奥村定次郎と対立し、糸引きに出る。	4・23露・独・仏の三国干渉。10・8閔妃暗殺事件。
二九	一八九六	61	26	7・20（旧6・10）奥村の後任に足立正信来る。	アテネで第一回オリンピック大会開催。
三〇	一八九七	62	27	4・4（旧3・3）艮の金神を単独で祭祀	10月金本位制の実施。

三一	一八九八	63	28	する。3・1王仁三郎、高熊山で七日間の修行。4・28静岡の稲荷講社本部を訪ねる。10・8王仁三郎、初めてなおと出会う。	6・30最初の政党内閣・大隈内閣成立。
三二	一八九九	64	29	7・3王仁三郎、再度なおを訪問。8・1なおと王仁三郎が提携し、金明霊学会を設立。	7・17改正条約の実施により治外法権撤廃、内地雑居の実施。
三三	一九〇〇	65	30	1・1王仁三郎となおの五女すみと結婚。7・4冠島開き。8・2沓島開き。9・1鞍馬山へ出修。	2・13足尾鉱毒事件。3・10治安警察法公布。6・21北清事変。6・19金光教、別派独立。
三四	一九〇一	66	31	4・26元伊勢へ水の御用。7・1出雲大社へ火の御用。この頃、なおと喜三郎の対立激化。10・19（旧9・8）なおの弥仙山籠り。	1月内田良平、黒龍会設立（顧問・頭山満）。5・18安部磯雄・片山潜・幸徳秋水・木下尚江ら、社会民主党結成、二日後禁止。12・10田中正造、足尾鉱毒問題で天皇に直訴。
三五	一九〇二	67	32	3・7王仁三郎・すみの長女直日（三代教主）誕生。	1・30日英同盟。小学校就学率が九〇％超える。
三六	一九〇三	68	33	5・24（旧4・28）なお、弥仙山で二度目の岩戸開き。7・20なお、福知山・一宮神社参詣。この年、直日の種痘騒動。	11・15幸徳秋水・堺利彦ら平民社設立・『平民新聞』創刊。
三七	一九〇四	69	34	5・22王仁三郎『道之栞』『本朝創世記』	2・10日露戦争開始。

				など執筆。	
三八	一九〇五	70	35	3・8王仁三郎、綾部を出る。5・29王仁三郎『道之大本』執筆。	9・5ポーツマス条約締結、日比谷焼討ち事件。12・20韓国統監府設置。
三九	一九〇六	71	36	9・20王仁三郎、京都の皇典講究分所に入学。	2・24堺利彦ら日本社会党結成。11・25南満洲鉄道会社（満鉄）設立。
四〇	一九〇七	72	37	3・31王仁三郎、皇典講究分所教育部を卒業。5・3王仁三郎、建勲神社の主典。12・18御嶽教西部本庁の総務主事になる。	2・4～7足尾銅山争議・暴動。
四一	一九〇八	73	38	8・1大日本修斎会の設立。	6・22赤旗事件。10・13戊申詔書渙発。11・28天理教、別派独立認可。
四二	一九〇九	74	39	2・15『直霊軍』創刊。11・22神殿落成式。	5・6新聞紙法公布。10・26ハルビンで伊藤博文、安重根に銃殺。
四三	一九一〇	75	40	1・10『直霊軍』9号に「天の真奈井」と題して筆先を掲載。8・25山陰線京都・綾部間開通。	5・25大逆事件。8・22韓国併合。10・1朝鮮総督府設置。
四四	一九一一	76	41	1・5王仁三郎、出口姓へ。2・23なおの隠居、王仁三郎の家督相続。	1・24幸徳秋水ら一二名死刑執行。2・21関税自主権の回復。6・1平塚明（らいてう）ら、青鞜社発起人会。9・1『青鞜』創刊。10・10辛亥革命。

四五 大正元	一九一二	77	42	4・24なお、王仁三郎ら、伊勢の内宮・外宮参拝。	1・1中華民国成立、孫文臨時大統領に就任。7・29明治天皇死去。
三	一九一四	79	44	8・15『敷嶋新報』創刊。9・25布教部隊の直霊軍結成。	7・28第一次世界大戦開始。8・23日本、ドイツへ宣戦布告。11・4田中智学、国柱会創立。
四	一九一五	80	45	1・28祭式講習会の開催。12・5直霊軍の軍規など発表、熱烈な布教活動の展開。	1・18対華二一ヵ条の要求。
五	一九一六	81	46	4・22皇道大本と改称。5・3浅野和三郎入信。6・25神島開き。12・11綾部に移住。	5月タゴール来日。
六	一九一七	82	47	1・1『神霊界』発刊、二月号より神諭の掲載開始。	2・14『主婦之友』創刊。9・12金輸出禁止。11・7ロシア革命。
七	一九一八	83	48	11・6(旧10・3)なお死去(満八一歳)。	8・2シベリア出兵宣言。7・23米騒動。スペイン風邪大流行。
八	一九一九		49	11・18亀岡城址買収。11・25『大本神諭天之巻』発刊。11・25すみ・二代教主、王仁三郎・教主補となる。	1・18パリ講和会議開始。3・1朝鮮独立宣言(三・一独立運動)。5・4中国で排日・抗日(五・四運動)。9・18神戸川崎造船所労働争議。
九	一九二〇		50	2・4みろく殿竣工。7・28『大本神諭火之巻』発刊、8・5発禁。	1・10国際連盟発足。1・31全国普選期成連合会結成。2・5八幡製鉄

一〇	一九二一	51	2・12第一次大本弾圧事件、大阪で王仁三郎検挙。10・5一審判決、不敬罪・新聞紙法違反有罪。10・18『霊界物語』口述開始。10・20神殿などの破却。	所労働争議。5・2初のメーデー。7・8神戸の川崎造船所・三菱造船所で争議・ストライキ、団体交渉権の要求。11・4原敬首相暗殺。
一一	一九二二	52	2・4大日本修斎会を大本瑞祥会に改称。二代教主すみ、バハイ教の布教師と出会う。	2・6ワシントン会議調印（ワシントン体制）、海軍軍縮条約・中国に対する九ヵ国条約締結。3・3全国水平社創立。4月日本農民組合結成。7・15日本共産党結成。12・30ソヴィエト連邦成立。
一二	一九二三	53	5・27エスペラントの採用。11・3道院・世界紅卍字会と提携。	1月婦人参政権同盟結成。9・1関東大震災。12・7虎ノ門事件。
一三	一九二四	54	2・23蒙古へ遠征。6・21パインタラで遭難。	1・10護憲運動。5・26米国、排日移民法。
一四	一九二五	55	5・20北京で世界宗教連合会発会。6・9人類愛善会の創設。10・1『人類愛善新聞』創刊。	3月ラジオ放送開始。4・22治安維持法公布。5・5普通選挙法公布。
一五 昭和元	一九二六	56	4・18人類愛善会第一回総会。	12・25大正天皇死去。

二	一九二七	57	5・17大赦令で原判決の破棄・免訴。	3・7北丹後（京都府北西部）地震、死者二九二五人。3・14金融恐慌。5・28山東出兵。
三	一九二八	58	3・3みろく大祭の執行。11・16月宮殿完成。	2・20第一六回総選挙（初の普通選挙）。3・15共産党員の全国一斉検挙（三・一五事件）。6・4関東軍の張作霖爆殺事件。6・29緊急勅令により治安維持法改正。8・27パリ不戦条約調印。
四	一九二九	59	10・12王仁三郎、すみと朝鮮・満洲へ巡教。	3・5山本宣治暗殺。4・16共産党員の全国一斉検挙（四・一六事件）。10・24世界恐慌。
五	一九三〇	60	3・8京都の宗教大博覧会に大本館を特設。	1・21ロンドン海軍軍縮会議開始。3・1元大本信徒の谷口雅春、生長の家を創設。4・22ロンドン海軍軍縮条約締結・統帥権干犯問題発生。11・14浜口雄幸首相、狙撃。この年、昭和恐慌。大豊作で米価暴落、娘の身売り。労働争議・小作争議激化。
六	一九三一	61	10・18昭和青年会の改組。	3月桜会の橋本欽五郎・大川周明ら

和暦	西暦		年齢	出口なお・王仁三郎関係	一般事項
					軍部クーデタ未遂（三月事件）。4・7反宗教闘争準備会結成（9・20日本戦闘的無神論者同盟に改称）。9・18満洲事変勃発。10・17橋本欽五郎ら陸軍将校による十月事件。東北・北海道で大凶作。
七	一九三二		62	3・10満蒙博覧会・大阪。4・15満蒙博覧会・京都。7・11満州国大博覧会・東京。8・13大日本武道宣揚会の設立（会長・植芝盛平）。	1・28第一次上海事変。2・9血盟団事件。3・1満洲国建国。5・15海軍青年将校ら、犬養毅首相射殺（五・一五事件）。10・1リットン調査団、日本政府に報告書を通達。10・5農林省、農山漁村経済更生計画助成規則を公布。
八	一九三三		63	2・3皇道大本と改称。3・6三陸大震災に慰問隊の派遣。	1・30ヒトラー政権成立。2・20小林多喜二拷問死。2・23関東軍、熱河に侵攻。3・27国際連盟脱退。4・22鳩山文部大臣、滝川幸辰京都帝大教授の辞職を要求（滝川事件）。6・7佐野学・鍋山貞親、転向声明。7月東京音頭レコード発売・流行。

九	一九三四	64	3・8『人類愛善新聞』百万部発行。7・22昭和神聖会の創設。	3・1溥儀、満洲国皇帝に就任。9・21室戸台風。9・20猪俣津南雄『窮乏の農村』刊行。10・1陸軍省『国防の本義と其強化の提唱』（陸軍パンフレット）発行。12・29ワシントン条約の廃棄通告。
一〇	一九三五	65	12・8第二次大本弾圧事件、王仁三郎、松江で検挙。	1月元大本信徒の岡田茂吉、大日本観音会（世界救世教）を創設。2・18貴族院で美濃部達吉の天皇機関説問題。8・3第一次国体明徴政府声明。10・15第二次国体明徴政府声明。12・16天理教本部、脱税容疑で捜索。
一一	一九三六	66	3・13王仁三郎など、不敬罪・治安維持法違反・新聞法違反で六一名起訴、翌日、京都・中京刑務所に収監。綾部・亀岡の神殿などの破却・結社禁止の命令。4・17綾部・亀岡の聖地の強制売却。5・18〜6・12綾部・亀岡の神殿などの破却。	1・25ロンドン海軍軍縮会議脱退の通告。2・26二・二六事件。11・25日独防共協定調印。
一二	一九三七	67	12・28出口宇智麿ら、予審終結。	3・30文部省『国体の本義』刊行。4・28ひとのみち教団の御木徳近、

				不敬罪容疑で検挙、結社禁止。7・7盧溝橋事件・日中全面戦争。8・13第二次上海事変。9月国民精神総動員運動。12・20南京占領・南京事件。
一三	一九三八	68	4・30王仁三郎、予審終結。8・10京都地裁で公判開始。	4・1国家総動員法公布。11・21天理教分派天理本道（ほんみち）の大西愛治郎ら、不敬罪・治安維持法違反で検挙、結社禁止。
一四	一九三九	69	2・6出口日出麿「心神喪失の状態」により公判停止。	4・8宗教団体法公布。5・12ノモンハン事件。6・21燈台社の明石順三ら、不敬罪・治安維持法違反で検挙、結社禁止。9・3第二次世界大戦。12・23宗教団体法施行令公布。
一五	一九四〇	70	2・29王仁三郎、一審判決で不敬罪・治安維持法違反の有罪、即時控訴申し立て。	4・1宗教団体法施行（教派神道一三派、仏教二八派、キリスト教二教団に統合）。9・27日独伊三国同盟締結。10・21大政翼賛会発会式。11・10紀元二六〇〇年式典。11・23大日本産業報国会結成。

一六	一九四一	71	10・25王仁三郎、上申書提出。	3・10治安維持法改正。3・30文部省教学局『臣民の道』刊行。4・13日ソ中立条約調印。6・24〜25日本基督教団創立総会。12・8真珠湾攻撃・太平洋戦争開始。
一七	一九四二	72	7・31二審判決、王仁三郎、不敬罪有罪、治安維持法違反無罪。8・7王仁三郎・すみ、保釈出所。	6・5ミッドウェイ海戦敗北。8・7米軍ガダルカナル島上陸。
一八	一九四三	73	9月王仁三郎、出征する信徒の子弟に拇印を捺した腹巻を授与し、敗戦を説く。	5・29アッツ島日本守備隊全滅。9・8イタリア無条件降伏。10・2学徒出陣壮行会。
一九	一九四四	74	12・28楽焼の再開。	6・15米軍、サイパン島に上陸。6・19マリアナ沖海戦敗北。10・24レイテ沖海戦敗北。11・24B29、東京初空襲。
二〇	一九四五	75	9・8大審院判決、上告棄却で二審判決の確定。10・17大赦令で不敬罪免訴。10・18綾部・亀岡の聖地の返還。12・8大本事件解決奉告祭。	3・9〜10東京大空襲。4・1米軍、沖縄本島上陸。4・30ヒトラー自殺。5・26東京大空襲。8・6広島に原爆投下。8・8ソ連宣戦布告。8・9長崎に原爆投下。8・14ポツダム

					宣言無条件受諾決定。8・15終戦の詔勅をラジオ放送（玉音放送）。9・2降伏文書調印。10・15治安維持法廃止。12・15国家神道廃止・政教分離を命じる神道指令発令。
二一	一九四六		76	2・7愛善苑の設立。10・21愛善苑、新憲法支持の表明。	1・1天皇人間宣言。5・1一一年ぶりにメーデー。5・3極東国際軍事裁判開廷。5・19飯米獲得人民大会（食糧メーデー）。11・3日本国憲法公布。
二二	一九四七		77	8・27王仁三郎の誕生会「瑞生祭」。	1・31二・一ゼネスト中止命令。5・3日本国憲法施行。
二三	一九四八		78	1・19王仁三郎、死去（満七六歳）。	11・12極東国際軍事裁判判決。12・23東條英機ら七人の絞首刑執行。

（参考文献）「大本年表」『大本教学』五号、一九六九年、「女と男の時空」編纂委員会編『年表・女と男の日本史』藤原書店、一九九八年、朝尾直弘・宇野俊一・田中琢編『角川新版日本史辞典』角川学芸出版、一九九六年。

志賀重昂　中野目徹
徳富蘇峰　杉原志啓
*竹越与三郎　西田毅
内藤湖南・桑原隲蔵　礪波護
*廣池千九郎　橋本富太郎
岩村透　今橋映子
*西田幾多郎　大橋良介
*金沢庄三郎　石川遼子
柳田国男　鶴見太郎
厨川白村　張競
村岡典嗣　水野雄司
大川周明　山内昌之
西田直二郎　林淳
折口信夫　斎藤英喜
シュタイン　瀧井一博
*西周　清水多吉
*福澤諭吉　平山洋
成島柳北　山田俊治
福地桜痴　山田俊治
村山龍平　早房長治
島田三郎　武藤秀太郎
田口卯吉　鈴木栄樹
*陸羯南　松田宏一郎
黒岩涙香　奥武則
長谷川如是閑　織田健志
*吉野作造　田澤晴子
山川均　米原謙
*岩波茂雄　十重田裕一
*北一輝　岡本幸治
*穂積重遠　大村敦志

中野正剛　吉田則昭
*満川亀太郎　福家崇洋
エドモンド・モレル　林田治男
*北里柴三郎　福田眞人
高峰譲吉　木村昌人
田辺朔郎　秋元せき
*南方熊楠　飯倉照平
石原純　金子務
*辰野金吾　河上眞理・清水重敦
*七代目小川治兵衛　尼崎博正
本多静六　岡本貴久子
ブルーノ・タウト　北村昌史

現代

昭和天皇　御厨貴
高松宮宣仁親王　後藤致人
*李方子　小田部雄次
吉田茂　中西寛
マッカーサー　柴山太
*鳩山一郎　楠綾子
*石橋湛山　増田弘
重光葵　武田知己
市川房枝　村井良太
*池田勇人　藤井信幸
高野実　篠田徹
和田博雄　庄司俊作
朴正熙　木村幹

田中角栄　新川敏光
宮沢喜一　村上友章
竹下登　真渕勝
*松永安左エ門　橘川武郎
鮎川義介　井口治夫
*出光佐三　橘川武郎
松下幸之助　米倉誠一郎
渋沢敬三　井上潤
*本田宗一郎　伊丹敬之
井深大　武田徹
*佐治敬三　小玉武
幸田家の人々　金井景子
*正宗白鳥　大嶋仁
大佛次郎　福島行一
*川端康成　大久保喬樹
*薩摩治郎八　小林茂
坂口安吾　千葉一幹
太宰治　安藤宏
松本清張　杉原志啓
安部公房　鳥羽耕史
*三島由紀夫　島内景二
井上ひさし　成田龍一
R・H・ブライス　菅原克也
柳宗悦　熊倉功夫
バーナード・リーチ　鈴木禎宏
イサム・ノグチ　酒井忠康
熊谷守一　古川秀昭

川端龍子　岡部昌幸
藤田嗣治　林洋子
*井上有一　海上雅臣
*手塚治虫　竹内オサム
古賀政男　藍川由美
*吉田正　金子勇
*武満徹　船山隆
*八代目坂東三津五郎　田口章子
*力道山　岡村正史
*西田天香　宮田昌明
安倍能成　中根隆行
サンソム夫妻　平川祐弘・牧野陽子
*天野貞祐　貝塚茂樹
和辻哲郎　小坂国継
矢代幸雄　稲賀繁美
石田幹之助　岡本さえ
*平泉澄　若井敏明
*早川孝太郎　須藤功
安岡正篤　片山杜秀
青山二郎　田野勲
島田謹二　小林信行
田中美知太郎　川久保剛
前嶋信次　杉田英明
*唐木順三　澤村修治
亀井勝一郎　山本直人
知里真志保　北原治郎太
保田與重郎　谷崎昭男
石母田正　磯前順一
*福田恆存　川久保剛

井筒俊彦　安藤礼二
佐々木惣一　伊藤孝夫
小泉信三　都倉武之
*瀧川幸辰　伊藤孝夫
矢内原忠雄　等松春夫
式場隆三郎　服部正
大宅壮一　有馬学
清水幾太郎　庄司武史
*フランク・ロイド・ライト　大久保美春
*中谷宇吉郎　杉山滋郎
今西錦司　山極寿一

*は既刊
二〇一七年九月現在

横井小楠　沖田行司
＊古賀謹一郎　小野寺龍太
＊永井尚志　高村直助
岩瀬忠震　小野寺龍太
＊栗本鋤雲　小野寺龍太
大村益次郎　竹本知行
河井継之助　小川和也
＊西郷隆盛　家近良樹
由利公正　角鹿尚計
＊塚本明毅　塚本学
＊月性　海原徹
＊吉田松陰　海原徹
＊高杉晋作　海原徹
久坂玄瑞　一坂太郎
ペリー　遠藤泰生
ハリス　福岡万里子
オールコック　佐野真由子
アーネスト・サトウ　奈良岡聰智
緒方洪庵　米田該典

近代

＊明治天皇　伊藤之雄
＊大正天皇　F・R・ディキンソン
＊昭憲皇太后・貞明皇后　小田部雄次
大久保利通　三谷太一郎
山県有朋　鳥海靖
木戸孝允　落合弘樹

井上馨　伊藤之雄
＊松方正義　室山義正
北垣国道　小林丈広
板垣退助　小川原正道
長与専斎　笠原英彦
大隈重信　五百旗頭薫
伊藤博文　坂本一登
井上毅　大石眞
＊井上勝　老川慶喜
＊桂太郎　小林道彦
＊渡邉洪基　瀧井一博
＊乃木希典　佐々木英昭
星亨　小林道彦
林董　奈良岡聰智
＊児玉源太郎　小林道彦
＊高宗・閔妃　木村幹
山本権兵衛　室山義正
＊金子堅太郎　松村正義
高橋是清　鈴木俊夫
小村寿太郎　簑原俊洋
＊犬養毅　小林惟司
原敬　季武嘉也
＊加藤高明　櫻井良樹
牧野伸顕　小宮一夫
田中義一　黒沢文貴
内田康哉　高橋勝浩
石井菊次郎　廣部泉
平沼騏一郎　堀田慎一郎
＊鈴木貫太郎　小堀桂一郎
宇垣一成　北岡伸一
＊宮崎滔天　榎本泰子

＊浜口雄幸　川田稔
幣原喜重郎　西田敏宏
関一　玉井金五
水野広徳　片山慶隆
広田弘毅　井上寿一
安重根　上垣外憲一
＊グルー　廣部泉
＊永田鉄山　森靖夫
東條英機　牛村圭
今村均　前田雅之
蔣介石　劉岸偉
石原莞爾　山室信一
木戸幸一　波多野澄雄
近衛文麿　庄司潤一郎
＊岩崎弥太郎　武田晴人
伊藤忠兵衛　末永國紀
五代友厚　田付茉莉子
大倉喜八郎　村上勝彦
＊安田善次郎　由井常彦
渋沢栄一　武田晴人
中野武営　佐賀香織
益田孝　鈴木邦夫
山辺丈夫　宮本又郎
武藤山治　阿部武司・桑原哲也
池田成彬　松浦正孝
西原亀三　森川正則
小林一三　橋爪紳也
大倉恒吉　石川健次郎
大原孫三郎　猪木武徳
＊河竹黙阿弥　今尾哲也
イザベラ・バード　加納孝代

＊林忠正　木々康子
＊森鷗外　小堀桂一郎
＊二葉亭四迷　ヨコタ村上孝之
＊夏目漱石　佐々木英昭
徳富蘆花　半藤英明
巌谷小波　千葉信胤
樋口一葉　佐伯順子
＊島崎藤村　十川信介
泉鏡花　東郷克美
上田敏　小林茂
＊有島武郎　亀井俊介
永井荷風　川本三郎
北原白秋　平石典子
菊池寛　山本芳明
芥川龍之介　高橋龍夫
＊宮沢賢治　千葉一幹
高浜虚子　坪内稔典
与謝野晶子　佐伯順子
＊種田山頭火　村上護
＊斎藤茂吉　品田悦一
＊高村光太郎　湯原かの子
石川啄木　先崎彰容
萩原朔太郎　エリス俊子
＊原阿佐緒　秋山佐和子
＊狩野芳崖・高橋由一　古田亮
川村清雄　落合則子
＊小堀鞆音　小堀桂一郎
竹内栖鳳　北澤憲昭
黒田清輝　高階秀爾

中村不折　石川九楊
横山大観　高階秀爾
＊橋本関雪　西原大輔
小出楢重　芳賀徹
土田麦僊　天野一夫
岸田劉生　北澤憲昭
濱田庄司　濱田琢司
＊山田耕筰　後藤暢子
松旭斎天勝　川添裕
中山みき　鎌田東二
佐田介石　谷川穣
＊ニコライ　中村健之介
＊出口なお・王仁三郎　川村邦光
島地黙雷　阪本是丸
＊新島襄　太田雄三
新島八重　佐伯順子
木下広次　冨岡勝
海老名弾正　西田毅
嘉納治五郎　クリストファー・スピルマン
柏木義円　片野真佐子
津田梅子　田中智子
＊澤柳政太郎　新田義之
河口慧海　高山龍三
山室軍平　室田保夫
大谷光瑞　白須淨眞
＊久米邦武　髙田誠二
フェノロサ　伊藤豊
井上哲次郎　井ノ口哲也
三宅雪嶺　長妻三佐雄
＊岡倉天心　木下長宏

夢窓疎石	原田正俊
*宗峰妙超	竹貫元勝

南北朝・室町

後醍醐天皇	上横手雅敬
*護良親王	新井孝重
懐良親王	森茂暁
*赤松氏五代	渡邊大門
*北畠親房	岡野友彦
楠正成	兵藤裕己
楠正行・正儀	生駒孝臣
*新田義貞	山本隆志
*光厳天皇	深津睦夫
足利尊氏	市沢哲
*足利直義	亀田俊和
佐々木道誉	下坂守
細川頼之	亀田俊和
円観・文観	田中貴子
足利義詮	早島大祐
足利義満	川嶋將生
*足利義持	吉田賢司
足利義教	横井清
足利義政	木下昌規
*大内義弘	平瀬直樹
伏見宮貞成親王	松薗斉
*山名宗全	山本隆志
細川勝元・政元	古野貢
畠山義就	呉座勇一
足利成氏	阿部能久
世阿弥	西野春雄
雪舟等楊	河合正朝
宗祇	鶴崎裕雄
*満済	森茂暁
一休宗純	原田正俊
蓮如	岡村喜史

戦国・織豊

北条早雲	家永遵嗣
北条氏政	黒田基樹
大内義隆	藤井崇
斎藤氏三代	木下聡
*毛利元就	岸田裕之
*毛利輝元	光成準治
小早川隆景・秀秋	光成準治
*今川義元	小和田哲男
六角氏四代	村井祐樹
*武田信玄	笹本正治
*武田勝頼	笹本正治
*真田氏三代	笹本正治
*三好長慶	天野忠幸
松永久秀	天野忠幸
*宇喜多直家・秀家	渡邊大門
*上杉謙信	矢田俊文
大友宗麟	鹿毛敏夫
島津義久・義弘	福島金治
*長宗我部元親・盛親	平井上総
浅井長政	長谷川裕子
吉田兼倶	西山克
山科言継	松薗斉
*雪村周継	赤澤英二
正親町天皇・後陽成天皇	神田裕理
足利義輝・義昭	山田康弘
織田信長	三鬼清一郎
織田長益	八尾嘉男
豊臣秀吉	藤井讓治
豊臣秀次	矢部健太郎
*北政所おね	田端泰子
*淀殿	福田千鶴
蜂須賀正勝・家政	三宅正浩
前田利家	東四柳史明
山内一豊・忠義	長屋隆幸
*黒田如水	小和田哲男
*蒲生氏郷	藤田達生
石田三成	堀越祐一
*細川ガラシャ	田端泰子
伊達政宗	伊藤喜良
*支倉常長	田中英道
千利休	熊倉功夫
*長谷川等伯	宮島新一
顕如	神田千里
教如	安藤弥

江戸

*徳川家康	笠谷和比古
本多忠勝	柴裕之
*徳川家光	野村玄
徳川吉宗	横田冬彦
*後水尾天皇	久保貴子
後桜町天皇	所京子
光格天皇	藤田覚
崇伝	杣田善雄
*春日局	福田千鶴
宮本武蔵	渡邊大門
*池田光政	倉地克直
保科正之	八木清治
シャクシャイン	岩崎奈緒子
*田沼意次	藤田覚
細川重賢	安高啓明
*二宮尊徳	小林惟司
末次平蔵	岡美穂子
*高田屋嘉兵衛	生田美智子
*林羅山	鈴木健一
吉野太夫	渡辺憲司
中江藤樹	辻本雅史
熊沢蕃山	川口浩
*山崎闇斎	澤井啓一
山鹿素行	前田勉
*北村季吟	島内景二
伊藤仁斎	澤井啓一
貝原益軒	辻本雅史
松尾芭蕉	楠元六男
*ケンペル	B・M・ボダルト＝ベイリー
新井白石	大川真
荻生徂徠	柴田純
*雨森芳洲	上田正昭
石田梅岩	高野秀晴
白隠慧鶴	芳澤勝弘
前野良沢	松田清
平賀源内	石上敏
本居宣長	田尻祐一郎
杉田玄白	吉田忠
木村蒹葭堂	有坂道子
*大田南畝	沓掛良彦
菅江真澄	赤坂憲雄
*鶴屋南北	諏訪春雄
良寛	阿部龍一
*山東京伝	佐藤至子
*滝沢馬琴	高田衛
平田篤胤	山下久夫
国友一貫斎	太田浩司
シーボルト	宮坂正英
本阿弥光悦	岡佳子
小堀遠州	中村利則
狩野探幽・山雪	山下善也
尾形光琳・乾山	河野元昭
*二代目市川團十郎	田口章子
伊藤若冲	狩野博幸
鈴木春信	小林忠
浦上玉堂	高橋博巳
*佐竹曙山	成瀬不二雄
葛飾北斎	岸文和
酒井抱一	玉蟲敏子
孝明天皇	青山忠正
*和宮	辻ミチ子
徳川慶喜	大庭邦彦
島津斉彬	原口泉

ミネルヴァ日本評伝選

上代

＊俾弥呼　古田武彦
日本武尊　西宮秀紀
＊仁徳天皇　若井敏明
雄略天皇　吉村武彦
継体天皇　若井敏明
＊蘇我氏四代　遠山美都男
推古天皇　義江明子
聖徳太子　仁藤敦史
斉明天皇　武田佐知子
小野妹子・毛人・毛野　大橋信弥
＊額田王　梶川信行
弘文天皇　遠山美都男
天武天皇　新川登亀男
持統天皇　丸山裕美子
阿倍比羅夫　熊田亮介
＊藤原四子　木本好信
＊柿本人麿　古橋信孝
＊元明天皇・元正天皇　渡部育子
聖武天皇　本郷真紹
光明皇后　寺崎保広

平安

＊孝謙・称徳天皇　勝浦令子
藤原不比等　荒木敏夫
橘諸兄・奈良麻呂　遠山美都男
吉備真備　今津勝紀
＊藤原仲麻呂　木本好信
道鏡　吉川真司
＊藤原種継　木本好信
大伴家持　和田　萃
＊行基　吉田靖雄
＊桓武天皇　井上満郎
嵯峨天皇　西別府元日
宇多天皇　古藤真平
醍醐天皇　石上英一
村上天皇　京樂真帆子
花山天皇　上島　享
＊三条天皇　倉本一宏
藤原薬子　中野渡俊治
＊藤原良房・基経　瀧浪貞子
菅原道真　竹居明男
＊紀貫之　神田龍身
源高明　所　功
＊安倍晴明　斎藤英喜
＊藤原実資　橋本義則
＊藤原道長　朧谷　寿
藤原伊周・隆家　倉本一宏
藤原定子　山本淳子
藤原彰子　朧谷　寿
清少納言　三田村雅子
紫式部　竹西寛子
和泉式部　ツベタナ・クリステワ
大江匡房　小峯和明
＊阿弖流為　樋口知志
坂上田村麻呂　熊谷公男
＊源満仲・頼光　元木泰雄
平将門　西山良平
藤原純友　寺内　浩
最澄　吉田一彦
円珍　岡野浩二
＊空也　石井義長
奝然　上川通夫
＊源信　小原　仁
慶滋保胤　吉原浩人
＊後白河天皇　美川　圭
式子内親王　奥野陽子
建礼門院　生形貴重
＊藤原秀衡　入間田宣夫
平時子・時忠　元木泰雄
平維盛　根井　浄
守覚法親王　阿部泰郎
藤原隆信・信実　山本陽子

鎌倉

源頼朝　川合　康
＊源義経　近藤好和
源実朝　神田龍身
＊九条兼実　加納重文
九条道家　上横手雅敬
北条時政　野口　実
熊谷直実　佐伯真一
＊北条政子　関　幸彦
北条義時　岡田清一
曾我十郎・五郎　杉橋隆夫
北条時頼　山本隆志
北条時宗　近藤成一
安達泰盛　山陰加春夫
平頼綱　細川重男
竹崎季長　堀本一繁
西行　光田和伸
鴨長明　浅見和彦
藤原定家　赤瀬信吾
＊京極為兼　今谷　明
＊兼好　島内裕子
重源　横内裕人
＊運慶　根立研介
快慶　井上一稔
法然　今堀太逸
栄西　中尾良信
慈円　大隅和雄
明恵　西山　厚
＊親鸞　末木文美士
恵信尼・覚信尼　西口順子
覚如　今井雅晴
＊道元　船岡　誠
叡尊　細川涼一
＊忍性　松尾剛次
＊日蓮　佐藤弘夫
一遍　蒲池勢至

刊行のことば

歴史を動かすものは人間であり、興趣に富んだ人間の動きを通じて、世の移り変わりを考えるのは、歴史に接する醍醐味である。

しかし過去の歴史学を顧みるとき、人間不在という批判さえ見られたように、歴史における人間のすがたが、必ずしも十分に描かれてきたとはいえない。二十一世紀を迎えた今、歴史の中の人物像を蘇生させようとの要請はいよいよ強く、またそのための条件もしだいに熟してきている。

この「ミネルヴァ日本評伝選」は、正確な史実に基づいて書かれるのはいうまでもないが、単に経歴の羅列にとどまらず、歴史を動かしてきたすぐれた個性をいきいきとよみがえらせたいと考える。そのためには、対象とした人物とじっくりと対話し、ときにはきびしく対決していくことも必要になるだろう。

今日の歴史学が直面している困難の一つに、研究の過度の細分化、瑣末化が挙げられる。それは緻密さを求めるが故に陥った弊害といえるが、その結果として、歴史の大きな見通しが失われ、歴史学を通しての社会への働きかけの途が閉ざされ、人々の歴史への関心を弱める危険性がある。今こそ歴史が何のためにあるのかという、基本的な課題に応える必要があろう。評伝という興味ある方法を通じて、解決の手がかりを見出せないだろうかというのも、この企画の一つのねらいである。

狭義の歴史学の研究者だけでなく、多くの分野ですぐれた業績をあげている著者たちを迎えて、従来見られなかった規模の大きな人物史の叢書として、「ミネルヴァ日本評伝選」の刊行を開始したい。

平成十五年（二〇〇三）九月

ミネルヴァ書房

《著者紹介》

川村邦光（かわむら・くにみつ）

1950年　福島県生まれ。

1984年　東北大学大学院実践哲学博士課程単位取得満期退学。

天理大学文学部教授，大阪大学文学部教授などを経て，

現　在　大阪大学名誉教授。

著　書『幻視する近代空間』青弓社，1990年。

『オトメの祈り』紀伊國屋書店，1993年。

『民俗空間の近代』情況出版，1996年。

『セクシュアリティの近代』講談社選書メチエ，1996年／のち『性家族の誕生』ちくま学芸文庫，2004年。

『地獄めぐり』ちくま新書，2000年。

『〈民俗の知〉の系譜』昭和堂，2000年。

『オトメの行方』紀伊國屋書店，2003年。

『ヒミコの系譜と祭祀』学生社，2005年。

『聖戦のイコノグラフィ』青弓社，2007年。

『弔い論』青弓社，2013年。

『弔いの文化史』中公新書，2015年，ほか。

ミネルヴァ日本評伝選

出口《でぐち》なお・王仁三郎《おにさぶろう》

——世界を水晶の世に致すぞよ——

2017年 9 月10日　初版第 1 刷発行　〈検印省略〉

定価はカバーに
表示しています

著　者　川　村　邦　光

発行者　杉　田　啓　三

印刷者　江　戸　孝　典

発行所　株式会社　ミネルヴァ書房

607-8494 京都市山科区日ノ岡堤谷町 1
電話代表（075）581-5191
振替口座 01020-0-8076

共同印刷工業・新生製本

ISBN978-4-623-08120-2

Printed in Japan

人名・神仏名索引

※「出口なお」「出口王仁三郎」は頻出するため省略した。

か　行

さ　行

た　行

な　行

は　行

ま　行

や　行

ら　行

わ　行

事項索引

※「大本」「皇道大本」「愛善苑」は頻出するため省略した。

あ　行

か　行

さ 行

た　行

な　行

ら　行

わ　行